熟練・分業と
生産システムの進化

坂本 清 著

文眞堂

序
人類の苦悩と課題

　人類の祖先である猿人が生まれてせいぜい数百万年。それは、無限に近い宇宙の歴史、いやそれに比べればはるかに短い地球の歴史からしても取るに足りない時間の経過だというのに、人類の知恵の発達は、その宇宙の歴史に挑み、傲慢ともいえる仕方で、自分たちを創造した地球の進化を乗り越えようとさえしている。それは、人間の科学技術に対する過信と自然に対する優越感、あるいは自然法則の深遠さに対する誤解や無知から発する自然への過度の信頼などに起因している。人間は、神の前に額ずき神の慈愛にすがるとともに、神を冒涜し、神の力の限界を悟った王者のごとくに振舞ってきた。科学技術は王者の剣であり、人間に対して永遠の生命を与えるものに映じた。しかしながら、それは、釈迦の掌の中で勇躍する孫悟空に類するものであった。

　人間は、祖先に学び、みずからの肉体的・精神的力能を発達させたが、これら諸力能の自然物としての限界を克服するために、鉱物や動植物、熱や光、水や風などの自然を利用するだけでなく、宇宙を律する自然法則に挑戦してその一部を発見し、各種の科学を創造して応用し、これを肉体に内在する諸力能と結合することによって、その諸力能を延長し、あるいはこれに代置し拡大する客体的技術を発達させた。技術は、人間の技術に対する要求と、それ自身に内在する自然法則とにしたがってその機能を拡大したが、その技術の限界は、それが依って立つ原理そのものとは別種の新たな原理を持つ技術によって克服された。

　いまや、人間と自然との闘いは科学をつうじて和解されたかに見えた。科学は技術や技能の源泉であり、万物の守護神となった。人類発展の夢を実現する原動力、万能薬と考えられた。自然法則を応用することによって開発された技術は、過酷な労働から人間を解放し、労働の生産力を高め、生産の社会化を促進した。技術は生産手段の質と量とを規定し、技術の所有は生活水準を規定す

ることになった。生産力の拡大は、人間の自然的生活の充足と新たな欲望の出発点となった。しかるに、技術を創造し、改良し、使用する人間の本来の目的は、それを労働の手段として、人間の労働・生活条件の改善のための手段として、質的にも量的にも優れた財貨を生産する手段として使用するところにあった。

　一方、人間は、技術を労働手段として駆使するための技能を高め、維持伝達する個別的・組織的努力を展開してきた。すなわち、人間は、優れた技能と優れた労働手段とを結合して、加工対象にこれを反映させ、優れた財貨を生産するための方法・組織を発達させてきた。協業と分業は、人間が発見した最高の組織原理であった。それは、信じ難い生産力の拡大を実現して見せた。労働の様式、すなわち協業と分業の発達が技術の発達を要求した。技術の発達は協業と分業の発達を要求した。協業・分業の発達は、同時に、管理方式の発達を要求した。

　しかしながら、人間は、本来、同一の力能、同一の欲望を有するものと限られてはいない。かれらは、次第に、力能の差異に基づく成果の配分を要求することによって、生活条件の相違を当然のこととするだけでなく、すべての人間が公平に生産諸要素のもたらす恩恵を受けることを拒否し、土地や技術などの生産諸手段を使用して生産する財貨の有利な獲得のために、それらを他の者よりも多く所有することを望んだ。こうして生産されたより多くの財貨は、生産諸要素の補填だけでなく、他の者の支配のためにも利用された。生産手段を所有しない人間は、生産の1要素として他人の所有する生産手段に結合され、みずからの生活目的だけでなく、生産手段所有者の一層の財貨の蓄積目的のために、単なる労働力として利用された。労働の様式の発達の水準および形態は、労働手段すなわち技術の水準とともに、これら技術を導入受容する社会的条件によって規定された。換言すれば、技術の発達は、科学的根拠に裏付けられた独自的発達法則に規定されつつ、これを必要とする社会的要請をその契機とする。他方、この技術を使用する労働の様式は、歴史的に形成された価値観、および政治的、経済的、社会的諸条件などに規定される。

　こうして、人間は、その本来の意図とは異なり、人類の至宝、科学技術から2重の意味で疎外された。人間の自然に対する闘いは技術や科学を創造した

が、自然法則が人類のみでない宇宙すべての存在を規定するということ、すなわち、人間が、みずからが自然の一部であることを忘れ、自然法則の万物への普遍性と平等性とを軽視したとき、科学技術は、自然環境破壊の手段として、あるいは戦争遂行の手段として、人類の生存そのものに挑戦した。人間は、みずからが創造した科学技術と闘わねばならなくなった。しかも、これを科学技術の創造をもってするところに矛盾がある。いま1つは、科学技術の利用形態に起因する労働内容からの疎外である。生産手段としての科学技術の所有を拒否された圧倒的多数の人間は、唯一所有する労働力の消費の過程において科学技術すなわち生産手段を一時的に管理することになるが、これら生産手段の利用の仕方は、みずからの意図によってではなく、生産手段の所有者の意図に規制された。科学技術は、時に、過酷な労働から人間を解放するのでなく、労働の強化のために利用された。

　人類の苦悩は、これら2種の疎外状況からの解放である。科学技術は、破壊のためでなく創造のために使用されなければならない。人間の「労働化」のためでなく労働の「人間化」のために利用されなければならない。それが科学技術を使用する本来の目的であり、人類周知の命題である。「見果てぬ夢」であってはならない。人類は、いま、その選択と実行の局面に立たされている。

著　者

はしがき

　第4次産業革命論がにわかに熱を帯びている。それはIoT（Internet of Things）を技術的基盤としてもの作りの復権をめざすドイツの産業政策「インダストリー4.0」に注目が集まっているからである。IoTの技術先端国アメリカはもちろん、中国やインドなど新興工業大国もIoT技術による「スマート工場」「スマートシティ」の建設をめざし、次世代の生産システム原理の革新に大きな力を注いでいる。IoT技術とりわけソフトウェア技術で後れを取っている日本が、もの作り先進国の座を追われる可能性すら否定することはできない。今後、世界の生産システムがどのように革新されてゆくのか、価値の根源である労働はどのような変質を遂げるのか、そして人間生活はどのように変化してゆくのか、次世代生産システム研究の大きな課題であろう。

　しかしながら、次世代生産システム構築の根本的課題はいま1つある。それは地球環境保全に適合的な生産システムの構築である。周知のように、地球資源の枯渇は目に見えるかたちで厳しくなっており、新資源の開発だけでなく工業大国による地球資源の獲得競争が激しくなっている。また、IoT技術の展開は想像を超える電力消費の拡大を伴うものであり、資源の枯渇を促進することは間違いない。

　さらに重大な問題は、人類の生存環境が主に産業からの排出ガスによって危機的状況に陥っているということである。地球温暖化の速度はエネルギー生産拡大とともに速くなっており、IoTの展開は地球温暖化ガスの排出をなおいっそう増加させるものとなる。人類はこの「環境ジレンマ」によって生産活動そのものから疎外されるという、まさに人類生存の危機に直面しているのである。「パリ協定」などの国際協約も遵守できる保証などない。では、どうすればこのような生産疎外から脱却できるのか。まさに次世代生産システム研究の最大の課題の1つがそこにある。

　本書は、以上のような問題意識をもちつつ、現代大量生産体制の発展過程を

生産システムの進化、すなわち熟練・分業の展開過程という分析視角から解明することを目的としている。本書の構成は序章でのべるが、18世紀産業革命以来の生産システムの進化の過程は技術進歩の過程であり、生産規模の拡大の過程であり、そして地球資源の消費拡大の過程であった。人々が生産システムの進化によって得たものは失ったものとの引き替えであったのかもしれない。本書によってこの現代生産システムの進化の過程をどこまで解明できたのか、筆者も正直なところ自信がない。本書は、筆者の研究歴においてこれまで書いた諸論文のなかから本書の構成に沿う論文を選び、大幅な修正を加えて集大成したものである。それゆえ、論旨や文章の重複があるかも知れないが、その点はご容赦願いたい。

　さて、45年におよぶ研究者人生で出会った恩人、大学の友人、研究会仲間、学会の知人は余りに多い。名前を挙げて1人ひとりに御礼を申し上げるべきところであるが、控えることをお許し願いたい。ただ、今は亡き大学、大学院の恩師、早稲田大学山川博慶先生、西宮輝明先生には、不肖の弟子として何も恩返しできなかったことへのお詫びと温かく見守って頂いた御礼をこの場においてのべさせて頂く。また、筆者の研究姿勢にもっとも影響を与えてくれた2人の親友、林正樹中央大学名誉教授と宗像正幸神戸大学名誉教授には心から御礼を申し上げておきたい。林正樹氏には大学院修士課程以来の親交を頂いているが、林氏からは選んだ研究テーマへの執着の姿勢を学んだ。また、宗像正幸氏からは概念の明確化の重要性について学んだ。終電に乗り遅れて大阪の駅頭で朝まで議論したことを鮮明に記憶している。そしてつけ加えるならば、筆者の書いた論文に目をとおし、文章の主語述語関係、誤字脱字などをチェックし、校正の作業を長い間引き受けてくれた妻に感謝の意を表したい。

　最後になるが、厳しい出版事情の下で本著の出版を快くお引き受け頂いた文眞堂社長、前野隆氏に対し記して謝意を表する次第である。

　2017年9月

坂本　清

目　次

序　人類の苦悩と課題 …………………………………………………… i
はしがき ……………………………………………………………………… v

序章　生産システム研究の課題と本書の構成 …………………… 1

第1節　生産システムの本源的意義 ……………………………………… 1
　1．人間の生産活動と労働 ………………………………………………… 1
　2．労働の機能としての熟練の機能と分業の機能 …………………… 2
　3．生産機能体系としての生産システムの意義 ……………………… 4
第2節　生産システムの歴史的意義 ……………………………………… 6
　1．生産システムの地域性と歴史性 ……………………………………… 6
　2．生産システムの進化 …………………………………………………… 7
　3．資本主義工場制度と熟練の機能の疎外 …………………………… 14
第3節　生産システム研究の課題 ……………………………………… 17
　1．生産システムの21世紀の課題 …………………………………… 17
　2．生産システム研究の課題 ……………………………………………… 18
第4節　本書の構成 ……………………………………………………… 19

第1章　労働力の機能と熟練に関するノート ………………… 22

第1節　機械文明と労働 ………………………………………………… 22
第2節　労働力の機能と熟練 …………………………………………… 23
　1．労働力の本源的機能としての創造的力能 ………………………… 23
　2．熟練の意義 ……………………………………………………………… 25
　　2-1．労働力の機能としての熟練 …………………………………… 25

2-2. 熟練の規定に関する諸説 ……………………………… 26
　　3. 熟練の特性 …………………………………………………… 28
　　4. 熟練と多能工 ………………………………………………… 30
　第3節　労働手段の発達と労働の機能 …………………………… 32
　　1. マルクスの機械体系論と労働手段の発達 ………………… 32
　　2. 労働手段と労働力の機能関係 ……………………………… 39
　第4節　熟練の「移転」とその諸結果 …………………………… 44
　　1. 「熟練の移転」論の意義 …………………………………… 44
　　2. 労働疎外と労働の衰退 ……………………………………… 48
　第5節　おわりに …………………………………………………… 54

フェーズ 1　自立統合型生産システム ……………………… 59

第2章　アメリカ産業革命と科学的管理法形成の歴史的基盤 …… 60

　第1節　産業革命と近代工場制度の成立 ………………………… 60
　第2節　アメリカ産業革命の歴史的背景 ………………………… 61
　　1. アメリカ植民地の形成 ……………………………………… 61
　　2. 移民の仕事 …………………………………………………… 63
　　3. 戦争と領土の拡大、そして西漸運動 ……………………… 65
　　4. 交通手段の発達 ……………………………………………… 67
　第3節　アメリカ産業革命とアメリカ型生産システム ………… 70
　　1. イギリス産業革命の移入と綿工業の発達 ………………… 70
　　2. 互換性部品方式とアメリカ型生産システム ……………… 74
　　3. アメリカ産業革命の特質 …………………………………… 80
　第4節　アメリカ資本主義の課題と科学的管理法形成の現実的基盤 …… 83
　　1. 産業革命の完成と南北戦争後の工業発展 ………………… 83
　　2. 東部機械工業と内部請負制度の崩壊 ……………………… 85
　　3. 労働者状態と労働運動 ……………………………………… 87
　第5節　科学的管理法形成の課題 ………………………………… 89

第3章 テイラーシステムと熟練の機能の科学化 …………… 95

- 第1節 熟練労働者とテイラーの問題意識形成 ……………………… *95*
- 第2節 テイラーの熟練研究 ……………………………………………… *101*
  1. 熟練の2つの要素と熟練分析の体系と方法 ……………………… *101*
  2. 作業的熟練の分解と「作業の科学化」 ……………………………… *103*
  3. 管理的熟練の分解と「作業管理の科学化」 ………………………… *109*
- 第3節 テイラーによる管理システムの形成 ………………………… *112*
  1. システム化の論理 ……………………………………………………… *112*
     - 1-1. システム化の意義 …………………………………………………… *112*
     - 1-2. 熟練のシステム化の方法 …………………………………………… *114*
     - 1-3. 管理システムの基本原理 …………………………………………… *116*
     - 1-4. システムに編入できたものとできないもの …………………… *119*
  2. 作業管理システム ……………………………………………………… *121*
     - 2-1. 課業管理システム …………………………………………………… *121*
     - 2-2. 管理組織 ……………………………………………………………… *123*
- 第4節 テイラーによる熟練研究の基本的意義 ……………………… *125*

第4章 H. L. ガントの「課業賞与制」と科学的管理法の発展
―テイラーとガントの管理論比較― …………… 133

- 第1節 H. L. ガント研究の意義 ……………………………………… *133*
- 第2節 テイラーと差別出来高払制の位置 …………………………… *134*
  1. テイラーによる「成行管理」批判と差別出来高払制の論拠 …… *134*
  2. 差別出来高払制の展開 ………………………………………………… *137*
     - 2-1. 「出来高払制私案」での展開 ……………………………………… *137*
     - 2-2. 『工場管理法』での展開 …………………………………………… *142*
- 第3節 ガント「課業賞与制」の展開 ………………………………… *147*
  1. ガントの「課業賞与制」問題意識の形成とテイラー …………… *147*
     - 1-1. ガント＝テイラーの初期の関係 …………………………………… *147*
     - 1-2. ガントの「課業賞与制」問題意識の形成 ……………………… *151*

    2.「課業賞与制」の展開過程 …………………………………… *153*
       2-1.「課業賞与制」の形成（1901年論文） …………………… *153*
       2-2.「課業賞与制」の発展（ベスレヘム製鋼会社以降の展開）…… *161*
       2-3.「課業賞与制」の新展開（セイルズ漂白会社での展開）……… *165*
 第4節 「課業賞与制」の意義と評価 ……………………………… *168*
    1.「差別出来高払制」と「課業賞与制」の比較 ………………… *168*
    2. 1908年論文と「訓練」の意義 ………………………………… *170*
 第5節 おわりに ……………………………………………………… *174*

フェーズ 2　垂直統合型生産システム　*179*

第5章　フォーディズムと企業の社会的責任論　*180*

 第1節 もの作りの3つの命題とフォーディズム ………………… *180*
 第2節 企業目的と社会的責任および経営者倫理 ………………… *182*
 第3節 フォーディズムと社会的目的論・社会的責任論 ………… *183*
    1. フォーディズム形成の背景 …………………………………… *183*
    2. フォーディズムの根本思想 …………………………………… *186*
    3. フォードの経済思想 …………………………………………… *187*
    4. フォードの企業観 ……………………………………………… *188*
    5. 企業目的論・社会的責任論 …………………………………… *189*
 第4節 フォード社会的責任論の歴史的意義 ……………………… *190*

第6章　フォードシステムと分業の機能の科学化　*193*

 第1節 フォードシステムと大量生産体制 ………………………… *193*
 第2節 先行研究とフォードシステム研究の意義 ………………… *195*
 第3節 フォードシステム形成の論理と展開 ……………………… *200*
    1. フォードシステムの目的 ……………………………………… *200*
    2. T型フォードの製品競争力 …………………………………… *202*
    3. フォードシステムの論理 ……………………………………… *204*
    4. コスト削減の理念と事例 ……………………………………… *210*

4-1. 無駄排除の哲学 ………………………………………… 210
　　4-2. コスト削減の事例 ………………………………………… 211
　　4-3. フォードの資源循環システム …………………………… 217
第4節　フォードシステムと生産原理の革新 ……………………… 221
　1. フォードシステムの展開 …………………………………… 221
　　1-1. 製造工程の革新 ………………………………………… 222
　　1-2. 生産の集中と分散 ……………………………………… 246
　　1-3. 資材供給の改善 ………………………………………… 250
　2. フォードシステムのシステム原理 ………………………… 252
　　2-1. システム原理としての標準化、機械化、システム化 … 252
　　2-2. 標準化の原理 …………………………………………… 253
　　2-3. 機械化の原理 …………………………………………… 258
　　2-4. システム化の原理 ……………………………………… 260
第5節　フォードシステムと分業の機能の科学化 ………………… 265
　1. 熟練の機能と分業の機能 …………………………………… 265
　2. テイラーシステムと熟練の機能の科学化 ………………… 269
　3. フォードシステムと分業の機能の科学化 ………………… 272
第6節　フォードシステムの歴史的意義―制約なき大量生産― …… 275

| フェーズ3 | 柔軟統合型生産システム ……………………… 283 |

第7章　日本的生産システムの発展と国際的評価 …………… 284

第1節　戦後の経済発展とフォードシステム ……………………… 284
　1. 戦後復興と生産体制の再構築 ……………………………… 284
　2. フォーディズムの導入と高度経済成長 …………………… 285
第2節　自動車産業の発展過程と国際競争力形成 ………………… 289
　1. 自動車生産の発展段階と国際展開の要因 ………………… 289
　2. 1970年代における輸出競争力の諸要因と日本的基盤 …… 294
　　2-1. 製品競争力の構成要因 ………………………………… 294
　　2-2. 輸出競争力の価格要因分析 …………………………… 295

2-3. 輸出競争力の非価格要因分析 …………………………………… 298
　　2-4. 輸出競争力の生産システム要因 ……………………………… 301
　3. 1980年代における国際競争力の新展開 ……………………… 302
　　3-1. 80年代国際競争の環境の変化と企業の対応 ……………… 302
　　3-2. 1980年代の日米生産性比較とその要因 …………………… 307
第3節　日本的生産システム論の国際展開と特徴 …………………… 309
　1. 日本的生産システム、その特殊的、普遍的意義 ……………… 309
　2. 日本的生産システムとフレキシビリティ ……………………… 312
第4節　トヨタ生産システムと生産原理の革新 ……………………… 315
　1. トヨタ生産システム形成の基盤 ………………………………… 315
　2. トヨタシステムの歴史的課題 …………………………………… 317
　3. トヨタシステムと柔軟性 ………………………………………… 318
　4. トヨタシステムの構造 …………………………………………… 320
　5. トヨタシステムの特質 …………………………………………… 324
　　5-1. かんばん方式と「柔軟性」 …………………………………… 324
　　5-2. QC活動の機能と本質 ………………………………………… 327
　　5-3. 多能工化と現代の熟練 ………………………………………… 328
　　5-4. トヨタシステムと効率性 ……………………………………… 329
　6. トヨタシステムの再編 …………………………………………… 330
第5節　「柔軟統合型生産システム」とパラダイム転換の意義 ……… 331

第8章　補論・日本的経営論に関するノート
―市場と社会の対立と融合― ……………………………………… 334

第1節　本章の問題意識 ………………………………………………… 334
第2節　日本的経営論の変遷と意義 …………………………………… 335
　1. 日本的経営についての端緒的議論 ……………………………… 335
　2. 高度経済成長と欧米による日本的経営論 ……………………… 336
　3. 高度経済成長の終焉と日本的経営特殊性論の展開 …………… 337
　4. 石油危機と日本的経営の国際展開 ……………………………… 341
　5. バブル経済崩壊と日本的経営論 ………………………………… 345

第3節　日本的経営論の再検討 …………………………………… *347*
　　1．日本的経営論の研究領域と課題 ……………………………… *347*
　　2．「資本主義の精神」と西欧社会 ……………………………… *349*
　　3．社会機能体と日本企業 ………………………………………… *352*
　　4．社会機能体を支える経営理念 ………………………………… *355*
　　5．日本的経営の変質 ……………………………………………… *357*
　第4節　日本的経営の展望 ………………………………………… *360*

第9章　補論・ME技術と生産システムの柔軟性 …………… *363*

　第1節　本章の課題 ………………………………………………… *363*
　第2節　分業の機能とME技術 …………………………………… *364*
　　1．分業の機能の基本的機能 ……………………………………… *364*
　　2．分業の機能と生産性向上 ……………………………………… *366*
　第3節　ME技術の機能的特質と展開 …………………………… *367*
　　1．ME技術の技術的機能の特質 ………………………………… *367*
　　2．ME技術の機能と展開 ………………………………………… *370*
　第4節　ME技術の本質 …………………………………………… *376*

［フェーズ4］　分散統合型生産システム …………………………… *383*

第10章　生産システムの進化と分散統合型生産システムの形成 …………………………………………………………… *384*

　第1節　グローバル化、ICT化とモジュール型生産システム ………… *384*
　第2節　生産システムの進化とモジュール化 …………………… *385*
　　1．もの作りの基本形態 …………………………………………… *385*
　　2．産業革命と生産システムの進化 ……………………………… *386*
　　3．日本モデルの登場 ……………………………………………… *387*
　　4．アメリカ型の復活とモジュール型生産システム …………… *388*
　第3節　モジュール型生産システムの議論の流れ ……………… *389*

xiv　目　　次

　　1. モジュール生産方式の源流 …………………………………… 389
　　2. 製品アーキテクチャ …………………………………………… 390
　　3. 生産アーキテクチャ …………………………………………… 393
　　4. 企業アーキテクチャ …………………………………………… 398
　第4節　協業・分業とモジュール型生産システムの展開 ……………… 400
　　1. 分業・協業とモジュール型生産システム …………………… 400
　　2. モジュール型生産システムの展開 …………………………… 402
　　3. セル生産システムと労働の人間化 …………………………… 404
　第5節　生産システム進化の到達点と課題 ……………………………… 406

フェーズ5　循環統合型生産システム …………………………… 409

第11章　終章　循環統合型生産システムの模索 ……………… 410

　第1節　現代生産システムの課題 ………………………………………… 410
　第2節　生産循環と生産システムの展開 ………………………………… 411
　　1. 自然循環・生産循環・生命循環 ……………………………… 411
　　2. 生産システムの進化と自然循環との対立 …………………… 414
　第3節　循環統合型生産システムの論理 ………………………………… 416
　　1. 循環統合型生産システムの意義 ……………………………… 416
　　2. 動脈流と静脈流の循環 ………………………………………… 417
　　3. 循環統合型生産システムの技術的条件―環境技術とIoT技術― … 419
　第4節　循環統合型生産システムの原則 ………………………………… 423
　第5節　おわりに …………………………………………………………… 426

引用文献 ………………………………………………………………………… 428
事項索引 ………………………………………………………………………… 439
人名索引 ………………………………………………………………………… 447

序章
生産システム研究の課題と本書の構成

第1節　生産システムの本源的意義

1. 人間の生産活動と労働

　生産活動の目的は、人間生活におけるその個別的・社会的有用性（機能・価値）の創造にある。古来より、人々は生産活動をつうじて衣食住に必要な物を獲得してきた。物質的な安定は人々の日常生活を豊かにし、物質的な蓄積は人々の社会的生活を保証した。その結果、人間は、生産活動をつうじて自然的生活のみでなく経済的、社会的生活を送ることになった。すなわち、人間にとって生産活動は、物質的・精神的生活の根本となり、社会的価値の源泉となり、文化的発達の条件となった。こうして、生産活動の規模を拡大し、したがってその社会的性格を強めることを人類の歴史的必然とすることになったのである。

　では生産活動の根源は何か。それは、人々がみずからの肉体的・精神的能力（労働力）を用いて必要とされる生産物の機能としての個別的・社会的な有用性の獲得を目的として働くこと、すなわち労働である。言いかえれば、それは、労働力に蓄積された肉体的・精神的機能が自然的対象に加えられるプロセスである。人間は、物質的・精神的生活の発展を目的としてその機能の向上をめざしてきた。そして、労働に際してその機能をより効果的・効率的に実現するために、みずからの機能能力の向上、すなわち技能の向上（熟練）に努めるとともに、その機能の仕組みを内在させた技術（道具、機械）を発明し、これを労働の手段として累積的に拡大した機能を担わせることになった。機能とは、したがって原動機能、構想機能、制御機能などの機能主体の機能化の仕組みであり、本来自然法則に根ざした「働き」（function）いわば作用力である。

「働き」は人間に対象化されて労働力となり、それが物的に対象化されて技術となる。労働力は労働の主体的機能であり、技術は労働の客体的機能である。

こうして、生産（労働）の過程とは、労働の主体的機能である労働力と客体的機能である技術（労働手段）および労働の対象としての原材料の、いわば生産諸要素機能の結合のプロセスなのである。

2. 労働の機能としての熟練の機能と分業の機能

労働者は、長期の習熟期間をつうじて獲得した熟練を媒介に、生産の能率を向上させることだけでなく、みずからの作成する製品をより美しいもの、より機能の優れたもの、より丈夫なもの、より精巧なもの、すなわち、より優れた品質の製品に仕上げること、いわば品質の向上と生産性の向上とを労働の2つの基本的な機能とした。熟練は労働の機能を促進する最大の要因であり、生産の質的・量的水準はいわばこの熟練の機能（the function of skill）に規定された。

熟練は、2つの局面において労働の機能を促進する。それは、習熟によって労働力の内部に蓄積された技能としての熟練が、具体的労働の過程において発現する2種類の機能要因の意味である。第1は、作業の質と量における労働機能の促進すなわち作業的熟練の機能（the function of operative skill）であり、第2は、作業工程の計画、作業遂行の指揮、作業工程の統制における労働機能の促進すなわち管理的熟練の機能（the function of managerial skill）である。

まず、作業的熟練の機能は2つの機能から構成される。第1の機能は、より優れた品質の製品を構想し、これを製作することを目的とする品質向上の機能（質的機能）である。道具や単純な機械を手段として複雑・精巧な製品を作り出す場合には手工的に高度な熟練が必要となる。また労働手段の発達とともに機械の制御・生産工程の制御には新たな熟練が必要となる。労働者は、労働過程の諸要素の条件に対応して、これらの諸条件を的確に判断し、最も合理的な手段・方法を選択して、これらを柔軟に駆使しながら精密で高品質の製品を作成しなければならない。優れた構想力、高度な知的技能、柔軟・精密な操作運動能力、品質の検定力、これらの諸能力の高度化（熟練の外的機能の質的高度化）は、習熟によって獲得された構想力、外部情報の検出力、記憶力、内部情

報処理能力などの諸能力の高度化（熟練の内的機能の質的高度化）によってもたらされる。

　第2の機能は、生産性向上の機能（量的機能）である。習熟の過程は、一方で肉体的・精神的諸能力の質的高度化を実現するが、同時に外部情報の検出力の高速化、内部情報処理の高速化（熟練の内的機能の量的高度化）を実現する。その結果、熟練の量的高度化は、操作運動の高速化（熟練の外的機能の量的高度化）、すなわち労働生産性の向上を可能にする。

　しかしながら、熟練は個人の労働能力の枠を超えるものではない。熟練の機能は、それが個人的レベルで発揮される限り作業の規模、生産性には限界がある。この限界を打破するための生産革命は協業と分業の導入であった。協業は、多数の労働力の特定作業への集中的運用、労働手段の共同利用を可能にすることによって個々人のいかに優れた労働能力をもってしてもなしえなかった作業遂行を可能にした。また、分業は、一連の作業工程を行う労働者の作業を分割し、個々の作業の専門化をはかり、これらの作業への労働力・生産手段の集中的運用をはかることによって生産性を飛躍的に高めた。協業・分業のこれらの機能を分業の機能（the function of division of labor）と呼べば、分業の機能は作業的熟練の機能を拡大延長する労働の客体的機能となった。

　また、労働手段の発達は、自然法則に従った独自の生産能力を追加することによって熟練の機能の限界を延長させ、その集中的運用を促進し、労働生産性を飛躍的に高めたが、労働力を基準に編成されていた分業組織は、労働手段の発達とともに機械的分業に再編成された。そして、それは分業の機能を著しく向上させるとともに熟練の機能の質的変化をもたらすことになった。

　第2の熟練の機能は管理的熟練の機能である。生産の過程は、労働者が具体的な作業工程において労働対象に働きかける労働の過程である。それは、作業的熟練の機能の発揮の過程であるとともに、製品の製作過程を計画し、計画どおりにその製作過程を維持し検証する過程、すなわち作業の管理の過程である。この管理の機能は、労働の過程が個人的に展開される場合、熟練の機能として労働者に黙示的に内在している。しかし、協業・分業の導入によって複数の労働者による組織編成がなされるやいなや、分化した個々の作業の統合の機能、すなわち分割された作業工程の計画・指揮・統制という管理の機能が重要

になる。統合の機能が適切に働かなければ分化の機能がどのように進展しようとも、そのメリットを生かすことができないからである。それは、分業の規模すなわち機械化の進展および作業工程数が拡大すればするほど重要なものとなる。労働者は、生産過程の主体者として、分割された作業工程の統合の機能、いわば分業の管理という新たな機能を熟練の機能に追加しなければならない。こうして、分業の機能の最適な実現は、さしあたり熟練の機能に依存するのである。

　しかしながら、協業・分業は、直接的作業工程に限られるわけではない。労働手段の発達を基盤とする生産能力の発展は、社会の技術的・経済的連関の複雑化と多様化とを促進し、これに伴って製品の構想・設計、原料・部品の購買、製品の製作、製品の配送など、川上から川下への生産循環過程における水平的・垂直的分業が進展すると、労働者個人に内在する作業的熟練の機能と管理的熟練の機能との間の矛盾が拡大し、作業と管理の分業、管理過程の分業が必然化せざるを得ない。こうして、分業の規模と管理的熟練の機能との矛盾が管理的熟練の機能の客体化、すなわち管理機能の自立化をもたらす。管理の機能は、いまや客体的な分業の機能として現れる。しかしながら、そのプロセスは、協業・分業の高度の発達を基盤とする資本主義的生産関係において、熟練の機能の客観化とこれの経営者側への移転・集積の歴史的過程に待たねばならないのである。

3. 生産機能体系としての生産システムの意義

　発達した協業・分業体系は、多数の協業・分業する労働力と生産手段の機能体系、およびこれらの諸要素を調整し分業全体の統合をはかる管理機能の体系、そして分業の持つこうした機能体系を結合するコミュニケーション（情報）機能体系の総体すなわち生産システムとして捉えることができる。換言すれば、生産システムとは、熟練の機能および分業の機能という労働の機能を最大限に発揮させるための機能体系であり、より高品質な製品を最も効率的に生産し、すみやかに消費に結びつけるための生産組織体制であるといえる。

　それは、図0-1で示されるように、環境機能的側面、要素機能的側面、循環機能的側面、そして組織機能的側面という4つの機能的側面から構成される生

序章　生産システム研究の課題と本書の構成　5

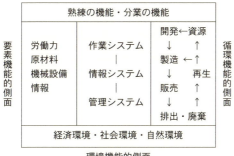

図0-1　生産機能体系としての生産システム

出所：筆者作成

産機能体系として表すことができる。

　環境機能的側面とは、生産システムが展開する時と場所における機能化の条件を規定する側面で、経済、社会、自然の3種の環境機能が考えられる。経済環境は、生産システムが展開する空間の経済的条件で、市場、産業、労働という3種の環境が考えられる。市場は生産諸要素の市場環境、産業は産業技術、社会的分業構造、労働は雇用制度、労使関係などを意味している。社会的環境とは、歴史的に蓄積された社会的価値観・慣習に基づく社会的・文化的生活様式・慣行、労働力の再生産に関わる教育制度、企業行動を規定する法律や社会システムなどである。そして自然環境は、生産システムの自然的条件を規定する環境で、地質、空気、水、気候などの風土・天然資源などの自然環境である。生産システムは、これら3種の環境機能に規定されつつこれに適応することによって地域的特質に根ざした機能展開を行うのである。

　つぎに、要素機能的側面とは、生産システムを労働力、材料部品、機械設備、情報などの生産要素機能の体系として理解した場合の側面で、生産目標に対する人的・物的資源の素材機能体系を意味している。また循環機能的側面とは、資源・製品開発、材料・部品購買、製品生産、製品配送、製品販売という、いわばサプライチェーンの過程と、近年とくに問題とされる生産過程と消費過程からの排出・廃棄物を再資源化するリサイクルチェーンとの生産循環過程、いわば生産の動脈流と静脈流の循環機能体系として理解した場合の側面で

ある。そして、最後の組織機能的側面とは、他の3つの機能側面を統合する、熟練の機能および分業の機能の組織的活動の側面で、情報システムを媒介として展開する作業と管理のシステム機能の側面である。

こうして、生産システムというコンセプトは、狭義には、工場現場の生産組織あるいは企業の生産と流通の組織体制を意味するが、これを広義に解釈すれば、それは産業レベルのそして国家レベルの生産と流通に関わる生産構造を意味する。それゆえ、生産システムの議論は、いわば企業・工場レベルの個別的な生産システムの議論から、1国の生産諸関係の政策と実践に関わる議論に至るまで、総合的な方法論を有する。そしてそれはまた、国際的諸関係における社会的な生産システムとして議論されるのである。

第2節　生産システムの歴史的意義

1. 生産システムの地域性と歴史性

生産システムは技術的・経済的コンセプトであるとともに歴史的コンセプトでもある。空間的コンセプトであるとともに時間的コンセプトでもある。一時代に適合した同じシステムが他の時代に適合するとは限らない。1地域に適合するシステムが他の地域に適合するとは限らない。特定の企業や産業に適合するシステムが他の企業・産業に適合するとは限らない。低コスト・システムとされた生産システムが高コスト・システムに転化することもある。主体的条件と客体的条件が時間的・空間的に適切に組み合わされるかどうか、生産システムは固定的コンセプトではないのである。それにもかかわらず、生産活動をシステムとして理解する理由は、協業・分業の高度化、すなわち技術連関の高度化・複雑化、経済連関の巨大化・複雑化など、国レベルあるいは産業、企業レベルの生産諸環境の変化に対応する生産活動を生産機能諸要因の有機的連関性のなかに理解する必要性からである。

このように、生産システムの歴史性とは、特定の生産システムが創造・展開される時間性、すなわちその生産システムが作り出された歴史的条件、およびその生産システムが展開される歴史的役割のことである。生産システムは、そ

れが社会的存在である限りにおいて歴史的規定を免れることはできない。また、特定の生産システムを形成した歴史的条件は時間とともに変化する。それが展開される空間性（企業、産業、国家など）の条件も時間とともに変化する。言いかえれば、特定の歴史的条件の中で生み出された生産システムの機能が新たな歴史的条件の中で展開する時、その機能は新たな歴史的条件の規定を受ける。すなわち、生産システムの時間的・空間的有効性には限界があり、その限界を止揚する新たな生産システムの構築、それが生産システムの進化なのである。

2. 生産システムの進化

　生産システムは、それが展開される地域の自然的・経済的・社会的環境を条件としつつ、利用可能な生産諸要素をいかに合理的に統合し、そこから最適な熟練の機能と分業の機能とをいかに引き出すか、すなわち、生産機能体系における機能の合理的な統合を実現するための客観的なシステムの構築を重要な課題として展開されてきた。いわば、生産システムの発展は、資源・エネルギーの発見と開発、資源＝素材を製品化するための製品・生産技術の開発、そしてこれら素材と技術とを合理的に組み合わせてより良い製品をより効率的に生産して速やかに消費システムに結びつけるための組織的努力の中で進化してきた。

図 0-2　生産システムの進化

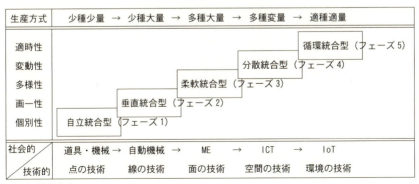

出所：筆者作成

図0-2は、産業革命期から現代までの生産システムの進化の過程を表したものである。図の横軸は時間的（情報処理の規模と速度）・空間的（物質処理の規模と速度）技術の発達軸であり、縦軸は消費システムからの社会的欲求の変化である。そして、これらの条件に規定された生産システムが5フェーズに進化してきたこと、各フェーズは前後のフェーズと重なりながら進化してきたことを示している。この進化のプロセスを概略すればつぎのようになる。

(1) テイラーシステムと自立統合型生産システム

フェーズ1は、近代的生産システム成立のビッグバンとなったイギリス産業革命期に始まる生産システムである。18世紀イギリス産業革命が現代生産体制の出発点をなすことに異議を唱える人は少ないであろう。ルネサンス期以降の自然科学の発達、地理的発見以来の世界貿易の拡大と商業資本の蓄積、封建的土地所有制度の崩壊などを背景として、革命的な技術革新と労働様式の変化とを特色とする産業資本の確立をめざす大運動、それが産業革命であった。

工場は、労働者の熟練の機能を基盤としつつ次第に機械作業による分業組織へと変化しつつあった。作業原理の革新によって生産規模が拡大し、投入される資源・エネルギーの量は飛躍的に増加した。石炭・木材の消費による煤煙が産業革命の象徴とされた時期である。18世紀末頃になると、ボールトン・ワット商会の蒸気機関生産の事例や、ロンドンでの銃器工業の事例、アークライトの繊維工業の事例などに見られるように、バーミンガムやシェフィールド、マンチェスターなどの部品工業の発達を基盤に、各地域に部品を発注し、これを集約して完成品を生産するという自立統合型生産システム、または個別統合型生産システム（Individual Integration）が形成されていた（堀江）。しかしながら、こうした段階での生産システムには、機械技術の発達水準、資本の規模、産業領域の狭隘性、市場規模など多くの制約があることもあり、また、もちろん同一の製品を大量に生産して販売するというような市場はなく、むしろ小規模の市場の個別的需要に対して熟練の機能を媒介に自立的に生産する生産システムが中心であった。

19世紀初頭、アメリカ合衆国に伝播した産業革命は、アメリカ合衆国の歴史性に規定されながら、独自の方法論による工業の発達過程を経ることになっ

た。その方法論とは、分化・単能化（最適化）・再結合という方法論で、複雑な製品も分解すれば単純な部品から構成されている。したがって、その単純な部品を斉一に大量に造れば、同一製品を大量に生産できるというものである。このような生産システムが形成された最大の理由は、熟練労働者不足と移民市場の大規模化というアメリカ的条件にあった。「互換性部品方式にもとづく大量生産体制」といわれるこのアメリカ型生産システムにおいては、機械が専用化するとともに、作業が次第に細分化されることになった。しかしながら、この段階での生産システムは、いまだ蒸気機関体系を技術的基盤とするもので、機械は蒸気機関からベルトをつうじて送られる動力によって個別に駆動する、いわば労働者がそれを使用して互換性部品を製作するという、基本的には熟練の機能依存のシステムであることに変わりはなかったのである。

19世紀末葉、アメリカ資本主義の独占段階への周期的恐慌期において、工業企業が厳しい競争環境の中で生き抜くための条件は生産コストの削減であった。熟練の機能に依存する生産システムにおいては、生産コストの中心は労務費であったことはもちろんである。しかしながら、賃金の削減には、労働者は「組織的怠業」をもって対抗する。このような、労働者の反発を抑え、コストを削減するという経営者の課題に応えたのが、テイラーシステムを嚆矢とする体系的な作業管理であった。F.W.テイラーは、熟練の機能に基づく生産過程に対して、分化・単能化（最適化）・再結合の方法論を適用した。すなわち、テイラーは、作業的熟練の機能の科学化（熟練労働の細分化・最適化・再結合）をつうじて作業的熟練の機能を客観化し、他方で管理的熟練の機能を労働者から管理者へ移転させることによって、管理者が生産過程の計画・指揮・統制を行う体系的管理システムを確立した。しかしながら、それは、労働過程の主体的要因を熟練の機能に求めるという点では、伝統的な生産システムの域を超えるものではなかったのである。

(2) フォードシステムと垂直統合型生産システム

フェーズ2は、現代大量生産体制（大量生産・大量消費システム）の出発点となったフォードシステムの垂直統合型生産システム（Vertical Integration）である。フォードは、テイラーの方法とは異なり、機械化された生産工程を、

熟練の機能でなく分業の機能に基づいて遂行される生産システムを構築した。すなわち、ベルトコンベアなどの搬送手段によって結合された機械的分業システムが、作業的熟練の機能と管理的熟練の機能とを作業者から切り離し、品質、作業速度を生産工程に吸収させた。それは、テイラーが熟練の機能の科学化によって作業原理のワン・ベスト・ウェイを追求したのと異なり、分業の機能の科学化（工程の細分化・単能化・再結合）による工程原理のワン・ベスト・ウェイを実現したフォード的特質であった。こうして、フォードは、自動車に対する大衆の欲求を満たすため、製品・生産工程の単純化・標準化、徹底した機械化・自動化、そして資源・エネルギーの採取・生産から最終製品の生産と輸送までをシステム化することによって生産システムを垂直的に統合し、文字どおり大量生産を実現したのである。フォードシステムは、アメリカ合衆国のみでなく、第2次世界大戦後の先進諸国の産業再編過程において大きな役割を果たし、自動車工業、電機産業など組立加工型生産を行う諸産業の原動力となったのである。

　しかしながら、フォードシステムの工程原理には2つの問題が内在していた。1つは、テイラーが熟練の分解と再統合を熟練の内部において行ったのに対して、フォードは細分化・単純化・標準化された労働機能を作業者から切り離し、これを部分工程の機能結合として再現したことである。こうして、作業者は、機械的分業システムが必要とする限りにおいて、媒介・調整の役割を果たすことになった。この熟練の機能と分業の機能の対立ともいうべき状況は、後述するように、疎外的労働に対する労働者の忌避を促進することになった。2つには、フォードの工程の細分化・標準化・固定化のシステムは、自動化された少品種大量生産システムには向いていたが、市場変動による生産量の伸縮や、多品種少ロット生産などの生産工程の柔軟な展開に対して容易に対応できるものではなかった。その意味では、フォードシステムによる分業の機能の展開はきわめて硬直的なものにならざるをえなかったのである。

(3) 日本的生産システム（トヨタシステム）と柔軟統合型生産システム

　これらのフォードシステムの弱点を克服するものとして登場したのが、1973年石油危機後に世界に伝播したトヨタシステムである。これは、石油危機によ

る世界的な市場の収縮とニーズの多様化戦略に対応して、複数の製品をフォードシステムでは不可能な同一ラインでの生産を可能にした生産システムで、分化・最適化・再統合という方法論でなく、分化と統合との間の合意的調整を基本としながら個別最適化と全体最適化との同時最適化を実現するという方法論に基づく柔軟統合型の生産システム（Flexible Integration）であった。

　トヨタシステムが、フェーズ3の生産システムとして世界的に評価された理由は、第1に、石油危機後の市場変動と消費者ニーズの多様化という課題に対して、マイクロエレクトロニクス（ME）技術の柔軟性と労働の日本的柔軟性とを適切に結合し、資源を有効に使用しながら、量的・質的に創造された消費者需要に多様な製品を供給するという、消費システムの拡大と生産システムの拡大とを結合する多品種大量生産のシステムであったこと、第2に、それが、テイラーシステムの熟練の機能の科学化とフォードシステムの分業の機能の科学化とを統合した生産システムとして評価されたことである。すなわち、それは、テイラーシステムにおいて労働者から分離された管理的熟練の機能の回復と、フォードシステムにおいて労働者から分離された作業的熟練の機能の回復とを実現すると同時に、フォードシステムにおける工程原理の硬直性をフレキシブルに止揚する生産システムとして評価されたからである（Jones, Daniel, et al.）。こうして、トヨタシステムは、生産システムの要素機能的側面および循環機能的側面に対する組織機能的側面を重視することによって、1980年代には「日本型生産システム」（ジャパナイゼーション）の時代を演出することになったのである。

(4) 市場革命、情報革命と分散統合型生産システム

　しかしながら、東西冷戦の終結は、生産システムの進化に3つの契機をもたらした。市場革命（グローバリゼーション）、情報（ICT）革命、地球環境問題がそれである。

　第1に、1989年11月9日のベルリンの壁の崩壊を画期とするグローバリゼーションの進展は、適者生存、強者必勝のボーダレスなグローバル大競争への突入を意味した。世界各国の生産と消費のシステムは、時間的・空間的な特質を持つ国内循環型システムから、グローバル・スタンダードにもとづく国際

循環型システムへの移行を余儀なくされた。それは、要素機能である人的資源・物的資源の国際戦略的配置、循環機能的側面の国際戦略展開、すなわち、地球レベルでの生産システムの国際戦略と、国際配置され各地域の環境機能的側面に規定された地域戦略との統合、いわばグローバル・スタンダードとローカル・スタンダードとの戦略的統合をめざすものである。このように、現代生産システムは、特定の生産システムが競争力を決定する段階から、競争戦略が生産システムを選択配置する新たな段階への生産システムの戦略性を認識させたといえるであろう。しかしながら、同時に、それは、閉鎖型組織構造の中で国内循環型システムを堅持してきた日本的生産システムの限界性と構造改革の重要性を認識させることになったのである。

　第2に、情報革命は、コンピュータ技術を媒介とする通信技術の発達が同時多面的情報管理を可能とすることによって、生産システムのグローバル展開における時間的・空間的制約を排除することになった。それは、熟練の機能の延長技術としての情報技術（ME）段階から、ネットワーク機能の本来的展開を可能とする分業の機能の延長技術としての情報技術（ICT）段階への移行として理解できる。すなわち、インターネットなど通信ネットワーク機能を媒介に、要素機能的側面ならびに循環機能的側面のグローバル展開を時間的・空間的に制御することによって、生産性、品質、コスト、納期の最適管理を実現しようとするものである。

　こうして、現代生産システムは、市場革命を必要条件としつつ、情報革命をその十分条件とするフェーズ4の分散統合型生産システム（Networking Integration）として特徴づけることができる。それは、一方で日本の「バブル経済」崩壊による日本型生産システムの影響力の低下、他方で「ICTバブル」によるアメリカ経済の再生が、アメリカ型方法論の復活と新展開をもたらしたことに始まる。すなわち、製品や生産工程そして企業組織について、これらを機能的・構造的部分（モジュール）から構成されるアーキテクチャとして捉え、モジュール分割と各モジュールの最適化を行い、そしてそれらを統合するというものである。そして、モジュールの最適化を、その統合のためのインターフェースの標準化に求め、その限りでのモジュールの自律性を保証することによって、製品開発、部品調達と生産工程、そして流通活動のグローバルな

サプライチェーン・ネットワークを構築するものである（青木・安藤、2002）。そして、この「モジュール型生産システム」は、グローバル競争下で求められる「スピードとコスト」に対応できる生産システムとして、現代生産システムを代表するグローバルスタンダードと位置づけられることになった。この方法論のグローバルな展開によって、先進諸国の生産システムのグローバル化、新興工業国の飛躍的な生産と消費の拡大、企業組織のグローバルな分割と連携による巨大化など、企業活動の規模は地球レベルで拡大することになったのである。

　以上のように、生産システムは、時間的・空間的に多様な形態を取りながら現代に至るまで進化してきた。それは、図0-2でも明らかなように、各フェーズの代表的な生産システムが、前後の生産システムと併存しながら時間的・空間的に進化してきたということであり、直線的・固定的に進化したわけではない。そこに生産システムの進化の意義がある。

(5) 環境ジレンマと循環統合型生産システム

　さて、次世代生産システムを展望する上で問われるのは、現代生産システム進化の第3の契機、地球環境問題である。生産活動にとって、自然環境はまず資源環境として現れる。産業革命以来の人類の生産活動の拡大、そして大量生産・大量消費社会の実現は、地球資源の消費（生産的消費＝生産過程での消費、消費的消費＝消費過程での消費）の巨大な増加をもたらした。重要なことは、この生産的消費・消費的消費が排出物・廃棄物を伴うということである。その結果、大量生産・大量消費・大量廃棄の物質循環が、地球の資源枯渇とともに、炭酸ガスをはじめとする地球温暖化ガスを大量に排出し、地球の気温を人為的に上昇させ、それが人類の生存条件を脅かしているということ、その現象が新興工業諸国の大量生産・大量消費・大量廃棄によって加速されているということ、ここに現代の生産活動の最大の問題がある。すなわち、生産活動と地球環境とが矛盾的関係にあるということ、まさにこの環境ジレンマと称すべき現象に対して生産システムはどのように対応するべきか。この環境ジレンマに対応する生産システムの構築、それが次世代生産システムへの現代的課題なのである。

本書では、こうした生産疎外ともいうべき環境ジレンマに対して生産システムの進化という視角から検討を加える。すなわち、生産システム進化のフェーズ5として、循環統合型生産システム（Circulatory Integration）を提起する。循環統合とは、生産システムの循環機能的側面である生産から消費までの資源の流れ、すなわち「動脈流」と、生産的消費・消費的消費の結果としての廃棄・排出物を再資源化して動脈流に環流するいわば消費から生産への物質の流れ、すなわち「静脈流」とを物質循環活動として統合するという意味であり、労働手段としての主体的な技術と生産環境としての客体的な技術とを統合するという意味であり、適種適量生産を原理（生産拡大の原理から生産制御の原理へ）として、地球環境（エコロジー）と市場環境（エコノミー）とを統合するという意味である。こうして、循環統合型生産システムは、生産原理のパラダイム転換による、資源環境と自然環境の統合、生産活動と地球環境の統合を実現する次世代の生産システムとして位置づけられるのである。

3. 資本主義工場制度と熟練の機能の疎外

ところで、生産システムの展開を歴史的に見るならば、それは、巨大な生産力の発展の歴史であるとともに、労働の過程における労働の疎外化の歴史として特徴づけることができる。

近代市民社会の形成は、人々を封建的な経済的・経済外的強制の束縛から解放し、かれらが自由で平等な「人間」として民主的に取り扱われることを宣言するものであった。そしてその経済的基礎は、科学技術の発達を基盤とする工場制度であり、資本主義的生産関係の下における企業活動であった。産業革命を契機とする新たな生産様式としての工場制度は、人々にかつてない物質的・精神的満足をもたらす大規模生産体制の発端となった。生産力の拡大が人々の生活スタイルを変化させ、それがまた新たな生産・雇用のチャンスを創出した。しかも、機械技術の生産過程への導入が過酷な労働から人間を解放し、労働の生産力の向上が人々の生活の向上を約束した。それは人間の本来的目的の実現を保証するかに見えた。しかしながら、労働者は、資本主義工場制度から2重の意味で疎外された。

第1は、作業的熟練の機能からの疎外である。機械的分業の発達による生産

過程の技術的性格が、客体たるべき機械技術に労働過程の主体的機能を担わせ、それが持つ技術的機能に労働者が適応するという主客逆転が、本来主体的に労働することに人間性の契機を求めてきた労働のあり方に重大なインパクトを与えたのである。すなわち、生産過程が、分業に依存せず、しかも技術でなく労働力を媒介として展開される場合には、労働者は、生産過程が必要とする機能の実現をみずからの責任において遂行することができる。作業的熟練の機能の発現は、かれの有する熟練の内的機能レベルに依存する。しかしながら、分業の進展によって作業工程の細分化が進むにつれ、個々の工程に要求される機能は極めて限られたものにならざるをえない。しかも、生産過程が主に生産技術を媒介として展開される場合には、熟練に要求される機能は、その生産過程自体が個別的にあるいは全体的に要求する機能の水準・範囲に規定される。すなわち、労働者が有する熟練の機能と生産過程が必要とする熟練の水準・範囲とが一致するとは限らない。ここに機械的分業における疎外的労働の根源の1つがある。いわば、機械技術の発達とその生産過程への導入によって、労働者は作業的熟練労働の主体者であることから自由になったのである。

　第2に、管理的熟練の機能からの疎外である。工場制度の発達は、協業・分業の高度化・大規模化をもたらしたが、生産と所有の自由な展開を原則とする資本主義企業生産においては、競争環境条件の変化の中で、品質と生産性の向上を基本機能とする生産活動の機能に、コストの削減という新たな機能が追加されることになった。製品の生産そのものでなく、製品生産を手段に製品の販売による貨幣価値の増加、いわば利益の獲得を主たる目的とする資本主義生産システムにおいては、企業は、生産システムを物質価値の側面からだけでなく、原価（コスト）という側面すなわち貨幣価値の側面から投下資本の効率的運用をはからなければならない。それは、熟練の機能と分業の機能の最適統合を実現するための生産管理の重要性を高め、経営者に対して、明確な目標を持ち、これを実現するための確固たる原理と体系的な生産体制を設定すること、すなわち、所与の主体的・客体的条件の下において、企業の生産活動の目標実現を熟練の機能と分業の機能の最適統合のシステムとして計画・統制することを求めた。しかしながら、労働過程における管理的熟練の機能が労働者の中に保持されている限り、生産システムを資本の意志として、資本の計画として組

織化することはできない。経営者は、生産手段の所有と労働力の占有とを前提に、生産過程の計画と統制のシステム化を求めて、管理的熟練の機能の客観化とその体系化とを出発点とする各種の生産管理方式を開発した。しかしながら、資本の意志としての管理方式の開発と強制のプロセスは、労働過程の統制権限をめぐる労働者と経営者の厳しい対立の歴史的プロセスでもあった。

こうして、近代工場制度の発達は、あるときは暴力的にあるときは平和的に、あるときは緩やかにあるときは巨大な速度と規模とを持って展開されたが、その過程で労働者が獲得したものは、科学技術の発達に伴う作業の主体者からの自由であり、資本主義的生産様式の発展に伴う管理の主体者からの自由であった。労働者が生産の組織者として、日常の労働と科学とを結びつける主体者として現れる限りにおいては、たとえマニュファクチュア的分業における作業工程分割の下においてさえ、労働者は「人間」としての本来的機能を発揮した。しかしながら、労働者が作業と管理の主体者としての地位を喪失するとともに、作業的熟練の機能、管理的熟練の機能は資本の機能に転化し、生産システムの組織化は所有者＝経営者によって担われ、労働者は、労働過程における主体者から「人間性」の喪失に対する抵抗者に転化することになった。

このような展開がテイラーシステム、フォードシステムにおいて体系的に行われたことは前述のとおりである。これに対しトヨタシステムが生産システムの根本原理を転換し、科学性と人間性との調和を実現したかといえば単純にうなづくことはできない。効率の極大化を図る作業システム、作業者の管理された自律性、これらは、むしろテイラー、フォード両システムの「科学性」を進化させ、人間性を「科学性」に埋没させるという循環をいっそう押し進めたとさえいえる。なぜなら、それは、かつてトヨタシステムに対する批判が「乾いた雑巾を絞る」とさえいわれる非人間性に向けられたことにも見ることができよう。こうして見ると、人間性の回復はいまだ現代生産システムの課題であり、人類の最大の命題であることに変わりはないのである。

第3節　生産システム研究の課題

1. 生産システムの21世紀の課題

　市場革命、情報革命、環境革命という生産システムの3つの現代的契機は、一方で競争原理のグローバル化、適者生存の熾烈な競争社会の進展を意味し、他方でそれが地球環境という人間みずからの生存基盤を脅かす、このような矛盾的状況をいかに調整し、企業社会の発展ひいては人類の一層の発展に結びつけるか、こうした課題を21世紀の人類に突きつけている。

　第1に、資本主義生産システムの発達は、熟練の機能、分業の機能をいかに経済合理的に最適統合するかを課題としてきた。しかしながら、それは、経済合理性を追求するあまり、生産の主体者である生命ある労働者の労働の在り方、製品生産における顧客＝生活者への配慮という点では、大きな問題点を残してきた。いわば労働の人間化、生活の人間化など人間を大切にする人間性重視のシステムをビルトインしなければならない。それは、近代市民社会の形成以来求められてきた人間性の回復という歴史的課題でもある。経済合理性原理から人間性原理への生産システムのパラダイム転換、これが第1の課題である。

　第2に、生産システムにおける自然環境とは資源環境であった。経済合理性の追求が資源の効率的浪費を生みだし、結果として環境汚染、有害製品の生産や廃棄問題などを引き起こし、その蓄積が、生産システムの存在そのものを否定する人類の地球生存権の軽視につながってきた。それゆえ、21世紀生産システムは、自然環境との調和をはかり、人類がめざす物質文明の新たな発展と人間の尊厳との整合性をはからなければならない。そのためには、これまでの環境効率性原理から環境適合性原理へのパラダイム転換すること、これが第2の課題である。

　第3に、競争原理のグローバル化は、強者必勝の論理をグローバル展開することによって、国際的な格差や貧困の原因になる可能性を含んでいる。しかしながら、グローバル・ネットワークによって国際価値循環を展開する生産シス

テム段階においては、1企業あるいは1国の利益のみを追求することは、結局はネットワークの効率性を確保することにならない。国際的な調整の中で、ネットワークに関わる全ての関係企業、地域の相互の利益追求が求められなければならない。いわば競争の原理から共生の原理へのパラダイム転換、これが第3の課題である。

2. 生産システム研究の課題

　生産システムは、人間の生存条件の拡大すなわち生活水準の向上に対する欲求にもとづいて、技術・労働様式の発展として進化してきた。また資本主義的生産様式は、これらの生産システムを市場経済の中で、営利追求の競争手段として利用してきた。それは、必然的な結果として富の偏在、分配の不公正などの経済的・社会的矛盾を生み出し、他方で資源枯渇．地球温暖化という地球環境と生産活動の矛盾すなわち環境ジレンマを生み出すことになった。現代はまさに、人類の英知の到達点と人類の生存の有り様が問われる決定的な段階にあることは間違いない。2011年3月11日の東日本大震災の事例は、このような意味において、生産システム研究に多くの課題を提起しているのである。

　では生産システム研究で明らかにできることは何か。本来、生産システム研究は、特定の歴史的段階の生産システムを形成する原理と仕組みの実態的研究、生産システムの進化とその諸要因の解明に関する歴史的研究、生産システムの本源的意義に関する理論的研究、地域的・産業的に多様に展開する生産システムの比較分析に関する実証的研究などを対象としてきた。しかしながら、広義には、人類史と生産活動いわば人類が地球上に存在することの意義を生産システムという視角から研究すること、言いかえれば、生産活動に集約された人類の英知を明らかにすることによって、つぎの世代に人類が生存できる条件、すなわちその原理と仕組みとを明らかにすること、これが生産システム研究の根本的課題であると考えるのである。

第4節　本書の構成

　本書は、第2節で解説したフェーズ1からフェーズ5までの生産システムの進化のプロセスに沿って構成されている。すなわち、序章では、本書のキーワードである「熟練・分業」と「生産システム」の意義を明らかにし、「生産システムの進化」のプロセスを概述することによって、生産システム研究の意義と課題について論じている。第1章では、本書の根本テーマである熟練の本質と特質について論じ、生産手段の発達によって熟練がいかに進化するのかを明らかにしている。第2章と第3章、第4章では生産システム進化のフェーズ1「自立統合型生産システム」について分析している。まず、第2章は、現代大量生産体制の発端であるアメリカ産業革命の技術的・社会的特質について歴史的に分析し、現代企業管理の嚆矢である科学的管理法の歴史的基盤について論じている。第3章では、科学的管理法の父F.W.テイラーのテイラーシステムについて、これを熟練の機能の科学化という視角からその歴史的意義を明らかにしている。第4章では、テイラーの一番弟子H.L.ガントの歴史的役割について、すなわち、テイラー理論を受け継ぎつつテイラー理論を批判的に発展させ、自動機械体系の下における生産管理、労働管理のあり方を提示したガント管理論の意義について論じている。第5章、第6章はフェーズ2「垂直統合型生産システム」について分析している。まず、第5章はヘンリー・フォードの経営理念、フォーディズムの根本思想について論じている。それは、顧客への奉仕動機（低価格）、労働者への賃金動機（高賃金）にもとづいて大量生産体制を実現し、それを基盤に人々の安定した生活を実現する福祉国家の建設をめざす経済思想である。第6章では、フォーディズムを実現する生産システム、すなわちフォードシステムについて、その論理と生産原理の革新の具体的内容について分析し、「垂直統合型生産システム」としてのフォードシステムの特質を明らかにしている。その上で、分業の機能の科学化というフォードシステムのシステム原理について、これをテイラーシステムのシステム原理と比較することによって、その本質を論じている。第7章、第8章、第9章は

フェーズ3「柔軟統合型生産システム」についての議論である。まず、第7章では、石油危機後の世界経済の転換期において、フォードシステムの矛盾を止揚し、生産システムに労働の柔軟性とME技術の柔軟性とを統合した日本的生産システムの国際競争力の要因を明らかにし、日本的生産システムの代名詞となったトヨタ生産システムの構造と特質、そしてシステム原理の革新の意義について論じている。第8章、第9章は第7章の補論で、第8章では、日本的経営の特質についての国内的・国際的議論を再検討することによって、日本の歴史的土壌の中で形成された日本の社会システムが「社会機能体」としての企業理念を形成したことを明らかにしている。第9章は、生産システムに柔軟性をビルトインし、しかも分業の機能にネットワーク機能をもたらしたME技術の技術的特性を明らかにしている。また、このME技術のネットワーク機能は、通信技術（インターネット）の発達によって生産システムに新たな展開をもたらすが、その意味では本章は第10章の補論でもある。第10章はフェーズ4「分散統合型生産システム」としてのモジュール型生産システムについて論じている。モジュール型生産システムはいわば現代の生産システムで、ICT技術で復活したアメリカ型生産システムである。本章では、分化・最適化・再結合の方法論にもとづいて、製品設計、製造工程、企業組織をアーキテクチャとして統合するモジュール型生産システムの特質について論じている。さて、第11章は終章で、生産システムの進化とともに生じている大量生産と自然環境との対立にいかに対応するのか。この「環境ジレンマ」の解決は人類存続の最大の課題といえるもので、本章では生産システムのフェーズ5として、「循環統合型生産システム」を提起し、循環統合の意義、その技術的条件、そして「循環統合型生産システム」形成の原則について論じている。

　なお、各章の初出論文（加筆修正）は以下のとおりである。

序　　章　「生産システムとは何か」『経営研究』（大阪市立大学）第53巻第2号、2002年

第1章　「労働の機能と熟練に関するノート」『経営研究』第64巻第3号、2013年

第2章　「アメリカ産業革命と科学的管理法の歴史的基盤」『経済学論集』（大阪経済法科大学）第40巻第2号、2017年

第3章 「F.W.テイラーによる熟練の分解過程と管理システムの形成」(1)(2)
『経営研究』第39巻第3号、第4号、1988年8月、10月
第4章 「H.L.ガント『課業賞与制』の展開とその意義」(1)(2)『経営研究』
第39巻第6号、第40巻第2号、1989年2月、7月
第5章 「フォーディズムと企業の社会的責任論」『企業社会責任の研究』鈴木幸毅・百田義治編、中央経済社、2008年
第6章 「フォーディズムと分業の機能の科学化」(1)(2)(3)『経営研究』第63巻第3号、第4号、第64巻第1号、2012年11月、2013年2月、5月
なお、第5章、第6章、および第7章の1部は『フォードシステムともの作りの原理』(学文社、2016年4月)として発刊している。
第7章 「国際競争力と『日本的生産システム』の特質」(1)(3)『経営研究』第42巻第2号、43巻第2号、1991年、1992年、および「現代企業経営とフレキシビリティ」『現代企業経営とフレキシビリティ』坂本清・櫻井幸男編、八千代出版、1997年
第8章 「日本的経営論再考」『経営研究』第59巻第4号、2009年。
第9章 「ME(マイクロ・エレクトロニクス)の技術的機能の本質について」『経営研究』第45巻第2号、1994年
第10章 「生産システムの進化とモジュール型生産システムの形成」『経営研究』第55巻第2号、2004年
第11章 「循環統合型生産システムの模索」『環境新時代と循環型社会』浅野宗克・坂本清編、学文社、2009年

第1章
労働力の機能と熟練に関するノート

第1節　機械文明と労働

　歴史的に見れば、人類は2度の技術の大転換を経験した。筋骨・脈管系労働手段の技術革命が人間生活と労働様式の質的大転換をもたらした産業革命、そしていま一度は神経系労働手段すなわちコンピュータ（情報技術）の社会生活、労働過程への展開、すなわちエレクトロニクス革命である。

　産業革命は人類に機械文明への門戸を開く槌音であった。工場における生産活動は、すでにマニュファクチュアという技能労働者（および徒弟）の分業組織として展開されていたが、原動力として蒸気機関が、そして労働者の作業活動に代置する作業機械が工場に導入されることによって、労働様式は次第に機械作業の分業組織（機械制工業）へと変革されていった。それはまた、手工的熟練を発揮する労働過程の主体者から、機械の機能に支配される労働者への労働の機能の転換過程でもあった。こうして、人類の歴史は、この産業革命を契機に労働様式のみでなく人々の社会生活の様式についても大きな質的・量的変化—機械文明への飛躍—を経験することになった。

　そしてさらに、人類は機械文明の中でいま一度の労働の機能の大転換を経験することになった。それは、情報技術の発明とその労働過程への導入である。情報技術が人間の神経系機能の1部を代置することによって、人間は労働過程の直接的な制御機能から自由になった。言いかえれば、人間は、ますます直接的労働から引き離されることになったのである。人類が労働をつうじて文明・文化を作りあげて来たとするならば、機械文明は労働を豊かにしたかという命題が、人類の存在を規定する「労働」の現代的意義を問うていることは明らかである。

本章は、人類史の根本要因は労働にあるという視点から、産業革命期から現代に至る労働の機能の変化、いわば機械技術の発達過程と労働の機能の変化について、とりわけ労働の本源的機能である熟練に焦点を当て、諸論を整理したものである。

第2節　労働力の機能と熟練

1. 労働力の本源的機能としての創造的力能

　人間はなぜ生産活動を行うことができるのか。それは、人間のみが計画的・意識的に生産活動を進めるための創造的力能（クリエイティブ・コンピテンシー、creative competency）を有する動物に進化したからである。人間は、この創造的力能を媒介に自然に適応し、自然に働きかけることによって、製作物を構想し、道具を作成し、新たな生産の方法を開発した。換言すれば、人間は、筋骨や脈管などの肉体的な力能を手段としてこの創造的力能を対象に反映させる活動、すなわち労働を通じて生産活動を行ってきた。人間はまた、逆に、生産活動をつうじて創造的力能を発達させてきた。それゆえ、生産活動は人間の創造的力能発達の原因であり、また結果なのである。そして、経済社会の現代に至る発展過程とは、人間の創造的力能を本源とする生産活動の進化の過程であったといえるのである。

　それではこの創造的力能はどのようにして生産物に対象化されるのであろうか。図1-1は、人間の精神的・肉体的諸機能（労働力）が労働対象としての自然（資源）とどのように関わり、これら諸機能をつうじて人間の創造的力能がどのようなプロセスによって対象に反映するのかを示したものである。まず、物理力（物理的法則性）と化学力（化学的法則性）とを有する自然は、生物の生命環境であるとともに、人間の生産活動に対しては資源環境として現れる。一方人間は、筋肉・骨・筋などの筋骨系と血管やリンパ管などの脈管系、末梢神経系（感覚部）から脊椎・大脳に至る中枢神経系によって構成される機能集合体である。これらの諸機能が手足という自らの「操作器」をつうじて労働対象（資源）に動力を加えつつこれを制御しながら変形すること、これが労働で

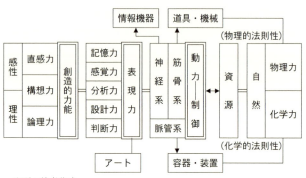

図1-1 創造的力能と労働の過程

出所：筆者作成

ある。いいかえれば、動力と制御の機能は労働力の基本機能である。そして、「何を作るのか」「どのように作るのか」という創造的機能については、中枢神経系の機能である創造的力能に依存する。創造的力能とは、理性と感性とを基盤に、「何を作るのか」「どのように作るのか」を直感力と論理力に基づいて構想する能力のことである。そして、創造的力能が労働の成果にどのように反映するかは、身体に蓄積された表現力（簡潔にいえば、アイデアを形にする能力）に依存するのである。この表現力がアート（Ars, Art）といわれるものである[1]。表現力は、記憶力、感覚力、分析力、設計力、判断力などの神経系の諸機能と、直接的な動力・制御機能を担う筋骨・脈管系機能との統合能力であるが、その能力の高度化は、具体的な労働過程における習熟の結果としての技能（熟練）として現れる。こうして、表現力は、自らの筋骨系機能を手段として創造的力能を対象に反映するのである。

しかしながら、重要なことは、筋骨・脈管の諸機能は、物理的および化学的法則性に基づいて製作した道具・機械、容器・装置などの自立した労働手段として、また、神経系諸機能についても情報機器として「代置」「延長」することが可能であるが、創造的力能については、これを労働手段として外部化することはできない。いいかえれば、創造的力能が筋骨系・脈管系・神経系の諸機能を「手段」として使用するのである。したがって、労働手段がいかに発達したとしても、創造的力能は人間労働力の内部にあり、分離することはできない

本源的機能なのである。

2. 熟練の意義
2-1. 労働力の機能としての熟練

アダム・スミスは、熟練の意義について、生産物消費における国民の充足は、人口に対する生産物の割合で決まり、その割合は「第1に、その労働が一般に充用されるばあいの熟練・技巧および判断（skill, dexterity and judgement）、また第2に、有用な労働に従事する者の数とそういう労働に従事しない者の数との割合、によって規定されざるをえない。（中略）そのうえ、この供給が潤沢かまたは乏しいかは、これら2つの事情のうち、後者よりもいっそう多く前者に依存しているように思われる」（Smith, 邦訳、90頁）とのべているが、生産活動の規定的要因が労働力に備わる熟練にあること、いわば生産力の根本的要因が熟練にあることを指摘したものである。

生産活動は、労働力と生産手段との結合によって遂行されるが、この場合、労働力は、原動力として、あるいは「本来の意味での操縦者」として（Marx, a, 邦訳、649頁）、計画・実行・検証の労働を担当する。それゆえ、労働手段が未発達の状況においては、労働者はみずからの有する精神的・肉体的能力を直接労働対象に体現しなければならない。しかしながら、この場合においても、単純な道具を駆使することによって、製品に体現されたその出来ばえがその製品の価値を決定することになる。したがって、労働の目的を明確にし、製品の価値を見極める判断力、製品製作のための計画的・検証的能力を身につけると同時に、道具を媒介とするみずからの「操作器」が製品の質・量に最大限に表現されうるように、道具の操作の仕方のみでなく、製品製作の全過程について習熟しなければならない。それは、労働手段の発達によって労働の形態が変化したのちも、基本的に変わるものではない。

しかしながら、熟練というコンセプトは、尾高煌之助が「便利ではあるが同時にあいまいで把え難い」（尾高、17頁）とのべるように、これを正確に規定することは容易ではない。技能や技巧、技量あるいは勘やコツ・わざなど、これらは熟練に関連する用語であるが、一般に、製品や作業工程を構想する能力、道具や機械を巧みに使用する能力や、製品の出来ばえを判定する能力、こ

のような能力が高度に備わっている労働者を熟練労働者と呼んでいることに間違いはない。そこで、まず、生産活動の主体的機能である労働能力、その根本的要因である熟練の概念について検討しよう。

2-2. 熟練の規定に関する諸説

旋盤工で作家の小関智弘は、熟練職人には、腕の良さ、手先の器用さのみでなく、知恵すなわち長い経験の中で培われた現場の知恵があるという（小関、139-140頁）。同様に、渡辺則之は、技能とは「筋肉的修練や運動神経的な熟達だけに限定できず、そういうものの発動力となる知能的な技能をも包含して考えなければならない」（渡辺、40頁）として、「技能は、人間の中に蓄えられた技術であり、」（渡辺、39-40頁）「練習によってからだが覚える作業能力で習熟によって水準が上がり、主に生産の場において、知的能力とあいまって、行動として発現されるもの」（渡辺、51頁）という[2]。また、尾高は、「熟練労働者とは、資本設備を駆使して、速くしかも無駄なく生産する技能を身につけた人々のことをいう。技能の中には、いわゆる『腕の良さ』だけではなく、その製品に関する知識や、生産に当たって必要な判断力も含まれる」（尾高、17頁）とする。

これらの諸説を総合していえることは、熟練というコンセプトは、第1に、作業の遂行過程において、学習・訓練によって作業者の内部に蓄積・固定化されるものであること。第2に、それは作業における技能だけでなく、それを行うための各種の知識をも含む概念であること。第3に、技能は手先の器用さ、道具や機械を駆使する能力、迅速な作業などの運動技能と、作業遂行過程で必要となる選択・判断力いわば知的技能とから構成されるということである。

しかしながら、注1）のアートの分析でも明らかなように、技能が創造的力能の表現力であるとするならば、製品や生産工程に関する創造的力能（直感力、構想力、論理力）との関連において熟練は規定されるべきであろう。すなわち、本来的には人間の生産活動は、理性的アートと感性的アートとを統合的に実現することを目的としていた。いわば、熟練とは本来的にはこれらアートの統合的概念として考えられるべきなのである。この点、H.ブレイヴァマンは、「構想」と「実行」という視角から、このような意味での統合的な熟練の

概念を提起している。かれは、科学的管理法研究のR.ホクシーを引用しながら（Hoxie, pp.131-132）、熟練が手先の器用さや技能（「熟練技能」（craft skill））および労働過程における素材や工程に関する知識の蓄積（「熟練知識」（craft knowledge））から構成されること（Braverman, 邦訳、153-154頁）、そして、前者が労働過程の物質的過程としての作業の「実行」を意味するのに対して、熟練知識こそ「構想」の内容をなすものであり、「工程の始動にさきだってそれを事前に構想すること、各労働者の活動が実際に始まるまえにそれを具体化すること、各機能をそれが要する時間とともに想定すること、ひとたび工程が始まればその進行を統制し点検すること、工程の各段階の終了ごとに結果を査定すること」(Braverman, 邦訳、140頁）、すなわち、作業の設計・計画・実行・計測・記録、点検・査定という作業の全工程に関わる技能を熟練の内容とするのである。

　こうした熟練の規定の体系化を行ったのが、技術史研究家の岩淵誠一である。それによると、熟練は「知識と技能で成り立ち、一方の知識とは、基礎的科学知識と専門的工学知識およびその作業遂行に必要な各種の情報が集積されて構成していると考えている。他方、技能とは、学習・訓練によって集積されている知識・情報の中から、作業にあたってその必要なものを選択・処理し、それを最適なものとして判断（意志決定）する知的操作技能と、この目的に向かって必要な手段（道具や機械など）を使用しながら、外的行動として表現していく運動技能の二つの側面から構成されていると考える。（中略）この知識と技能は、（中略）計画・準備・実行・検証の作業構成段階（中略）を遂行していくことで、それに沿ったかたちで作業者個人の内部に蓄積され、系統化、体制化されるもの」（岩淵、55-56頁）であるとしている。

　以上のように、労働者は、具体的労働の過程で計画、実行、検証という機能を果さなければならない。それは、労働の過程において起こる各種のトラブルに対応する機能を含むものである。重要なことは、岩淵ものべているように、熟練が、こうした作業サイクルに対応して蓄積されるということである。すなわち、計画、実行、検証に関する労働能力としての知識、技能の蓄積である。したがって、たとえば計画労働に必要な記憶力、創造力、実行労働に必要な器用性、注意力、検証労働に必要な計算能力、判断力など、人間の有する蓄積さ

れた能力のうちのある種の能力が労働能力として計画、実行、検証労働に参加し、それが習熟によってある一定水準の具体的な知識や技能として労働力の中に蓄積、固定化される。それが熟練であると理解してよいであろう。

しかしながら、労働能力のある種の状態ないし水準をしめす熟練概念は、具体的には、歴史的発達段階に規定された労働過程の中で発揮されるわけで、一定の技術的・歴史的段階における労働過程の具体的な性格が熟練の内容を規定することになる。この熟練の歴史性、すなわち、労働手段の水準・規模、労働対象の質・量、分業・協業の大きさ（生産形態）などの時間的・空間的性格に規定されながら、熟練はその社会的形態をもって現れるのである。

3. 熟練の特性

熟練が生産性向上機能（量的機能）および品質向上機能（質的機能）という2つの機能を有することについては前章において説明したので、ここでは客観性、相対性、汎用性という熟練の特性について検討しよう。

第1に、熟練は、一定の生産目的に従っての労働機能遂行に関する主体的知識・技能を意味するが、それは、明示的知識、技法、理論などとして情報化＝客観化されうる特性をもつ。言いかえれば、熟練とは、いわば労働過程の具体的内容に関する機能情報の労働力内部への蓄積・固定化を意味している。頭脳による情報処理を含む労働力内への「内部化」の過程が習熟である。したがって、この内部化された熟練を技法として伝承したり、知識を「暗黙知」から「形式知」に情報化するといった、この熟練の機能の客観性が「熟練の移転」を可能にするのである。テイラーシステムにおける熟練の機能の科学化は、まさにこの熟練の客観性を実証したものである。たしかに、小池和男の「知的熟練」論（小池、1982）に見られる熟練の暗黙性は、労働力という労働過程の主体的要因が関わる限りにおいて残存するのであるが、それにもかかわらず、労働過程の高度化と熟練の進化の過程において、熟練は、その客観性を量的・質的に拡大するのである。

第2に、熟練の相対性である。図1-2は、作業の質が肉体的か精神的か、あるいは複雑か単純かという相対性に対応して、熟練概念がきわめて相対的であることを表したものである。

図 1-2　熟練の相対性

出所：筆者作成

　知的熟練、手工的熟練などという規定は、熟練内容の相対性を反映した概念である。また、熟練・半熟練・不熟練という概念についても、きわめて相対的意義を有する。ブレイヴァマンは、この半熟練労働という概念そのものに懐疑的であり、「分類を行う者による人為的区別」(Braverman, 邦訳、468頁) にしか過ぎないとしている。またこの熟練の相対的意義についてマルクスは「社会的平均労働に比べてより高度な、より複雑な労働として意義をもつ労働は、単純な労働力と比べて、より高い養成費がかかり、その生産により多くの労働時間を要し、それゆえより高い価値をもつ労働力の発揮である」(Marx, a, 邦訳、337頁) と、熟練労働に相対的に高い価値を認めているが、その相対性は、現実の過程ではつぎのように真の熟練の価値とは異なった表れ方をする場合があるとしている。すなわち、「高度な労働と単純な労働、『熟練労働』と『不熟練労働』とのあいだの区別は、一部分は単なる幻想にもとづくか、または少なくとも、実在することをとうにやめていていまや伝統的慣行において残存しているにすぎない区別にもとづいており、また一部分は、労働者階級のある階層がよりいっそう孤立無援な状態にあり、そのため、これらの階層が自分たちの労働力の価値をたたかいとる力を他の階層よりも弱めている、ということにもとづいている。この区別にあっては、偶発的な諸事情が大きな役割を演じるのであって、同じ労働種類が地位を替える場合があるほどである。たとえば、資本主義的生産の発展したすべての国におけるように、労働者階級の体質が弱められ、かなり疲れ果てているところでは、一般に、筋力を多く必要とする粗野な

労働が、はるかに精妙な労働と地位を替えて高度な労働に逆転し、精妙な労働が単純労働の等級に低落するのである」(Marx, a, 邦訳、338頁注)とのべ、熟練の相対性の社会的意義を指摘している。

第3に、熟練の汎用性である。人間の労働能力の汎用的性格は、本来、手足の汎用的性格と頭脳作用の汎用的性格に規定されているが、労働者が汎用的労働手段に対応した汎用的熟練を獲得する場合はもちろんのこと、汎用性の少ない単能熟練の蓄積過程においてさえ、一定の汎用的能力を習得して内部化できるということ、すなわち、個別作業の熟練すなわち単能熟練の代替的・応用的性格である。したがって、単能熟練の「多能化」は、単能熟練の時間的・領域的総和を超えるということである。それゆえ、特定の仕事で熟練した労働者は、他の仕事でもより速く熟練することができる。この意味では、高度の汎用性を有する熟練労働者を「多能工」に対して「汎能工」と呼ぶことができるであろう。また、熟練の汎用的性格は、労働対象の変化に対してもいえることである。加工する対象の相違にかかわらず、一定の範囲で異なる対象に対してその熟練を応用することができるということである。

4. 熟練と多能工

かつては、熟練工といえば汎能工としての職人を意味した。手工的熟練とともに知的熟練を有する労働者が労働過程の担い手であったからである。機械工、鋳物工、熔接工、木型工などは、それぞれの領域で長い習熟の後に熟練工といわれる職人に成長した。機械化が進展している現代においても、創造的力能をはじめとする労働者の「暗黙知」あるいは小池和男のいう「知的熟練」が必要な生産領域は多々ある。一方、いつ頃からか多能工というコンセプトが出現した。多能工とは、もちろん職人型の熟練工と同義ではない。そこには2つの理由がある。1つは、分業と機械化の進展とともに、生産工程は細分化・機械化され、必要とされる労働も同様に細分化・単純化され、汎能型熟練でなく単能型の熟練による分業工程として組織化されてきた。代表的なものは、コンベア型流れ作業方式による生産ラインである。しかしながら、市場が多様化し、多品種少量生産が求められるようになると、生産工程に柔軟性が求められるようになる。すなわち、多種の製品加工とロットの変更が必要になるからで

図1-3　熟練形成の2つのタイプ

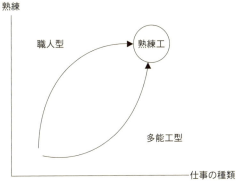

出所：筆者作成

　ある。このような生産工程の柔軟な変更に求められる労働者は、単能型の労働者ではなく、作業の変化に柔軟に対応できる多能型の労働者、より多くの作業工程に対応できる労働者である。熟練度よりもまず多様な流れ作業に対応できる労働者が求められる。当然のことながら、それぞれの作業に習熟し、次第に工程全体の作業に習熟するには相当の時間がかかる。これが多能工型の熟練形成である。図1-3は、かつての職人型熟練形成と多能工型の熟練形成との比較を表したものである。

　いま1つの理由は、流れ作業における単工程反復労働がもたらす労働意欲の低下、労働者の労働能力と必要労働（単工程・単純労働）との乖離すなわち労働疎外に対応して、多くの工程を担当させることによってこの矛盾を緩和しようとする労務管理的理由である。組立工程のような、手労働を主体とする作業工程においては、複数工程の多様な作業を担当することによって、労働意欲が高まるとともに、細分化された作業工程全体に対する責任意識も増進する。また、多工程を複数人数で担当することによって、協業的性格から他の作業者との競争意識も強まるのである。

　こうして、多工程を担当する多能工は、複数の単能熟練の同時的蓄積によって、次第に熟練工の領域に到達するのである。

第3節　労働手段の発達と労働の機能

1. マルクスの機械体系論と労働手段の発達

　労働手段とは、マルクスによれば、「労働者が自分と労働対象とのあいだにもち込んで、この対象にたいする彼の能動活動の導体として彼のために役立つ、1つの物または諸物の複合体」であり、「彼が自分自身の肉体的諸器官につけ加えて彼の自然の姿を引き伸ばす」（以上、Marx, a, 邦訳、306頁）ものである。すなわち、労働手段とは、創造的力能を対象に反映させるために、筋骨系、脈管系、神経系から構成される肉体的諸器官の諸機能を代置・延長する、労働対象との間の媒体である。生産力発展の歴史は、こうした労働機能の代置・延長の歴史と捉えることができよう。それゆえ、マルクスは、生産の拡大のために「労働者がただちに手に入れる対象は（中略）労働対象ではなく、労働手段」（Marx, a, 邦訳、306頁）なのであり、「なにがつくられるかではなく、どのようにして、どのような労働手段をもってつくられるかが、経済的諸時代を区別する。労働手段は人間労働力の発達の測定器であるばかりでなく、労働がそこにおいて行なわれる社会的諸関係の指標でもある」（Marx, a, 邦訳、307頁）とのべている。すなわち、マルクスは、資本主義的機械制生産に対応する労働様式を説明するために、まず、その技術内容である機械体系の発達過程を論じている。それは、機械の発明が生産様式を変化させ、生産諸関係、したがって社会的諸関係に重大な影響をもたらすからである。

　こうして、マルクスは、労働手段の発達過程を『哲学の貧困』（1847年）において次のように定式化した。「簡単な道具、道具の蓄積、組立てた道具、一つの組立てた道具をただ一つの手動原動機たる人間が動かすこと、それらの用具を自然力で動かすこと、機械、ただ一つの原動機をもつ機械体系、原動機として自動装置を有する機械体系——これが機械発達の経路である」（Marx, b, 邦訳、154頁）と。この規定は、A.ユーア（1835年）、C.バベジ（1832年）などの業績に基づいて考察されたものであり、近年の情報技術によって制御された機械などは、当然のことながら位置づけられていない。すなわち、マルクスが

対象とした工場の技術体系が電気エネルギーを原動力とする「新技術期」（マンフォード、1934年）のそれでなく、かれが描き出した機械体系が「旧技術期」のそれであることは疑う余地がない。ましてや、たとえすでにチャールズ・バベジが「解析機関」（analytical engine）なる一種のデジタル・コンピュータを製作しようと努力していたとはいえ、マルクスがコンピュータを内蔵した自動機械体系を想像していたとは考えられない。しかしながら、マルクスが「機械の自動的体系」について理解し展望したものは、けっして「旧技術期」の体系そのものでなかったこともまた確実である。かれは、電気エネルギーまでの動力源を前提に、機械・工場生産の「自動性」「連続性」を論じ、機械による資本主義的価値の生産が、直接的形態での労働に代わる、そして労働者を機械の「付添人」とする新たな「富の主権者」として発展することを展望したのである。

しかしながら、この労働手段の発達は、いかなる技術的法則性に基づいて発達するのであろうか。この点について明解な理論を提供したのが石谷清幹、技術の「内的発達法則」である。石谷は、生産手段とその運用の二重的総体を技術（生産技術）と定義し、技術発達の根本要因を、自然と社会の二重性（技術の社会依存性と法則的自律性）、機能と方式の二重性（技術の形式と機能の独立性と相互規定性）、および、動力と制御の二重性（動力即制御）という論理によって説明した（石谷、1972）。この考え方を援用すると、労働手段の技術的発達は、動力を制御するその方式によって区分されるであろう。

労働手段の発達は、3つの飛躍を経る。第1段階は道具段階である。人間が加工目的をもって自らの肉体的動力を直接労働対象に加える歴史的段階で、労働手段として道具を製作・使用することが第1の飛躍である。道具は、その自然的性質から、人間の肉体的動力を拡大し、また、人間の手足では不可能な作業を可能にする。人間は、道具の原動部（端）から動力を加え、作用部（端）の動きを制御することによって対象を加工する。この場合、人間による制御は3つの部面をもつ。道具に加える動力の制御、道具の作動の制御および道具と対象との作用を制御する加工制御がそれである。手道具の場合には、これらの制御は労働力の機能である。また、原動端から作用端に至る動力の移動（伝導）機能は、道具自身に内在している。こうして、道具段階とは、単純な道具

から分化・複合化の過程を経て機械として自立するまでの、人間の手足の延長として労働を媒介し、人間の原動力と人間の自由な制御（可変制御）に依拠する労働手段の段階である。複合化の過程とは、いわば道具の原動端と作用端の間の距離の延長、原動力の拡大と作用端の機能の高度化の過程である。

　この道具の作動制御を労働力でなく物理的機構によって行う労働手段が機械である。すなわち、道具が人間の手を離れて道具の作動制御が機構化すること、これが第2の飛躍、機械段階である。マルクスは、道具が人間の手から離れるということ、そこに近代的大工業の生産様式の出発点があるとして、道具と機械の本質的区別を重視した。すなわち、「道具そのものが、一つの機構によって動かされるようになったとき、その能率が労働者の熟練に左右されるような道具から、つまりその作業過程が労働者の労働によって媒介されなければならないような労働者の道具、労働者の用具から、一機構の道具に転化したとき、道具にかわって機械が現われる」(Marx, d, 邦訳、92頁) ということ、主観的な人間の道具から1つの客観的な作業機構の道具に転化したことにその本質的区別を求めた。機構は、動力発生の機構、道具の原動端から作用端への動力の伝導機構と、道具そのものを作動させる機構、そして道具が対象を加工する機構とからなる。

　マルクスは、機械発達のメカニズムを、機械の内的技術連関からと機械の外的連関性とから説明している。第1に、発達した機械の構成を原動機、伝導機構、作業機としたうえで、道具の結合としての作業機の生成、作業機の量的進歩が作業規模を拡大し、それが動力の増大をもとめ、「第2の革命」(Marx, d, 邦訳、35頁) としての汎用原動機（ワットの複動蒸気機関）の発明を促し、その動力の増大が伝導機構の拡大ならびに作業機の質的・量的進歩を可能にして、機械体系の本来的な姿へと発達してゆく。第2に、機械は、一方で社会的分業の進展による機械発達の社会的要求として、他方で人間の労働能力の限界を超える作業の要求に対応する必然的結果として発達する。たとえば、蒸気ハンマーのような、最初から機械的作動を前提にする場合や、「最高の熟練労働者の手がどんなに経験をつんでも獲得できなかったほどの容易さ・正確さ・速さでもってつくりだすことのできる」(Marx, d, 邦訳、143頁) 工作機械の例がそれである。

ところで、機械の発達の第1の段階は手動機械(道具機)段階である。「適当な運動が伝えられると、自分の道具で、以前に労働者が類似の道具で行なったのと同じ作業を行なう一機構」(Marx, a, 邦訳, 647頁)としての、作業者の手労働に代置する作業機の発明を画期として区分される。すなわち、複合化された道具の機能が人間の手を離れて動力＝制御の作動機構として自立する段階である。たとえば、ジェニー紡績機は、手回し動力ではあったが、紡績の作業は人間から自立した機構が行っており、固定化された加工機構に対して、労働者が機構の作動の案内をする紡績機械であった。それでも、改良型のジェニー機は1人で80本もの糸を紡ぐことができたといわれる(Ashton, 邦訳, 84頁)。「適当な運動」とは、動力源を問わないということであり、伝導機構を媒介に原動機能と作用機能の分離・自立が進むことによって、自立的な発達を遂げることになる。もちろん、その発達は、作業機の発達によって必要とされる動力の増加との相互的関係における物理力の法則的拡大であることはいうまでもない。しかし、この点で重要なことは、蒸気力以前の動力は、自然物理力の単なる利用であったのに対して、ワット蒸気機関の特質は、自然力を汎用的な原動力に加工したことであった。動力は、人力、畜力、風水力、蒸気力、電気力と、自然力の応用、自然科学の発達によって機械化・巨大化していく。こうして、機械は、機構の作動制御と加工制御の方式の発達として、いわば、作動機構の自動化、加工機構の自動化へと進化してゆく。

こうして、人間が道具と同様に機械の加工制御に直接関わる道具機の段階、すなわち、分化されていたいくつかの作業工程を1つの機械で行い、しかもその機械の操作＝加工制御が労働者の技能に依存する段階から、「1つの原動機が、多数の作業機を同時に動かすことができ(中略)同時に動かされる作業機の数が増えるにつれて、この原動機がますます大きくなり、そして伝導機構は広大な装置に拡大される」(Marx, a, 邦訳, 655頁)段階、すなわち、原動機、伝導機構、自立した種々の作業機が結合される機械体系の段階に至る。

ここで、マルクスは、「多数の同種の機械の協業と機械体系との2種類のものが区別されなければならない」(Marx, a, 邦訳, 655頁)として、「同種機械による並列(協業)体系」とより高度な「本来的機械体系」、すなわち、部分工程を遂行する異種機械の連鎖(分業)体系とを区別した。そして、「本来的機

械体系が個々の自立した機械に代わってはじめて現れるのは、労働対象が連関する一系列の相異なる段階過程を経過する場合であるが、それらの各段階過程は、種類を異にするが相互に補完し合う道具機の1つの連鎖によって遂行される」(Marx, a, 邦訳、657頁)としている。したがって、それは、労働の様式から見れば、単純協業の再現として(封筒製造、鉄ペン製造、織布の例)ではなく、分業にもとづく協業すなわちマニュファクチュア労働の再現である。「一つの中央自動装置」(Marx, a, 邦訳、661頁)すなわち蒸気機関から発生する巨大な動力を、巨大な伝導機構をつうじて、各種段階的生産工程作業を担当する編成された部分作業機に伝達し、これら諸機械の協業が行われる「客観的な生産有機体」(Marx, a, 邦訳、667頁)、それが機械制大工場での「本来的機械体系」なのである[3]。

マルクスによれば、この段階の機械体系には2つの基本的な要素がある。生産の連続性と自動性である。第1は「生産の連続性」であるが、それは、「製造の各段階が孤立していることが生産費を莫大に増やす。損失は、主として、単に一つの工程から他の工程へと移動することから生じる」(Marx, d, 邦訳、84頁)がゆえに、「結合された作業機、いまやさまざまな種類の個々の作業機およびその群からなる編制された一体系は、その総過程が連続的であればあるほど、すなわちその原料がその最初の局面から最後の局面まで移行するのに中断が少なければ少ないほど、したがって人間の手の代わりに機構そのものが、原料を一つの生産段階から次の生産局面へ押し進めていけばいくほど、それだけますます完全となる」(Marx, a, 邦訳、658頁)」のであって、その「完成した体系」は、原料が「一端からはいると他端から完成品となって出てくる」(Marx, d, 邦訳、78頁)というものである。マルクスが例としてあげる自動化・連続化した製紙加工工程は、搬送作業をも自動化したもので、固定化されたアナログ・シーケンス制御ではあるが、移動する加工対象に作動・加工制御を連続的に行う、すなわち加工の連続化と結合した質的により進歩した「本来的機械体系」として位置づけることができるであろう[4]。

その第2は「生産の自動性」である。マルクスは、時計の自動運動のように、加工工程において人間の援助を必要としなくなるとき、それは、「機械設備の自動的体系」(Marx, a, 邦訳、660頁)になるとのべている。たとえば、自

動停止装置つき織機の例に見られるように、機械体系の作動・加工制御に一定の自動制御機構が内蔵される場合である。すなわち、それは「一個の自動装置により、自己自身で運動する動力により運動状態におかれる、一個の自動的な機械装置の体系」(Marx, e, 584頁) であり、「自動的体系がはじめてもっとも完全なもっとも妥当な機械装置の形態であって、機械装置をはじめて一個の体系に転化する」(Marx, e, 584頁) のである。しかしながら、マルクスは、この自動化についてもいくつかの水準を考えていた。「自動的機械体系」についても「細部では絶えず改良を加える余地のあるもの」(Marx, a, 邦訳、660頁) だからである。自動停止装置つき織機の場合、加工作業において人間の助力を必要としないといっても、切れた糸は人間がつなぐレベルだからである[5]。また、機械体系がどれほど作業を連続的・自動的に遂行できるとしても、機械の起動・停止や正常な運転の監視、偶発的なトラブルに対しては人間の援助が必要であることはいうまでもない。このような人間労働を削減することが生産の連続化・自動化を前進させることになる。

　マルクスは、封筒製造、鉄ペン製造、自動製粉、自動紡織、自動製紙など多くの自動化された工場を分析することによって、その中に動力機能はもちろん、作動・加工機能、搬送機能の自動化、いわば人間労働を排除した完全自動化工場（オートメーション）を展望したのである。それは、多数の異種機械の作動制御・加工制御と搬送作業の自動化とを結合し、生産工程の自動制御を実現したヘンリー・フォードの機械式トランスファーマシンを連想させるものである。それは、固定化された制御機構における最高段階の機械体系であったのである[6]。

　ところで、生産工程にしたがって機械が配置され、搬送装置と組み合わされて起動が自動化されれば、生産工程は自動化される。しかしながら、機械の起動・停止や作業機構に関する制御が自動化されても、機械体系全体の作業方法・順序が体系内部に固定化され、作業が専門化されている場合（固定制御）と、外部情報にもとづいて作業方法・順序が自動変更されたり、あるいは、それらがみずからの作業過程を点検しながら、その情報にもとづいて自動調整される場合（可変制御）とでは、そこに大きな技術的飛躍がある。このマルクスの想定を質的に超える労働手段、固定化・自動化された作動と加工の自動制御

機構を可変化し、生産の可変的制御を行う第3の飛躍が情報労働手段の段階である。

可変化とは、作動機構と加工機構とを多様に組み合わせることができるという意味で、従来の単一作業の繰り返しを行う固定制御をプログラムによって可変制御にすることである。それは人間の考える加工工程をプログラムにして、そのプログラムに従って機械が作動し、加工が制御される。ジャカード織機は、連続するパンチカードの穴の配置によって経糸を上下に制御し、その間に緯糸を通すことによって模様編みを可変制御できる織機で、機械式ではあるが織機をプログラムで制御した実例である。これは、人間の神経系の機能によって設計された加工データ（情報）を機械の機構として内部化したものであり、機械発達の飛躍であることは間違いない。

そして、この人間の神経系機能を内蔵した個別機械の連鎖体系を可変的に制御するという、汎用的な制御を実現したのが情報技術（コンピュータ）である。コンピュータとは、人間の神経系機能を電子回路によって再現し（ハードウェア）、これを創造的力能の表現形式であるソフトウェアによって機能させる機械であるが、コンピュータが設定する加工目標・加工プロセス・加工終了に関する制御情報に従って、加工情報検出部と機械の駆動制御部とが、作動・加工のステーション・サイクルを可変的に制御するのがコンピュータ（ME, Micro-Electronics）自動機械体系である。その制御の方式は、従来の固定的・機械的なアナログ・シーケンス方式でなく、デジタル・フィードバック方式であり、シーケンス方式とフィードバック方式の組み合わせをデジタル技術で実現したのである。このように、人間の手足に代置することが機械技術の出発点であるとするならば、人間の神経系機能に代置するのがME技術の出発点であるという意味で、情報技術は「神経系労働手段」と表現されるのである。

さらに、ICT（Information and Communication Technology）は、情報技術と通信技術とを結合し、人間と労働手段および労働対象との間の情報伝達機能を時間的・空間的に多様化し、ME自動機械体系を地球規模で分散制御することを可能にした技術である。インターネットをはじめとするICTの意義は、たんに生産過程のみでなく、消費過程を含む広義の生産システムを統合的に制御するところにある。

こうして、人間は、時間的・空間的に生産システムを制御し、その創造的力能を全面的に生産物および生産システムに反映する条件を築き上げたのである。以上が現代に至る機械技術発達の3つの飛躍の大まかな発達区分である。

2. 労働手段と労働力の機能関係

つぎに、以上のような労働手段の発達が労働力の諸機能に代置したプロセスについて、いわば労働手段の発達段階と労働器官の諸機能の代置・延長関係について考えてみよう。

まず、図1-4は人間の労働力の基本機能を示したものであるが、これによって人間の労働器官の機能を見てみると、加工対象や道具に直接触れる労働器官としての手や足は、動力を発生・伝達させる筋肉や骨格などをつうじて動力を加工対象に加えるが、手の運動能力は、肩・肘・手首・手先部の自由度の組み合わせ合計が1億以上もあるといわれ、これによって極めて複雑な加工（動力=制御）が可能となる。また、手先は加工能力のみでなく同時に極めて鋭敏な感覚器官でもあり、目・耳などの感覚器官とともに加工の状況をいかなるセンサーよりも正確にとらえることができる。いわば、感覚部は外部情報を内部情報に転化させる機能をもつ。しかしながら、こうした筋骨系器官の複雑な運動を制御するのは神経系の働きである。感覚部からの情報は末梢から中枢への情報伝達路をつうじて大脳中枢に伝達され、ここにおいて解読・比較・判断・応答といった情報処理がなされるが、この処理は個々人の創造的力能あるいは表現力として現れる神経系の内部情報によって形成された処理方式に基づいて並

図1-4 労働力の基本機能

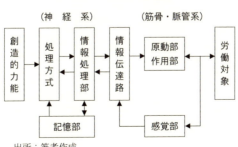

出所：筆者作成

列的・反復的に行われる。そして、応答命令はふたたび手足に伝えられ、操作器官の動きとしてその動きが労働対象に伝えられる。処理方式は、アートの形式化であり、客観化された処理方式とともに、個々人によって異なる処理方式をもつ。

以上のように、人間労働力の基本機能は、原動・伝導・加工の機能をもつ筋骨・脈管系の機能、外部情報の検出を行う感覚部、および内部情報伝達機能、情報処理機能、筋骨系への命令機能、記憶機能などの神経系の諸機能から構成される。こうして、作業者は、具体的な作業工程において、加工という直接的労働とともに、準備作業や点検、保全作業といった間接的労働を行うのである。

それでは、労働対象と労働能力との間に労働手段が介在するようになると、労働力の機能はどのように変化するのであろうか。図1-5は道具段階、図1-6は手動機械段階、図1-7は自動機械段階、図1-8はME技術段階、図1-9はICT段階における労働力の機能の関係を示している。

図1-5　道具段階における労働の機能関係

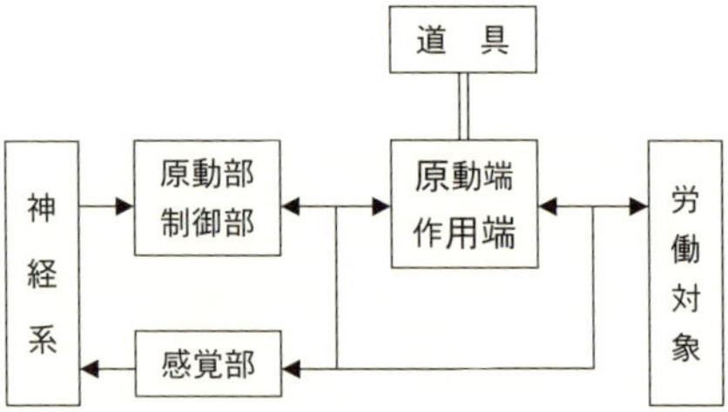

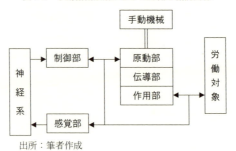

出所：筆者作成

図1-6　手動機械段階における労働の機能関係

出所：筆者作成

まず、道具段階においては、労働力からの動力を受容する原動部と、伝えられた動力を労働対象に伝える作用部とが機能的に一体化しているのが道具の特徴であるので、動力＝制御の機能は労働力に依存する。したがって、加工に関する外部情報は、道具を媒介とした労働対象と操作器官（手足）との直接的関係として感覚部にもたらされる。労働者は、労働対象に直接働きかけ、道具に内在する自然力を利用して同じ動力でより大きな作用力を求める。その生産力の大きさは、道具の汎用性を利用する労働力の技能の水準、すなわち熟練の程度および労働者の数によって決まる。

つぎに、手動機械段階と道具段階との相違は、道具を媒介とする労働対象への労働力の直接的な原動および道具制御機能が、労働力から自由になり、独自の作動機構をもつ機械によって代置されたことである。しかしながら、この段階においては、たしかに機構が道具を操作するのであるが、労働対象に対する機械の制御は労働者が行うことが特徴である。すなわち、労働者が機械の作動機構を手段として道具を操作することを意味しており、いまだ労働者の手工的な熟練が直接作業の質量に反映するのである。また、制御機能の本質である感覚部・神経系の機能は依然として労働力の機能として残されており、外部情報の質的な変化にも関わらず、労働力の内部情報処理の機能に変化はない。労働者は、作業機と労働対象の加工状況に関する情報を目や耳などの感覚部で把握し、内部情報処理をしたうえで、その判断＝加工命令を手・足をつうじて作業機に伝える。作業機は固定化された作業機構にしたがって作用活動を実行するのである。

労働手段と労働力とのこのような関係は、機械の発達が「機械の自動的体系」の段階においても基本的に変化することはない。しかしながら、機械の加工作業が自動化されることによって労働力による機械操作労働が不要になり、労働力の制御機能が間接的になる。労働者には、機械の準備、起動・停止、監視、保全、補正、搬送などの労働が残されるが、作業機構が固定化されているために機械の汎用性が減少し、熟練の発揮は、機械操作そのものから排除される。それは、労働手段が労働者の活動を媒介する段階から、労働者が労働手段の活動を媒介する段階に入ったことを意味する。

こうして、当初手動制御方式であった機械は、その機能の複合化と精密化の

進展とともに次第に自動制御方式に変換されていった。自動機械段階においては、原動機、作業機が複合化され、シーケンシャルに機能する作業機構を統一的に制御するきわめて複雑な自動制御式機械体系になる。この自動制御方式の特徴は、複合化された機械体系にアナログ・シーケンス方式の自動制御機構が付加され、これによって複合機械の作動が自動的・連続的に制御されるところにある。すなわち、それは、機械と労働対象との間の外部情報の検出・制御のための情報処理、作用部への補正命令という、労働力に全面的に備えられてきた内部情報処理機能の一部が「自動制御機構」によって代置されたということである。しかしながら、この段階の自動制御機構は、その制御機構自体が固定化され、しかも労働力による補正作業を原則として無用化したことによって、機械の作動修正が不可能な作業機構を作り出した。これは、同一作業の自動化による連続生産を可能とする反面、外乱に応じた補正作業をしたくともできないということ、いわば人間にとっては、労働力のもっている柔軟な労働能力を

図1-7　自動機械段階における労働の機能関係

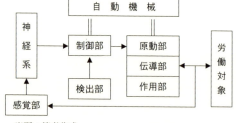

出所：筆者作成

図1-8　ME技術段階の労働の機能

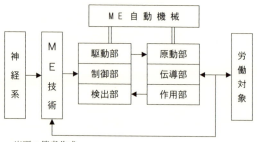

出所：筆者作成

延長したくともできないという一種の矛盾なのである。

この矛盾を解決したのが ME（コンピュータ）技術である。ME 自動制御技術は、労働力の感覚部・神経系機能としての外部情報の検出、目標値との比較・判断などの内部情報処理＝制御量の決定、駆動部への制御量の命令という一連の制御機能を実現することによって人間の神経系に代置することを可能とした。その制御の手順はコンピュータに内蔵されるプログラム（ソフトウェア）をつうじて行われるが、それは判断・処理・反復という論理構造によって構成され、シーケンス制御のみでなく補正作業に欠かせないフィードバック自動制御機能を発揮することを可能とした。その結果、労働力と自動機械との関係はコンピュータ・ハード＝ソフトを媒介とする間接的関係となり、人間はソフトウェアのもつ柔軟な情報処理機能をつうじて生産システムを制御することになったのである。

最後に ICT 段階における労働の機能について考えてみよう。近年の ICT の発達は、デジタル化された情報労働手段、すなわち ME 技術と通信技術の融合によって、情報労働手段の高機能化と多機能化とを実現した。その結果、生産、流通、消費の生産システムの分業過程が ICT によって統合され、生産システムは、たんに1工場・1企業のみでなく、産業段階、1国段階、グローバル段階へと空間的に拡大され、これらの統合的管理が可能となった。労働の機能は、人間の創造的力能の下に、製品・生産システムを開発・準備する労働、社会的・技術的分業を ICT によって管理する労働、高機能化・多機能化した生産システム保全に関わる労働に集約された。しかしながら、労働手段の高機

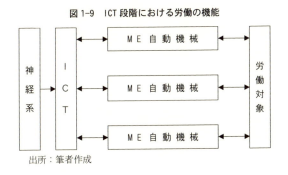

図 1-9　ICT 段階における労働の機能

出所：筆者作成

能化・多機能化によって、一方で高度の知識・技能が求められるとともに、他方で労働機能の退化が進むという労働の2極分解がさらに進展する。このため、ICT段階における生産システムの高度の維持には、労働機能の新たな疎外（デジタル疎外）問題が1つの課題になるであろう。

第4節　熟練の「移転」とその諸結果

1.「熟練の移転」論の意義

　熟練が移転するという考え方は、客観性という熟練の特質を論拠に、熟練の機能が情報化し、この機能情報が人的または物的に「移転」ないし「再現」するということ、すなわち、この熟練の機能情報の客観化が労働手段の形成、熟練の伝承などを可能にするという考え方で、生産過程の発達の本源的意義を労働者の熟練に求める見解である。

　熟練の移転を簡潔に類型化すると、第1の類型は、労働者から労働者への熟練の移転である。資本主義生産の初期段階、労働手段がいまだ未発達の段階においては、熟練の移転の主要な形態は、労働者から労働者への熟練の移転すなわち熟練の伝承であった。マルクスが「獲得された技術上のコツは、やがて固定され、堆積され、伝達される」(Marx, a, 邦訳、590頁)とのべるように、労働者に蓄積された熟練（作業的熟練および管理的熟練）は、多様な方法で後継者に伝承された。そして親方－徒弟の関係に見られるように、「それが不必要な場合でも、労働者たちの嫉妬心によって維持される」(Marx, a, 邦訳、639頁)、いわば熟練の機能が「職の秘密」として労働者から労働者へ伝えられたのである。生産過程における生産方法および労働過程の管理は、全面的に労働者の統制の下におかれていた。道具を主要な労働手段とするマニュファクチュア段階はもとより、蒸気機関技術体系の下におけるF.W.テイラーの段階においてすら、労働者の熟練が生産過程の支配的要因であったのである。

　しかしながら、機械の発明、生産過程への機械の導入によって、熟練の移転の形態に新たな局面が現れた。すなわち、作業的熟練の機能が機械によって再現されることになったからである。これが、熟練の移転の第2の類型、労働者

から労働手段（機械や技法）への作業的熟練の移転である。作業的熟練の機能、すなわち作業に必要な知識・技能が客観化され、科学化されて、まずは筋骨・脈管系の加工機能の移転が、次に神経系の制御機能の移転が行われる。マルクスは、機械の創造によって「作業道具といっしょにそれを取り扱う手練も労働者から機械に移る。道具の仕事能力は人間労働力の個人的な限界から解放される」（Marx, a, 邦訳、442頁）とのべ、熟練が機械との代置関係において機械に移転するとのべた。また、フィリップス研究所のウラジミール・スティヴィッツは、人間の活動を支援する労働手段の発達は、つねに人間の活動の「擬人化」から出発するとのべている（Stibic, 邦訳、11-16頁）。すなわち、どのような道具・機械を作るかということは、労働手段として使用する人間の目的意識によって規定され、労働そのものの再現から出発して、この作業的熟練の機能の客観化・科学化を行い、その情報を新たな原理の下に道具・機械によって再現するというのである。

　しかしながら、熟練の機械への移転の意味することは、当該熟練の機械による代置であり、当該熟練の崩壊、いわば熟練を不用化するということである。こうして、資本主義労働過程への機械の導入は、労使間の激しい闘争の要因となったのである。

　第3の類型は、管理的熟練労働の労働者から経営者（資本家）への移転である。一方で、熟練の機械への移転が進展し、他方で分業・協業の大規模な展開が行われることによって、こうした分業・協業をいかに管理するか、それは、個別の労働者の能力を超える課題であり、企業の資本主義的競争が激化する中での経営者の重大な課題となった。19世紀末葉のアメリカ資本主義の独占化段階において、F.W.テイラーは、一方で機械工の作業的熟練を分解してこれを客観化・標準化することによって、工作機械関連技術や切削理論への作業的熟練の移転を行い、他方で労働者の管理的熟練を分解してこれを客観化・標準化することによって、作業管理組織への管理的熟練の移転を行い、これらを統合することによって作業管理の科学化を実現した。いわば、作業的熟練のみでなく、管理的熟練をも労働者から「移転」させたのである。

　ところで、労働者から経営者への管理的熟練の移転の歴史的過程を類型化したのが、藻利重隆「熟練の移転」論である。藻利は、「経営的商品生産の合理

化が、広く『熟練の移転』(transfer of skill) によって進展するものであることは周く知られている。しかもわれわれはそこにまず2種の『熟練の移転』を理解することができる。その第1は労働者より機械への熟練の移転であり、それは一般に『作業の機械化』とよばれる。これに対して第2は労働者より管理者への熟練の移転である。われわれはこれを『作業の管理化』とよぶことができる。(中略) ところで、『作業の管理化』はやがて管理者の業務を質的にも量的にも増大させなければやまないことになる。そこで管理者がこれを合理的に遂行するためには、さらに第3の『熟練の移転』を必要とするようになるのである。それは、管理者がみずから担当しなければならない固有の管理業務と、こうした管理業務に対する準備業務とを分割し、後者を専門の担当者をして別個に遂行させる方法によって実現される。そしてそこに成立するものこそが『管理事務』なのである」(藻利、a、95-96頁)。そして「いわゆる『管理技術』はなによりも、こうした『管理の事務化』によって成立する『管理事務』の遂行に関するものとして理解されるべきものである」(藻利、a、96頁)。

　藻利は、以上のような類型化を行う論拠をつぎのように説明している。まず、「経営活動は目的意識的活動であり、したがってそこにはつねに、目的の設定に関する意志決定と、決定せられた意志の現実的執行との二つの経営職能が必要とせられる」(藻利、b、354-355頁)。前者が管理職能であり、後者が作業職能である。この2種の職能は「家内工業経営」において分化がはじまる。藻利の所論はこの分化の内容の説明に特色がある。すなわち「この段階における管理職能は、対市場関係を中心として『なにを』(what)、『どれだけ』(how much) 生産するべきであるかを決定し、その執行を指令するにとどまり、それを『いかに』(how) 生産するかの問題は、あげてこれを作業職能に一任した。経営的生産が協働的生産であることを思えば、そこにはつねに、個々の作業を全体的に調整する問題が存在しなければならない。だが、家内工業経営においては、それは、なお、多くの重要性をもたず、わずかに、作業職能のうちに含まれる内容の一部分として、労働者の経験的実施に放任せられていたわけである」(藻利、b、355頁)。その論拠は、当時の企業者が商業資本家であって、流通と生産両面の調整にのみ重点を置いていたことにもとめられている。しかし、管理問題が複雑化する「手工的工場経営」においては、「企業者は、手工

的工場としての作業場を準備し、また、生産用具である道具を準備しなければならない。したがって『なにを』『どれだけ』生産するかの問題は、『いかに』生産するかの問題との関連においてのみ、とりあげられうることになる。だが、ここでも、それは、たんに、作業手段の調達、ないし準備の問題との関連においてのみ処理せられうるにすぎない。それのみならず、作業手段は、なお、作業そのものを支配し、左右しうるほどに高度化せられてはいない。すなわち、生産の現実的な営みは、依然として、労働者、ことに、熟練労働者の経験的実施に放任せられていることが注意せられなければならないのである」（藻利、b、355-356頁）として、マニュファクチュア段階においてもその分化は限定的であって、それが労働手段の発達水準に規定されていることを明らかにしている。したがって、労働手段の道具から機械への進化の段階、「機械制工場経営」段階において、経営職能の分化は新展開することになる（藻利、b、356頁）。

この新展開を説明する論理が前述の3種の「熟練の移転」論であるが、藻利は、「作業の管理化」は「作業の機械化」を前提にすることによって可能となるとする。すなわち、「『作業の機械化』によって生産が機械の運転に依存することとなり、労働者の作業が、機械の運転に順応して機械的に反復せられる、客観的な単純作業へと転化することによってはじめて、このような労働者の個別的作業と機械の運転そのものを全体的に調整することによってこうした個別的作業を全体的に調整する熟練との、2つのものの分化が可能となり、また必要となるからである」（藻利、b、356-357）としている。

ブレイヴァマンが指摘するように、管理的熟練の経営者への移転の本質は、「なにを」「どれだけ」とともに「いかに」生産するか、すなわち、労働者が知識・技能として内部化していた熟練、それを「武器」として労働過程を統制していた熟練の機能を経営者側に「移転」＝集積して、経営者＝資本家の意志の下に労働過程を実質的に支配することである。その結果、テイラーシステムの形成過程でも明らかなように、熟練の機械化の場合と同様、労働過程統制権をめぐる労使の確執は、きわめて激しい対立的労使関係として現れるのである。

なお、藻利「管理の事務化」について、これを第4の類型、管理者から労働者への熟練の移転として考えてみよう。これには2種類の移転が考えられる。

1つは、機械化の進展を基礎として大規模化・複雑化した労働過程の管理を労働者に委任するというものである。しかし、資本家は苦労して奪取した管理権を労働者にむざむざ返還することはできない。そこで、客観化された管理的熟練を一定の技法、組織、システムなどにまとめ、それを管理基準として、すなわち、一度管理技術に熟練を移転し、それをつうじて管理労働者を管理できることを前提に労働者に熟練を移転するのである。これが一方での管理職層への熟練の移転であり、他方での藻利のいう「管理の事務化」である。

　管理者から労働者への熟練の移転のいま1つの移転は、労働者教育である。作業の機械化、作業の管理化によって、一方で熟練の機能が労働者から剥奪されたのであるが、他方で機械化の進展による新たな知識・技能が求められ、管理の事務化とともに基礎的・専門的知識が必要となり、その他複雑化した労働過程の作業や管理に各種の工学的・数学的知識や情報が必要となるにおよんで、管理者側がこれらの知識・技能を労働者に教育する必要性が重要な課題となったのである。

2. 労働疎外と労働の衰退

　産業革命以来の機械化の進展、分業の進展とともに、資本主義的生産様式が人間労働にいかなるインパクトを及ぼすかという命題は、それが労働内容の変化、そして生産活動の主体性の変化に関わる人間発達の本質的問題であるだけに、多くの議論がなされてきた。それは、これまでの議論からすれば、熟練の移転をどのように評価するのかという問題でもある。

　ここでは、熟練の移転およびその諸結果に関する2つの見解について考えてみよう。第1は、熟練の移転の諸結果は、資本主義それ自体の結果ではなく、すべての産業社会に共通する官僚制組織の下における労働の結果であるとする見解であり、第2は、熟練の移転は、資本主義的生産様式の形成過程に則して展開されたとする見解である。前者を代表するのがR.ブラウナーの「労働疎外」論であり、後者を代表するのがH.ブレイヴァマンの「労働の衰退」論である。

　まず、産業革命期の熟練労働者の状況に関して、2人の論者がいかなる認識をもっていたのか見てみよう。ブラウナーは、「産業革命の到来とともに、高

度に機械化されたシステムが、熟練職人が自分の道具や材料の主人であった熟練技能型の生産様式に取って代わった。新しい工場では、かつては熟練職人のもっていた知識や技能は、機械のなかに『組み込ま』れてしまった。労働者には定型的で単調な仕事が残された。工業化以前には、熟練技能者と農民とはそれぞれ仕事のリズムや動きをかなり支配することができた。しかし、いまや機械システムが仕事の速度を支配し、また労働者の自由な物理的移動を制約することになった」(Blauner, 邦訳、20-21頁) と、労働者の主体的労働が産業革命以前と以降で質的に変化した状況を端的にのべている。また、ブレイヴァマンは、「大昔から産業革命にいたるまで技能や熟練を要する仕事が労働過程の基本単位、基礎細胞をなしていた。それぞれの熟練職種において労働者は伝統的知識の総体を修得した者とみなされ、方法や手順は彼あるいは彼女の裁量にまかされていた。それぞれのこのような労働者のうちに、その熟練職種における生産を遂行するのに必要な原料や工程にかんする知識の蓄積が保持されていた。(中略) 労働者は、精神と肉体において、その専門にかんする知識と肉体的技能とを兼ね備えていた」(Braverman, 邦訳、123頁) とのべている。

　以上のように、産業革命以前の労働過程の統制者としての熟練（労働者）の認識については、同様の説明がなされている。しかしながら、産業革命を契機として、機械の導入、分業の進展すなわち熟練の移転が労働過程における熟練労働者の労働のあり方に重大なインパクト—ブラウナーは「疎外」、ブレイヴァマンは「衰退」—をもたらすことになるが、ブラウナーの見解が、熟練の移転の諸結果の心理的側面を重視しているのに対して、ブレイヴァマンが熟練の社会的・経済的価値の変化に焦点を当てているところに両者の見解の相違がある。

　マルクスは、資本主義的生産様式の下における労働過程への機械技術の導入、分業の展開が、労働の均等化 (Marx, d, 邦訳、221頁) と労働の無内容化 (Marx, c, 邦訳、133頁) を促進し、労働者の労働が資本の所有である労働過程と対立する「疎外」をもたらすとのべた (Marx, d, 邦訳、259頁) が、ブラウナーは、マルクスの労働疎外論を前提に、これをたんに資本主義的生産様式としてでなく、産業の工業化がもたらす一般的諸結果として、「疎外と自由」という視角から、アメリカの4業種（印刷、繊維、自動車、化学）で働く労働者

を対象に、疎外の進展状況を調査研究した。この4業種を選んだのは、工業化以前の産業から現代の自動化された産業に至るまでの技術の歴史的発展段階を代表すると考えたからである。ブラウナーによれば、疎外とは「無力性、無意味性、孤立、および自己没入」の4類型で表される労働状況、すなわち「労働者と職業の社会技術的状況とのあいだの一定の関係から生ずるさまざまな客観的条件と主観的な感性状態とからなる総合的な徴候群である。疎外が生まれるのは、労働者が自分たちの直接的な作業工程を統御したり、自分たちの仕事と全体の生産組織とを関連づける目標感や職務遂行感を身につけたり、個々の統合された産業共同体に帰属したりすることができないときであり、また自己表出の一様式である労働活動に熱中できないときである。現代産業に雇用されている労働者にとって、統制力、目標、社会的統合、および自己没入はすべて問題となるに違いない」(Blauner, 邦訳, 39-40頁)とし、この疎外の4類型を促進する要因としてテクノロジー、分業、社会組織、経済構造をあげ、これらの要因の多様な組み合わせから疎外のあり方が産業ごとに異なるという問題意識の下に、実態調査を行ったのである。

　調査結果を見ると、「熟練技能型産業」である印刷産業の労働者は、熟練技能型テクノロジーの下に、作業工程を直接統制することができるという意味で、4つの要因すべてから自由であり、もっとも非疎外環境にある労働者である。「機械監視型産業」を代表する繊維産業では、一貫生産工程に熟練が移転し、作業工程に対する統制は最小限となり、無力性、無意味性という疎外が現れる。そして、「組立ライン型産業」である自動車産業における組立ライン作業は、疎外のすべての要素を表す非人間的作業である。これに対して、「連続処理工程型」すなわちオートメーション制御型の化学産業オペレーターは、技能よりも生産工程全体に関わる責任を受容することによって、企業全体の目標との結びつきが強くなり、非疎外的状況と自由を獲得できる。ただし、その自由は、熟練技能に基づく自由ではなく、「オートメーション・テクノロジーの制御という非手作業労働に必要とされる責任のうえに、マネジメントの要請から生じる新しい条件や職務要件が反映されているのであって、その自由は労働者の優位な力の立場によるものではない」けれども、「オートメーション装置による生産に対する責任ということが、被雇用労働者に尊厳と価値の新しい源

泉を与えている」(Blauner, 邦訳、264-265頁) と結論づけている。

以上のように、ブラウナーの疎外論の特徴は、第1に、技術の発達の多様性が産業の多様性、すなわち労働過程の多様性を生み出すので、熟練の移転の結果としての疎外の表れ方も多様になることを労働過程の実態研究によって明らかにしたこと。第2に、手作業労働が少なくなるにつれて疎外が大きくなると一般に考えられているが、労働者が労働過程に関わる度合いによって疎外の表れ方が変化することを明らかにしたこと。すなわち、手作業労働が最も少ない化学オペレーターのように、生産工程全体に対する責任意識が存在する場合には、逆に疎外は少なくなる。熟練に替わる責任、言いかえれば、労働の状態そのものでなく、その労働状態から受け取る精神的な満足感（達成感、充実感）が、労働意欲の源泉になり、非疎外状況を生み出すことを明らかにしたことである[7]。

つぎに、ブレイヴァマンの労働の衰退論について検討してみよう。ブレイヴァマンによれば、労働の衰退の契機は資本主義的生産関係にあるとして、つぎのようにのべる。「現代の管理は、（中略）技能を基礎とする過程から科学を基礎とする過程への労働の変転がそのもっともはやいテンポをとりつつあったまさにその時期に、理論としても組織的実践としても成立したものである。その役割は、従来意識されていなかった資本主義的生産の傾向を意識的なものに変え、組織的なものにすることであった。熟練労働が衰退するにつれて、労働者は、広範囲の単純作業に適応できる一般的な等質の労働力水準にまで低落していき、他方、科学が発展するにつれて、科学は管理者側の手に集中されていく——このような傾向を確実なものにすることが現代の管理の役割だったのである」(Braverman, 邦訳、136頁)。

ブレイヴァマンが、熟練を「熟練技能」すなわち「実行」と「熟練知識」すなわち「構想」とに分類したことは前述したが、労働の衰退論は、この実行と構想の熟練の機能が、資本主義的生産関係における資本の側の意識的・組織的活動をつうじて、労働者から経営者＝資本の側に移転＝集積され、労働者の熟練が不用化＝衰退する。しかも、その過程で、労働者のもっていた労働過程統制権も経営者の側に移ることによって、経営者の生産計画の下に労働が強制されるというものである[8]。すなわち、第1に、「機械の生産的な力ではなく、

資本主義的社会関係のうちで機械が用いられる仕方」(Braverman, 邦訳、251頁) によって「実行」が衰退し、熟練労働者の社会的地位が低下したとする。ブレイヴァマンは、その実証のため、機械化の段階と労働内容の変化に関するJ.R.ブライトの業績を高く評価し引用している (Braverman, 邦訳、236-244頁)。ブライトは、制御方式による機械化の段階 (17段階) を、手による制御 (1-4)、機械的制御 (5-7)、可変的制御・信号応答 (9-11)、可変的制御・作業応答 (12-17) の各段階に分類し、制御方式の進展につれて作業者の技能要件 (肉体的努力、精神的努力、手先の技能、全般的技能、教育、経験、危険性、不快な職務条件の受容、責任、決断力、生産性への影響、年功) がどのように変化するかを実証分析した。その結果、手による制御の段階を除けば、機械の制御が自動化するにしたがって技能要件が低下することが判明した。そして、「私はおどろいたことには、グレードアップ効果が、しばしば思われている程度には、どこにも現れていないことをみいだした。逆に、オートメーションが、機械を操作する労働者の技能要件を、そしてときには、保守系統を含む全工場労働者の技能要件を低下させていたと立証する証拠のほうが、多くあったのである」(Bright, p.208、Braverman, 邦訳、242-243頁) というブライトの分析を引用し、労働の衰退論の実証としているのである。ブラウナーが高く評価した化学オペレーターについても、「化学オペレーターの低賃金・低い『職業上の地位』・限られた訓練に気付くことさえない人々には、みずからの無知ゆえに、化学オペレーターを、いまや工場全体を統制し、多くの『専門知識』を必要とし、現代産業の趨勢の逆転を代表する労働者であるとみなしてしまうような離れわざをさらにいっそう軽々とやってのけるのである」(Braverman, 邦訳、249頁) と、ブラウナーの評価の問題点を指摘している。

第2に、「構想」の労働者から経営者＝資本家への移転のプロセスについて、ブレイヴァマンは、これをテイラーシステムの形成過程に求め、「3原理」としてまとめている。すなわち、「第1原理が労働過程に関する知識を収集し、それを発展させることであり、第2原理がこの知識を管理側の排他的領分に集中すること—それとともに、ちょうどその逆の関係としての、労働者側でのそのような知識の欠如—であるとすれば、第3の原理は、知識にたいするこの独占を、労働過程の各段階にその遂行様式を統制するために、用いることであ

る」(Braverman, 邦訳、134頁）と。資本主義的生産関係の下で、熟練の「構想」機能が労働者から経営者に移転することによって、経営者の支配的権威の下に労働過程が組織されること、これも納得できることである。

　以上のように、ブレイヴァマンは、「熟練の労働者から機械への移転」および「熟練の労働者から経営者への移転」の結果として、「労働者に残されているのは、解釈し直され、恐らく不適切なものとなった技能の概念——特殊な器用さ、限定され、くり返される操作、『技能としてのスピード』等——である。資本主義的生産様式の発展とともに、技能の概念そのものが労働の衰退につれて、衰退し、技能を測る尺度が萎縮してしまっているので、今日では数日ないし数週間の訓練を要する職務に就いている労働者は『技能』を保持しているとみられ、数ヶ月の訓練は尋常でない負担とみなされ、コンピュータのプログラミングのように、6ヶ月ないし1年の訓練期間を要する職業は畏敬の念さえ呼ぶまでになっている」(Braverman, 邦訳、480頁）と結論づけている。

　しかしながら、このブレイヴァマンの見解については検討するべき問題がある。1つは、労働者から労働手段への熟練の移転によって熟練が客観化＝科学化され、それまで労働者に保持されていた熟練がブレイヴァマンのいう意味で「衰退」して、労働過程が必要とする単純化された「実行」労働のみが労働者に求められるということ、これは明らかに機械化に伴う大きな流れである。しかし、それは、ブレイヴァマンのように、資本主義的生産様式——その機械化の方式や協業・分業の形態——にその契機を求めるべきかどうかである。労働の「衰退」は、剰余価値生産を目的とする資本主義的生産様式がその促進に大きく関わってきたことは間違いないが、本章3節2.で分析したように、労働力の機能（熟練）は、労働手段の発達段階とともにその機能を変化させてきた。いわば「衰退」してきた。しかし、それは資本主義生産様式がそうさせたということではない。機械化は、労働を軽減したいという人類の期待の結果を示すものでもあるだろう。言いかえれば、それは人類の機械文明の随伴現象といえるのではないだろうか。また、人類がその力能を、これまでの「熟練」概念を超える領域に振り向けるチャンスでもあるといえる。それゆえ、労働の「衰退」を嘆くのでなく、むしろ労働者の主体性をどのような次元で回復できるのかを模索することこそ重要なのである。

その2は、「衰退」現象は、ブレイヴァマンの見解のように、労働手段の発達とその資本主義的適用によって、労働者の熟練（その価値）が際限なく縮小「衰退」するものなのであろうか。いうまでもなく、使用する労働手段の発達段階とともに、熟練の移転によってそれまで必要であった機能は縮小・変化する。すなわち「衰退」を余儀なくさせる。しかしながら、熟練は、労働手段の発達段階に応じた機械的分業構造の中に吸収される熟練（衰退する熟練）と、新たな労働手段の導入や複雑化する分業構造の中で、新たに必要とされる熟練—新技術やその使用方法の開発、分業の機能の制御方式の開発など創造的力能を根源とする熟練—、さらに、客観化され得ない暗黙知とされる現場の知恵（小関、1998年）、かんやコツなどが、つねに相互参入・転換を繰り返すのである。いわば熟練は進化するといえるのである。それゆえ、ブレイヴァマンが引用したブライトの実例のように、手労働から機械オペレーター労働に至る機械化の場合のような、衰退する熟練の量的理解のみでは、熟練の「衰退」を一般化することはできないのである[9]。

　その意味では．現代に至る熟練の客観化＝科学化＝知識化の歴史は、その移転の限界性を示しているといえる。かつてテイラーは、熟練の科学化の限界を「精神革命」論をもって「科学」に対する従順を要求した。ブレイヴァマンがのべる「3原理」は、決して完全なものではなかった。現代のME技術制御の現場ですら、熟練の継承が大きな課題になっているのもたしかである。労働手段は、人体の諸機能に「代置」するものであるが、しかし、その代置は、完全なる「置換」でなく、「延長」の側面を残している。それゆえ労働手段なのである。機械は、熟練の一部の機能を科学的原理で「代置」するのであって、それによって熟練全体が「衰退」するのではないということである。

第5節　おわりに

　人類は機械文明の恩恵の中でその物質的豊かさを謳歌してきた。それは、人間の創造的力能の生産物への反映としての労働過程の進化によって到達した人類史の現段階であり、人間に創造的力能がある限り「労働の終焉」（Rifkin, 邦

訳、1995年）はない。しかしながら、人類は、現在の豊かさが、自然と人類の英知とを結びつけた労働の結晶であることを忘れている。物質が天空の彼方からの無限の循環として獲得できるのではないかと誤解している。それが、世界的な広がりの中で展開される労働過程—地球資源の大量消費の過程—の結果であることを再認識すること、すなわち、労働の豊かさの中に生命の輝きを再認識することが、これからの人類のさらなる発展の原点であるといえよう。

注
(1) アートとは、一般には芸術や美術という意味だと理解されているが、その昔古代ギリシャの医師ヒポクラテスは、医術はアートであるといっている。また、今世紀初頭、科学的管理法の父F.W.テイラーは、"On the art of cutting metals"（1906）という論文で、アートは技術・技法であるとのべた。同じくテイラーは管理の手法すらアートと呼んでいる。また近年、大量生産システム分析においてハウンシェルは、大量生産に必要なのは原材料購入の技法（the art of buying materials）、生産の技術・技法（the art of production）、販売の技法（the art of selling）の3つのアートだといっている（Hounshell, 邦訳，222頁。訳書では「技術」と訳されている）。

　アートの意義を辞典類に見れば、第1に芸術（品）、美術（品）、第2に技術、ワザ、技巧、そして第3に人工、人為とあり、第4に人文科学、教養（Liberal arts）としてある。芸とは文芸、手芸、演芸など人の身につけた感性的表現能力の意味であり、技とは技巧、技師、技能など人間の理性的機能であり、術とは手術、学術、奇術、話術など人間の能力を働かすための方法・仕組みの意味である。また、自然に対して何らかの人的機能を加えるという意味ももっている。これらを簡潔にまとめると、芸術とは芸の仕組み（術）であり、技術とは「わざ」（技）の仕組みである。また技能とは人間に備わるわざの能力の仕組みである。しかも、芸術と技術・技能すなわち感性的アートと理性的アートとは、古くは一体のものとして考えられていたのである。こうしてみると、アートというコンセプトは、人間が物質的・精神的充足を得るために、感性的・理性的創造性を表現するその能力、その表現力形式と方法、表現活動と表現の結果とを意味するかなり広い意義をもつことがわかる。

　それゆえ、労働の過程とは、人間に内在する感性的・理性的アートの対象化、すなわち、創造的能力の製品への対象化、いいかえれば、無形的アートの有形化表現活動の過程であり、対象化された製品は機能・構造と感性の統合体なのである。歴史的に見れば、後期旧石器時代のクロマニョン人の作成した石器には、すでに機能・構造のみでなく、そこには感性的表現すなわち「芸術的な技能」が認められると報告されている（Singer, et al., 邦訳，27頁）。

　私見によれば、この統合化されたアートは、生産活動の発展とともに、人々の精神的充足に重点を置くアートと物質的充足に重点を置くアートへの分離・専門化を開始したと考えられる。一方は、美術や文学・音楽・舞踊などの感性的アート（芸術）として発展し、これを専門とする芸術家（artist）が人々の精神的充足をはかる役割を果たすことになった。他方、物質満足に重点を置くアート（もの作り）は、これを専門とする職人（artisan）によって担われることになったが、職人は、習熟によってかれの内部に蓄積されたアート（技能）をつうじて、機能・構造に重点を置く理性的アートを発展させることになった。しかし、いずれにしろそこにはアート（技・芸）の統合的な能力が求められた。いわば、「何を作るか」と「どのように作るか」ということ、言いかえれば、どのような製品をどのような方法で作るかということは、全面的に職人の感性的・理性的アートに依存していたのである。

　しかしながら、近代科学の発生と進歩そして消費市場の形成は、もの作りにおける質的・量的な

革新をもたらした。科学と理性的アート（技能）の結合は近代技術（機械）を発展させたが、職人の理性的アートを基盤とする「どのように作るか」という生産活動は、機械技術の発達を媒介に急速に拡大し、新たに追加される知識・技能の増加とともに、職人には機械技術を制御する役割が追加されただけでなく、技術を媒介に市場の要求する製品の質と量とを保証する生産組織の管理能力が求められた。こうして、職人に内在するアートは、次第にその統合化された形態から、分化・専門化・組織化を余儀なくされ、従来型のアートを基盤に製品をデザイン・製作する工芸的職人（craftsman）をのぞけば、職人は、組織的生産活動の中で製品・技術・製法を設計する技師、機械技術の効率的制御を開発する技術家、製品製作能力に優れた技能者など、多様なアートに分化・専門化してゆくのである。

　このように、科学技術とアートの結合は、技能の科学化を基盤とする生産の組織化を推進したが、それは、市場経済の拡大とともに、市場を目的とする生産のシステム化を促進した。技能は、生産システムの要素になり、したがって技能の内容をなす理性的アート、感性的アートは生産システムの要素として機能することになった。このような熟練の科学化、アートのシステム化の確立は、20世紀における大量生産体制の形成においてであった。

⑵　技術と技能の関連と区別をどのように理解するかという問題は、宗像元介が「共存型技術・技能観」「融合型技術・技能観」として的確にまとめている。前者は、技術と技能とは、それぞれが独立した概念であって、生産の場では共存して助け合う。この見解によると、技能とは「現場労働者の職業能力＝熟練＝中核はカン・コツと捉え、技術と区別することで成り立つ考え方」（宗像、75頁）である。後者は、三木清に代表される見解（三木、1967年）で、技術とは、「主観的主体（人間）と客観的環境の対立を媒介して調和をはかる意志的行為の形なのだ。（中略）そのような技術の客観的な面が道具や機械であり、主観的な面が技能なのだ。かくして技術は主観的・客観的な統一体として成り立つ」（宗像、79頁）ものである。

⑶　原動機としての蒸気機関は、エネルギー制御の自由度が低く、制御が固定化される、動力伝導機構が大規模化して連続生産工程の制御の統一化に限界があり、作業の多様化が難しいなど、技術的に大きな弱点を有していた。その結果、マルクスの「機械の自動体系」の特性としての、生産の「連続性、自動性、高速性、同時性」を高度に発達させることは蒸気機関技術体系によっては限界があり、それは電動機体系に待つことになる。たしかに、マルクスは有望な原動機として「電磁機関」について言及しているが（Marx, a, 邦訳、646頁、d, 邦訳、68頁、262頁）当時は発電機輸送手段、電動機などの技術レベルが低く、工場への電動機の導入は1880年代以降のことである。1836年発明されたダベンポートの電動機は、電源を電池に依存しなければならなかったために、蒸気原動機に比べてはるかに不経済であった。1870年のグラムの実用発電機の発明によって生産過程への電動機の導入の端緒が開かれた（山崎・木本、68-81頁）。

⑷　それは、準備工程（5工程）と製紙工程（12工程）、それに若干の仕上工程から構成されている。準備工程はパルプ製造のための機械的・化学的工程であるが、蒸気機関を原動機として、工程間の搬送にパイプを使用した一連の連続・自動工程である。製紙工程は、撹拌工程から脱水、乾燥工程に至るまですべて全自動で行われている。とりわけ後半工程には、紙料搬送に「無端エプロン」（金網のベルトコンベア）が使用され、「休みなく前進する金網のエプロンは、紙料を切れ目なく供給されてそれを運びつづける（Marx, d, 邦訳、81頁）」という「ベルトコンベア・システム」を実現していることに注目すべきであろう。

⑸　自動停止つき織機についていえば、切れた糸をつなぎ機械の停止を回復する作業は人間が行う。その意味では、抒の交換を自動的に行い、横糸の供給を連続化した豊田佐吉のG型自動織機は、はるかに自動化の進んだ技術であった。

⑹　マルクスが描く「自動化工場」の評価に関しては諸説があるが、マルクスは、自動化工場の特徴に関するA.ユーアのつぎの文章を重視している。

「工場は、『一つの中心的動力によってたえまなく活動させられる一つの生産的体系を、器用さと勤勉とを持って見張る成年および未成年の各種の労働者の協業である、ということを示している。(中略) この〔定義〕は、その機構が連続した体系を形成していないような、あるいはただ一個の原動機に従属していないような工場はすべて排除している。(中略) その意味を最も厳密にとれば、この』(工場という)『名称は、すべてが一個の自動の原動機に従属して、同一の対象を生産するために協調してたえまなくはたらいている無数の機械的な器官と知能をもった器官とから構成されている一つの巨大な自動装置である、という思想を含んでいる。』」(Marx, d, 邦訳、17頁)。

この文章は、「自動装置」が、意識をもたない「機械的器官」すなわち自動機械体系と、知能を持った「理知的器官」すなわち労働者とから構成され、労働者はその「巨大な自動装置」の生きた器官として、死んだ器官としての機械体系に従属し、さらに両者が自動的な1個の動力に従属しているということ、すなわち、工場全体が巨大な自動装置として現われてくる、という工場体制を描いている。したがって、「理知的器官」とは労働者のことであり、当然のことながら、コンピュータのような機器を指しているのではない。

(7) 分業・協業の進展、機械化の進展とともに、個々の部分労働、個々の労働者の職能が全体労働、労働過程全体におよぼす影響力は逆に大きなものとなる。すなわち、労働過程が複雑になればなるほど、それだけ部分労働のもつ重要性は大きくなる。それゆえ、労働過程が円滑に進行するためには、個々の部分労働者がみずからの職能を不断に確実に遂行しなければならない。「職務に対する責任」である。また、装置産業のオペレーターのように、職務遂行のあり方が集団的となり、労働過程全体に直接責任をもたなければならないという意味での責任がある。しかしながら、これらの責任は、資本主義的生産様式においては2様の意義を有している。1つは、労働の主体的要因である労働者が、自らの労働の責任を遂行することをつうじて、労働にたいする「自らの目的」を達成するということである。それは、労働内容すなわち責任遂行の内容および労働成果にたいする満足感として現われるものであり、いま1つは、職務に対する責任をつうじて、投下資本の円滑な循環、回収を担っているという意味での責任である。前者の意味での責任が労働過程そのものに対する「貢献度」として表現されるならば、後者は、資本の増殖過程に対する「貢献度」といってよいであろう。

ブラウナーは、「個々の仕事から生産工程へ力点を移行させることによって、労働者の役割は技能の習得ということから責任を受容することへ変化するのである。また労働者のオペレーターとしての職務範囲は拡大するのである。このように連続処理工程型テクノロジーは、これまでのような分業のいっそうの進化と専門分化という歴史的趨勢を逆転させることになる。(中略) したがって労働者の技能よりもむしろ責任の重視へという変化は、個人の役割よりもむしろ集団全体の役割を介して考えることをうながすことになる。職務要件として責任が明確に規定されるということは、労働者自身の仕事内容と企業全体の目標とが有意味的に結合されることを意味する」(Blauner, 邦訳、232頁) と、連続処理工程型労働における熟練に替わる責任概念を導入したことは興味深い。しかしながら、熟練と責任とが代替関係にあるとはいえない。なぜなら、熟練は労働能力そのものに蓄積される「職務遂行能力」であるのに対して、責任は労働能力の構成要素ではなく、それ自体労働過程の性格そのものによって2様に規定された「貢献度」が労働者に要求する「職務遂行要件」であるといえよう。

(8) マルクスは、このプロセスを「部分労働者たちが失うものは、彼らに対立して資本に集中される。部分労働者たちにたいして、物質的生産過程の精神的諸能力を、他人の所有物、そして彼らを支配する力として対立させることは、マニュファクチュア的分業の一産物である。この分離の過程は、資本家が個々の労働者に対立して社会的労働体の統一と意志とを代表する単純協業において始まる。この分離過程は、労働者を不具化して部分労働者にするマニュファクチュアにおいて発展する。この分離過程は、科学を自律的な生産能力として労働から分離して資本に奉仕させる大工業に

おいて完了する」（Marx, a, 邦訳、627-628頁）とのべている。
(9) ましてや、新技術の導入によって、熟練が高度化するという熟練の「高度化」論は、労働と機械化の歴史を否定するものである。小池和男は、かつて、MEの導入によって作業内容が単純化するという「単純化」論に疑問を提起し、「労働が『単純化』したかどうかを直接、測るのはなおむずかしい（中略）むしろ20世紀前半最も機械化のすすんだ国アメリカで、なぜかくも長い経験を評価するのだろうか。やはり必要とされる技能が高まったと解すべきではないだろうか」（小池、a、33-34頁）と、熟練の「高度化」を主張した。小池は、MC加工作業における作業内容の実証的分析から、① 正確で速く切削する熟練は汎用機に比べ少なくてすむ。しかし、② 段取りおよび切削材料、切削工具、切削知識、経験の比重はかえって高まると結論づけた（小池、a、34頁）。また小池「知的熟練」論についてのべれば、「ふだんと違った作業」いわばトラブル対応の技能などは、本来熟練概念に含まれるものである（小池、b、第1章）。

フェーズ 1

自立統合型生産システム

第2章
アメリカ産業革命と科学的管理法形成の歴史的基盤

第1節　産業革命と近代工場制度の成立

　スミートンに始まる工作機械革命、ハンツマンに始まる製鋼革命、ワットによる動力革命、ジェニー紡績機に始まる作業機革命、これらの総合的な技術革命が工場制度を生み出し、繊維工業における工業生産を飛躍的に拡大し、イギリス産業革命の基盤を築いたことは歴史が示すところである（図2-1）。イギリス産業革命は、産業資本主義の形成過程において現れた生産様式の質的転換を意味する。具体的には労働手段の技術革命による工場制手工業（マニュファクチュア）から機械制工場制度への転換、商業資本が組織する生産様式から産業資本が主体となる資本主義の形成、近代工場労働者と賃労働関係の形成、そ

図2-1　イギリス産業革命における技術連関

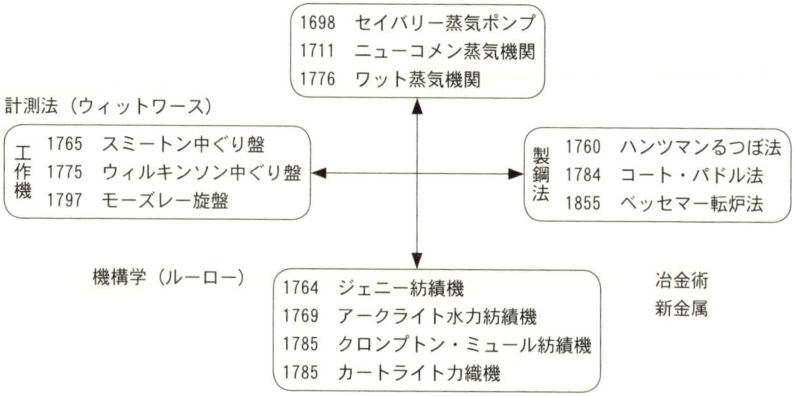

```
                    1698  セイバリー蒸気ポンプ
                    1711  ニューコメン蒸気機関
                    1776  ワット蒸気機関

計測法（ウィットワース）
 工  1765  スミートン中ぐり盤              製  1760  ハンツマンるつぼ法
 作  1775  ウィルキンソン中ぐり盤          鋼  1784  コート・パドル法
 機  1797  モーズレー旋盤                  法  1855  ベッセマー転炉法

機構学（ルーロー）    1764  ジェニー紡績機              冶金術
                    1769  アークライト水力紡績機        新金属
                    1785  クロンプトン・ミュール紡績機
                    1785  カートライト力織機
```

出所：筆者作成

してそれが社会構造の変革と人々の社会生活に質的な変化をもたらしたことである。

科学的管理法の形成は、19世紀末葉のアメリカ産業資本の集中・集積による巨大生産企業の形成と生産の大規模化に対応する労働様式の再編成と管理体制の再構築を目的としたものであるが、その形成基盤がもとよりアメリカ合衆国の産業革命にあることはいうまでもない。新大陸アメリカの自然的・地勢的諸条件の下に、大量移民による国土の形成と拡大、西漸運動による市場の巨大な拡大とこれに対応する農業、工業、そして輸送手段の発達、アメリカ産業革命は、これらの歴史的基盤を条件として、またその歴史的基盤の中で展開された。しかも、アメリカ合衆国の産業革命がイギリス産業革命の単なる移入としてでなく、「互換性部品生産方式」に代表される「アメリカ型」の新たな生産方式を構築したこと、そしてそれがその後の世界の人々の生活様式を変革する大量生産体制の源流になったことにアメリカ産業革命の特質を見出すことができる。

本章では、このようなアメリカ産業革命の特質とこれを基盤とする生産の集積・集中、そして19世紀末葉に発生するこの巨大な生産力の管理体制の諸矛盾、こうした熟練・分業の諸矛盾に対応する現代的管理システムの嚆矢、科学的管理法の形成基盤について検討する。

第2節　アメリカ産業革命の歴史的背景

1. アメリカ植民地の形成

コロンブスによる新大陸アメリカの発見に始まるスペイン、ポルトガル、イギリス、フランスなど帝国列強の南北アメリカ大陸の植民地争奪競争は、16世紀から17世紀をつうじて展開された。ポルトガルとスペインはまず南米の獲得をめざし、スペインはペルー、メキシコを支配するだけでなく、16世紀半ばには北米中・南部まで支配を拡大した。イギリスは、1497年、ジョン・カボットがヘンリー7世の命を受けてニューファウンドランドに達し、イギリス国旗を立ててアメリカ大陸東海岸を南に下った。フランスはカナダ・ケベッ

クから五大湖を経由して北米内陸部を植民地とした。さらにオランダも、1609年ハドソン河流域に広大な土地の領有を主張した(『原典アメリカ史』第1巻)。そして、ニューイングランドからフロリダまでの長さ4,800キロメートルの海岸線にそって、あらゆるヨーロッパの国々から土地と新しい生活を求める移民が移り住んだ。なかでもイギリスからの移民がもっとも多く、アメリカ東海岸は次第にイギリスの植民地としてイギリスが領有した(ニューヨークは、もともとオランダの植民地の拠点ニューアムステルダムであったが、1664年の英蘭戦争の結果としてイギリスが領有した)。

　こうして、イギリス植民地は、地理的条件によってニューハンプシャー、マサチューセッツ、ロードアイランド、コネチカットのニューイングランド植民地、ニューヨーク、ペンシルヴァニア、ニュージャージー、デラウェアの中部植民地、バージニア、メリーランド、南・北カロライナ、ジョージアの南部植民地の13の地域(州)に分かれた。ニューイングランドははじめ小規模な農業とともに、燈火用の鯨油生産のための捕鯨がおもな生活手段であったが、次第に靴屋や大工、ロープの製造、鍛冶屋、レンガ焼き屋や織り屋といった家内工業、造船業、貿易業が発展していった。そして、造船業・貿易業の発達は西インド諸島との貿易を促進し、ニューイングランドの魚類や木材、穀物や馬と西インド諸島で生産する砂糖や糖蜜、藍の染料とを交換し、これをイギリスに運んでイギリスの工業製品と交換した。また、ニューイングランドの船は悪名高い「三角貿易」に携わった[1]。ニューイングランドで生産したラム酒をアフリカに輸送し、これを黒人と交換する。そして、黒人を奴隷として西インド諸島に運びここで砂糖・糖蜜の生産に従事させ、これをニューイングランドに運ぶという三角貿易である。さらにその後、黒人奴隷は煙草や米の生産のためにアメリカ南部に「販売」された。ニューイングランドでは造船業に奴隷労働を必要とする必然性はなかった。むしろ、奴隷労働に反対する気運があった[2]。造船業ではおもに熟練労働者を必要としていたからである。しかしながら、以上のような取引をつうじてニューイングランドの造船・貿易業者は富を蓄積していったのである。

　中部はきわめてニューイングランドと類似した生活で、とくに農業(大規模ではない)が著しく発達し、また毛皮貿易も盛んに行われた。後には造船業や

貿易業でもニューイングランドと競うようになった。そして、フィラデルフィアは最大の職人の町になった。これに対して、南部は米と煙草のプランテーション農業であった。「煙草！　これこそ南部植民地のなかで一番古いヴァージニアの生命の息吹きだった」(Huberman, 邦訳、上、33頁) といわれるように、はじめは小規模プランテーションではあったが米や煙草はすばらしい利益を南部にもたらした。これらの主要生産物を輸出して工業製品や高級家庭用品をイギリスから購入する。ただ、煙草は、肥料をやらなければ3年もすると土地がやせ新たな土地を切り開かなければならないこと、また夏の猛暑の中で過酷な労働に従事する多くの労働者が必要となることが重要な意味をもった。当初「年期契約奉公人」(アメリカ移住のための船賃を5～7年の契約期間奉公して返済する。実際は奴隷のような条件の場合もあった) が中心であった労働力は次第に黒人奴隷 (生涯の労働力) に置き換えられていった。黒人奴隷を数多く所有することが農園の大規模化につながり、また、じっさい巨大な農園が数多く形成されていったのである。

2. 移民の仕事

　イギリスの新地発見から100年あまり後、貿易商「ロンドン会社」が1606年にジェームス1世から特許状による北米海岸の土地の付与を受け、土地の販売を開始した。こうして、1607年、イギリスからの最初の移民100名余りがヴァージニアの地に植民地の拠点としてジェームスタウンを、つづいて1620年、メイフラワー号 (180トン) で着いた清教徒102名がプリマスを建設した。しかしながら、8週間以上も小船で荒海を越え、見知らぬ原野に人々が入植するのはきわめて困難な挑戦であった。最初の移民の半数が半年の間に飢えと病気で死んだといわれるから、植民地生活がいかに厳しいものであったのか想像に難くない。それでもヨーロッパの人々の新大陸アメリカへの移住の夢は膨らんでいった。貿易会社は、ただ同然で獲得した肥沃な土地を安価に販売することで移民を引きつけ、移民が生産した生産物を購入し、移民が必要とする品物を販売することによって利益を上げたのである。オランダ西インド会社やイギリスのロンドン会社などの貿易会社が、新天地の素晴らしさを広告に出してヨーロッパからの移民の流入を促したことも確かである (Huberman, 邦訳、

上、第1章)。渡航費用のない人々は年期契約奉公人として海を渡り、自立後その多くが農民として新天地での生活を始めた。こうして1760年までの150年間に150万人以上の人々（多くはアメリカ生まれ）が植民し、東海岸地帯で生活をしていたのである。

移民は、実に多様な民族、多様な階層から構成されていたが、移住のためには木を切るための斧と、食料の獲得と外敵から身を守るための銃と弾丸、剣、鍬と鋤、シャベル、つるはし、ハンマー、ベルト、砥石など、それに衣類、家財道具と当面の食料を準備しなければならなかった（Huberman, 邦訳、上、第2章）。そして、入植後はまず食べ物と住み家を確保する必要があった。森で動物を、川では魚を獲り、木材と畑を作るために森を開墾した。そして、先住民からはトウモロコシやたばこ、またクランベリーの栽培の仕方を学んだ。銃は動物を獲るために特に必要なものであった。しかし、移民の仕事はこれだけではなかった。独立前夜においてすら、農業に必要な手段、生活のために必要な手段は基本的に自ら作り出さなければならなかった。一家の仕事として家屋はもちろん家具や農具を作り、羊を飼ってその毛で衣服を作り、製粉や製材、皮をなめして靴を作り、陶器を焼き、石けん・蝋燭を作り、ビールや林檎酒を作り、楽器まで作ったのである。農閑期には交換価値のある製品を作り、それを町に出かけて商人に売り、その金で鉄やガラス、銃と弾丸、塩、糖蜜、ラム酒、小物類などを購入しなければならなかった。しかも、ヨーロッパ斧を木材伐採に適した形に工夫したり、少ない鉄を補うために木製の鍬を作るなど、彼らは、「農民的アーチザン」（farmer-artisan）、いわば農民自身が職人となっていったのである（森、21-23頁）。

もちろん、移民の中には専門の職人もいた。しかし、彼らに必要とされる能力は、農民が必要とするものなら何でも作るよろず屋としての技能であった。大工は製材から家屋の建築、家具の製造、台所用品の製作など需要に応じて何でも作り、鍛冶屋は馬蹄、馬車の部品、斧、鍬や鋤、鍋、ドアの掛金, ちょうつがい、釘など何でも作った（森、23頁）。彼らの仕事の特質について森杲はつぎの2点をあげる。第1が、「実用性とシンプル化の徹底した追求」である。ヨーロッパの職人が作るような複雑な細工や装飾がなく「実用一点張りの製品」を作る必要性があったのである。これが、「やがてアメリカ的伝統と目さ

れるようになる発端」であると森は特徴づけている。第2に、移民にとって森林は、家を建て畑を開墾する対象であり、またそれだけが資源でもあることから、木材を使用した生産や技術が発達した。彼らはヨーロッパで石やレンガや鉄で作られるものを木材でつくることに努力した。建物はもとより、留め金、ちょうつがい、鍵、火にかける鍋、農具や手工道具などを木材で作った。どうしても必要な部分にのみ鉄を使ったのである。「その技術が徐々に金属加工技術にも適用されていったというのが、アメリカの工作技術史を特徴づけている」と森は論じている（森、25-26頁）。また、こうした特質は主にニューイングランドと中部植民地の自営農民の地域で多く見られた特質で、南部では、年期契約奉公人やそれに代わる黒人奴隷が、大工や樽工、靴工、レンガ工、床屋、ペンキ工、洋服仕立職など、職人としての仕事をするケースが特徴的であった（森、31-33頁）。

3. 戦争と領土の拡大、そして西漸運動

1757年からの英仏間の7年戦争の結果、イギリスはより多くの西インド諸島の島々、アパラチア山脈からミシシッピー川までのすべての土地（スペイン領ニューオーリーンズを除く）、カナダ全部を手に入れた。それは移民からすれば西方への移住の夢を実現するチャンスであった。しかしながら、イギリスは自らの権益を維持するために移民のアパラチア山脈から西への移住を禁止した。さらに、1764年の砂糖条例、1765年の印紙条例、1773年の茶条例など、植民地支配の強化を意図するイギリスの税政策が、ばらばらだったアメリカ13州を団結させた。1775年4月レキシントンにおいて移住者の一軍隊とイギリス軍との間で戦闘が始まり、ジョージ・ワシントン陸軍司令官の下に1783年までの独立戦争が展開された。そして、1776年7月4日アメリカ13州の独立（アメリカ合衆国）が宣言された。それは、イギリスをはじめヨーロッパを飛び出してアメリカに移住した移民が宗主国イギリスの支配を受けることへの拒否の表明であり、イギリス本国中心の経済循環からアメリカ中心の自律的経済循環への転換を宣言するものであった。フランス軍はアメリカを援護し、またオランダやスペインもアメリカを支援した。こうして、1783年アメリカ合衆国とイギリスとの間で講和条約が締結され、新国家は、五大湖からフロリダ

まで、大西洋からミシシッピー川まで（フロリダおよび南部沿岸地帯のスペイン領は除く）の巨大な地域を領土としたのである（Huberman, 邦訳、上、第5章）。

　アメリカ合衆国の独立がもたらしたものは、アパラチア山脈の東部で生活する人たちが自らの土地を売ってアパラチア山脈の西方により大きな土地を求めて移動する西漸運動であった。

　さらに、彼らの後を追って新たにアメリカ合衆国に移住した人々が描く西方への夢は、実に「天命」となってミシシッピー川流域をめざした。アパラチア山脈の西には1770年にはわずか5千人の人々が住んでいるだけであったが、1810年には150万人、1820年には300万人、1830年には490万人、1840年にはなんと810万人に達し、東側に住む880万人に近づくことになった（Huberman, 邦訳、上、180頁）。

　しかしながら、18世紀末には力をなくしたとはいえ、ニューオーリーンズとミシシッピー川以西のルイジアナ地方はスペイン領であった。ニューオーリーンズはミシシッピー川流域の穀物を船でアメリカ東海岸へ運ぶための港として最適であり、ワシントンは1695年スペインと条約を結び、ニューオーリーンズをつうじた交易の権利を得た。しかしながら、話はさらに展開する。ナポレオン・ボナパルトは、1800年ルイジアナをスペインから割譲させ、1802年にはアメリカ人に対しニューオーリーンズを閉鎖した。生産物の8分の3を運び出すまでになったニューオーリーンズの閉鎖はアメリカの死活問題になったのである。そこで、ジェファーソン大統領はニューオーリーンズの買収交渉をフランスと始めようとした。一方、フランスはフランス領での現地人の反乱鎮圧のためにサント・ドミンゴ島に軍隊を派遣したのであるが敗北を喫してしまう。ナポレオンは、1803年、アメリカ大陸支配をあきらめ、ニューオーリーンズだけでなくルイジアナ全体をわずか1,500万ドルという価格で合衆国に売り渡したのである。

　ミシシッピー川からロッキー山脈に至る広大な土地を手に入れた合衆国は、さらに1819年、フロリダをスペインから買収し、北米南部の海岸線までを領土に組み込んだ。それだけではなかった。テキサスは当時メキシコの領土であったが、1821年、メキシコはアメリカ人入植者にただ同然で肥沃な土地を

提供したのである。これをきっかけに土地に飢えたアメリカ移民の大群がメキシコに流入し、まもなくテキサスとメキシコの間で独立戦争が起こり、1836年、テキサスは独立してアメリカへの併合を求めた。そして1845年テキサス州として承認されることになった。さらに、このテキサスの併合とともにアメリカとメキシコの間に米墨戦争（1845-48年）が起こったが、アメリカはこの戦争に勝利することによってカリフォルニアとニューメキシコを割譲させた。列強の領有が確定していない北部のオレゴンについても、移民の大量流入を基盤に、1846年アメリカが併合した。そして最後にカリフォルニア半島を1853年メキシコから買収した。こうして一応アメリカ合衆国の国境が確定したのである。

しかしながら、西漸運動は1840年までは前進を続けたが、ミシシッピー川の西方、西経98度線で停止した。そこから西方は樹木も水もない平原であって、家も建てられなければ農業もできない地帯であった。ヒューバーマンによれば、1856〜57年に75頭のラクダ隊が太平洋に向かって探検したということである（Huberman, 邦訳、上、182頁）。こうして、西漸運動はさらに西方へ向かうための大陸横断道路の開発、鉄道の出現を待って再開されたのである。

4. 交通手段の発達

西漸運動は、農業を志す移民の西方への拡大であるとともに、次第に発達する東部の工業生産物の市場の拡大でもあった。この東部と西部の生産物の交換を可能にした条件は交通手段の発達であった。言いかえれば、西漸運動が東部の工業生産物の市場を形成し、アメリカ産業革命の必要条件の1つとなったのであり、それゆえ東西を結ぶ交通手段の発達はその枢要な要因となったのである。

『原典アメリカ史』によれば、交通手段の発達は3つの段階を経る。第1が有料道路の建設である。最初の道路は、1794年に完成したランカスター道路（フィラデルフィア—ランカスター）である。ランカスター道路の成功が有料道路熱を起こさせ、それは35年間続いたといわれる（Chamberlain, 邦訳、104-105頁）。しかし、小規模な州単位の道路は交通路としての有効性に欠け、東部と西部を結ぶ一大道路は、ジェファーソン時代に建設されたカンバーランド道

路であった。それは1811年に着手され、1817年にはメリーランドのカンバーランドからオハイオ河谷のホイーリングに達し、1838年にはワシントンからイリノイ州ヴァンダリアに達して完成した。こうして、馬車が多くの商品や人間を西部に運び、西部からは家畜を東部に売りに行くことができるようになった。しかしながら、98度線から西へは「平原の大洋」を越えなければならない。1820年代初頭には、ミズーリ州インデペンデンスから南西へのサンタフェ街道、北西へのオレゴン街道が開かれたが、それは乾物や雑貨をビーバーの皮や金や銀と交換する隊商や罠猟師たちの道路であり、ようやく1840年代になって南はカリフォルニアのサン・ディエゴに、北はオレゴンのアメリカ西海岸に到達した。そして、カリフォルニアやオレゴンの自然や質の良い土地に関する情報が伝えられ始めると、西漸運動が待ちかねたように再開された。さらに、1848年のゴールドラッシュがそれを加速させたのである。

　第2が河川交通の段階である。道路交通が西漸運動に果たした役割は大なるものがあったが、農産物を運ぶには運賃が高くつき、農民の負担に負えるものではなかった。そこで農産物の輸送はもっぱら河川交通によった。平底船に農産物を積んで河川を下り、農産物を売るとともに船を解体して木材として販売した。こうして、ニューオーリーンズには木材産業が形成された。しかし、河川交通は下流に向かっての一方通行である。帰路は陸上を徒歩で帰らなければならない。その意味で1807年のR.フルトンによる蒸気船の就航は画期的意義を有した[3]。ミシシッピー川が往復交通できるものとなり、オハイオやミズーリとニューオーリーンズとを密接に結びつけ、人と商品の活発な移動を可能にした。

　蒸気船の就航に刺激されて運河時代が到来した。その端緒は1817年に着工し1825年に完成したエリー運河である。ハドソン川とエリー湖を結ぶこの運河の完成によって、農産物や開拓民の必需品はミシシッピー川からメキシコ湾経由によらなくとも五大湖経由でニューヨークに運ばれることになったのである。こうして、この運河に沿って新しい工業都市が誕生するとともに、ニューヨーク市はフィラデルフィアをしのぐアメリカ第1の港湾都市になっていった。また、このエリー運河の成功によって各地域に運河建設が流行し、西部をめざす運河熱は1837年の恐慌時まで続くのである。運河の効用についてチェ

ンバレンはつぎのようにのべる。「運河開通以前に1トンの商品を馬車で30マイル輸送するには、大洋を船で3,000マイル運ぶのと同じ費用がかかった。炭鉱と鉄鉱山は互いに非常に近接していなければ価値がなかったが、両者は本来近接していないのが普通であった。またトンマイルあたり30セントでは、小麦を地方市場の価格でフィラデルフィアで売るとすれば、その小麦の価格よりフィラデルフィアまでの200マイルの運賃の方が高かった。アメリカの運河はこの状態を完全に変えたのである。運河を建設するための費用は高かった。それは普通1マイル2万ないし3万ドルかかった。しかし、運河は石炭と鉄を結びつけ、小麦運搬費用をトンマイルあたり1ないし2セントに引き下げた」(Chamberlain, 邦訳、112頁)。

　第3の段階は鉄道である。それは、運河熱もさめやらぬ1830年のボルティモア・オハイオ鉄道の開通に始まる。蒸気機関車の改良、T型軌条の使用などにより発展、1840年までには300社以上の鉄道会社が誕生し、軌条マイル数は約3,300マイルに達していた。東部大都市間の鉄道はほとんど完成し、1850年以降は内陸への拡張に向かった。1854年にはシカゴと東部沿岸が結ばれ、東部と西部とが鉄道によって密接に結合された。以来シカゴは西部の新しい都になった。「シカゴはミシガン州やウィスコンシン州の木材都市から板、厚板、屋根板が集まり、そこからさらに南部のイリノイ州やインディアナ州に出荷され、ミズーリ州やアイオワ州から牛肉や豚肉が集まり、また、シカゴはミネソタ産の穀物を大量に貯蔵した。（中略）シカゴは辺境の原料を利用し、それを加工して輸送すると同時に、東部から完成品を集め、それを農家に出荷した。（中略）シカゴを開発した鉄道は、またアメリカの鉄鋼業を発達させ、鉄鋼業は軌条を製造しただけでなく、やがて開拓者に必要な斧、鋤、拳銃のようなものの原料を供給した」(Chamberlain, 邦訳、123-124頁)。しかし鉄道が河川、運河による輸送量を凌駕するのは南北戦争以降のことである。

　こうして、鉄道の発達は1844年開通の電信と相まって、アパラチア山脈を越え東部と西部とを密接に結びつけた。東部資本は西部への土地投機とともに、製造工業や農業生産に投資することによって東部の生産者に広大な国内市場を開くと同時に、西部の穀物を東部市場にもたらした（『原典アメリカ史』第3巻、45頁）。こうして、1869年、セントラルパシフィック鉄道とユニオンパ

シフィック鉄道による大陸横断鉄道の完成をはじめ、1880年代までの全国鉄道網の完成による西部の原料供給と東部の工業生産物の相互結合関係が国内市場の急速な拡大をもたらし、それがアメリカの工業発達を支える最大の基盤になったのである。また、いまひとつ鉄道建設の果たした重要な役割は、南北戦争における兵員と軍需品の迅速な輸送であった。「南北戦争は鉄道が大切な役割を演じた戦争のうち最初の大戦争だった」(Huberman, 邦訳、下、25頁)のである。

第3節　アメリカ産業革命とアメリカ型生産システム

1. イギリス産業革命の移入と綿工業の発達

　移民の自給自足的生活については前述したが、彼らの生活は住む家も、衣服も、家財道具も、農機具も、もちろん食料も自家製かせいぜい近隣の職人の生産したものであった。北東部の工業といっても職人を中心とする家内工業か、資本および原料を商人から前借りし、商人の注文を受けて生産をするマニュファクチュアであった。それは合衆国の独立後もほとんど変わりはなかった。自国で生産するより原料をイギリスに売って工業製品と交換する方が有利であったからである。このように、資本・技術・労働のすべてにおいて工場制度が形成される基盤がなかったのである。また、それが先に産業革命を起こし、植民地諸地域市場に工業製品を供給するイギリスの経済支配体制でもあった。それゆえ、イギリスは早くも1765年から新しい機械のみでなく、熟練労働者のイギリスからの出国を禁じたのである。

　しかしながら、18世紀末葉、このような生産体制に転機が訪れた。第1に、機械部品の密輸だけでなく、熟練労働者のアメリカへの逃亡が始まったことである。「1789年に、以前イギリスの工場の労働者だったサミュエル・スレーターが、こっそりと合衆国にやって来た。彼は新しい機械の設計図を頭の中にしまいこんできた。彼は、ロードアイランドのポータケットに、はじめてアークライトの設計にもとづく完全な紡績工場をたてた。彼は記憶にもとづいてこの工場の機械を設計しこれを組立てたのだ」とヒューバーマンがのべるよう

に、綿工業の種が移民によって持ち込まれた（Huberman, 邦訳、上、214頁）[4]。しかしながら、若干のボストンの商人がこの例にならって紡績工場を経営したが、それらがアメリカに本格的な綿工場体制を形成したわけではなかった。じっさい、1793年イーライ・ホイットニーによって発明された綿繰機による生産性の向上（手労働の300倍の生産性）にもかかわらず、1810年になってもロードアイランドでは小規模な工場が26工場、マサチューセッツに54工場、コネティカットの14工場しかなかったといわれる（『原典アメリカ史』第3巻、243頁）。それは、これらの工場が小規模なマニュファクチュア型の紡績工場であり、紡績は機械式になったが織布は相変わらず農家の副業として手作業で行われるような生産体制であり、しかも手工的熟練労働の不足による高賃金、国内交通の未発達による綿糸市場の狭隘性、製品の品質不良などの理由や、何よりも資本の不足による小規模工場生産体制では「世界の工場」たるイギリスの競争相手にはなれなかったからである。綿繰機発明の意義は、それが南部の綿花生産を飛躍的に拡大し、アメリカをイギリス綿工業のインドに代わる最大の原料供給国にしたことである。それでも、輸入でなく自らの手で生産するという試み、しかもジェニー紡績機のような手工的機械でなくはじめから水力紡績機という機械的紡績機を導入するという試みは、その後の本格的な工場体制への重要な転機になったことは間違いない。

　第2に、1793年から始まる英仏間の戦争である。西ヨーロッパのすべての国が参加したこの戦争は、アメリカの海運業と農業にとってとてつもない金儲けのチャンスとなった。穀物、パンや肉類、小麦粉、綿花や羊毛などを満載した中立国アメリカの船が大西洋を渡り、帰りに工業製品を積んで往復したのである。アメリカの船舶の総トン数は、1789年の20万2千トンから1810年の142万5千トンと7倍に増えたが、それらの船はすべてアメリカの造船業で作られたものであった（Huberman, 邦訳、上、215頁）。ところが、イギリス、ナポレオンのフランス双方が相手国と中立国との貿易を禁止したのである。その結果1,600隻のアメリカの商船が拿捕されることになった。そのうえ、アメリカの商船は1807年のジェファーソン大統領の「出航禁止法」によって貿易を禁じられることになった[5]。さらに、1812年から米英戦争が始まると貿易は完全に遮断され、ヨーロッパの工業製品がアメリカに輸入されることはほとんど

なくなってしまったのである。

　こうして、工業製品をやむをえずアメリカ国内で生産する必要性が生まれたこと、また貿易で蓄財した巨大な資金の新たな投資先として工業生産が前途有望になることによって、商人たちが工業に目を向けることになった。1816年からの25％という高関税政策もこれを後押しすることになった。1814年、ボストンの貿易商フランシス・ロウエルは、イギリスにおいてもやっと工業化の緒につきつつあった力織機を導入し、リング式紡績機と力織機を結合した世界最大規模の「継起的工程の同時的機械化」すなわち紡織一貫工場をウォルサムに建設し、しかも最も需要の大きい白の粗綿布のみを生産することによってコストを引き下げ、その国際競争力を確立することに成功した（中川①、14頁）。この工場は1日に30マイルの織布を生産し、10～20％の配当を支払ったといわれる（Chamberlain, 邦訳、91頁）。その他の製造業がいまだマニュファクチュアか問屋制家内工業という生産体制であったのに対して、木綿工業においてはじめて本格的な機械制工業が成立したのである。アメリカにおける産業革命はこうして始まった（詳しくは中川②）。

　当時の工業の労働力には3種の形態があった。第1が家内工業における家族労働力であり、第2がマニュファクチュアにおける職人労働力（ジャーニーマン）であり、第3が機械制工業における婦人または子供の労働力であった（『原典アメリカ史』第3巻、249頁）。産業革命の先陣を切った先端的木綿工業の労働力は婦人および子供であった。農工分化をとげない農村では、「成年男子は多く農耕に従事するか、農村家内工業に従事するか、あるいは西部に移住しており、そこから労働力を求めるべくもなかったからである。従ってこの婦人子供労働者こそは、現代的意味の賃金労働者であった。婦人労働者は、工場の寄宿舎に居住し、1日12時間前後（夏は長く、冬は短い）働き、平均2ドルの週給を受けた。しかし彼女らはそれを貯金して、ある期間たつと、家に帰り結婚するか、西部に移住する。従って、紡織に従事する期間は2年ないし4年を越えないのがふつうだった」（『原典アメリカ史』第3巻、250頁）。しかし、ヒューバーマンによれば、1846年のローウェル市における婦人労働力募集の状態について、「奴隷車」(slaver) と名付けられた馬車が州を定期的に運行し、仕事はきれいで賃金はとても高く、絹の着物を着て時間の半分は本を読んで過

ごすことができる、などの「嘘っぱちの美辞麗句」によって娘たちをだまして集めたという記事を紹介している（Huberman, 邦訳、上、222頁）。資本主義初期綿工業における工場労働が安直なものでなく、イギリスと同様、そこには原生的労働関係が存在したことが見てとれるのである。

　一方、ニューイングランドにおける木綿工業の発展はいわば原綿の需要の増加を意味した。アメリカ南部での綿花生産はこれによって本格化するのである。南部における綿花の生産は、1670年イギリス人の入植者達がサウスカロライナのチャールストンで綿花を栽培したのが始まりとされるが、その栽培は南・北カロライナからジョージア、アラバマ、ミシシッピー、そしてミシシッピー川を越えてルイジアナ、アーカンソー、テキサスと、次第に南部諸州に広がっていった。南部の2大作物が米と煙草であったことは前述したが、南部の農園主たちが綿花生産に着目した理由は3つある。第1が南部の気候が綿花栽培に最も適していたこと。第2がイギリス、フランス、そしてアメリカの綿工業の発達によって綿花に対する圧倒的な需要が見込まれたこと、そして第3が米や煙草は農閑期があるが、綿花栽培は1年をとおして作業があり、高価な黒人奴隷労働者を遊ばせず休みなく働かせることができたことである。こうして、綿花は南部の主要な作物になっていった。南部の原綿の年平均生産額は、産業革命の進展とともに増加し、1801～05年に約70万ポンドであったものが、1821～25年に200万ポンド、1841～45年に800万ポンド、1856～60年が約1,730万ポンドと驚くべき増加を示している（Huberman, 邦訳、上、232頁の図）。

　黒人奴隷は綿花栽培に不可欠の労働力であった。黒人奴隷は1619年はじめて輸入され、白人の年期契約奉公人とともに米や煙草の栽培に従事していたが、18世紀の末には年期契約奉公人よりもはるかに多くなっていた。かれらの過酷な労働は夜明け前から暗くなるまで監視されながら続けられ、朝晩の食事はかろうじて生きてゆけるもの、ゆでたトウモロコシと水のみであった。しかもその食事は畑で行われたのである。綿花の生産が増加すればそれに応じて奴隷労働力の必要性が増す。国会は1808年以降奴隷の輸入を禁止する法律を制定したが、南西部の地域からはより多くの奴隷への需要が増加し、奴隷の価格が高騰した。1790年代初頭に200ドルだった奴隷の価格が1815年には250

ドル、1836年には600ドル、1850年には1,000ドルにまで上昇した（Huberman, 邦訳、上、243頁）。その結果、ヴァージニアやメリーランドでは、綿花や煙草を栽培するよりも黒人奴隷を再生産する方が儲かるということから、黒人奴隷を「使役」するのでなく、牛馬と同じように黒人奴隷の「飼育」が行われた。かれらが成人するまでは軽い労働をさせておき、成人すると商人に売り渡した（Huberman, 邦訳、上、243-244頁）。文字どおり「労働力商品」の生産・販売である。こうして、アメリカ合衆国の北部と南部という「2つの国家」は奴隷労働をめぐって対立することになったのである。

2. 互換性部品方式とアメリカ型生産システム

　以上のように、アメリカの産業革命はイギリス綿工業の「移入」によって開始されたが、中川敬一郎によれば、アメリカ産業革命の特質である「大量生産体制」の構築からすれば、それは「互換性部品も流れ作業方式も伴わない」（中川②、35頁）という意味で「本格的」なものではなくいわば「量産」体制であり、本格的な産業革命、すなわち「互換性部品制度を基礎にした本格的な『大量生産』体制」は「兵器工業において端緒が開かれた」（中川①、14頁）とされる。アメリカでは、開拓民はもとより、独立戦争をはじめ、スペインとの戦争、第2次米英戦争、米墨戦争などに際して大量の銃器を必要とした。しかしながら、鉄砲の製作は鉄砲工の手工的熟練に依拠しており、熟練鉄砲工の欠如したアメリカではその充足はきわめて困難な状況であった。ここにホイットニーが再び登場する。1798年、すでに互換性部品方式のアイデアをもっていたホイットニーは連邦政府との間に1万挺のマスケット銃の製造契約を結んだ。かれは部品の斉一性に基づく部品の互換性が手工的熟練労働を減少させるであろうことに注目し、部品の斉一性を賦与するような工具および工作機械の製作に努力を傾けた。ホイットニーは、工作機械作業において、工具・刃物を誘導するジグ、被加工体を把持するフィクスチュアを部品ごとに考案し、旋盤や中ぐり盤による加工に迅速性、正確性と斉一性を与え、さらに、1818年（ロルトは1820年としている。Rolt, 邦訳、194頁）には「アメリカ型工作機械の母胎」である平フライス盤を開発して熟練を要する手ヤスリ作業の大幅な排除に成功した（以上、中川①、15頁）。この小銃生産における互換性部品に基づ

第2章　アメリカ産業革命と科学的管理法形成の歴史的基盤　75

く大量生産方式こそがアメリカ産業革命の特質であり、その後の銃器や時計、ミシン、農業機械、農産物加工などの諸産業における「アメリカ型生産システム」の端緒になった。

　以上のような考え方はいわば通説として論じられてきたが[6]、中川はなぜこのような生産方式が形成されたのかについて、「米国工業化の国際的後進性と同国の深刻な労働力不足との故に、生産の急速な機械化が同国産業企業の最大の課題であったからであり、同時に、米国特有の社会的・文化的要因の故に、大量生産への人間の組織化が比較的容易であったからである」(中川①、13頁)と分析している。では手工的熟練労働力不足の中で、このような機械を工夫して作り稼働させる労働力の供給源はどこにあったのか。この点について中川は「機械工的熟練労働力のみは、次の理由により、むしろ比較的豊かであり、その供給は弾力的であった」(中川①、15頁)として、①「農村社会には、激しい労働と同時に高度な労働節約的志向が一般化し、機械的工夫に関する関心と才能が広く育成されていた」こと、②「当時の米国では普通教育がイギリスなどにおけるよりも遙かに普及しており、熟練機械工の短期養成が比較的容易であった」こと、③「専門化された手工業的熟練の乏しい米国では、機械工は水車大工、錠前工、農具鍛冶などを同時にかねる『よろずや』的機械工でなければならず、そのため彼らは、特定技術の伝承ではなく、より広範な分野での機械的工夫に積極化した」ことの3点を上げ(以上、中川①、15-16頁)、ホイットニーが行ったことは、米国に乏しい「手工的熟練工」を、米国に豊かな「機械工的熟練工」によって、また機械工の製造した機械によって置き換えたことであり、同時に米国で不足していた不熟練労働を節約したことである(中川①、16頁)と結論づけている。

　ところで、このような通説に対して批判的見解を唱える論者が森杲である。森の論点は以下のようなものである。

　第1に、中川は「大量生産体制とくに互換性部品は、19世紀前半のニュウ・イングランドにおける兵器工業において確立した。しかし、それが兵器工業といった特殊分野に限定されている間は、米国産業に与える影響も少なかったが、1850-80年、全国的鉄道網の開通によって国内市場が急速に拡大して来るに伴い、いまや大量生産方式は、時計、裁縫機、農業機械など広汎な大衆的市

場をもつ商品の製造工場に導入され、これら諸商品に関する大量生産方式と相呼応して、米国産業社会に本格的な大量生産体制を確立することになった」（中川①、17頁）と論ずるのであるが、森によれば、アメリカの産業発達は大きく2つの部門が牽引したとする。その第1が農業部門である。アメリカ資本主義の発達は、工業が農業を分解しつつ発展する資本主義の発展形態でなく、西漸運動に伴う農産物市場の拡大とともに農業部門が新興工業の発展を牽引したところにアメリカ工業発展の特質がある。アメリカの「よろずや的職人」の熟練が生み出す新技術が農業部門に適用され、新たな熟練職種を生み出しつつ、農機具の製造と農産物加工をアメリカ工業の最大部門に成長させたのである（森、109-110頁）。たとえば、19世紀初期の主力であった鎌から刈取機への発展（マコーミック）、それに伴う播種機、脱穀機の技術進歩、精肉とその包装や冷蔵、パン焼き、ビール醸造、缶詰の技術改良、そして元水車大工であったオリバー・エバンスの自動製粉工場（粉砕・製粉・撹拌・袋詰めの自動化）などがある（森、111-112頁）。また、1851年のロンドン万国博覧会でもっとも高い評価を得たアメリカ製品はマコーミックなどの農業機械であったとしている。

そして、農業部門と双璧をなすのが運輸工業とその関連部門の発展である。金属加工を伴う鉄道・水運への蒸気機関の利用は、鉄鋼業の発展とともに機械工業の発展を導いた。ロバート・スティーブンソン社（イギリス）は当時の世界最新鋭の機械製作工場であったが、「19世紀中ごろの機関車はすでに5,000からの部品をもっており、部品の多くが金属製だったが、400人もいたこの工場の労働者のほとんどが、道具による手作業で、当時の最も複雑な機械である機関車をつくったのである。アメリカに設けられた機関車工場も、手作業に頼った事情は同じである。しかもアメリカは、伝統的に木工の機械と技術で特筆される成果をあげてきたものの、本格的な金属加工はこれが初めてといってよいほどである」（森、115頁）。

重要部品をイギリスから輸入しつつ、輸入機関車を手本として始められたアメリカ機関車製造業は1840年代にはヨーロッパへ輸出するまでに成長した。しかし、「19世紀半ばには、ボールドウィンはじめ当時の大工場に、旋盤、平削り盤、立て削り盤、形削り盤、ギア付裁断機、ねじ切断機などが揃ってくる

が、それでも工作機械でおおまかに成型したあと最後の仕上げとすりあわせは、いぜん熟練職人の手工にゆだねられた。職人たちは毎日、それぞれ自分の道具箱（分割コンパス、カリパス、測定器、ハンマー、ハンド・ドリル、切削具、仕上げやすり‥‥‥）をかついで、工場にやってきた。工場には鍛冶工、鋳造工、鉄板・銅板工、ボイラー製造工、製図工、大工、機械工、塗装工などの熟練職人が寄り集まっていた。鉄道工場は、腕利きの金属加工職人のたまり場になったのである」（森、117-118頁）。いわば、万能の機械職人になるには、まず親方の下で修行して手工的熟練度を高め、機械の進歩とともに機械の発明・改良、部品の考案ができる職人に成長するのである。

　第2に、森は、アメリカ産業革命におけるこれらの技術開発を促進した要因として合衆国の工業振興政策、なかでも特許制度に注目する。合衆国は憲法第1条8節8項の条文において発明者に一定期間の独占的権利を保証した国である[7]。憲法に基づいて特許法はイギリスに次いで1790年に制定されたが、それは新たに開発・公開された技術、工業製品の発明、改良者に対して14年間の独占権を保証するという法律である。政府は具体的なとり組みに指導性を発揮するのでなく、特許制度を媒介に「ヤンキー個々人の起業意欲」に火をつけたのである（森、123-124頁）。こうして、サムエル・ホプキンスの苛性カリ製法に対して第1号、蝋燭の製法に対して第2号、オリバー・エバンスの製粉システムに対して第3号が、そして1794年にイーライ・ホイットニーの綿繰機に対して第4号の特許が認められた（森、125頁）。その後アメリカは「特許王国」としての途を歩むが、森は「特徴的なのはむしろ、基幹技術の発明や改良よりはるかに、従来の手工業技術を簡単にするという意味での改良、科学者でなく無名の職人によるアイデア製品、つまり日本流に言えば日用雑貨の実用新案の数がいちじるしく多いことである」（森、128頁）として、アメリカ産業革命の技術的基盤が生活関連の木工技術にあることを強調している。

　第3に、ホイットニーを嚆矢とする国営工場のマスケット銃生産における「互換性部品」の評価についてである[8]。中川は「1800年から1801年にかけて、互換性部品制度にもとづく小銃製造がホイットニーの工場ですでに軌道に乗っていたことはもはや疑う余地がない」（中川②、36頁）とのべている。しかしながら、森によれば、ホイットニーのとり組みはまったく成功しなかった

として、「ホイットニーはべつだん銃器生産の経験があったわけでなく、頭では互換性部品が大量生産に結びつくと確信していたが、実現にどんな条件がいるのか、とくに銃器の互換性が時計とはまったく比較にならない精密度を必要とすることを認識していなかった。彼は9年にわたって悪戦苦闘するが、ついに互換性部品をもった銃器をつくりだせずに終わる」（森、148頁）のである。それでも、1823年頃までには完全な互換性部品からなるライフル銃が元木工職人ジョン・H・ホールによってつくられた。しかし、それは国営工場の巨大な資本設備を使用してつくられた高コスト製品であり、互換性製品の高コスト体制はその後も続いたのである（森、149-150頁）。また、その後のイギリス議会聴聞会において、「ある業者は、コルトのピストルを六丁買って試したが、『相互に取り換えがきくようなものはひとつもなかった』と断定した。追い打ちをかけるようにコルト工場の元監督は、自分がいう互換性とはどの部品も『酷似している』という意味にすぎないと、後退した証言をおこなった」（森、190頁）のである。

　アメリカにおける小銃生産の互換性部品方式が「アメリカ型生産システム」として評価されるのは、1851年ロンドン万国博でアメリカの小銃、ピストルの性能に注目したイギリスの兵器局が1854年2月にアメリカ兵器工場に派遣した視察団の『報告書』に依拠しているといわれる（森、188頁）。すなわち、まず視察団がもっとも評価したアメリカ製機械として、仕上げ作業を除いて製造工程が15の専用機械で結ばれ、単一の製品が信じられないほど数多くつくられるブランチャードの銃床旋盤の稼働状況であった[9]。そして、このブランチャード銃床製造機械一式を調査団の購入契約第1号にしたのである（森、187頁）。また、金属加工分野のいくつかの専用機、とくに小銃発射装置の製作に使用するフライス盤の機能別の専用機で、これが部品の互換性を可能にし、職人が部品の山から任意の1つを取り出して、ねじ回し1つで組み合わせている状況を見て（調査団の『報告書』ではこれを、イギリスでのfitting（すり合わせ）に対してassembleと表現）、「これらの特徴を総称するような意味で『アメリカン・システム』と表現している。これがイギリス人によって『アメリカ型生産システム』（American system of manufacturers）という呼び名が用いられた最初と見なされている」（森、188頁）としている。

そして、「ここでいちばん強調したいのは（中略）生産のアメリカン・システムとは『多数の専用機械を連続的に用いて、互換性部品をつくり組み立てる生産方式』であるとする理解、そしてそれがアメリカの兵器工場で開発され最も良く発達したものだとする理解が前に押しだされたのは、以上のようないきさつからだった。（中略）国営兵器工場がいち早く高度の互換性を達成してそれをもとに大量生産のシステムをつくっていけた理由は、かなり特殊なものであった。その部分だけを抜きだして、小銃の互換性生産システムをアメリカン・システムの代表のように見なすのは、（中略）アメリカ社会全体の機械化志向、実用本位の大衆商品の大量生産志向との関係で互換性や標準化、専用機の発達などを理解するのに、障害になる可能性がある」（森、190-191頁）と批判している。

　第4に、では森は互換性部品方式の発端をどのように捉えているのであろうか。森は、アメリカ職人の技術の伝統は木工技術であるとして、イーライ・テリーの木製時計と互換性生産の事例について論ずる。「アメリカの時計生産がヨーロッパの模倣からはずれて独自の型をうちだした第一歩は、主要な装置を真鍮製から木製に変えたことである」（森、135頁）。木製は真鍮製に比べてコストが半分以下で済み、加工も容易であったことが木製時計の大量生産を可能にした。「そこで使われた道具のうち、手のこ、かんな、弓ぎり、やすり、ナイフ、コンパス、足踏み旋盤などは、家具職人の木工具と同じである。歯車の歯をきざむのは、ヨーロッパで金属歯車をきざむ手動の歯車製造機であり、ゼンマイをまく『プール・アップ』という方式も金属製と木製は同じである」（森、136頁）。

　イーライ・テリーは、金属時計の親方、つぎに木製時計の親方の下で修行し、次第に木製時計製作に専念する職人になるが、「文字盤、針、分銅、振り子なども、出来合いを買わず自分でつくった。水車を動力にして生産のスピードアップに工夫をこらし、同型の時計を当時としては破格の200個まとめてつくるようなことをやってのけた」（森、137頁）。1807年、資金と販売の保証付きで、不特定多数の購買者を想定した3年間に4,000個という当時では気の遠くなるような大量の注文を受けたテリーは、1年目には1個も生産せず設備と材料を調えることに時間を費やした。2年目には1,000個生産し、3年目に何

と3,000個を生産したのである。森によると、この時の職人の人数、生産システムについては不明であるとしている。価格は1807年に安いものでも20ドルしたものが、技術改良とコスト削減策によって、3年後には10ドル程度に下がっている。1820年代になると、テリーの工場では約30人の職人を雇い、水車動力を使って年2,500個くらいを生産した（森、139-140頁）。歯車の製作に工夫をこらし、計測器（ドロップ・ゲージ）を用いて厳密に規格どおりの歯車をきざみ、サンドペーパーをかけ軽く油を塗って仕上げる。工程ごとの厳密なゲージを使用したことによって、同一サイズ、均質の精密部品の製作、いわば部品の標準化と互換性とが可能となり、また部品ごとの専用機が考案されたのである。

こうして、森は「互換性生産とは、ただ互換性のある同一規格部品をつくって組み合わせただけのものでない。まず大量生産の要請が何といっても前提にあり、それを実現するための模索から、工程が部品の機能別に細分化され、各部品を大量につくるために専用機と専用道具が開発され、作業順序が標準化された。その開発過程に呼応して計測機器や固定装置—ジグ、取付具、ゲージ—の発達が不可欠であった」（森、143頁）。「こうして、『互換性部品』の組立によって標準製品を大量生産する体制が、時計製造業に明確に出現したのである」（森、143頁）としたうえで、「アメリカ型生産システム」形成がアメリカ産業革命の技術的特色であることに疑問はないが、「実用品の大量生産をめざす仕事場の気風が、製品の標準化や互換性を他の国よりも早く強く押し出してきたという基本的なところを忘れて、互換性そのものをアメリカの特徴と見るのは誤りであろう」（森、151頁）と結論づけている。

3. アメリカ産業革命の特質

以上、アメリカの産業革命、アメリカ型生産システムの形成過程に関する2つの議論について大まかにまとめてみた。これらの議論にもとづいて、科学的管理法の技術的・社会的基盤となるアメリカ産業革命の特質とは何であったのかについてまとめてみよう。

第1に、イギリス産業革命とアメリカ産業革命の基本的性格についてである。「世界の工場」イギリスの産業革命は、主として植民地との外国貿易とい

うニーズの下に、織物生産に関連する蒸気機関（原動力）、製鉄（機械素材）、工作機械（機械・部品製作）、紡織機械（繊維加工）部門の技術的革新によって、熟練手労働を主体とする工場制手工業から機械制大工場体制への生産システムの質的転換を成し遂げたのに対し、アメリカ産業革命の場合、移民の大量流入と西漸運動の進展による移民の生活関連領域、すなわち人々の衣・食・家庭用品に関わる領域における大量需要に対して、生活用品の大量生産をめざす生産システム革新として進展した。衣に関してはイギリスからの産業革命の移入によって実現し、また食の大量需要に対しては農業部門での量産機械の開発によって農業をアメリカ最大の生産部門に押しあげ、そして家庭用品や農業機械、鉄砲などの組立加工型製品に対しては互換性部品方式による大量生産方式を開発することによって、まさにイギリスにはないアメリカ型生産システムを実現したのである。すなわち、逐次加工型分業と組立加工型分業というもの作りの2つの方式に対して、イギリスは逐次加工型分業での産業革命に成功したものの、組立加工型分業に関しては熟練労働者の技能に依拠する生産システムを継続した[10]。それは熟練労働者の社会的地位の高さと徒弟制による技能伝承の伝統に対して、蒸気機関などの発達が組立加工型分業の発達に大きく資することがなく、工作機械の開発に関してみれば、イギリスでは熟練労働者の技能の発揮をむしろ促進する汎用機の発達が見られ、熟練の分化は進まなかったのである。

　これに対してアメリカの組立加工型生産部門での「本格的産業革命」で重要なことは、互換性部品方式の基本原理（方法論）を発見したことである。それは複雑なものを分解してそれぞれの要素の最適化を求め、最適化した要素を再結合するということ、分化・単能化・再結合の原理である。組立製品を部品ごとに分解し、各部品の最適化（精密性、斉一性）をはかり、斉一な部品を再結合することによって同一の最適製品を製造する。これが互換性部品方式の原理である。部品の最適加工のために各部品ごとの専用機・工具を開発して作業を単能化・標準化し、不熟練労働者でもすぐに部品生産に適応できるようにする。分業の原理を適用すれば組立型製品の大量生産が可能になる。この原理の適用については、小銃生産にその発端を求めそれが他の金属工業に展開したとする通説ではなく、実用本位の大衆商品の大量生産志向と機械化志向の下に、

木工技術を基盤とする生活関連の組立加工型製品生産においてこの原理が発見され、それが小銃生産の生産方式に結びついたとする森の説明が適切であると考える。こうしてアメリカの産業革命はイギリスとは異なる方式で進展し、広大な国土に展開する移民市場を結びつける交通手段の発達を媒介に、農業革命、工業革命、輸送革命が一体となって進展したところにアメリカ産業革命の特質があるといえよう。

　第2に、初期の産業革命における機械技術と熟練形成との関係である。森の説明によれば、移民である「農民的アーチザン」が木工技術を発展させ、実用的な生活用品、道具製作において熟練を蓄積し、それが金属加工技術に適用されていったこと、その熟練が製品や機械製作の独自の方式を開発したこと、これが組立加工型生産におけるアメリカ型熟練労働形成の特質であった。たしかに、当時の機械類を見れば、歯車などの重要部品を除けば多くが木製であり（例えばブランチャードのならい旋盤）、機械製作において木工技術が重要な役割を果たしていたことが判明する。職人の工具箱は木工用とほとんど同じである。機械を使用する「機械工」（machinist）という新たな労働者も親方の下で手工的熟練を蓄積し、機械の改良などにも携わりつつ機械的熟練を蓄積したと考えられ、かれらは製品・製造工程を構想する能力、材料・製品・機械の検定能力、製作工程の判断能力、加工のための準備作業能力、機械を使用して精密な製品を迅速に製造する能力など、手工的熟練労働者が道具を使用して行っていたのと同じ熟練を道具と機械を使用して蓄積していった。まさに「機械工は金属加工のアーチザンであった」（Machinists were artisans in metal.）といわれる所以である（Lubar, p.24）。機械工とは機械が自動加工する発達段階に至って現れる機械の操作に限定されたオペレーターではないのである。

　初期のアメリカ産業革命における手工的熟練と機械的熟練の関連をこのように熟練の連続性（第1章参照）として捉えると、ホイットニー段階の熟練労働者は手工的熟練から機械的熟練への移行期であって、その当初は手工的熟練に依拠した互換性部品生産方式によって小銃を分業製作していたのであろう。ロルトによれば、ホイットニーの工場ではその「作業はほとんど手作業であったといわれている」が、「このことはおそらく事実であろう」し「部品の仕上げはやすりで手仕上げするより他なかった」。また「発射機構の小部品を作るの

に、時計製作に使われていた小型工作機械を使用したことは間違いない」とのべている（Rolt, 邦訳, 192頁）。このように、ホイットニーが最初にマスケット銃の製作をした時点では、鋳造、鍛造（1842年型鍛造法の完成）はもちろん、フライス盤、形削り盤、研削盤などの近代的工作機械はきわめてプリミティブな発達過程であり、ブランチャードの銃尾用ならい旋盤（1818年）も荒削りで手仕事で仕上げねばならず、この段階での作業はほとんど手仕事として行われたことは明らかである。1820年代以降の工作機械の発達およびその専用化とともに作業は次第に道具による加工から機械による加工へと作業内容が移るとしても、ホイットニーの小銃生産段階においては手工的熟練を中心として、それに旋盤やプリミティブな工作機械の機械作業があったと考えられ、その機械加工にしてもかなりの手工的熟練が必要であったことは間違いない[11]。

　それゆえ、産業革命の進展とともに熟練労働者がますます不足するアメリカにおいて、このようにして蓄積された熟練労働者がいかに貴重であったのか、社会的価値がいかに高いものであったのかは、1830年代後半に現れる生産過程の管理・支配を親方職人に依頼する内部請負制度、「職長帝国」とまでいわれる生産過程の熟練労働者による統制関係に現れている。また、後述するように、1873年恐慌後の経営者による生産過程再編の過程での労働者の「組織的怠業」や組織的労働運動を可能にした「武器」も労働者の熟練にあったのである。

第4節　アメリカ資本主義の課題と科学的管理法形成の現実的基盤

1. 産業革命の完成と南北戦争後の工業発展

　南北戦争の勝敗は工業生産力の圧倒的な差によって決定したが、それはあらゆる方法でアメリカ工業の発展を促した。戦時の必要が鉄道の発展をもたらし、鉄道の普及が市場の拡大、工業の発展に拍車をかけた。すでに1840年代から製鉄業、石炭業の発展があり、蒸気機関の発達によって蒸気力を原動力とする機械的生産が行われ、農業部門でのマコーミックの刈り取り機の発明、エリアス・ハウのミシンの発明、リチャード・マーチ・ホーの輪転印刷機の発

明、サミュエル・モールスの電信機の発明など産業技術の発展によって、アメリカ産業革命は完成期に入っていた。たとえば、1790年に制度化された発明特許の数をあげれば、1790年–1811年の年平均が77件、1812–17年に年平均192件であったものが、1830年には544件、1850–60年には年平均2,370件（1860年は4,819件）に達したのである（『原典アメリカ史』第3巻、41頁、Huberman, 邦訳、下、24頁）。機械の発明において共通して特徴的なことは、これらが労働力不足を補うための労働節約的発明であったことである。

こうして、国内市場の拡大に伴い本格的な大量生産体制がととのった。1850年代以降、工場は小工場制から大工場生産に移行していったが、それに要する資本は株式会社により一般から集められた。そして、大衆消費財産業を中心に、原料調達網の拡張、直接的販売組織の形成と合わせて大量生産・大量販売体制を構築することになった。ミシンのシンガー工業、収穫機のマコーミック、たばこのデューク社、加工冷凍肉のスウィフト社などが好例である。

アメリカの工業生産のめざましい発展ぶりは、表2-1、表2-2に端的に表れている。表2-1によれば、工業生産価額において1860年にはイギリス、フランス、ドイツにつぐ世界第4位であったものが、1894年にはこの3国の合計に近くなっている。また表2-2によれば、この50年間に、経営の数は3倍、賃金労働者数は4倍、工業製品の価額は7倍、投下資本の額は9倍に増加している。

工業生産物について外国依存がほとんどなくなったこととともに重要なことは、「1860年には工業の各部門の中で製粉、木綿、製靴、衣服及び家具等の消費財の生産部門が圧倒的地位を占め、生産財の生産部門においては、鋳造及び機械工業が之に伍しているにすぎぬ状態である。然るに1880年に至ると、製

表2-1　工業生産価額（単位1,000ドル）

	1860年	1894年
イギリス	2,808,000	4,263,000
フランス	2,092,000	2,900,000
ドイツ	1,995,000	3,357,000
アメリカ	1,907,000	9,498,000

出所：ヒューバーマン、下、52頁より

第2章 アメリカ産業革命と科学的管理法形成の歴史的基盤　85

表 2-2　アメリカの工業発展 （単位1,000）

年次	経営の数	賃金労働者 (人)	生産物価額 (ドル)	投下資本額 (ドル)
1859	140	1,311	1,886,000	1,009,000
1869	252	2,054	3,386,000	2,118,000
1879	254	2,733	5,370,000	2,790,000
1889	355	4,252	9,372,000	———
1899	512	5,306	13,014,000	9,835,000

出所：ヒューバーマン、下、53頁

粉業は依然として第1位にあるが、鉄鋼業、鋳造工業等の地位が躍進し、更に1900年に至ると鉄鋼業は第1位となり、その他の生産財の生産部門が著しく重要性を加えた」（『原典アメリカ史』第4巻、10頁）ことである。とりわけ、鉄道建設、都市建設、農業の機械化などの需要に支えられ発展した鉄鋼業、消費財生産のための機械を大量に生産するための機械工業の発達は著しかった。そして、これらの機械工業、金属加工工業はニューイングランド、中部大西洋諸州などの東部地域を中心に発展したのである。

2. 東部機械工業と内部請負制度の崩壊

　東部機械工業ではすでに互換性部品方式にもとづく生産体制が展開されていたが、1856年ベッセマー転炉の開発による鋼の大量供給、各種工作機械の技術的進展などで一定の生産技術的進展があったとはいえ、電力・電動機の工場への導入は世紀末までなく、工作機械についてもF.W.テイラーとM.ホワイトによるタングステン・クロム切削工具鋼（高速度鋼）の開発によって、ようやく高速・精密な工作機械の再開発が可能となるなど、生産工程の技術的条件は限られていた。その生産工程は、蒸気機関からカウンターシャフトとベルトで伝導される動力を使い、専用工作機械によって労働者が部品加工を行い、仕上げも組立も労働者が行う。消費財生産産業の大量生産体制とは異なり、専門化と機械化が進んだとはいえ、いまだ基本的に労働者の熟練にもとづく分業工程であった。それゆえ、もともと商業資本家であった企業所有者が生産の組織化をこれら熟練労働者に任せる方式を採用することにはむしろ必然性があった。

すなわち、内部請負制度は企業の所有者が生産現場の管理をするのでなく、生産工程全般を支配している親方熟練工と生産数量、単価、納期を請負仕事として契約し、この内部請負人が作業工程の組織化、指揮・監督をする生産方式であり、製品・作業の改善もかれらに期待するものであった。内部請負制度によれば、企業所有者は原材料費、労務費が標準化でき、原価測定が容易にできること、また請負人の努力で生産の合理化ができることなど、中西部諸工業からの需要が堅調である間はメリットの多い生産組織であったといえる。

しかしながら、南北戦争後の、とりわけ1873年恐慌以降の生産・資本の集積・集中[12]の進展による市場構造の変化という条件が加わることによって、東部機械工業にはきわめて多様で複雑な、しかも喫緊な課題が山積していた。精度の高い機械（部品）を大量に生産するための工作機械の精密性と高速性を高める課題、熟練工不足を補うための生産工程の機械化の課題などのこれまでの継続的な課題とともに、製品価格の下落に対応できる生産コストの削減という重大な課題が加わったのである。こうして、製品の改良、生産方法の改善、製造工程の管理、そしてコストの削減をどうするかが企業所有者＝経営者みずからの関心事になった。そして内部請負制度に目が向けられたのは当然である。内部請負制度の下では請負価格がコストを決定するからである。すでに生産様式の変更を求める生産技術の進歩と内部請負制度の存在とが矛盾を生じてきていたこともあって、経営者はコストの削減のために彼の意思と意識に従って行動する「職長」を育成し、経営者自らが生産過程の直接的管理にのりだした。ここに内部請負制度の歴史的役割は終わり、1873年恐慌を契機に漸次消滅することになった。漸次というのは、第1に生産過程を支配しているのは親方職人（職長）であり、内部請負制度はそれを前提に作りあげられた管理制度であったこと。それゆえ、請負価格の切り下げや製品単価当たりの労務費を切り下げようとすれば生産過程を支配している親方職人の抵抗にあうのは当然であったからであり、第2に親方職人に代わるべき経営者直雇の「職長」体制の構築がすぐにはできなかったこと。それはいわば長い熟練の世界との闘いであったからである。

3. 労働者状態と労働運動

「敏腕な企業家とは、買う物にはできるだけ少なく支払い、売るものの代償としてはできるだけたくさんとる人間だった。高利潤への道の第一歩は、費用を減らすことだった。ところで、生産費の費目のひとつは労働者への賃金だった。だから、できるだけ低い賃金を支払うということが、資本家の関心の的だった。これと同時に労働者からはできるだけたくさんの労働をひきだすということが、同様に彼の関心の的だった。だから、彼は労働日をできるだけ延長しようとしたのだ」(Huberman, 邦訳、下、78頁)。

高賃金といわれたアメリカの労働者の労働条件は、基本的には労働力の需給で決まるが、それは企業家の利潤の減少を意味するものではなかった。移民の大量流入による労働力の充足[13]もあって、くり返す恐慌のたびごとに遠慮のない労働条件の悪化がくり返された。トラストが巨大な富を集中する過程においても、労働者の状態は決して良くはならなかった。『原典アメリカ史』によれば、1900年当時の労働者状態について、「一般の労働時間は1週平均56時間ないし68時間であり、一般に過重労働であったことが分る。しかも工場における労働の安全のための施設とか衛生の施設とかいうものは、まだほとんど顧みられていず、就業の安全率もまだ低かった。当時の賃銀労働者は1,700万と推計されていたが、ハンターの調査によれば、1ヶ年に就業中障害を受けたものは100万にのぼり、1ヶ年のうち4ヶ月ないし6ヶ月の失業を余儀なくされたものは200万に達した。1900年の時間給を1890年のそれと比べてみると未熟練労働者の実質賃銀は僅かに上昇を示したが、驚くべきことは、製造工業部門における熟練労働者の実質賃銀が、むしろ、僅少ながら低下の傾向を示していたことである。すなわち、ジョン・R・コモンズ教授が調査した23種の職業別の平均日給は、1872年には2.45ドルであったが、1900年にいたっても2.44ドルにすぎなかったと算出されているのである」(『原典アメリカ史』第5巻、14-15頁)。

このように、移民の激増、トラスト時代の労働節約的合理化は、一方で企業家の利潤の増加をもたらすとともに、他方で労働者の失業、長時間労働、賃金切り下げ、労働災害という深刻な労働者状態を引き起こし、次第に激しい労働運動の時代に入っていったのである。

合衆国における労働組合は、初期のものとして1817年に印刷工の職人組合が結成されている。さらに、靴工や大工、桶屋や仕立工などが地方的な職人団体を結成している（Huberman, 邦訳、下、80-81頁）。これらは熟練職人のギルド的組合で、低賃金と不熟練労働者の侵入に反対するものであった。しかし、1827年、フィラデルフィアに15の労働組合が結束して全国的労働組合であるMechanics' Union of Trade Associationができ10時間労働を要求した時点から、アメリカの労働運動は萌芽期に入った。彼らは労働新聞を発行し、児童労働の制限、官吏の直接選挙、負債による投獄の廃止、公立学校教育などを要求した。その後40年間は運動の失敗と発展、恐慌による運動の挫折など、一進一退をつづけた。しかし、「南北戦争いらいの大企業の発展は、労働組合が大股に前進することを約束するものだった。（中略）工業が発展して、労働者を一段と都市に集中させ、組合の全国的組織に必要な交通運輸機関をいっそう改善させ、労働運動を大いに必要とする条件をつくりだした」（Huberman, 邦訳、下、82-83頁）。

　1869年、フィラデルフィアにおいて「労働騎士団」が結成された。この組織は人種差別、男女差別、熟練差別をいっさい行なわないという性格をもち、組織と教育と共同によってすべての労働者を向上させるという「理想主義的組合主義」（Huberman, 邦訳、下、83頁）をとっていたが、その行動はしばしば戦闘的であった。組合員は指導者の反対を押し切ってストライキを敢行した。1874年ニューイングランドの繊維労働者のストライキ、1875年ペンシルヴァニア無煙炭坑でのストライキ、そして最大の闘争は1877年全国的規模で展開した鉄道ストライキであった。これらのストライキをつうじて、経営者側はスト破り、でっちあげ、そして州兵や連邦兵、警察を投入し、労働者側も武装して戦った。しかし、1881年には70万をこえる組合員数を誇った労働騎士団も、内部分裂やシカゴのヘイ・マーケット事件[14]を契機に衰退を余儀なくされ、労働運動の指導権は、1881年に「アメリカ・カナダ労働組合連合」として組織され1886年に改組された「アメリカ労働総同盟」（AFL）に移った。AFLは熟練労働者を中心とする全国的な職能別組合、その直接的目標は、より高い賃金、より短い労働時間、よりよい作業条件であった。それはAFLの指導者サミュエル・ゴンパースの「純粋な労働組合主義」思想そのものであっ

た(『原典アメリカ史』第4巻、187-209頁)。1900年までに55万の組合員を擁するまでに発展したAFLの成し遂げた最大の成果は、とにかく恐慌をのり切って組織を維持したことであった。その後、不熟練労働者、移民を中心とする「世界産業労働組合」(I.W.W.)と称する全国組合が1905年に結成されたが、それはきわめて戦闘的な組合で、経営者側との闘いで崩壊していった。

このように、労働運動の嵐はトラスト熱狂の時代に対応するものであった。トラストへの国民の反感は激しく、政府は1890年シャーマン反トラスト法を制定せざるを得なかった。しかし、トラストを規制するはずの同法は、実際にはトラストに対してでなく労働運動に適用されたのである。なかでも1894年のプルマン・ストライキに対して、鉄道ストライキは輸送を妨害し州際商業を制限する共同謀議であるとした判決などは、まさに反トラスト法が反労働組合法になった最も有名な事例である。ちなみに、1892年から1896年までの間のシャーマン法の適用事件についてみると、トラストに対しては5件中違法1件に対し、労働運動に対しては5件のうち4件が違法とされたのである。

第5節　科学的管理法形成の課題

以上のように、19世紀末葉のアメリカ資本主義は、一方では生産力の飛躍的発展を実現し、他方では周期的経済恐慌期[15]における生産と資本の集積・集中による独占的大企業の形成、フロンティアの消滅による市場の狭隘化と競争の激化のなかでの中小資本の収奪、過剰生産＝過剰資本の形成と海外進出[16]、農民・労働運動の抑圧など各種の矛盾の発現によって特徴づけられ、経済史家によれば、それは資本主義の独占段階への再編期であった。そして、この「疾風怒濤」の時代における産業界にはつぎのような課題が具体的に提起された。

第1に、市場の狭隘化と物価の下落傾向[17]、資本の有機的構成の高度化と利潤率の低下傾向[18]が企業の死活問題になった。それは原価削減の重要性を認識させるものであった。とりわけ、東部機械工業の場合、それは販売努力によるのでなく、生産過程における能率向上によるコスト削減に依存せざるをえなかった。それゆえ、内部請負制度の矛盾は経営者による直接的作業管理の現実

的契機を与えるものであり、作業管理の科学化を経営者の手で行わなければならない客観的条件を与えるものであった。

　第2に、労働・農民運動の高揚が大企業にとって重大な障害になってきた。労働騎士団、AFL などの全国組織の結成、賃金・労働時間短縮要求とストライキを含む過激な闘争、これらはくり返す恐慌と混乱のなかで、解雇、長時間労働、賃金切下げ、労働災害に対抗して行われたものだが、大資本にとって、それらは資本運動の円滑な流れを阻害するものとして克服しなければならない重大問題であった。

　このような大きな2つの課題に対応して、1880年設立された A. S. M. E.（American Society of Mechanical Engineers　アメリカ機械技師協会）を舞台に展開される能率増進運動は、アメリカ資本主義が新たな段階に再編される過程で生じた諸矛盾に対して行われた資本運動の一環をなすものであり、資本の効率的利用を目的とした費用的管理と実体的管理の統一的管理をめざすものであった。そして、そこに科学的管理法形成の歴史的必然性としての現実的基盤があったのである。

注

(1)　三角貿易にはイギリスの資本が大きく関わり、イギリス産業革命の資金の源泉に大きく貢献したといわれる。

(2)　奴隷の輸入を禁止する法律は、ロードアイランドとコネティカットが1774年に、デラウェアは1776年に、ヴァージニアは1778年に、メリーランドは1783年に制定され、1780年にはペンシルヴァニアは28才になった黒人はいかなる奴隷状態からも解放されることを決め、1784年には、マサチューセッツとコネティカット、ロードアイランドは奴隷制廃止の法律を制定した。大量の奴隷を所有していたヴァージニアだけで8年間で1万人以上の奴隷が解放された（Huberman, 邦訳、上、121頁）。こうして、たばこのプランテーションで黒人奴隷を主要な労働力としてきた南部が19世紀初めからは綿花栽培で奴隷労働を使用するようになると、いよいよ奴隷制度をめぐる南北の対立は激しいものになった。

(3)　フルトンのスポンサーはロバート・オーウェンであった。マサチューセッツ生まれのフルトンは1786年にロンドンに渡り、そして1794年ロバート・オーウェンとマンチェスターの下宿で知り合いになった。オーウェンは発明家フルトンの才能を認め、多くの資金を提供した。しかし、フルトンは、オーウェンの資金で発明活動を続けたがイギリスでは成功せず、アメリカに帰って蒸気船で名をあげたのである（Owen, 邦訳、123-134頁）。

(4)　世界最先端の紡績工場を経営する企業家はロバート・オーウェンであったが、かれが1784年に建設したニューラナークの工場はアークライトによって設計された。

(5)　『原典アメリカ史』（第3巻）は、出航禁止法は「アメリカ人の生活に甚大な影響を与え、全般的に見れば被害も莫大であったが、製造工業に好影響を与え、産業革命への素地がこの時にできたといっても良い」（34頁）としている。

第2章　アメリカ産業革命と科学的管理法形成の歴史的基盤　91

(6) たとえば、チェンバレンは「鉄砲を交換部品ではじめて製造し、その過程で、大量生産という『アメリカの制度』の基礎を作ったのもホイットニーであった」(Chamberlain, 邦訳、96頁) としている。

(7) 合衆国憲法第1条8節 (合衆国議会の権限) 8項には、「著作者及び発明者にその著作物及び発明に対する独占的な権利を一定期間保証することにより、学術及び有益な技芸の進歩を促進すること」とある。

(8) マスケット銃の「互換性部品方式」は、駐仏大使トーマス・ジェファーソンがフランスから持ち帰ったものであるが、その互換性は高度の熟練工の手工によって製作された (森、147頁)。

(9) 森は、1818年スプリングフィールド工場の内部請負人として旋盤の製作・運転の契約を結び、銃床用・銃身用旋盤 (1818年) を開発した農民出身のトーマス・ブランチャードの事例を3例あげている。ブランチャードが製作した旋盤は16種類で、その内14種類が木工用の工程別専用機械であった。契約を終えたブランチャードは、後に靴や帽子の木型、家具や野球のバット用の旋盤などを開発している (森、152-155頁)。ブランチャードの銃床用旋盤はワシントンD.C.のスミソニアン博物館で見ることができるが、銃床の不規則形状を切削するために、原理的には単純な「ならい機構」を創案して、現物と同一のものを削り出すという、旋盤技術に新たな機能を付け加えた意義は大きい。

(10) アダム・スミスの分業論は、ピン製造という逐次加工型生産過程に関する熟練労働者による分業の事例である。

(11) 「機械工的熟練」とは水車大工、錠前工、農具鍛冶などを兼ねる「よろずや的機械工」の熟練であるが、ホイットニーが行ったことは、「手工的熟練工」をアメリカに比較的豊かな「機械工的熟練」によって、また機械工の製造した機械によって置き換えたことであり、かれらが機械的工夫に積極化したことである (中川、①15-16頁) とする中川の説明から理解されることは、①それまで手工的熟練 (手作業) で製作していた小銃を機械を使って、機械的熟練によって製作することにした。②「機械工的熟練」は水車大工や錠前工、農具鍛冶工 (手工的熟練) を兼ねる「よろずや的機械工」であった。③機械は機械工が工夫して製作した。④「機械工的熟練」は比較的豊かに存在した、ということである。著者の理解不足かもしれないが、これには若干の疑問が残る。すなわち、中川のいう「手工的熟練」が道具を使用する熟練であり「機械工的熟練」とは機械を使用する熟練であるとするならば、水車大工や錠前工、農具鍛冶工を兼ねるという中川の説明からするならば、「よろずや的機械工」とはまさに「手工的熟練」を持つ機械工であり、「手工業的熟練工」が機械の発達とともに「よろずや的機械工」になるということである。しかるに、ホイットニーの工場ではすでに互換性部品方式が軌道に乗っており、ホイットニーが行ったことは「手工的熟練工」を「機械工的熟練工」で置き換えたことだとする中川の見解は、「手工的熟練工」と「機械工的熟練工」とは別種の熟練工であり、「機械工的熟練工」が斉一な互換性部品を機械で製作してそれを組み立てていたということになる。もはや手工的熟練が中心ではなく機械的熟練が生産の主役であるということである。本文の説明にあるように、機械技術の発達段階からすれば、このような評価は急ぎすぎであろう。ホイットニーの評価は互換性部品方式という生産原理に着目した点に求められるのである。

(12) 南北戦争後、技術革新による新しい産業部門が急速に拡大し生産の集積が進展する。そして、生産の集積は資本の集積を促進した。しかし、資本の集積は社会的な資本の増殖程度による制約を受ける。ここに資本集中形態を媒介とする株式会社が発展する基礎がある。「株式会社成立の基礎は、資本集中の集約的表現として、一方に生産的基礎をもち、他方には信用制度を活用する」ところにあった (野口、48頁)。すなわち、資本の集中は、一面で大規模生産による生産性の向上をつうじてコストを削減し、それを武器に資本間の競争に打ち勝つということ、そしてそれはいっそうの資本集積の必要性を、また資本の資本による収奪を意味し、多面で社会に分散する貨幣資本を集中す

る信用制度を利用することによってその貨幣資本を「機能化」させることを意味する。ここに資本主義において株式会社形態が企業の支配的形態として存立しうる意義がある。資本の集積と信用制度とを媒介にして発展した株式会社は、自らの資本のみでは不可能であった規模の拡大を達成することができるのである。

こうして、「大規模企業の母」としての株式会社形態は19世紀後半以降、企業組織の支配的形態として広く普及することになった。歴史的に見れば、1800年頃には335社（その多くは銀行、保険、交通などであり、製造企業は8社）に過ぎなかった株式会社形態は、南北戦争前に繊維や交通部門で増加し、南北戦争後とくに1873年恐慌以降、鉄道建設や企業の大規模化、資本の集中運動などを背景として一般化し始め、資本主義の独占段階への移行を促進する一要因となったのである。（井上、16-18頁）。ちなみに、1904年には、株式会社は全企業数の23.6％、労働者数の70.6％、生産高の73.6％、さらに1929年にはそれぞれ、48.3％、89.9％、92.1％にまで高まっている（国弘、53-54頁）。

ところで、独占企業形成の端緒となった1873年恐慌は実に6年間続き、73年だけで破産5千件、6年間で24万7千件、損失額は12億ドルにおよんだ。失業者は一時3百万人を超え、当時の全人口が約4千万人、工業労働者が2百数十万人であったことを考えれば、この恐慌がいかに激しいものであったかがわかる（岩尾、a、13頁）。こうして、過剰生産と競争の激化に悩まされた大規模資本は、利益確保のため各企業の独立を維持したまま市場分割を行うカルテル（プール制）を導入、プール制（生産量、販売地域協定）は鉄道、製塩、火薬、ウイスキーなどを中心に広く採用された。しかしながら、プール協定は、大衆からの反発やプール相互の競争激化などにより、その脆弱な拘束力は分解することになった。これに代わる資本集中形態として採用されたのがトラスティー方式（企業財産の評価額に相当するトラスト証書と引き換えに、参加企業の株式を受託企業に預託する）によるトラストである。1879年、ロックフェラーのスタンダード石油によってはじめて採用された方式では、9名の委員からなる小委員会が構成され、各石油会社のオーナーはその株式と投票権を譲り渡し、これと引き替えに総収益に応じて配当を受ける権利を持つトラスト証書を受けとった。しかし、実際は石油精製会社がつぎつぎに闘いを断念してスタンダード石油に身売りする歴史であった（Huberman, 邦訳、下、69頁）。こうしてスタンダード石油は、1900年代の初めにはアメリカ石油精製の9割を支配したのである。そして、このトラスティー方式は、「賃金を切り下げ、価格をつり上げて利潤を増加させる膨大な独占をつくりだして、所有の範囲をせばめこれを集中すること」（Boyer, R.O., Morais, 邦訳、124頁）にその目的があったことから、生産過程から販売過程までの生産物の完全支配の方法としてアメリカ産業界のモデルとなったのである。

1890年、シャーマン・反トラスト法が成立したが、トラスト規制にはほとんど役に立たず、他の結合方式の独占方式が生み出されるに過ぎなかった。1892年、スタンダード石油会社はオハイオ州で違法判決を受けることになったが、すでに1888年ニュージャージー州において、そして他の州でも順次持株会社方式が認められたのである。結局、これはトラスト証書の所有者が新会社（持株会社）の株式と交換し、トラスト証書の受託者が新会社の取締役に就任するだけのことであった。最高裁判所もこれを合法としたのである。その後のトラスト運動について『原典アメリカ史』は次のように解説している。

「かかる情勢の下に、トラスト化の運動は見事に進展を遂げ、経済史家をして、世紀転換期を『トラスト熱狂期』と呼ばしめるほどであったが、わけても1901年ピアポンド・モルガンの斡旋で設立を見たU.S.スティール・コーポレーションは、世紀転換期のトラスト化への趨勢の典型的なものであった。それは、カーネギーの製鋼会社を初め、11の独立させる親会社と170の子会社をその傘下に収めた巨大なもので、その設立はトラスト化の歴史においても画期的のことであった。同じ年にコンソリデーテッド煙草会社、アメリカ製繊会社が出現し、翌1902年にはインターナショナル・ハーヴェスター会社、インターナショナル商船会社が設立せられ、1903年にはデュポン会社

が設立せられるという有様であり、今日のアメリカ経済に支配的実力を振るう巨大企業の資本集中は、多く、この『世紀転換期』において行なわれたのであった。このトラスト化の傾向は、さらに他の各産業部門にも、急激かつ広汎に行なわれたのであって、1904年1月1日には318のトラストが数えられるにいたったが、その中234社は『世紀転換期』の産物であったのである」(『原典アメリカ史』第5巻、12頁)。

(13) 「産業の大発達に伴う低廉労働力の需要に応じ、欧州からの移民は1880年代に激増し、年々50万を越える到来を見、1882年には75万を算した、(中略)新移民の競争に堪えず、生来のアメリカ人たる労働階級が産児制限の必要に追いたてられ、(中略)アメリカ人の国民的自殺の危険に対する警告の声を(略)」(『原典アメリカ史』第4巻、40-41頁)という実情であった。移民に対する制限は、1882年の「中国移民禁止法」をはじめ次第に強化された。しかし、移民は安価な労働力の無限の供給源であり、低賃金で働く中国人、日本人、フィリピン人、メキシコ人、東欧人などはアメリカ産業にとってまたとない労働力の供給源であった。同時に、それは一般のアメリカ人労働者の労働条件の悪化を意味したことも当然である。こうした労働者の労働条件悪化に対する移民の役割に対して、AFLの要求の中につねに移民の制限が含まれていた(岩尾、a、18頁)。

ちなみに、アメリカ合衆国への移民数(1820～1930年)は以下のとおりである。

年	人
1820-1830 (年)	151,824 (人)
1831-1840	599,125
1841-1850	1,713,251
1851-1860	2,598,214
1861-1870	2,314,824
1871-1880	2,812,191
1881-1890	5,246,613
1891-1900	3,687,564
1901-1910	8,795,386
1911-1920	5,735,811
1921-1930	4,107,209

出所:『原典アメリカ史』第5巻、398頁

(14) 1886年5月1日、アメリカ・カナダ労働組合連合が8時間労働制要求のゼネストを呼びかけ、「労働騎士団」下部組織が呼応しゼネストは成功したが、同5月4日、労働騎士団がシカゴのヘイマーケット・スクウェアで開いた集会が大弾圧された。1889年「第2インタナショナル」は5月1日をデモンストレーションの日、メーデーとし、現在に至っている。

(15) 周期的経済恐慌は、1873～79年、1884年、1893～94年、1903～04年、1913年とほぼ10年周期で起きている。恐慌と恐慌との間の時期には、主として鉄道ブーム、設備投資ブームが工業生産力を飛躍的に増大させた(Faulkner,邦訳、823-825頁)。

(16) 「アメリカ国内におけるフロンティアの消滅と独占の成立による過剰資本の形成が米西戦争を契機としてヨーロッパ諸国によっていまだ占拠されていないより後進的な地域へと投資先をみつけ出していったということである」(鈴木圭介、429-430頁)。

ちなみに、アメリカの対外私的投資は1897年に7億ドル、1914年には35億ドルと増加傾向を示しているが、1908年までは証券投資が多く、またアメリカに対する外国の投資額は、1897年に34億ドル、1914年には72億ドルと、第一次世界大戦終了までは流入額の方が多かった。(『原典アメリカ史』第5巻、43-44頁)。

(17) 卸売物価は南北戦争直後に一時上昇したものの1870年から第一次世界大戦に至るまで長期間下落傾向を示している(Faulkner,邦訳、828-829頁)。

94　フェーズ1　自立統合型生産システム

(18)　クルース＝ギルバートによれば、この期間をつうじて利潤率は低下傾向を示した。それは過剰設備投資による生産設備の有休化に根本原因があったとされている（Krooss & Gilbert, 邦訳、247-251頁）。

第3章
テイラーシステムと熟練の機能の科学化

第1節　熟練労働者とテイラーの問題意識形成

　1878年、テイラー（Frederick Winslow Taylor）がミドヴェール製鋼会社の工場現場で見たものは、蒸気機関から頭上のシャフトに伝導された動力を革ベルトをつうじて工作機械に伝導・駆動するやかましく危険な職場であり作業の方法が熟練労働者の経験に、作業の速度が労働者の意志に任せられる不能率な作業現場であった。テイラーは著書全集『科学的管理法』（「出来高払制私案」『工場管理法』『科学的管理法の原理』「科学的管理法特別委員会における供述」「成功論」より構成）のなかで、当時の機械工業における熟練労働者支配の実態を自らの経験と認識を含めてつぎのようにのべている。
　「工場は実のところ、工員によって動かされており、係長によって動かされてはいなかった。当時はどこでもそうであったし、今日でもアメリカの工場の多くはそのとおりである。各仕事はどれくらいの速さにすればよいかは、工員たちによって細かく決められてしまった。全工場の機械の速さも工員たちが決めてしまった。適当だと思われるものにくらべて三分の一くらいに制限されていた」（Taylor, a, 邦訳、260頁）。
　「職長や工場長のもっている知識や熟練は部下の工員の知識や技術を合わせたものにくらべるとはるかに及ばないものであることは彼ら自身よく知っている。だから経験に長けた管理者は初めから仕事の仕方や一番いい経済的な方法はむしろ工員にまかせている。管理者としての役目は各工員にできるだけ奮励努力させ、工夫させ、いい伝えの知識と熟練と器用と好意とを発揮させ、いいかえれば『精進』させて、なるべく雇主に利益を与えさせることにある」（Taylor, a, 邦訳、247頁）。

ここに表されている内容を整理すると、第1に、熟練の具体的内容が管理者には定かには判明していなかったということである。熟練は「職の秘密」として労働者の内部に維持され、補助労働者の訓練あるいは徒弟制度をつうじて伝えられるものであった[1]。「熟練労働者」テイラーには、「著者は工場の職長であったけれども、部下の工員の知識と熟練とを合併すると、著者のもっている知識熟練の10倍ぐらいはたしかにあることがわかった」(Taylor, a, 邦訳、264頁)と正直に告白している。しかしその内容そのものは不明であった。第2に、労働現場の統制権、すなわち作業の速度・作業の方法、作業過程の管理の権限すらも労働者側にあったということである。その結果、生産活動への積極的な意志、生産高のコントロール権は労働者側にあり、実はこのような状況は当時のアメリカの産業界では一般的であったというのである。第3に、では管理者は何をしていたのかといえば、管理者の役目は、労働者が熟練を最大限発揮して生産を上げ、それが資本家へのより大きな利益の還元につながるように労働者の精進に待つという、非常に消極的な内容になっている。

さて、テイラーの叙述がどの程度実態を忠実に表現しているかは別にして、このテイラーの告白は当時の工場の労働過程の桎梏の原因、当時のアメリカ資本主義の矛盾の1つの集約的表現として理解して差し支えない。第1に、前章でのべたように、19世紀末葉はアメリカ資本主義の再編期であった。「トラスト時代」とテイラーが表現するように、周期的恐慌のなかで資本の集中・集積が進み、独占的な大企業・大工場による生産・市場支配の体制が追求されていたが、そうした企業間の熾烈な競争の結果、生産過程の合理化による生産コストの削減とりわけ賃金コストの削減に目が向けられた。第2に、生産技術はテイラーが研究の対象にした工作機械技術を含めて不断の進歩の過程にあった。動力源としての蒸気機関の低圧機関から高圧機関への、蒸気機関から電動機への原動機の進歩[2]、機械の素材への鋼鉄の大量使用を可能にした転炉法・平炉法・トーマス塩基性法などの近代的製鋼法の開発[3]、専用・単能工作機械の進歩[4]、工具鋼素材としての合金および冶金に必要な電気炉の進歩[5]、伝導機構の進歩[6]など、近代生産技術の進歩は著しい。このような生産技術は、生産過程の主要な部分の機械化を促進し、「アメリカン・システム」を一層発展させるとともに、協業・分業の規模を飛躍的に拡大したが、他方、周期的恐慌期に

おける資本の競合関係のなかで、生産技術の維持・管理の問題、機械の稼働率の問題は生産企業の死活の問題になったのである。第3に、労働者の技術・生産への関わり方である。技術の進歩が労働者の熟練を不要にしたのかといえばそうではなく、新技術が新たな技能を創出するとともに、新技術そのものが多くの熟練を必要とする技術水準であった。したがって、その労働の過程では、「生産の量・質ともに労働者の熟練に決定的に左右されていた」「マニュファクチュア時代の惰性」（中村、a、113頁）、あるいは「生産の現実的な営みは、依然として、労働者、ことに、熟練労働者の経験的実施に放任せられていることが、注意せられなければならない」（藻利、356頁）という状態、すなわち熟練が生産過程での決定的なファクターであったということが留意されねばならない。

　そのうえ、熟練労働者の不足状況がつづくアメリカでは熟練労働者の社会的地位は高く、20世紀に入ってからもこの傾向は続くのである。たとえば、表3-1は、アメリカとイギリスの代表的な工業都市ピッツバーグとバーミンガムにおける21職種の労働者の賃金を比較したものである。これによると、職種によって異なるが、アメリカの労働者の賃金がイギリスの労働者の賃金の2倍から3倍という高い水準であったことがわかる。

　また、表3-2は、世紀の転換期におけるアメリカ製造業労働者の賃金指数を熟練労働者と不熟練労働者について比較したものである。これによると、熟練労働者の賃金上昇率が相対的に高く、この傾向は20世紀に入ってさらに加速されている。工作機械作業における熟練は、治具・工具の製作、機械加工、組立、仕上げ作業のそれぞれの段階で発揮されたが、熟練機械工とはこれら作業の全般的な領域で熟練度の高い労働者のことであり、ボール盤作業や平削り盤作業のような熟練があまり必要とされない作業のみを担当する不熟練機械工、旋盤・フライス盤・中ぐり盤・仕上げなどの2、3の領域の作業のできる半熟練機械工が熟練形成制度のもとに配置されていたと考えられる（機械工といってもその内部での賃金格差は大きかった）[7]。これらの熟練は親方の秘伝として弟子に移転され、きわめて独自的内容をもつものであった。しかしながら、資本家が労働過程の管理に直接介入せず、伝統的労働慣習を容認する限りにおいて、熟練労働者の地位はその熟練の制度的保証の下に安定していた。資本家

表 3-1 ピッツバーグとバーミンガムの職種別時間賃率比較 (1905-07)

(単位:セント)

職　種	ピッツバーグ	バーミンガム	バーミンガム／ピッツバーグ
製鋼工場労務者	15.5	9.9 ◆	0.635 ◆
土木労務者	15.8	9.2	0.582
製パン工 (3)	18.5	10.3	0.557
製パン工 (2)	21.5	11.5	0.535
公共労務者	21.9	11.7 ◆	0.534 ◆
製パン工 (1)	27.7	13.7	0.495
鋳物工	29.0	16.5	0.569
建築労務者	29.9	13.7	0.458
製本工	30.6	15.0	0.490
機械工	31.6	16.5	0.522
植字工 (書籍)	32.7	16.2	0.495
汽缶工	33.4	17.5	0.524
鋳型工	36.3	17.5	0.482
機械木工	39.2	17.3	0.441
塗装工	42.6	17.3	0.406
大工	43.8	19.3	0.441
鉛管工	50.0	19.3	0.386
石工	55.0	20.3	0.369
左官	56.3	20.3	0.361
植字工 (新聞)	58.6	22.8	0.389
レンガ工	63.1	19.3	0.306

注:◆はシェフィールド賃金
出所:Dirk Hoerder ed., *American Labor and Immigration History*, p.82.

は熟練労働者である内部請負親方に労働過程管理を依頼し、親方は労働者の雇用・解雇、指揮・監督、教育・訓練、工程改善・保全活動など、作業管理、労務管理機能を掌握した(塩見、133頁)。この関係は内部請負人が直雇の職長になってからも基本的な変化はなかった。しかしながら、生産技術の不断の発明・改良と資本の競合関係のもとでのそれらの生産過程への導入、経営合理化

表 3-2　1890年—1914年のアメリカにおける熟練・不熟練別賃金指数比較（1890-99 = 100）

年次	製造業平均	熟練労働者	不熟練労働者	
			調査A	調査B
1890	100.84	99.35	101.99	100.00
1892	101.54	101.77	101.99	100.68
1894	97.34	98.16	97.01	99.31
1896	100.84	99.69	98.26	99.31
1898	95.94	100.28	99.50	100.00
1900	105.75	106.55	101.99	101.36
1902	115.55	115.67	106.97	106.12
1904	118.35	120.89	111.94	109.52
1906	128.85	128.52	116.92	114.28
1908	128.85	137.87	115.67	117.68
1910	138.66	158.54	120.65	121.08
1912	144.96	164.50	118.16	124.48
1914	154.06	173.73	124.38	130.61

注：熟練職種とは機関工、汽缶工、レンガ工、大工、機械工、鍛冶工、植字工、印刷工
出所：Dirk Hoerder ed., *American Labor and Immigration History*, p.150

によるコストの削減を求める資本の要求と、伝統的労働慣行のもとでみずからの裁量・方法による機械の使用を求める熟練労働者の要求とのギャップは、資本の側がその意図を強めれば強めるほど大きくなった。このギャップこそがテイラーの前述の告白に他ならなかった。

以上のように、労働者による生産統制活動は、熟練の排他的保持を基盤に作業の速度・方法が労働者の裁量の下にあることで可能となったが、資本による生産コスト削減の要求が労働者による生産統制と直接対立した問題は、労働強化・賃金コストの削減問題であった。モンゴメリーによれば、労働者の生産統制活動は、19世紀後半につぎの3つのレベルで展開された。第1がクラフツマンの自治、第2が、組合による労働規則、第3に労働組合相互の支援と同情ストライキである（Montgomery, p.10）。同情ストライキについては、生産統制の問題に深く関わっており、1890年代にピークを迎えた（Montgomery, pp.18-26）。また、組合による労働規制の実例として、労働騎士団傘下の組合の例が

あげられているが、これによると、機械の多台持ち禁止、出来高賃金の受け入れ禁止、職種別標準賃金の設立、徒弟期間の明確化などがあげられている（Montgomery, p.15）。クラフツマンの自治についてみれば、その基礎は仕事についての自己管理と部下の監督のための優れた知識にあるが、かれらには3つの「道徳律」があったという（Montgomery, pp.12-15）。1つはテイラーが「怠業」（soldiering）と呼んだ生産高規制すなわち生産制限（stint）である。この生産制限は、組合の存否にかかわらず、雇用者の圧力のあるところではどこでも行われた。このルールを破る者に対しては、無数の罵りが浴びせられ、罰金、組合からの除名などが行われたという。2つは雇用主に対する対応における「男らしさ」（manliness）、3つは労働者仲間のあいだでの「男らしさ」である。労働者は雇用主に対しても労働者仲間に対しても尊厳、高潔、平等主義、男性至上主義をもって行動しなければならなかったということである[8]。

　この労働者の生産統制活動と、理念的にも実態的にも、真っ向から対立したものこそ出来高賃金の導入であった。それは、資本主義的競争原理に基づいて、労働者個々人の内面に利己的競争主義を持ち込み、労働者相互の団結心にくさびを打ち込み、そのうえ賃率の切り下げによる実質的な賃金コスト削減を可能とするもの、いいかえれば、古い伝統的労働慣行にたいする資本主義的労働慣行の挑戦であった。資本による労働過程支配の意欲と実践に対して伝統的労働慣行、3つの道徳律を守ろうとする労働者の抵抗が上述の3つのレベルで展開されたとしても不思議ではない。「組織的怠業」とはこうした性格のものであったと考えるべきであろう。テイラーの表現を借りれば、「わが国一流の大工場で、しかも管理の比較的よくゆき届いたところでさえも、この仕事をわざと控えめにする方法—いわゆる「あしぶみ」または「怠業」とよばれているやり方—を工員たちが実際に行っていることは実に想像以上である。」（Taylor, a, 12頁）。「工場の記録によって仕事の行われた最短の時間を調べる。それに多少ぬけめのない推測を加え、管理者側はこれを手段として工員側と交渉し、かつこれを強いるのである。これに対し工員側では管理者をあざむくために故意に怠けるという武器をもってこれに対抗するのである。」（Taylor, a, 邦訳、75頁）「故意に仕事をのろくやって一日分の仕事があがらないようにすることを、アメリカでは soldiering といい、イギリスでは hanging it out といい、これは

すべての工場に共通した現象であり、建築業にもかなり行われている。同時にこれはイギリスおよびアメリカの労働者が悩まされている最大害悪であるといっても断じて誤りではないと考える。」(Taylor, a, 邦訳、230頁) などである[9]。

こうして、テイラーは、一方で技術革新の大波を受け、他方で容赦のないコスト切り下げ競争が常態の当時の製造企業にあって、生産能率が個々の労働者の熟練に直接左右される生産システムの実態と労働者の経験と労働者の意志の下に展開される労働過程統制の実態とがいかに不能率の原因となっているか、しかもこれを労働者の「精進」に期待するのみではどうしても解決できない問題があること、労働者の熟練内容を分析し・客観化し、それを管理者の知識とすることがいかに重要な課題であるかということ、いわば「人の時代から組織の時代」へ、「経験の時代から科学の時代」への根本的な転換の時代にあることを見て取ったのである (Taylor, a, 邦訳、223-225頁)。

第2節 テイラーの熟練研究

1. 熟練の2つの要素と熟練分析の体系と方法

労働過程を統制できる労働者の熟練とはどのような内容のものであろうか。テイラーはまず、機械工の熟練を熟練研究の対象にすえた。第1に、機械工の熟練とは「目分量またはいい伝えの知識の一塊」(Taylor, a, 邦訳、246頁)、すなわち労働者から労働者へ伝承される熟練のことである。第2に、労働者自身にはこれを客観化する意志も能力もない。「スピード問題をきめる責任はまったく管理者側にある」(Taylor, a, 邦訳、74頁)。第3に、客観化すべき熟練の内容とは作業の速度と方法とを決める知識と技能である。第4に、この知識・技能を客観化することによってそのなかに一定の法則性ないし科学性を発見できる。第5に、この科学を基準に労働過程を再編成できる。これがテイラーの熟練研究に対する問題意識であった。

しかしながら、具体的な労働過程においては2種類の熟練が問題とされねばならない。第1は製品の質・量に直接反映される精神的・肉体的人間労働の

質、すなわち作業遂行に必要とされる知識・知的操作技能・運動技能の高度の蓄積（作業的熟練）であり、第2は作業を作成し、作業遂行を指揮・監督し、作業結果を検証・調整するために必要な知識・技能の蓄積（管理的熟練）である。テイラーはこの2種類の熟練要素が統一的に労働者に維持されていることを問題にした。こうして、熟練の分解・客観化・科学化はつぎのような体系をもって展開された。

第1の局面は、作業的熟練の労働者からの分離である。それは、作業的熟練の分解・客観化として展開された。機械工の作業的熟練の分解はつぎのような体系をもってすすめられた。工作機械の作業能率は切削能率と操作能率とから構成されるから、作業的熟練は切削作業熟練と操作作業熟練とに分解できる。それらは「機械の行う仕事」と「人の行う仕事」として、それぞれを構成する要素別熟練に分解される。この要素別熟練は「時間」・「方法」を基準に分析・客観化すれば「法則」「理論」にまで高めることができる。ここにおいて作業的熟練は労働者の排他的所有物から「情報」に転化する。この熟練の客観化・「情報化」こそ熟練分解の結果であり目的である。つぎに、これら「情報化」「法則化」された要素別熟練を仕事別に再統合することによって「科学的」作業時間・方法を再構成できるということ、すなわち、「科学的」切削能率と「科学的」操作能率との合計が「科学的」作業能率を構成するというのがテイラーの考えであった[10]。

第2の局面は、管理的熟練の労働者からの分離である。「要素別時間研究」によって再構成された「科学的」作業時間・方法は、労働者がそれに従って労働することによってはじめて意味をもつ。資本主義的労使関係において、それは資本の意志・権威として「強制」される可能性をもつ。この点、テイラーもつぎのようにのべている。「それをやるには強制的に方法を標準化し、最善の工具と労働条件とを強制的に採用させ、仕事が速くできるように各自の協力を強制するほかないのである。この標準の採用を強制し、この協力を強制する義務は管理者側だけにある」(Taylor, a, 邦訳、287頁) と。しかしながら、この強制による管理は、とりわけ熟練労働者が労働過程を支配している場合には新たな粉争の原因になることは避けられない。そこで、テイラーは労働過程を統制しているもう一方の熟練、管理的熟練の分解・客観化を進めるのである。かれ

は管理側と労働側の接点、管理者でもあり熟練労働者でもある組長・職長のもつ管理的熟練を分析の対象にすえた。分解の方法は、作業的熟練の分析によって確立した熟練の要素別分解・各要素の最適化・再統合という工学的方法である。まず、職長および組長の熟練を機能要素別に分解してこれを作業的熟練と管理的熟練とに分け、作業的熟練を職長の職能から除いて職長の職能を管理的熟練に限定し、その要素内容を8種類の要素機能に分類した。作業的熟練については、「今まで頭脳を要する計画する仕事はたいてい賃金の高い機械工にやらせていたのであるが、こういう人はむしろ機械について仕事をするのに適している人で、いろんな書記的な仕事には不向きである。だからこういう仕事をいっしょに集めて、その仕事になれた適任者にやらせるだけのことである」(Taylor, a, 邦訳、93頁)と。こうして、テイラーは職長の熟練を要素別に分解して客観化し、そのなかから管理的要素を抽出・再編成することによって管理的熟練を職長の熟練から機能も人格も分離したのである。

第3の局面は管理的熟練の計画的熟練と執行的熟練への分解である。まず、テイラーは職長の8種類の要素別熟練を4種の計画的職能と4種の執行的職能とに分類した。つぎに、計画的熟練についてはこれを作業現場から引き離して「計画室」に集め、生産計画・作業方法・作業速度・作業条件の計画と統制に関わる職能を担当する熟練として専門職能化させ、執行的熟練についてはこれを作業現場にとどめて労働過程の指揮・監督に関わる職能を担当する熟練として専門化させた。さらに計画的職能について準備的・事務的職能を分離した。そして、これら管理職能の統合として管理的熟練のシステム化が考えられたのである。すなわち、「頭脳的な仕事に属することは全部工場からとりさり、これを計画課または設計課にあつめてしまい、職長と組長とには実行的な仕事だけをさせる。計画室で計画した作業が、工場で迅速に実行されているかどうかをみていくのが、かれらの役目である」(Taylor, a, 邦訳、120-121頁)と。こうしてテイラーシステムが考えられたのである。

2. 作業的熟練の分解と「作業の科学化」

機械工が金属切削作業においてその速度と方法とを決める知識と技能とはいったい何か。テイラーに比べて10倍もの知識とは何か。テイラーは、この

労働過程統制の決定的要因にたいして、異常なほどの執念をもってその解明に取り組んだ。これがテイラーの金属切削の研究である。したがって、それは研究自体が目的ではなく、最大切削能率をあげるために必要とされる作業的熟練を客観化し「情報」化して、これを標準的な方法として全ての機械工に従わせることが目的であった（Taylor, a, 邦訳、306頁）。テイラーの金属切削の研究は、1880年より26年間3万ないし5万回の実験を重ね、800万ポンド以上の鋼鉄を切削し、その費用は15万ドルから20万ドルにのぼった（Taylor, a, 邦訳、306頁）。こうして、テイラーの「作業の科学化」は図3-1のような構成の下に展開された。

テイラーは、まず、工作機械の種類、工作材料にかかわらず、機械工がかならず判断しなければならない問題があるとし、金属切削技術を3つの要素に分解した。それは、第1に工具の種類、第2に切削速度、第3が送りの大ききであった（Taylor, b, p.31）。実験当初、かれはこれらを決定する要因はバイトの刃先角（すくい角、切り刃角、逃げ角）だけの問題であろうと考えたが、それは当時の熟練機械工の考え方に従うものであった（岩淵、34頁）。試行錯誤の実験後、機械工が判断しなければならない問題は切削抵抗、切削機構、切削温度の関連の問題であることがわかり、それは、テイラーが「従来機械工は機械運転の際、最も適当なスピードを決定したり、最も適当な送りを決めたりするために、ずいぶんいろいろな判断を働かさなければならない位置にいたこと

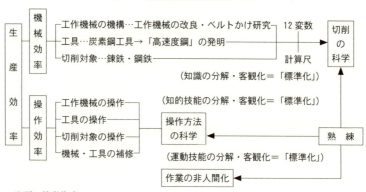

図3-1　作業的熟練の分解と科学化

出所：筆者作成

がわかる」(Taylor, a, 邦訳、307 頁) と驚嘆したほどの問題であった。実験の経過を簡単に紹介すると (Taylor, b, pp.37-39)、

1881 年：① 旧式の剣バイトよりも先丸バイトの方が切削速度が速い。
　　　　② 粗削り作業では「送りを粗く、速度を遅く」が切削速度が速い。
1883 年：① 切削中に多量の冷却水を使用すると切削速度が 30〜40％増加する。
　　　　② バイトと切り込みの深さ・送りの大きさとの関係からバイトがうける圧力（切削抵抗）、バイトの耐久性と切削速度との関係を公式化する。
　　　　③ 最高の動力伝達を可能にするベルトの締め方を決定する。
1884 年：① バイトの研磨用に自動工具研削盤を設計し、バイトの保管・支給がいつでもできる工具室を設置して熟練機械工の工具研磨作業をなくす。
　　　　② 加工物の直径、切り込み、切削速度、送りの大きさの関係の実験式をグラフ化し、計算を簡単にする。
1885 年：① 工場の多くの工作機械について、加工物の直径・送り・切り込み・使用工具などを実務的な一覧表にする。これによって、機械工に与える 1 日の作業量の計算が可能となる。
1886 年：① 切削速度に何よりも影響を与えるのは、キリコの厚さであることを発見する。これを横剣バイトの場合に実用化し、「送りを粗く・速度を遅く」から「送りを粗く・速度を速く」に変更する。
1894 年
〜1895 年：① これまで硬性金属切削用に限られてきた自硬性工具・マシェット鋼工具は軟性金属の切削にはさらに威力を発揮することを発見する。粗削り作業の焼きもどし工具を自硬性工具に変更する。
1898 年
〜1900 年：① 高速度鋼（テイラー＝ホワイトによる工具処理工程）の発見。それはクロム・タングステン鋼で、融点近くでこれまでの工具の 2〜4 倍の切削能率を持つ。

1899 年
～1902 年：① これまでの実験で得られた法則や公式を普通の労働者でも容易に使用できる実用的な計算尺を開発する。
1906 年：① 高速度鋼にバナジウムを添加すると切削能率が高まる。

　以上の実験によって得られた成果はつぎのようなものである。第1に、金属切削技術は12の要素に分解できることが判明した[11]。それは、関連要素技術に対応する在来熟練の内容を再検討した科学的成果であり、要素別熟練の客観化と機械化とを同時に進めるものとなった。こうして、労働過程統制の基盤とされた切削熟練は「切削理論」として科学化された（岩淵、32頁）。すなわち、テイラーはこの実験によって、熟練とは切削温度・切削抵抗・切削機構に関する知識であったとして、これの客観化・理論化に成功したのである。これによって切削速度を決定する知識は労働者の主観的知識から数量化された客観的知識となった。第2に、この理論に基づいて高速度鋼の発明、工具・工作機械・伝導機構（ベルトかけ）の改良、計算尺の発明など重要な技術開発を行い、機械を機種別に再編成した新鋭工場を作り上げた。これによって、金属切削作業のハード面からの最速化に成功した。第3に、切削作業そのものの熟練のみでなく、これに付随する熟練のなかで最も重要な熟練の1つであった工具の製作・研磨の熟練を労働者から取りあげ、専門の工具研磨工・自動工具研削盤を設置した工具室を設けてこれに移した。工具の交換時間についても理論化した。また、切削理論に基づく切削方法で作業を行うために発明した計算尺を利用すれば、これまで労働者の内部にカンやコツとして内部化されていた多くの知識・知的操作技能が不要になった。

　しかしながら、これで金属切削作業熟練がすべて分解・客観化されたのかといえばそうではない。テイラーは切削理論に基づく切削作業のハードの側面を「機械の行う仕事」として確立したが、切削作業はこの機械の機能化すなわちこれを動かす人間労働と結合されねばならない。テイラーはこれを「人の行う仕事」として、ハード面から分離したのである。テイラーの「工作機械における手作業の観測」によれば（Taylor, a, 邦訳、178頁、第5図）、それは、① とりつけ準備（削り方を考える。被切削材を工作機械に運ぶ） ② とりつけ（つか

み方を考える、テーブル・工具台の移動、被切削材のチャックによる固定、付属金具のとりつけ）③工具のとりつけ（とりつけ・固定作業、スピード・おくりの調節、クランク・テーブル止めの調節）④特殊手作業（バリ取り、中心ポンチ打ち、手まわし、手おくり、ヤスリかけ）⑤とりはずし（ネジ・ボルト・チャック・かませもの・台などのとりはずし、被切削材のとりはずし）から構成されている。以上のように、テイラーのいう「人の行う仕事」というのは、けっして単純労働ではない。すなわち、図面を理解し、切削の対象と方法についての判断をし、とりつけの方法を考え、とりつけ状態の検証をし、工具のとりつけ状態の判断をし、ハンドルで切削状態の調節をし、ポンチ打ちやヤスリかけなどの付随作業を行う。これらは不熟練労働者が簡単に行えることではない。そのうえ、実際の作業過程では、これ以外に被切削材の選別、機械の運転状態の判断、不測の事故に対する対応、機械の修理、製品品質の検証など、多くの熟練が必要とされたのである。そこで、テイラーは、この「人の行う仕事」としての操作作業熟練の分解・客観化にとりかかるのである。まず、「すべて工場で行なわれている作業はみな（中略）時間をはかることのできる基本的な動作をいろいろ組み合わせたもの」（Taylor, a, 邦訳, 19頁）として「人の行う仕事」の全てを要素に分解する。要素別時間研究によって要素別最短時間を測定する。それらを再構成して「人の行う仕事」の最短時間を確定する。テイラーは人の作業を最小単位にまで分解、要素別時間研究によって作業時間の数量化＝科学化をしようとした。実験は単純労働から複雑労働まで全てにわたり、「ショベル作業の科学」「疲労の科学」「『個人係数』の科学」などの「科学的」研究が行われた。そして、要素別作業への分解の方法、測定の方法、要素結合の公式などが考え出された。しかしながら、結局のところ、それは、「最適労働者」についての最少疲労と最大生産量研究、すなわち「一流労働者の最速時間」研究にすぎなかった（山下、第4章）。金属切削操作作業については独自的「科学」なるものは打ち出されてはおらず、操作作業の要素別分解と最速時間の測定、すなわち、最速機械作業時間に対応する最速操作作業時間の測定として行われた。切削作業に内在する多くの熟練—当時の切削作業ではきわめて重要な熟練—は分析の対象から排除された。単純操作作業の「科学」がこうした方法を適用するための「理論」として利用されたのである。すなわ

ち、最も速く作業することが「科学的」であるという結論に到達したのである。

以上のように、作業的熟練はいまや最速切削時間と最速操作時間との結合として、すなわち、「一流労働者の最速時間」が熟練の本質であるという「科学」に置き替えられたのである。したがって、テイラーの「作業の科学」＝「作業的熟練の科学」とは以下のように理解されねばならない。すなわち、第1に、テイラーは作業的熟練を「機械の行う仕事」「人の行う仕事」に分割したが、前者については、知識・知的操作技能の要素別分解・最適化をつうじて切削技術理論の構築をはじめ多くの技術的改革をなしとげ、金属切削技術に革命をもたらしたことは「作業的熟練の科学化」として十分に評価しなければならない。

第2に、本来、「機械の行う仕事」「人の行う仕事」という分割は知識・知的熟練技能と運動技能の分割とは同義ではない。にもかかわらず、テイラーは「人の行う仕事」を運動技能として説明している。すなわち、明らかなように、「人の行う仕事」から本来そこに含まれる知識・知的操作技能を分析の対象から排除したということは、熟練労働者の作業的熟練の多くを残したままでの「客観化」であって、工作機械の最速化とこれに対応する労働の最速化を実現したといっても、それはきわめて一面的であり、「作業の科学」という点からすれば限界をもつものである。

第3に、ではなぜこの熟練を排除したのか。それは数量化できないからである。そして、それはテイラー的方法＝「時間研究」の限界なのである。熟練には数量化することが困難な質的側面があって、これは客観化・理論化が困難な熟練である。テイラーは数量化＝客観化のできた熟練についてこれを「機械の行う仕事」として、客観化・理論化できない熟練を「人の行う仕事」として区分したのである。そして、テイラーはすべての要素作業を時間に還元する「時間研究」によって本来数量化できない熟練を数量化しようとしたのである。これを正当化する理論、理論化できない熟練の理論が操作作業についての各種の「科学」であった。熟練そのものの分解・客観化・理論化でなく、最速切削時間に対応する最速操作時間というテイラーの「作業の科学」理論は、「科学化」に対する「すりかえ」理論であった。この点は、のちにF. ギルブレスによっ

3. 管理的熟練の分解と「作業管理の科学化」

　組長・職長はもともとすぐれた熟練工である。かれらはすぐれた作業的熟練をみずから発揮するとともに、部下に対してその熟練を伝えて部下の熟練を高め、これをつうじて部下の信頼を獲得し、部下のもつ熟練を組織化して発揮させる権限を掌握してきた。それは伝統的な労働慣行として制度的にも保証されてきた。したがって、この熟練工職長の有する「権限」を職長から分離するということは古い労働慣行に対する重大な挑戦であった。テイラーはのべている。「職場長や職長に旧来の方法を変えさせることはとても困難であった。かれらはみな旧来の方法でじゅうぶんであると信じているからである。そしてかれらが今日の地位をかちえたのは異常な性格の力であり、また毎日部下を支配する癖が着いているので、かれらの反対は一般に有力なのである」(Taylor, a, 邦訳、117頁) と。しかし、テイラーは「作業の科学化」とこれに対応する管理組織、伝統的な「軍隊式組織」すなわち万能職長が労働過程の絶対権限を有する組織ではこれに対応できないということ、言いかえると、作業的熟練の客観化に対応する管理的熟練の客観化、すなわち、客観化された作業的熟練が「最速」で発揮できるような管理組織化が必要であると考えた。これを管理者の権限で実行するためには、まず組長・職長の管理的熟練の分解・客観化を行わなければならなかった。そして、それはつぎの2つの段階を経過した。

　第1段階。軍隊式組織においては、職長は職場全体の管理権限を持ち、組長は機種別管理権限を持っていた (Taylor, a, 邦訳、117-119頁)。テイラーはまず職長の管理的熟練をつぎの要素に分解した。① 工場全体の仕事のワリフリ、② 作業手順の決定、③ 作業の内容と方法を工員に教えること、④ いい加減な仕事をさせず、しかも速い速度を維持するための監督、⑤ 作業日程計画・要員配置計画などの調整、⑥ 工具の訓練、⑦ 賃金の改定、⑧ 出来高単価の決定、⑨ 時間記録の監督 (Taylor, a, 邦訳、117頁)。以上のように、これらの内容は作業の計画・指揮・統制の作業管理全般にわたっている。テイラーは管理の責任が職長にとって過重であるとのべるとともに「適当な職場長や職長を得ることは不可能である」(Taylor, a, 邦訳、116頁) として、現在の職長制度の下

では職長が個人として適切に管理的熟練を発揮できる状況にはないと主張する。

　それではこれらの管理的熟練をすべて獲得するにはどのような資質が要求されるのか。テイラーはここで職長の管理的熟練を規定する労働能力を9種に分解する（Taylor, a, 邦訳、118頁）。① 知力、② 教育、③ 専門的・技術的知識ならびに手先の器用さあるいは精神力、④ 機転、⑤ 精力、⑥ 勇気、⑦ 正直、⑧ 判断あるいは常識、⑨ 健康である。しかしながら、「4つの性質をまとめて備えているものになると、賃金が高くなってくる。5つの性質をかね備えている人になると、だんだん見つけにくくなる。6、7、8の性質をそろえてもっている人はほとんど得られない」（Taylor, a, 邦訳、119頁）という。すなわち、能力の不足する職長に能力をはるかに超えた職能を要求する在来の職長制度では「作業の科学化」に対応する管理は不可能であるというのである。また、職長は組長にみずからの職能の一部を分担させているが、組長は熟練工として直接工員の管理をしなければならない。したがってその役目は職長とほぼ同じ内容をもっており、ますます過重なものとなっている。

　こうしてテイラーは職長以上に工員に接し、かれらを管理し、しかも熟練機械工としての労働過程統制力をもつ組長の熟練を分解する。それはつぎのような要素別熟練であった（Taylor, a, 邦訳、119-120頁）。① すぐれた機械工であること、② 図面が楽に読め、出来上がりを想像できる能力をもつ、③ 計画能力をもち、「切削理論」を身につけていること、④ 工員がきちんとした機械の状態を維持しているかどうかの監督、⑤ 品質検証能力、⑥ 工員が正しく速く作業することの監督、⑦ 作業手順全般が正しく守られているかどうかの確認、⑧ 時間記録の監督および出来高単価の決定、⑨ 工員の訓練と賃金の改定。これを見れば明らかなように、組長の熟練の内容は作業的熟練と管理的熟練の双方から構成されている。①②③⑤は作業的熟練であり、残りが管理的熟練である。テイラーはつぎに組長の熟練から作業的部分を排除し、管理的熟練を職長の熟練内容と比較する。こうして、作業管理に必要とされる管理的熟練の要素をすべて分解・客観化し、これらを8種の要素別熟練として分類した。① 仕事の手順・ワリフリを決める能力、② 作業方法・作業速度を決定する能力、③ 工作作業に必要な全ての準備を整える能力、④ 作業方法・速度を維持でき

るように指導する能力、⑤ 出来上がり製品の品質を検証する能力、⑥ 機械の手入れ状態・修繕を監督する能力、⑦ 時間記録を監督する能力、⑧ 訓練、規律の維持、いざこざを収める能力、以上である。

第2段階。管理的熟練の計画的熟練と執行的熟練との分解である。テイラーはこれらの能力をすべて合わせ持つ人間を捜し出すことは不可能であるとの考えから、管理的熟練を作業全体を計画・統制する能力（①②⑦⑧）と現場で工員の作業を直接指揮・監督する能力（③④⑤⑥）とに分解して、前者を現場の職長から分離することを考えた。「機能的管理というのは管理上の仕事を分割し、副工場長以下すべての人はなるべく受持ちの機能を少なくすることである」（Taylor, a, 邦訳、121頁）「工員はもちろん、組長にも職長にもできるだけ計画する仕事をさせないことにする。多少でも事務的なことは一切させないことにする。（中略）職長と組長とには実行的な仕事だけをさせる」（Taylor, a, 邦訳、120-121頁）として、テイラーは職長・組長の管理職能を執行的管理熟練に制限する。職長の部分機能化である。

そのうえ、テイラーの考えからすれば、労働過程における管理的熟練の本質は作業遂行を指揮・監督する熟練にあるのではなくて作業遂行を計画する熟練にある。すなわち、「頭脳的」労働の本質は計画労働にあるというのである。テイラーはこの計画的管理熟練を熟練労働者から分離することにより、労働過程統制を可能にしてきた熟練の本質的要因を排除した。そして、テイラーはこの労働者から分離した計画的熟練を「計画室」に集めて、計画室が工場管理の中枢的・支配的機能を果たすような組織化をはかった。つまり、実際の労働過程では誰かが計画的職能を果たさなければならない。テイラーは計画的熟練を再分解して17の機能（後述）に分割し、準備的・事務的要素を帳票化し、これらの作業をスタッフ化して遂行させ、現場との情報交換をシステム化できるような計画室管理組織を考えた。要素別計画的熟練の統合は人ではなく組織＝機能システムとして再構成されたのである。現場職長は従来どおり Boss であるが情報交換要員としての4種の係＝職長は Clerk となった。この管理システム化こそテイラーの「作業管理の科学化」にほかならなかった。

以上のように、テイラーの熟練研究はブレイヴァマンによれば3つの原理に基づいていた（Braverman, 邦訳、126-134）。① 熟練（知識）の労働者からの分

離、②「構想」と「実行」の分離と管理者への「構想」の集積、③ 管理者による知識の独占的使用である。

第1に、テイラーは作業的熟練の分解・客観化・理論化によって「作業の科学化」をおしすすめた。これは伝統的労働慣行の基盤を「科学的」に破壊し、近代的・資本主義的再編の技術的基盤を確立した。そして熟練労働者は「科学的」方法にしたがって疎外された労働を強制される立場に立たされた。テイラーは作業の単純化が達成されたと考えた。しかしながら、テイラーの作業的熟練の分解は「切削理論」という限られた領域に限定されており、しかも残された作業的熟練が科学化の困難な知的労働を多く含むことによって、また新しい技術に対応する新しい熟練の創出によって、テイラーの熟練の分解には限界があった。すなわち、労働者の作業的熟練を労働過程から引き離すことは完全にはできなかった。それでも、テイラーの「作業の科学化」の方法はその後の展開に重大な影響を与えたのである。

第2に、管理的熟練と作業的熟練とを分離し、さらに管理的熟練を計画的熟練と執行的熟練とに分解して計画的熟練を管理的熟練の本質とみなしたことがテイラーの卓見であったことは多くの論者の一致するところである[13]。そして、この熟練を管理の側に集積し、さらにこれを再構成してシステム化し、管理の側の権限として展開することを可能にしたテイラーの「作業管理の科学化」が資本主義的管理の嚆矢と位置づけられることに疑問はないのである。

第3節　テイラーによる管理システムの形成

1. システム化の論理
1-1. システム化の意義

テイラーは、科学的管理法は「組織的管理」（Systematic Management）であるとのべている（Taylor, a, 邦訳、225頁）。テイラーが考えていた「組織的管理」とは、標準化・制度化された管理技法と管理者・作業者とを有機的に結合させて作業の高能率化をはかり、これをつうじて高賃金・低コストという管理目的を達成する管理システムを意味していた[14]。それは、後述するように、計

画室＝課業計画・指図票→現場＝課業実行・タイムカード（時間票）→計画室＝課業統制という閉体系管理システムを構成していた。すなわち、それは課業遂行のための物的作業管理システムであると同時に指図票・タイムカードによる情報管理システムであった。

　前節までの分析からシステム化の論理を整理するとつぎのようになる。第1に、テイラーの問題意識の発端は、熟練の労働者による占有、すなわち、作業遂行にかかわる作業的熟練と管理的熟練とが労働者の独占的能力として保持され、これを基盤に労働過程編成・労働遂行裁量権の多くが熟練労働者の側に保持されているということ、この労働慣行を解体させることなしには高度化した生産技術と作業方法とのギャップを埋めることはできないということであった。かれは、労働者の熟練の分解、すなわち、作業的熟練と管理的熟練とを分離し、それぞれの熟練について詳細に分析してこれを客観化＝情報化した。第2に、これらの客観化された熟練を労働者から分離し、作業的熟練についてはこれを法則・技術・理論に移転し、管理的熟練についてはこれを管理者へ移転した。熟練の管理者側への集積である。第3に、管理者側に集積した個々の管理的知識を一定の規則や技法・理論にまとめ、さらにこれを管理システムとして統合をはかる。こうして、かつて労働者に保持されていた管理的熟練は管理者によって、管理者側の権威で再現されるのである。テイラーはいう。「従来工具がもっていたいい伝えの知識を集めて一団となし、この知識を分類し集計して規則、法則、方式となし、これをもって工具の日々の仕事を助けてやるようにすることが管理者の任務になった」(Taylor, a, 邦訳、225頁)と。

　しかしながら、個々の規則や方式を1つの組織的統合体にするには論理的媒介が必要である。システム化のメカニズムにはシステム化の原理と方法がなければならない。そこでテイラーは科学主義と能率主義とを基本原理とし、標準化と課業理念とを方法とするシステムを考えた。これが課業管理としてのテイラーシステムである。いまや、管理的熟練は管理者の、したがって資本家による労働過程統制の手段に転化したのである。テイラーによる「作業管理の科学化」の論理とはこのような内容をもっていたのである[15]。

1-2. 熟練のシステム化の方法

　管理者側に移転した管理的熟練が個々の管理の技法に再現される場合はともかく、これが統一されたシステムに再構成されるには「飛躍」が必要である。テイラーはシステム化の方法として「標準化」概念を導入した。「この管理法を実行しようとして、失敗したり頓挫したりするが、そのおもな原因のひとつはこのような方法と細部とのすべてについて、完全な標準化を行なうだけの時間と手数とを惜しんだためである。ある種のものだけが上等で、その他のものが貧弱であるよりは、すべてが貧弱のまま標準化された場合のほうが、はるかによい結果をもたらすものである。大切なのは均一性である」(Taylor, a, 邦訳、140頁) という考え方のもとに、2種類の標準化概念を採用する。1つは、科学主義にもとづく熟練の標準化であり、いま1つは能率主義にもとづく熟練の標準化である。

　科学主義にもとづく熟練の標準化とは、第1に、科学の作成に関わるもので、作業条件の標準化、例えば材料・工作機械・工具等の形状・品質、工具室の設置、製図・治工具の保管と出し入れなどに関する標準化、および作業方法の標準化、例えば作業速度と作業の仕方、計算尺、ベルトの締め方、さらに製品の品質基準の標準化など、作業的熟練の科学化＝標準化であり、作業の科学＝時間研究にもとづく時間的標準化であって、結局、「一流労働者の最速時間」の作成である。なぜなら、「どんな仕事にでも一流工員ならばやってのける最短時間というものがある。この時間はその仕事の『最短時間』または『標準時間』と呼ぶことができる」(Taylor, a, 邦訳、87頁) からである[16]。テイラーにあっては「一流労働者の最速時間」が「科学的」標準なのである。「一流労働者」とは、テイラーによれば、その仕事に最適の資質を備え、なおかつ労働意欲のある労働者という意味である (Taylor, a, 邦訳、456-457頁)[17]。しかしながら、工場が一流工員のみで構成されているわけではない。そこで「普通の工員」をこの「極限」(Taylor, a, 邦訳、178頁) と比較評価して、現実の「標準時間」を決定するのである。こうした意味で「一流労働者の最速時間」は労働者を管理する基準となり、労働者を選抜・訓練する基準となる (Taylor, a, 邦訳、203頁)。テイラーは、高速度鋼の発明についても、これを独自の技術開発ではなく「標準化」の方法による科学的成果であるとしている (Taylor, a, 邦訳、

141頁)

　科学主義にもとづく熟練の標準化の第2は、科学の実行に関わるもので、管理方法の標準化、つまり、作業手順、作業速度・方法の決定と指図の方法、命令・報告制度の標準化など管理的熟練の標準化である。テイラーの管理的熟練の「科学化」は、伝統的管理方法におけるいい伝えの知識の分類・規則化にすぎなかったが、第1の作業的熟練の標準化と結合させることによって個々の管理技法の「科学化」を促進し、そのなかで最良の方法と考えられるものを標準となし、これらの標準的諸技法を統合することによって管理方法のシステム化＝統一的作業管理システムを完成したのである。

　能率主義に基づく熟練の標準化とは、資本主義的管理の基本目的に規定されたテイラー的状況における生産管理の課題、すなわち、最大利潤に結びつく生産の最高能率を達成するための作業的熟練および管理的熟練の標準化の問題であった。作業的熟練の最高能率とはいうまでもなく「一流労働者の最速時間」である。「科学」に裏づけられた「一流労働者の最速時間」に管理の基準を標準化することによって、生産の最高能率を保証する管理システムの「科学化」が可能となったのである。管理的熟練の標準化とは、したがって「一流労働者の最速時間」を、つまり生産の最高能率を実現する技法の標準化である。しかし、科学主義に基づく管理方法の標準化がそのまま適用できるかといえばそれはできない。なぜなら、いまでは作業と管理の機能が人格的に分離し、両者が対立しているからである。管理者側の計画がどのように実現できるかは管理者の意図のみでは決められないのである。「一流労働者の最速時間」の実現が管理者の計画であり、そのためのいかなる科学的実現システムが存在しようと、そのシステムの最大の要素、管理の対象である労働者の「一流労働者の最速時間」を保証する労働力の発揮がなければ最高能率は獲得できないのである。

　労働者の自発的な協力が期待できない状況のなかでテイラーが考えたこと、標準化されたシステムを現実に運用する保証、それが労働の強制方式としての「課業理念」であった。この標準化理念と課業理念との結合こそ課業管理としてのテイラーシステムの特色をなすものである。すなわち、標準化理念がシステムの形式であるとすれば、課業理念はその内容を構成する。「課業」とはなにか。それは、一定時間内に遂行しなければならない作業量のめやすである

(Taylor, a, 邦訳、96頁)。テイラーはいう。「おそらく近代科学的管理法において、最も大切なことは課業観念であろう。（中略）この課業にはなすべきことが示してあるばかりでなく、これをなす方法とこれに要する正確な時間とが示されている。この課業を指図どおりの時間内に、正しくなしおえたときには、普通の賃金よりも30％から100％までの割増賃金をもらうのである。（中略）もし仕事が工員に適している場合、長年この速さで仕事をしても、けっして過労に陥ることなく、ますます幸福に繁栄していくように決めたものがすなわち課業である。科学的管理法というのは、主としてこの課業を作り上げてこれを実行することである」と（Taylor, a, 邦訳、252頁）。課業とは、作業の目標であり管理の基準である。これが標準化理念と結合されるとき、それは「一流労働者の最速時間」としての標準作業量となる。しかもこれが出来高賃金制度と結合されれば労働強制の武器となる。課業を達成できない労働者には罰則的賃金を支払うことによってその強制力を強化したが、テイラーはこれが「工員の科学的選択」だとして、課業の土台としての科学主義を強調するのである。したがって、それは管理システムの円滑な運用のための「くさび」として機能する（Taylor, a, 邦訳、157頁）。

以上のように、テイラーシステムは、2重の意味での標準化を基盤に作成される「一流労働者の最速時間」としての「課業」を管理の基準とし、システム化された管理体系として「熟練の機能」の再現を果たすことになるのである。

1-3. 管理システムの基本原理

テイラーシステムは、「科学」化された「熟練の機能」の再現システムであるところに本質的な意義がある。換言すれば、それは「科学」の計画・実行・統制のシステムであった。具体的には、「科学」の計画とは標準化と課業の作成つまり熟練の「科学」の再現を最も能率的に実現するための作業の作成であり、「科学」の実行とは計画された作業を最も能率的に実現するための作業実行過程の指揮・監督方式であり、「科学」の統制とは能率を基準として作業の成果を作業の計画と比較し、システムが計画どおり動いているかどうかを判断してその後のシステム運営をいっそう能率化するための手続きである。テイラーは『工場管理法』において、このシステムを運営するための基本原理を

「根本原理」としてつぎのように表した（Taylor, a, 邦訳、91頁）。

　第1原理、大いなる一日の課業（課業は一流の工具でなければできないくらいむずかしいものとする。（中略）テイラーはこれを第5原理としている）。第2原理、標準条件。第3原理、成功したら多く払う。第4原理、失敗すれば損をする、以上である。第1原理は、能率主義に基づく標準化としての課業の計画すなわち「一流労働者の最速時間」の作成であり、第2原理は、科学主義に基づく標準化、作業条件・作業方法の科学的標準化に基づいて第1原理に科学的意義を与える原理であって、第1・第2原理が「科学」の計画の原理であると考えられる。第3・第4原理は、「科学」の実行と統制とに関わる原理で、賃金支払制度と結合して労働者の熟練の発揮を「一流労働者の最速時間」で確保しようとするものである。これは労働者の生活をも巻き込んで労働者の労働意欲を強制的に引き出そうとするもので、賃金制度をシステムに内部化する場合のシステム運営上のボトルネックでもあった。

　このように、テイラーは「熟練の機能」の再現システムを課業の強制システムとして考えたのであった。「科学」の計画はともかく、「科学」の強制は「科学」の実現主体の意識を媒介としないところにその特徴があるが、それは、言いかえれば、「科学」の実現主体が計画主体の意図とは切り離されているということ、計画主体と実現主体との分離によって実現の保証は強制以外に方法はないということを意味している。それはテイラーシステムのもつ根本的な矛盾でもあった。システムの目的である高能率・高賃金・低労務費は自動的に保証されていない。こうした矛盾のために、テイラーは第3・第4原理について、システムの円滑な運営という視点から修正・補完を試みる。第1に、課業の大きさを労働者の能力に合わせて修正して運用に弾力性をもたせたこと、すなわち、工場所在地の「労働市場」を考慮して「一流」「平均」あるいはその「中間」というように、課業の大きさを課業の完全な遂行＝システムの円滑な流れを確保できる水準に弾力化することを認めた（Taylor, a, 邦訳、185頁）。第2に、第3・第4原理にとくにこだわらず、ガント賞与制度のような弾力的で労働者に受けのよい賃金支払方法の導入を認めた。第3に、システムの実行を強制としてではなく労働者の協力を前提としたものにしようとしたこと、すなわち、怠業が一般的な労働慣行のなかでテイラーシステムがいかに労働者に有利

なシステムであるかを認識させるために、労働者がシステム導入以前に管理者と協働する精神をもつように思想改革を求めた。テイラーはこうした意味での「労働者側」の「精神的態度の根本的革命」をシステム導入以前の「目的」とした（Taylor, a, 邦訳, 146頁）。こうして、テイラーは労働者の「精神革命」によって4原理を補完したのである。

ところで、これらの基本原理は『科学的管理法の原理』のなかで新しい展開を示す。すなわち、上記第3・第4原理がなくなり、追加・補完された労使の協働の精神が原理として導入されているのである。管理法の「4大原理」とは第1に、旧式の目分量方式をやめ、真の科学を発達させること。第2に、工員を科学的に選択し、これを教育・訓練し、発達させること。第3に、科学的法則のもとでの労使の協働。第4に、労使がそれぞれに適した職責を分担すること、以上である（Taylor, a, 邦訳, 250頁, 313頁, 325頁）。

双方の「原理」を比較すると、第1に、前者の原理が課業管理システムの運営に関する原理であったのにたいし、後者の原理がより抽象化・一般化している。第2に、後者の第1原理は前者の第1・第2原理を統合したものであり、後者第2原理はシステム運営に欠かせない「一流労働者」をどのように確保するのかということで、新たに加えられた原理である。『工場管理法』において工員の選抜・訓練の問題が考えられていなかったのではなく、そこでは第3・第4原理の結果として解雇か罰金制度を考えていた。しかし、その後の諸関係からこの第2原理を導入したのであるが、システム運営を重視するテイラーからすればきわめて重要な原理であった。後者第3・第4原理は科学主義への労使の服従と職責分担、すなわち、科学化された熟練のうち作業的熟練を労働者が、管理的熟練を管理者がそれぞれ分担して引き受け、「科学」の名の下に協働してシステムを運営しようというものである。いわば「科学主義」と「精神革命」とを統合して基本原理に組み込んだものである。労使の根本的矛盾をシステムの基本原理にするということ、「目的」としていた「精神革命」を基本原理に内部化しようとしたのである。この4原理については、『議会証言』において詳しく説明されているが（Taylor, a, 邦訳, 360-363頁）、それは、テイラーシステムそれ自身に対する労働者の反発に対し、システムの「本質」はこの点にあるとして回避し、逆にそれに挑戦するものであった。しかしながら、

「科学化」できない「精神革命」を科学主義の下にシステム化の原理に内部化しようとすること、すなわち、労働意欲までも強制システムに持ち込むことは、かえってシステムの内部での矛盾を激化させ、「土台」「前提」「本質」などという説明をすればするほどシステムの基本原理を「科学化」するものではなくなっていった。

　藻利重隆は、「科学的管理の『原理』は、高度の一般化のために抽象にすぎて無内容と化し、かえってテイラーシステムの本質的意義を滅失させる疑いがあることをわれわれは見のがしてはならない」(藻利、65頁)として、課業管理の原理は『工場管理法』の4原理に求めるべきであり、テイラーシステムの基本原理を「精神革命」にもとめるべきではないとしているが、それは重要な指摘であろう[18]。テイラーシステムの基本原理は、当初の科学主義と能率主義およびその具体化としての標準化と課業理念とに求めるべきであると考える。

1-4. システムに編入できたものとできないもの

　以上のように、テイラーシステムは「熟練の科学」の計画・実行のシステムであったが、そこには本来システムに内部化できるものとできないものがあるということ、したがって、システム化できたものとできないものとを明らかにしなければならない。

　第1に、システムに内部化できるものとは、熟練の移転の可能な作業的・管理的熟練である。管理的熟練の移転とその再現は、管理的熟練の「科学化」の水準および作業的熟練の「科学化」の水準に規定される。テイラーは、熟練の移転がなしえた熟練から順次システムに導入している。作業的熟練については前述のテイラー実験の経過のとおりである。すなわち、数量化できた熟練から順次移転をなし、数量化できない熟練については意識的にシステムには含めないという方法をとった。管理的熟練については、職長の管理的熟練の分析から作業的熟練に対応する管理の方法を「科学化」し、指図票・手順表・時間票・職能別職長制・計画室制度・その他各種の管理手法に再現することによって順次システムへの内部化をはかったのである。換言すれば、それは労働者の内部に固定されていた人的要素(作業的熟練とともに管理的熟練としての意思決定権限)の収奪＝作業と管理の非人間化の過程であった(「熟練の非人間化」

①）。テイラーがこうした意味での基本原理を考えていたことは想像に難くない。

　第2に、システムに内部化できなかったものは、熟練の移転が不可能であったものおよび熟練外の諸要因であった。まず、熟練の移転ができなかったものとは数量化できなかった熟練、すなわち、当時の技術・労働の「科学化」の水準から数量化できなかった作業的（制御的）熟練であり、テイラーは「すりかえ」理論によって初めから熟練の内容から排除した。熟練外の諸要因のうち、労働者の動機については「課業」システムに、適性については「一流労働者」維持システムに内部化したが、労働の主体的要因である労働意欲についてはこれをシステムから排除し、管理者側からの「強制」としての賃金制度・職能別職長制をつうじてシステムの維持をはかろうとした。このように、移転不可能な労働力要因はすべてシステムから排除したのである（「熟練の非人間化」②）。

　第3に、テイラーが理論的には考えることができてもどうしてもシステムに編入できなかった要因、それはシステムに対する労働者の協力精神であった。「熟練の非人間化」①②の進展は、いわば労働者による労働過程統制権の喪失の過程であった。したがって、このような現実的条件のなかで労働者の協力を期待することは元来不可能なことであった。それにもかかわらず、このギャップを補うため、テイラーは、まず課業強制システムに対する労働者の「精神革命」を要求した（『工場管理法』）。しかし、労働者への一方的な要求は労働組合からの猛反発に遭遇したため、システム維持の観点から、かれは労使双方の「精神革命」を求めた（『科学的管理法の原理』）。かれは、これを「4大原理」としてシステムに内部化しようとしたのである。すなわち、それは「科学主義」への労使の「精神革命」がなければシステムは運営できないということである。したがって、それは資本主義生産過程に内在する労使矛盾を「科学的」システムに内部化しようとするものなのである。しかしながら、実際の生産システムは非人間化された課業管理システムなのであって、「参加的」＝「人間的」外皮によってその本質を変えることはできない。その結果、「精神革命」の持つ意味は、システムの基本的な矛盾を隠蔽するシステム維持イデオロギーとならざるをえなかったのである（「熟練の非人間化」③）。

2. 作業管理システム
2-1. 課業管理システム

　テイラーは、この作業管理システムを「科学的管理法というのは、主としてこの課業を作り上げてこれを実行することである」と規定したが（Taylor, a, 邦訳、252頁）、本書ではおおむねつぎのように規定している。① 管理者による労働者の「熟練の機能」の再現システムであること、② 科学主義と能率主義という基本原理をもつこと、③ 標準化と課業理念というシステム原理をもつこと、④ 課業の計画・実行・統制の作業管理システムであること、以上である。ここで問題にしたいことは管理システムとしての計画・実行・統制の内的関連である[19]。

　課業の計画とは、2つの職能によって担当される。第1が作業手順の計画である。これは作業分析をして作業全体の流れを把握し、作業順序、作業に必要とされる諸手段・手続きの配置・整備を計画して「手順表」にまとめる職能である。それは職長の管理的熟練の標準化であって、これには担当の計画的職能別職長（手順係＝Order of Work and Route Clerk）に責任をもたせる。第2が作業速度・作業方法の計画化である。これは、熟練労働者の作業的熟練の標準化であって、熟練の客観化・標準化すなわち「一流労働者の最速時間」としての「課業」、換言すれば「標準作業量」の決定を行い、これを「指図票」として帳票化する仕事で、職能別職長（指図票係＝Instruction Card Clerk）の責任において計画化することにしたのである。しかしながら、熟練労働者の計画的管理熟練の移転によって集積した「情報」をこのようなかたちで「科学的」に再現するには非常に多くの時間と労力とを必要とする。テイラーは、これを職能別職長にスタッフを加えることで解決した。スタッフが時間研究・動作研究を行い、諸標準を作成・維持していれば、職能別職長は「手順表」「指図票」を用いて現場への情報伝達・説明に専念できるということである。

　課業の実行とは、「手順表」「指図票」をつうじて伝えられた「課業」を作業現場で計画どおりに実現することである。そして、それが2種類の「作業強制制度」をつうじて実施されることは周知のとおりである。すなわち、職能別職長制と差別出来高払制とがそれである。第1に、テイラーはかつての万能職長の執行的管理熟練を4種類の執行的職能別職長に担当させた。① 準備係

(Gang Boss) ②速度係 (Speed Boss) ③検査係 (Inspector) ④修繕係 (Repair Boss) である (Taylor, a, 邦訳、128頁)。準備係は、「手順表」「指図票」にしたがって作業の段取りを作業者に指導・周知させるのが任務である。速度係は、作業者が作業速度・方法を「指図票」に示されたとおりに実行し、課業達成ができるように指導・監督するのが役目である。テイラーはとりわけ速度係の導入を重視している (Taylor, a, 邦訳、128頁)。検査係は、作業結果が「指図票」どおり行われたかどうか、所定の品質を確保しているかどうかを検証し、課業達成を確認する職長である。修繕係は、機械・工具の保全、作業の諸標準の維持を指導・監督する職長である。テイラーは、これらの職能別職長のうち、まず検査係を導入して品質を安定させ、その後に準備係・速度係を導入して作業強制することを提案している (Taylor, a, 邦訳、157頁)。また、部分管理労働者化した職能別職長どうしの調整役として「主任」制度の導入も提言している (Taylor, a, 邦訳、128頁)。このように、執行的職能別職長の役割は、作業者の意志とは関係なく、作業者の作業方法・作業速度を「指図票」に合わせて維持し、労働者を外部から「強制」することであった。

　これに対し、差別出来高払制は、「腕試し」をさせるほどの大きな課業と差別的賃率の出来高賃金によって作業者を内部から強制的に動機づけ、システムの維持を「一流労働者」によって保証しようとするものであった。もちろん、差別出来高払制がシステムに必須の制度であるのではなく、テイラーは作業者を動機づけるいかなる賃金支払方法にも寛容であったが、しかし、「科学的」課業の円滑な遂行がシステムの要であったことは間違いない。また、それは当時の労働慣行に対するテイラーの重大な挑戦でもあったのである[20]。

　課業の統制とは、課業計画と課業実行との進捗状況を「時間票」＝情報によって管理し、その結果を一方では課業計画に反映させ、他方では原価の管理、従業員の管理を工場単位で実施するための情報管理活動であり、職能別職長＝時間・原価係 (Time and Cost Clerk) が責任をもつ。それは、課業の遂行状況をつうじて、工場全般の作業進捗状況および原価状況、すなわち管理の目的である高能率・高賃金・低原価の状態を把握すると同時に、システムのスムーズな流れを維持するための工場内の諸要因の改善・調整、たとえば労働者の管理、作業条件の改善、管理制度の改善などに利用されたのである。

なお、要員の確保、訓練、規律の維持などの従業員の維持管理全般は工場訓練係（Shop Disciplinarian）の責任とされた。

2-2. 管理組織

テイラーは、作業組織については分析してはいないものの、最良の組織は工場の設備よりも重要という視点から（Taylor, a, 邦訳、90頁）、課業管理システムの実行組織としての管理組織について詳しく分析している。テイラーの管理組織の特徴は、第1に、作業的熟練分析の成果を適正に再現するための管理的熟練の再現組織であること。第2に、課業の計画・実行・統制職能を体系化した職能別管理組織であり、職能別職長が管理の責任を担う。第3に、職能別職長制をライン管理組織とし、準備的・補助的職能を職長に代わって担当するスタッフを現場から切り離して配置した「計画室」と職能別職長制とを有機的に結合した「ライン・スタッフ組織」であること[21]、以上である。

テイラーは、万能職長の計画的管理熟練の内容を分解・統合して17種の職能に再現し、これらを「計画室」の機能であるとして執行的管理から切り離した。17の職能とは、A：手順計画のための資料作成係、B：手作業時間研究係、C：機械作業時間研究係、D：残高係、E：日程管理係、F：原価分析係、G：給与係、H：記憶式記号制度係、I：資料保管係、J：諸標準の維持係、K：チクラ係、L：メッセンジャー係、M：人事記録係、N：工場訓練係、O：災害相互保険組合係、P：特急注文係、Q：制度・工場改善係、以上である（Taylor, a, 邦訳、131-137頁）。テイラーが記述している各職能およびそれらの間の関連をどのように理解するかによって管理組織の形態についての理解は異なるが、とりあえず、計画室はつぎのような機能を果たしたものと考えることができる。第1に、課業の計画（準備と作成）機能。標準条件の整備（作業条件、作業方法等の標準化）、作業手順の決定（工程分析、日程分析、作業配置計画）、作業時間・作業方法の決定と「指図票」の作成（「手順係」「指図票係」に責任、A、B、C、E、H、I、J、K、Pをスタッフとする）。第2に、課業の統制（情報処理と調整）機能（「時間・原価係」「工場訓練係」に責任。D、E、F、G、K、L、M、N、O、Qをスタッフとする）。すなわち、課業の計画とは作業に関わる「手順表」「指図票」を作成することである。これらの帳表は課

124 フェーズ1 自立統合型生産システム

図3-2 テイラー職能別管理組織

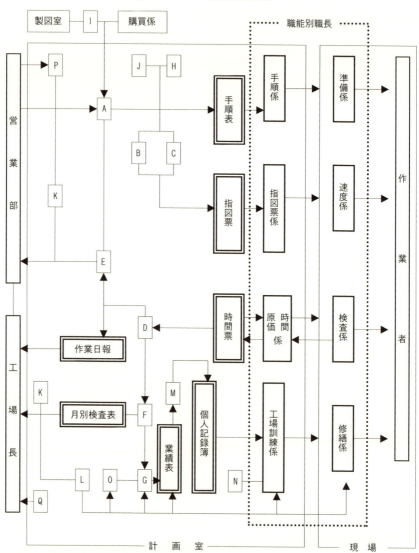

注：A：手順計画のための資料作成係　B：手作業時間研究係　C：機械作業時間研究係
D：残高係　E：日程管理係　F：原価分析係　G：給与係　H：記憶式記号制度係　I：資料保管係
J：諸標準の維持係　K：チクラ係　L：メッセンジャー係　M：人事記録係　N：工場訓練係
O：災害相互保険組合係　P：特急注文係　Q：制度・工場改善係
出所：筆者作成

業遂行状況を記入する「時間票」(タイムカード)とともに現場に送られ、「指図票」および「時間票」は作業者に渡される。作業者は課業の遂行結果を「時間票」に記入し、それは検査係の承認のもとに「時間・原価係」をつうじて「D」に送られる。そこから「時間票」を資料とした作業の進捗と製品原価にかかる情報処理と調整活動が行われるのである。

　職能別職長は、このような管理活動の主要な職能を担当する。8人の職能別職長のうち4人は現場から離れた「計画室」にいて、上記計画室の機能を代表する。他の4人は現場にいて課業の執行を直接監督する。その結果、かつての万能職長の管理的熟練は8人の職能別職長、すなわち8種の職長の管理職能のシステム＝職能別職長制によって再現されたのである。

　テイラーによる「計画室」「職能別職長制」に関する叙述を以上のように分析することによって、テイラーが何よりも重視した管理組織の全容が明らかになってくる[22]。図3-2はこれらの全ての関連を図示したものであるが、テイラーの「構想」を完全に反映したものとはいえないかもしれない。だが、計画室全般の内的関連、作業と情報の流れ、計画・実行・統制の管理組織の全体像は理解できるのではないかと考える。

第4節　テイラーによる熟練研究の基本的意義

　19世紀末葉、アメリカ合衆国は飛躍的な高度経済成長の結果、世界最大の工業国家の地位を確立した。しかし、反面、それは資本の集積・集中による独占の形成、労働者に対する圧迫と労働運動の激化、市場競争の激化と資本の海外進出など、いわゆる独占資本主義の形成過程でもあった。工業企業はこぞって生産過程の合理化による生産コストの削減を求める運動を展開した。テイラーシステムはこのような時代的背景のなかで位置づけられなければならない。ヘンリ・R・タウンはテイラー『工場管理法』序文でつぎのようにのべている。「アメリカの現状を維持し、国内市場統制を強くし、さらに外国市場に進出して、他の工業国の製品と競争する機会を捉えんがためには、生産過程の能率増進に役立つことならなんでも歓迎し奨励すべきである。この目的に対す

るテイラーの貢献は、その性質においては根本的なものであり、その終局の効果においては、はかるべからざるものがある」(Taylor, a, 邦訳、47頁)と。

さて、本章ではテイラーシステムの形成過程を「熟練の機能」の再現過程として、すなわち、熟練労働者の熟練の分解－熟練の客観化－管理者による「熟練の機能」のシステム化という視点から再検討してきた。最後に、テイラー熟練研究の基本的意義についてのべておきたい。

第1に、テイラーシステム形成にはいくつかの条件があった。① 周期的恐慌期の激動の時代、製造工業においては「生産過程の能率増進」が至上命題であった。② 蒸気機関を動力とする技術体系としては最高度の発達を示していたものの、生産過程の多くが労働力に依存していた。③ 「職長帝国」に見られるように、作業速度・作業方法などに関する熟練はすべて労働者の内部に蓄積・固定化されており、これを基盤に労働過程の統制権は決定的に労働者側に支配されていた。④ 「能率増進運動」のなかで提案された「成行管理」技法は、いずれも作業内容の科学化を目的とするものではなかった。

これに対して、テイラーは、労働者の熟練の内容を客観化し、これを能率向上の視点から「科学化」＝システム化することをつうじて、管理者の意志と計画との下に能率向上のシステム＝「科学化」された熟練の強制システムを作成したのである。すなわち、テイラーは、機械化によるのでなく、能率向上を個々の労働者の熟練の最大限の発揮に求めたのである。それが「一流の労働者の最速時間」であった。いわば「熟練の機能」の最大化をはかるシステムがテイラーシステムであった。それは、細分化・単純化・固定化された労働と自動化された機械体系とを条件として「分業の機能」としての能率増進を求めたフォードシステムとは根本的に異なるところである。

テイラーによる熟練研究の本質は、たとえ不徹底とはいえ、労働者から労働過程統制権を奪い取ったことである。不徹底というのは、1つは作業的熟練の分解の不徹底、いま1つは人的要素の「科学化」ができずにこれを排除（＝非人間化）したことである。「精神革命」論による労働者の包摂は成功してはいない。しかしながら、管理的熟練については計画的・統制的熟練を集中させ、執行的管理熟練をも管理できるシステムを完成させたことは、労働過程統制権の移転については十分に評価できる内容をもつものであったと考えることがで

きよう（それは、同時に管理者と労働者とのあいだの距離をますます引き離すことになり、労使の矛盾を深める作用をした）。したがって、熟練の分解過程は、いわば、資本による労働の実質的包摂の過程であった。

こうして、テイラーは「熟練の機能」の最大化のシステムを媒介に生産過程の能率向上と管理者による生産過程の統制という２重の目的を追求することになった。それは、生産システム発達過程のいわば技術的必然として考えるべきであろう。また、テイラー熟練研究の結果として、作業遂行の裁量権が管理者側に移行し、労働者の自律性が喪失したとするならば、それは、資本主義生産過程管理の重大な歴史的画期として位置づけられるべきであろう。しかしながら、テイラーシステムをこのように位置づけるのは、それが「熟練の機能」を媒介に組織された労働であることを前提にしている。労働の過程が「熟練の機能」に基づいて組織された場合には、「熟練の機能」を支配する者が生産過程を支配する可能性は大きい。しかし、現実の生産過程の発達によって、① 熟練は「移転」するだけでなく労働手段の発達とともに「進化」する。したがって、熟練の「移転」は熟練の「衰退」と直結するわけではない。② 適性、労働意欲、責任感など熟練以外の労働力要因が能率に関連する。これらの要因は「科学化」がむずかしい。したがって、「熟練の機能」の「強制」が能率に直接反映するとは限らない。③ 「熟練の機能」は労働手段の発達と切り放して考察することはできない。また生産過程の発達とともに分業・協業する集団的労働が重要になるなど、個々の「熟練の機能」からのみ生産過程を分析することはできない。発達した労働の過程においては「分業の機能」との関連において「熟練の機能」を位置づけるべきであるなど、テイラー熟練研究評価は多様な側面からなされるべきであろう。

第２に、ブレイヴァマンは、アメリカ資本主義発達過程におけるテイラーシステムの歴史的役割を高く評価した。それは、資本による労働の包摂の過程における、「労働過程」の統制権の労働者側から経営者側への移行過程におけるテイラーシステムの役割を重視したからである。しかしながら、ブレイヴァマンの分析視角にはいくつかの特色があった。① 「労働過程」統制における労働者の権限はすなわち労働者の社会的地位を示すものであり、統制権の労働者から資本への移転はすなわち労働者の社会的地位の低下を示している。②

「労働過程」統制の根源は労働者の熟練である。熟練の「労働者から労働者への移転」を基盤とする「労働過程」統制権は、熟練の「機械への移転」「管理者への移転」すなわち「熟練の衰退」とともに労働者から資本家に移った。③ この「熟練の衰退」をもたらす重大な契機が1つは機械化の進展であり、1つがテイラーシステムである。とりわけテイラーシステムは、アメリカ資本主義発達過程における、「労働過程」統制権をめぐる労使関係の逆転の契機であった。

　以上のように、ブレイヴァマンの方法は、生産過程における「熟練の機能」の役割を重視し、これの支配権の「ゼロ・サム」的移転のプロセスから資本主義の発達過程および労働者の社会的地位の変化を説明しようとしている。いわば、立場は異なるが、熟練をめぐるテイラーとブレイヴァマンの分析視角は類似性があるといえよう。すなわち、テイラーにとっては現実認識であり、ブレイヴァマンにとっては歴史認識であるが、熟練を媒介とする生産過程においては、熟練＝生産方法を支配する者が生産過程の統制権を有するという認識において一致している。したがって、労働者の社会的地位の変化を研究するブレイヴァマンがテイラー熟練研究に1つの歴史的画期を求めたことは、それ自体正しい視角であったといえよう。ブレイヴァマンにとっては、それはまた、『資本論』（第1巻第12章「分業とマニュファクチュア」における指摘）の立場からの最適な検証手段であったともいえよう。しかしながら、ブレイヴァマンは、テイラー熟練研究を高く評価するあまり、前述のテイラーの「限界」については分析していない。すなわち、それは同時にブレイヴァマンの方法的弱点ともなったのであり、のちの「労働過程論争」はこの点をめぐって展開されることになったのである。

注
(1) 「伝統的な熟練職種で必要とされる徒弟期間は3年から7年にわたっていたが、（中略）知識の習得、技能の獲得という観点からして、また、専門家と同じように熟練工は一つの専門を身につけ、それを特定の生産問題に適用する最良の方法を判断する能力を身につけねばならなかったという事実からして、徒弟期間は一般に必要とされ、修得過程にあてられたのであり、この修得過程は、平職人になってからも数十年も続いたのである。これらの職種のうちで機械工のそれは、テイラーの時代には、とりわけ最新の、そして現代産業にとって確かに最重要のものであった」（Braverman, 邦訳, 123-124頁）。
(2) 蒸気力については、1810年に3.5気圧、1830年には5～6気圧の移動可能な原動機となり、1850

年には40馬力（水・風車は15馬力、1880年ごろには時には1万馬力の蒸気機関が作られた。電力については、リリーは「工場や家庭の電力は公共配電網から出発して、もっとおそく登場し、1890年ごろまでは大した影響を与えなかった。（中略）1900年ごろには、進歩的な工場では個々の機械に別々の電動機を使う方式が、頭上シャフトをもうけてベルトで動力を伝える不細工でやかましくて危険な方式に取って代わりつつあった」（Lilley, b, 邦訳、144-145頁）とのべ、山崎・木本（11頁）においても、「電動機は機械の集団運転から単独運転への移行、流れ作業による大量生産方式を可能にした。また、蒸気機関は中小工場の原動機として不適当であったが電動機は中小工場にとって格好の原動機である」としつつも、19世紀末葉は電源規模などの問題から生産過程への電力の使用は制約されており、電動機の本格的普及は20世紀に入ってからのことであるとのべている。

(3) 1856年：ベッセマー転炉法、1861年：ジーメンス平炉法、1864年：マルタン平炉法、1875年トーマス塩基性法。なお、アメリカの鋼生産高は、1865年1万4千トン、1870年、6万7千トン、1875年39万トン、1880年124万トン、1885年172万トン、1890年430万トン、1895年611万トン（鈴木圭介編、411頁の表より）。

(4) 1819年ブランチャードならい旋盤、1852年ターレット旋盤、1855年万能フライス盤をはじめ、単能・専用工作機械のほとんどが1880年代までに発明されていた。

(5) 鋼と他の金属との合金は、新しい金属の発見と金相学（金属の組織・組成を研究する学問）の発達によってもたらされた。1855年タングステン鋼、1877年クロム鋼、1882年マンガン鋼、1824年ニッケル鋼、1914年バナジウム鋼など。工具鋼としては、1868年マシェット鋼、1898年テイラー＝ホワイト高速度鋼が発明されている。また、これらを製造するための電気炉は、1879年クラークの冶金用炉の発明、1890年代末のフェランディ誘導炉の発明がある。

(6) 動力の伝達はチェーンと歯車、ベルトとロープによってより融通のきく伝達方式として完成した。1893年テイラーの「ベルトかけの研究」は動力伝達に重要な役割を果たしたといわれる。また、1869年にはボール・ベアリングが発明されている。

(7) 「テイラーの時代の機械工は、工作図の作成から始め、丸削り、フライス削り、中ぐり、穴あけ、平削り、形削り、研削り、やすりかけを行い、それ以外に、適当な素材を製図に指定された望みの形に機械や手で加工した。過程中になされねばならない決定の幅は―ズク運びのような単純な職種の場合とことなり―その本性そのものからして非常に大きい。旋盤の場合ですら、原料の選別、工作物の運搬・心出し、チャックでの固定、レイアウト測定、切削の指図のような付随的作業をすべて無視して、旋盤作業自体だけをとりあげても可能性の幅はおそろしく大きい」（Braverman、邦訳、124-125頁）。なお、当時の熟練労働者の熟練の内容についてはつぎを参照。Clawson, D.：中川、第3章：塩見、第4章。

(8) 桜井哲夫は、この点について興味深い視点を提起している。当時の労働者の労働慣行はいまだ伝統主義に根ざしており、長時間の拘束、労働の強制、競争主義という資本主義的慣行とは対立する立場にあった。熟練労働者は技能に優れているが決して勤勉ではない。無断欠勤、仲間とのつき合いの「聖月曜日」、雇い主から見れば怠惰な「のらくら労働者」。競争主義と勤勉な労働という資本主義の精神からすれば、「職長帝国」すらも資本家には前近代的・非民主的に映る。すなわち、労働者の資本家への反抗は、まさに労働社会の倫理と競争の倫理（強制－作業速度、勤勉、出来高賃金）との対立、資本主義の倫理と伝統主義の倫理との対立の現れであり、労働者にとって、資本家のおだてに乗るぬけがけ労働者、競争の倫理に走る労働者に対する規制、労働者相互の競争を規制することがその重要な戦術になったとのべている。そして、テイラーは「純粋培養されたプロテスタンティズムの権化」（桜井、119頁）であって、個人主義的競争倫理を内面化することを意図しており、職長帝国の解体と工場内秩序の民主化、すなわち熟練の解体と管理のシステム化を目的にしていたと主張している（桜井、94-126頁）。

(9) テイラーの考えにしたがえば、作業時間内において作業者が高度の緊張のなかで積極的労働支出を行う状況に対して、精神的・肉体的労働支出の程度を自己コントロールする状態が「怠業」である。自己コントロールは個人的行為か共同的行為として行われる。テイラーは共同的行為としての労働支出のコントロール状態を「組織的怠業」と呼んだのである。それを可能にする根拠が熟練を基盤とする労働者による伝統的労働過程統制であった。出来高賃金とは生産高を増加させるために賃金面での刺激を付加し、作業者の心理的作用に働きかけてより多くの労働支出を促す賃金支払方式である。その賃金刺激の程度が大きければ大きいほど期待誘因は大きくなる。これに対して、労働支出の増加を抑制する諸要因（個人的、共同的）の大きさは、その期待誘因の大きさが大きくなればなるほど小さくなる。個人的抑制のみではその誘因からの解放には限界があり、共同的抑制をすることによって作業集団の（時には地域社会の）長期的共同利益を確保しようとする相互作用が働く。これが「組織的怠業」である。「これはすべて工員が、自分たちの利益を守るために熱心に研究して得た結果なのである」(Taylor, a, 邦訳、64頁)。「もし出来高払いがうまくいけば、たくさんの人が仕事をとりあげられてしまい、そのため労働者だけでなく町全体が困ることになる」(Taylor, a, 邦訳、80頁)。テイラーはこの共同行為が、すなわち労働者による労働過程統制が労働組合運動と結合することをもっとも恐れた。しかし、テイラーは「一日になすべき仕事の量を制限することが、工員の利益であると考えているものが少なくない。殊に組合に属する多くの工員はそう考えている。了見違いもはなはだしいといわなければならない。」「一日の仕事量を制限して組合員にその制限を越えることを禁じたことはイギリスの労働組合の犯した最大の誤りであった」(Taylor, a, 邦訳、197頁)として、その係わりを認めている。この点、中村静治は、労働騎士団の「過激」な方針を否定するA. F. L. の指導によって労働条件の逆行を許すことになった「カーネギー製鋼会社」の労働者は「組合幹部の闘争回避と妥協、熟練労働者だけの利益を守る排他的な組合組織へと進んだ総同盟の堕落に対して、労働者たちは組織的怠業を強めて抵抗に入ったのである」(中村静治、a、7頁) という事例をあげている。また、テイラー『工場管理』が発表されたA. S. M. E. の席上で、生産制限を奨励する労働組合に対する対応についての質問が多く出されたとのべている (Taylor, a, 邦訳、215頁)。

(10) テイラーは、すでに「出来高払制私案」においてつぎのようにのべている。「ひとつの工場内で製造作業をできるだけ細かく分析して、それら多くの要素的作業について、それを行なうのに要する時間を注意深くはかる。次にその要素的作業を分類し、記録して、索引をつけておく。なにかの仕事について請負値段を決める必要があるときには、この仕事をまず第一に要素的作業に分析し、次に記録からこれら要素的作業を行なうに要する時間をさがしだして、その材料からこの仕事に要する全時間を算出するのである」(Taylor, a, 邦訳、4頁)。

(11) 12の変数とは、① 被切削材の質、② 被切削材の直径、③ 工具の刃の形状、④ 工具の刃先角、⑤ 工具材の質と熱処理法、⑥ キリコのあつみ、⑦ 切り込みの深さ、⑧ 工具の冷却、⑨ 工具の耐久時間、⑩ ガタによる工具と被切削材の弾性、⑪ キリコが切削端に及ぼす圧力、⑫ 機械の引く力およびスピードと送りの変化。

(12) テイラーはズク運びの実験から「疲労の法則」を発見したとしているが、それは肉体疲労と最速時間との関係を「数量化」したものであった。すなわち、最大生産量をあげる場合の仕事をしている時間と仕事をしていない時間との比率の法則であった。その結果、テイラーは、切削作業においては実際にからだを使用しない時間、つまり機械が作動している時間は仕事をしていない時間であって「機械工場には過労をするという心配はありません」(Taylor, a, 邦訳、423頁) というのである。これがテイラーの「科学」である。ギルブレスは、テイラーのこの「最速時間」中心の方法に対して、この方法には分解のつぎに来るべき最適化＝動作研究がないとして批判した。デールによれば、ギルブレスはテイラーの時間研究を「非道徳的、不経済的、不正確なもので（中略）いかがわしい方法論にもとづいて標準時間を算定しており、それが開発した資料は不正確で役に立たな

(13) たとえば、「たしかに『計画』と『実行』との差異を発見したのはテイラーの大きな功績である。(中略) 実に現代の経営は、全面的にこの考え方の上に立っているといってもよい」(Drucker, a, 邦訳(下)、157頁)。

(14) テイラーは管理システムの目的が「賃金を高くし工費を安くすること」(Taylor, a, 邦訳、55頁) にあると宣言したが、しかし「すべての工場は、とどのつまり所有主に配当を払うために存在していることを忘れてはならない。従業員は辛抱してこの事実を忘れないようにしなければならない」(Taylor, a, 邦訳、156頁) とのべている。

(15) テイラーシステムを「作業管理の科学化」と捉えるのは、それが作業の領域に限定されていたとはいえ、たんなる「作業の科学」としてでなく、たとえ「技術的」であるとしても「管理」の問題を独自の対象とする「科学」として追求する「科学性」に対してである。それは、作業管理の方法の「科学化」を意図している。ブレイヴァマンは、テイラーシステムが「作業の管理の科学」を意図したものであるとのべている (Braverman, 邦訳、99頁)、権泰吉はこれを「正しい指摘というべきである」と評している (権、69頁)。また、藻利、向井をはじめ多くの論者がテイラーシステムを「作業の科学」と捉えているのに対し、山本は、きわめて詳細な分析の結果として、これを「管理の科学」として捉えている (山本、a、248頁)。

(16) テイラーは『証言』のなかで、ギルブレスのレンガ積みの動作研究を科学化の方法として紹介したのち、「標準」についてつぎのようにのべている。「この新しい方法によって、最も速く、かつ最も良い運動の系列が決められたならば、それを標準と定め、他の10から15の方法は、これよりも劣っているものであるから、やめてしまう。この最もよい方法を標準として、まず教師 (職能職長) に教える。職長は工員に教える。そしてもっとよい作業方法が発見されるまでは、これをもって標準とするのである。」(Taylor, a, 邦訳、411頁)。

(17) テイラーは「一流労働者の最速時間」の意味について『工場管理法』においてつぎのようにのべている。「一流の人の可能性を論ずるにあたり、私は特別に激励されたり特別に努力したりした場合の成績をいっているのではない。なんら健康に害なく、良い工員が長年つづけてやっていける仕事の高をいっているのである」(Taylor, a, 邦訳、57頁)。

(18) 「精神革命」をどのように位置づけるかという議論は多々あるが、向井は、藻利と同様の視点から、「このようなきわめて抽象的な労使協調主義と科学主義という2つの要素の結合において成立するところの精神革命が、企業に超越的な指導原理をなすものであっても、決して科学的管理の具体的指導原理をなすものではなく (中略)」として、「精神革命」の強調は「理論的には退歩」であり、「高賃金・低生産費」を目的とする「課業管理の科学」にもとづく能率主義にこそテイラーシステムの経営指導原理を求めるべきである。この経営指導原理が「テイラリズム」であるとしている (向井、第2章)。寺沢正雄は、「精神革命」をテイラーシステムの「構造要素」だとして課業管理システムと同列に扱い、双方を統合するものがテイラリズムであるとしている (寺沢、212頁)。

(19) この点については、山本純一による詳細な分析がある。山本によれば、テイラーシステムの「システム」性は、それが課業管理システムとして管理サイクルをその体系に内包しているところにある。しかしながら、従来の研究では「テイラーシステム」の呼称にもかかわらず、その「システム」性についての研究は必ずしも多くはないとしている (山本、a、第2、第3章)。

(20) テイラーは、差別出来高払制が管理の目的である高能率・高賃金・低労務費を実現するためのすぐれた制度であるとして、ミドヴェールでの実績を『証言』に至るまで誇示している (Taylor, a, 邦訳、34、107、350頁)。これによると、第1に、賃率は1個当り50セントから35セントに切り下げられている。第2に、1日9個作ると生産高は1.8倍、賃金は普通の制度の2.50ドルから2.25ドルに下落する。どうしても10個 (課業) 生産しなければ以前より賃金が下がるのである。第3に、このため、製造原価は以前の60％にまで下げることができる。このように、怠業論との関係

で賃率カットをしない賃金制度として誇る賃金制度もじつはこのような内容をもっていたのであり、労働者がその「強制力」に反対したのは当然かもしれない。

(21) この点について塩見はつぎのようにのべている。「テイラーの工場管理組織の工場への具体的適用は、すでにある伝統的なライン管理組織に工程管理の実現機構を内装させることになり、工場管理組織をライン管理組織からライン・スタッフ管理組織に転化させたといえる」(塩見、176-177頁)。

(22) ダニール・ネルスンによれば、大部分の工場ではきわめて限定的にしか機能しなかったものの、「その諸活動の性質は多様ではあったが、大抵の場合、計画部が設置されたという形跡が認められる」とのべている (Nelson, 邦訳、134 頁)。

第4章
H. L. ガントの「課業賞与制」と科学的管理法の発展
―テイラーとガントの管理論比較―

第1節　H. L. ガント研究の意義

　かつて山本純一は、H. L. ガントの管理論上の業績として、①賃金制度（課業賞与制）、②生産統制制度（ガント図表）、③経営者論（リーダーシップ論）の3領域があるとして、それらがテイラー管理論の発展としての独自の科学的管理論であることを明らかにした（山本、b、87-100頁）。この構成は、そのままガントの問題意識および業績の展開過程を示している（Alford, aおよびUrwick and Brech）。ガントはテイラーの直系の弟子として、F. B. ギルブレスとともに科学的管理法に関する伝道者の双璧に位置づけられてきた。しかしながら、かれはまたテイラーの正統な弟子と評価されることを誇りとしたC.G.バースとは違い（Barth, p.1204; Haber, p.35）、「異教の弟子」と評価されるように、その考え方・方法においてテイラーとは異なる独自の理論を展開した（Kakar, pp.178-179）。

　本章においてガントの賃金理論をとりあげるのは、それが、テイラーと同様かれの管理論展開の出発点であり、その一里塚であるからである。ガントが、テイラーの弟子として、技術のみでなく作業の管理についても「科学」が存在することを知り、この「科学」の方法を学び、「科学」の実現に協力した経験の中から生み出されたのがガント「課業賞与制」である。したがって、それがテイラーシステムを基盤として展開されていることは当然である。しかしながら、ガントがテイラーに依拠しつつそのなかに一定の問題を感じ、テイラー「差別出来高払制」の修正と実験を行うその過程でガント管理論が展開されて

ゆく、その原点がこの課業賞与制なのである。こうした意味で、ガント管理論の形成にかかわって、課業賞与制がどのような位置にあるのかをテイラー理論との比較において明らかにすることは、科学的管理法研究にとって重要な意義を有すると考える。

第2節　テイラーと差別出来高払制の位置

1. テイラーによる「成行管理」批判と差別出来高払制の論拠

　テイラーは、19世紀後半における「産業の不能率」問題は作業の不能率が原因であること、すなわち労働過程改善の対象要因を労働力と考え、これの管理の問題にその解決の糸口があると考えた。そこにはすでに2つの問題が存在していた。1つは、資本主義的企業競争の激化を背景に各企業が生産過程の管理、すなわち製品原価の削減を強力に求める必然性が存在したことである。製品原価のうち、労務費の占める割合は高く（ミドヴェール社の例では42％）、したがって労務費の削減は製品原価の削減、すなわち製品競争力強化と利益の拡大をもたらす。いま1つは、機械化の進展、標準労働日の一定の確立を前提にして、なお労働過程統制権限、すなわち作業速度・方法の決定権限が一方的に労働者の側に存在したことである。しかも、労働慣行は伝統的な考え方に支配され、労働者は、経営者の立場から見れば「怠け者」なのであり、資本主義的競争原理にもとづく労働慣行によって伝統的な方法を排除することが重要な課題であった。そのうえ、当時の管理は「職長帝国」を背景に、万能職長による強制的な「駆りたて」のみに依存しており、これも資本家による労働過程統制を排除する要因となった[1]。

　この2つの問題を統一的に解決する期待を担って登場した方策が出来高賃金の導入であった。これは、出来高の増加に比例して賃金額が増加することから作業者個々人の生産高増加への動機を与え、しかも出来高の増加とともに原価の削減を実現できる。しかしながら、この動機要因は決して永続的に機能したわけではない。それは、賃金額と生活水準、努力の程度などの関連から制約を受けた。経営者にとって、この動機づけが不断の向上心と原価削減とをもたら

すためには、つねに労働力の価値以下の水準に賃金額を押さえる必要があった。このために賃金率の切り下げがくり返し実行された。それはまた周期的恐慌期における経営者にとっての直接的な原価削減手段でもあった。反対に、出来高賃金で働く労働者にとってそれは屈辱であり、眼前の悪夢の再現を期待する者はかれらの仲間意識から排除された。労働者は巧妙にこれに反抗した。「組織的怠業」がそれである。しかしながら、労働者がもっとも恐れたことは、出来高賃金という「競争的」思想が資本家の強制によって労働現場に導入され、労働者が保持してきた労働過程の統制権に直接介入してきたことである。かれらは「組織的怠業」を含む抵抗によって、伝統的なこの支配権を維持しようとしたのである。

　こうして、賃金支払制度をめぐる労使のせめぎあいに現下の能率問題の矛盾が象徴されているという共通の認識の下に、経営者側による原価削減と労働過程統制権の奪取の大運動（能率増進運動）が1880年設立されたアメリカ機械技師協会（A. S. M. E.）を舞台に機械技師・経営者によって展開された[2]。かれらは新たな方法を考えだした。それは賃率単価の切り下げを伴わずに、しかも自動的に原価削減ができ、そのうえ出来高賃金のもつ資本主義的競争原理を維持し続けるというものである。H. R. タウンやF. A. ハルシーなどに代表されるこれらの賃金支払方式は、「妥協的」ではあったが「体系的」「科学的」要素を備えた「近代的」性格を有していた。

　テイラーは労働過程の管理の問題を賃金支払制度、とりわけこれらの出来高払制度の検討から開始した。テイラーはこれらの方式を「成行管理」（drifting management）として批判した[3]。『工場管理法』において、テイラーはまず、「タウン・ハルシー式」を「一大発見である」としたうえで、「その理由は、標準を超過した場合、出来高払では全部を支払うが、この式においては3分の1しか支払わないから、出来高払の場合ほど単価を切り下げようとする誘惑が、雇主のほうに起こらないのである」（Taylor, a, 邦訳、71頁）として、従来の単純出来高給と比較した時の長所を評価している。しかしながら、これらの方式では「成り行き的」にしか出来高増加は見込めない。「一流工員の最高出来高に達成させることはほとんど不可能である」（Taylor, a, 邦訳、71頁）として、「タウン・ハルシー式」の本質的欠陥を指摘している。

テイラーの批判点は、第1に、これらの方式は怠業問題に対する有効な手段になっていないということ、つまり、怠業を可能としている根拠すなわち労働者から労働過程統制権を剥奪するための意図と実行に欠けるということである。その根拠とは作業速度の裁量権であるとテイラーは考えた。テイラーはいう。「タウン・ハルシー式においてはスピードの問題がまったく工具によって定められ、管理者側はまったくこれにふれないことになっている」(Taylor, a, 邦訳、75頁)と。作業速度の決定権限が経営者側にないかぎり、作業速度は労働者のその時々の意志によって左右されねばならないことになる。したがって「タウン・ハルシー式」は労使の妥協のうえに成り立っており、原価削減は「成り行き的」にならざるをえない根本的欠陥がある。第2に、作業速度とともに作業方法についてはこれも労働者の裁量に任されており、それが労働過程統制権の根拠になっている。しかしながら、経営者側には作業速度・作業方法についての「科学的」知識がない。それが労働者の裁量を許すことになっており、また賃率単価決定の科学的根拠を明らかにすることができない原因になっている。「タウン・ハルシー式」ではこの「科学的」根拠を明らかにすること、すなわち「作業の科学」を解明する論拠が欠落しているということである。このために、「タウン・ハルシー式」には原価削減の科学的根拠がなく、それは「非科学的」管理制度にならざるをえないのである[4]。

このような分析から、テイラーはつぎのように結論した。第1に、管理は科学を基礎になされなければならない。その科学は「作業の科学」であり、それは労働者の熟練を分析することによってのみ発見することができる。従来、労働手段には科学の目が向けられてきたが、生産力の主要な要因である労働力には科学の目が向けられてこなかった。第2に労働過程統制権、直接的には作業速度の決定権は、この「作業の科学」の作成と独占的使用権を経営者側がもつことによって労働者からの「移転」が可能となる。したがって、作業計画は「作業の科学」に基づいて、経営者の専断で作成し、経営者の意志として作業者に「強制」しなければならない。第3に、作業者は必ず目標をもって作業をするべきである。それは、人間の本性に合致する。したがって、作業計画とはこの目標すなわち「課業」を科学的に作成することである。第4に、伝統的に労働者は勤勉でなく、何らかの報酬によってのみ動機づけすることができる。

したがって、「近代的」作業習慣、いいかえれば資本主義的労働慣行を導入し維持するためには、大きな作業目標と高い賃金とを結合させそれを自動的動機とすることである。それはまた、伝統的労働慣行にもとづいた「組織的怠業」を直接的に阻止できるだけの奨励度の高いものにするべきである。こうして、労働者は「訓練」され、近代的労働者に脱皮することができる。第5に、高い生産能率を維持する限りにおいて、高賃金は低労務費、したがって低原価と両立が可能である。

2. 差別出来高払制の展開
2-1.「出来高払制私案」での展開

テイラーが「出来高払制私案」で展開する差別出来高払賃金制度ならびに基本的単価決定（要素別時間研究）は、ミドヴェール製鋼会社の旋盤職長になった1880年代初頭から開始された[5]。

まず、テイラーは、労使の利害を一致させるための管理の問題を賃金制度の問題と捉えた。この点では「成行管理」と同じ問題意識から出発している。すなわち、原価の削減を労務費の削減によって、しかもそれを稼得賃金総額の低下を伴わずに自動的に実現するということである。しかしながら、差別出来高払制にはつぎのような制度上の特徴があった。第1に、ハルシー制度のような日給と出来高賃率との結合でなく、従来の出来高払制のもつ「競争原理」の特色を生かしつつ、固定出来高賃率を保証している。第2に、賃率に高低2種類の区別を設け、この賃率の「ステップ」を利用して、労働者への自動的動機づけ（automatic incentive）とする[6]。すなわち、賃率の差別性に作業強制機能を持たせたものであり、したがって、このステップは大きければ大きいほどその強制力はおおきくなる。賃率の水準は「事業の種類と地方の事情」（Taylor, a, 邦訳, 26頁）とによって異なるが、高賃率は、「ある仕事の一日にできる最大量」（Taylor, a, 邦訳, 23頁）に対して支払われる賃率であり、それは通常の時間賃率よりも高く、低賃率は時間賃率以下に決められることを原則としている。第3に「1日の最大量」が大きいことである。それは、ミドヴェール社の機械作業の例では通常の2倍であり、通常の労働者が従来の作業方法で実行しても簡単には達成できない数字である。これは要素別時間研究のもとに計算さ

れた作業速度であって、「工員は朝から晩まで最高歩調で働かなければならない。旋盤は工具がゆるす限りはやく回し、送りをしっかりかけて運転しなければならない」(Taylor, a, 邦訳、33頁)速度、すなわち「一流工員の最高速度」のことである。第4に、賃率決定の方法は、従来は過去の記録を基にして見積りで単価を決めていたが、差別出来高払制においては、「基本的単価決定法」すなわち「ひとつの工場内で製造作業をできるだけ細かく分析して、それら多くの要素的作業について、それを行なうのに要する時間を注意深くはかる。次にその要素的作業を分類し、記録して、索引をつけておく。なにかの仕事について請負値段を決める必要があるときは、この仕事をまず第1に要素的作業に分析し、次に記録からこれら要素的作業を行なうに要する時間をさがしだして、その材料からこの仕事に要する全時間を算出する」(Taylor, a, 邦訳、4頁)[7]方法によって行われる。テイラーはこれを「要素別時間研究」と呼び、「成行管理」における賃率決定法との根本的な相違であると同時に、労使協調が達成された後には差別出来高払制に必然性はなくなるが、「単価決定部は絶対的になくてはならないものになってくる」(Taylor, a, 邦訳、28頁)と位置づけている。このように、賃率決定の基礎に、それまでの見積時間による方法でなく、客観的な要素別時間による方法を導入したということは、作業を科学的に測定することが労働者の裁量の余地をなくし、したがって怠業の根拠を奪うことであると、すでに看破していたと考えられるのである。

つぎに、ミドヴェール社における展開の「成果」について検討しよう。まず、差別出来高払制について、テイラーがその「利点」として挙げるものを整理すると、①「正確な観察」「正確な知識」によって賃率単価を決定するため労働者が公平に扱われる。②一流工員をひきつけ、これを自動的に選択できる。③労使の精神的態度が変化し、お互いに協力的になる。④低賃金・低原価でなく、高賃金・低原価が自動的に確保できる、以上である。①は基本的単価決定部による熟練労働者の最速作業時間の測定(正確な観察)、熟練の客観化(正確な知識)、そして「公平」とは、この知識についての労働者の「職の秘密」としての主観的利用を許さないということ、すなわちこの知識を労働過程における客観的事実として利用するということであり、伝統的作業方法を認めないということである。②は最短時間以下の作業者に対して賃率の意識

的切り下げ、すなわち日給以下に切り下げることによって自発的に転職することを強制したということで、①②は労働者にとってきわめて苛酷なものとして捉えられたことは疑いない。③は「請負作業の工員たちがすばしこくいっしょうけんめいに働いておれば、日給作業の工員たちも自然にこれにならって、結局工場全体が速い歩調で活動することになる」(Taylor, a, 邦訳、27-28 頁) ということ、すなわち、労使の「精神的態度の変化」とは生産を上げるという企業目的に対する「精神的態度」のことであり、出来高給と日給との競争要因の作用、賃率をめぐる労働者間の競争作用を利用して、労働者に生産を強制することを意味している。労働者が「自発的」に「怠けぐせ」をやめ、従来の労働慣行が自動的に破壊できるということである。テイラーは、その証拠として労使紛争の激しい製鋼業界において、差別出来高払制を導入して10年間ミドヴェール社ではストライキが皆無であったことをあげている (Taylor, a, 邦訳、34 頁)。それは、労働者が資本主義的「強制」と「増収」との均衡を一定度受け入れざるをえなかったことを意味しているが、しかし、それはまた「均衡」に対する労働者の「精神的態度」が不確実であることを意味するものでもある。最後に④はいくぶん詳細に検討する必要があろう。

テイラーは、ミドヴェール社の機械作業について、差別出来高払制の「成果」を普通の出来高払制と比較してつぎの表4-1のように説明している (Taylor, a, 邦訳、34 頁)。

これによると、①工員の賃金総額は4割増加している。これは非常に大きな数字で、工員の動機づけ要因としては十分その機能が発揮できたと考えるこ

表 4-1　差別出来高払制の成果

	普通の出来高払	差別出来高払制	比率
工員の賃金	2.5 ドル	3.5 ドル	140%
賃率単価	50 セント	35 セント	70%
機 械 費	3.37 ドル	3.37 ドル	100%
一日総経費	5.87 ドル	6.87 ドル	117%
一日生産高	5 個	10 個	200%
一個当原価	1.17 ドル	0.69 ドル	59%

出所：Taylor, a, 邦訳、34 頁の表より作成

とができる。② 賃率は3割削減されている。ハルシー制度においては、賃率の削減は標準時間（出来高）を節約する（超える）部分について行われ、しかもその削減は標準出来高以下作業者に日給を保証することによって緩和されるものであった。しかしながら、差別出来高払制においては、賃率は当初から切り下げられていることになる（低賃率のほうは25セントと以前の半分）。ガントは当時をふりかえってつぎのようにのべている。「テーラーはこの分野での先駆者であり、完全で詳細な指導票をも含めた基本的賃率決定法を唱えた人であるが、1880年に、以上のべた線に沿って仕事を始め、たちまちその正しさが認められることになった。彼は数多くの賃率を決定しており、そのすべてが当時の平均的賃率より低かった」（Gantt, a, 邦訳、112頁）と。したがって、「普通の出来高賃率よりも一層高い賃率を適用しても、尚単価の切り下げを惹起せしめないほど、高能率の課業が設定されているわけである」という古林喜楽の分析は正しいとはいえない（古林、50頁）。また賃率削減を賃金総額の増加で補うのが差別出来高払制の特色の1つであった。すなわち、テイラーが「怠業の原因」とした賃率削減をみずからの方式に導入しつつ、これを稼得賃金額の増加で隠蔽するという、「成行管理」とは別の意味の「ごまかし」をしているのである。テイラーの高賃金とは賃金総額の意味なのである。③「1日の生産高」は2倍になっている。これは、要素別時間研究に基づいて算出した数字であり、これが実際に可能な数字であるということはテイラーの「怠業」認識を実証するものとなっている。④ これに対して1日の総経費は17％しか増加していない。これは、機械費等の固定費用が生産量に関わらず一定であるとの前提から、単位当りの固定費は生産量の増加とともに逓減するからである。⑤こうして、原価を4割削減することに成功している。テイラーは差別出来高払制によって高賃金・低原価が達成できると高唱し、この実例を『工場管理法』においても差別出来高払制の実績として利用している。

　しかしながら、テイラーといえど、実際の工場作業においては、このような単純なかたちで差別出来高払制が運用できたわけではない。すなわち、実際の作業は集団的であり、「一流工員」ばかりが作業しているわけではない。テイラーも認めるように、すべてが一流工員で最短時間で働くなら差別出来高払制などは必要ない。標準出来高を達成できる者とできない者とが混在するからこ

そ管理技法としての差別出来高払制が意味を持つのである。さらにいえば、もし全員が標準出来高を達成するような状況ならば、日給制のほうが労務費は少なくてすむ。前表は高率の賃率に基づいて計算されたものであるが、同じ例で9個しか生産できなかった場合、すなわち「標準」に向けて懸命に働いたが結果として9個しか生産できなかった場合、原価はどのように変化するであろうか。まず、工員の給料は9×25セント（低率）＝2.25ドル（90％）。機械費は同じ3.37ドル。総経費5.62ドル（96％）。生産高9個。1個当り原価5.62÷9＝0.62ドル（53％）。したがって、「標準」直前で生産高が止まれば原価は以前の53％ですむ計算になる。しかしながら、労働者は以前の1.8倍働いて賃金総額が下がるので、このような状況が一般的に通用することはありえないし、これでは差別出来高払制を導入する意味はない。

　このような、集団作業における実際の運用について、アルフォードはライトル，C. W. のつぎのような説明を重視している。「テイラーは、課業の達成には、現金報酬と同等のものを提供すること、その報酬は十分に大きなものであることを望んだ。こうした理由から、そして、高い程度の作業者のみを集めることが重要であると理解していたことから、かれは課業に達しない作業にたいしては出来高賃率を意識的に引き下げた。こうした手段によって、通常の稼ぎの125％を超えなくとも50％のボーナスを与える課業上の余裕ができたのである。こうして、課業の100％に対する基本賃率の125％の点から高出来高賃率が続けられたのである。（中略）機械作業員がいずれかの日にたとえ1単位たりとも課業生産に達しない場合には、かれは低い出来高賃率を受け取らねばならない。2人の作業員がたった1つの生産高の違いで稼ぎが50％以上相違することもあるであろう。あるいは1人の人が同じトリックを別の日に行うこともできよう。（中略）課業を強調するやり方は他のものより理解しやすい。（中略）単位当り総原価は出来高賃率の特徴として、ゆっくりなだらかな曲線を描く。しかし、賃率の変化のために課業点で「飛躍」（ステップ）する。すなわち、課業の99％生産を超えて、100％標準生産高の点できわめて大きな原価を示すことになる。このことは、もちろん個々のケースについていえることで、作業場全体を考えた場合には、いかなる方式を評価する場合にもそうであるように、100％標準を超えて作業をする人たちに起因する費用は100％以下で作

業をする人たちに起因する費用と合計して考えられるであろう。換言すれば、作業場の平均生産高が99％であるときは、100％を超える業績を達成する人も少しはいるということであり、また、作業場の平均生産高が100％標準である場合は、99％以下の人たちに起因する費用も含まれるということである。したがって、ある1日が平均99％でつぎの日が平均100％に変わった場合にも、単位当り総原価には飛躍や著しい増加はないのである」(Alford, a, pp.91-92)。

以上のように、差別出来高払制においては、全員が高率賃金を獲得するのでなく、時間研究に基づいて「差別的」賃率が機能するほどに高い標準を設定し、その「飛躍」を利用して作業を動機づけること、すなわち作業者に心理的強制を促すことを本分とするが、実際の原価の側面からするならば、標準達成者と未達成者とが平均化されるので、工場全体の原価にはほとんど変化がないようになっている。その「平均」が「標準生産量」であるとするならば、原価はこの一点で計算されうるのであって、テイラーはこの「平均」点での説明をしているのである。したがって、この「標準生産量」が大きければそれだけ原価は小さくなることが判明したのである。こうして差別出来高払制は高能率・低賃率＝高賃金額・低労務費・低原価のための管理技法の役割を一手に引き受けたことになる。

最後に、「出来高払制私案」において、テイラーは、管理を賃金制度の問題として、差別出来高払制とその技術的基盤としての要素別時間研究の説明にのみ集中し、差別出来高払制の運用の機構についてはまったく説明していない。当時、すでに5種類の職能別職長（指図票係、時間係、検査係、準備係、工場訓練係）が配置され、指図票・時間票の帳票制度が実施され、「テイラーシステム」の個々の機構は運用されていたと『工場管理法』においてのべられている（Taylor, a, 邦訳、127頁）。これらの組織化の必要性についてはくり返しのべられていることから、「出来高払制私案」の段階では管理制度の「体系化」はなされておらず、その後の「理論化」を待たねばならなかったのである。

2-2. 『工場管理法』での展開

テイラーは、ミドヴェール社における管理改革の過程で怠業の根拠であるとかれが考えた作業時間・方法の決定権を労働者から剥奪するための「科学的」

方法の有効性を確認し、この「科学」の作成と運用が管理者側の排他的任務であることを、「成行管理」の批判をつうじてまず「宣言」する。そのうえで、「科学的」管理法としての「課業管理」の体系が『工場管理法』において展開される。

テイラーがミドヴェール社での経験から確認できたことは、① 十分な報酬が与えられるならば、「標準作業量」は大きければ大きいほどよい。② 要素別時間研究によって作成した「標準」は「科学的」であって、だれも反対しえない。③「標準作業量」が組織的に運用されることが保証されるならば、差別出来高払制はさらに有効なものになる、ということである。テイラーは、ミドヴェール社以降、1901年ベスレヘム製鋼会社を退社するまで顧問技師として数社と関係を持つことになるが、管理論研究はこれらの経験を前提に『工場管理法』において新たな展開をしめす。それは、「課業管理」として知られる作業管理の「体系化」である。体系化の原則はつぎの3点である。① 作業の管理は「標準作業量」すなわち高能率の維持として展開されねばならない。② 管理は科学的でなければならない。③ 管理は組織的でなければならない。

① の原則は、要素別時間研究に基づいて作成された一流労働者が1日になしうる最大生産量、すなわち「一流労働者の最速時間」、この最高能率の維持が管理の目標にならなければならないということである。テイラーは、これを「課業」とよび、課業の計画と課業の実行を円滑に行うのが管理の任務であると考えた。能率主義に基づく課業理念、これが第1の原則であった。② の原則は、管理は主観的なものでなく客観的なものであって、機械技術と同様「定則を有する1個の技術」（Taylor, a, 邦訳, 52頁）である。それは要素別時間研究という「科学的」方法を適用することによって可能となる。課業はこの「科学」を基礎に作成されなければならない。科学主義に基づく課業理念、これが第2の原則であった。③ の原則は、管理が科学的、組織的におこなわれるためには、第1に管理の対象が「標準化」されていなければならない。それにはまず課業が科学的に標準化されること、すなわち、作業条件・作業方法・作業速度が標準化され、つぎに課業が能率主義に基づいて標準化されること、言いかえれば「一流労働者の最速時間」が「標準時間」として標準化され、もっとも能率的な課業を作成しなければならないという標準化の原則、第2に管理が

組織的に行われるためには、管理の諸制度・組織が体系化されなければならない。すでに「出来高払制私案」において、基本的単価決定部の経験から管理の組織化の必要性を強調していたが（Taylor, a, 邦訳、31-32頁）、『工場管理法』においてこの位置づけが確立し、「最良の組織はいかに費用がかかろうとも、工場の設備そのものよりは、さらに重要なものであることに気がついていない」（Taylor, a, 邦訳、90頁）とする組織化の原則である。

　以上のような諸原則に基づいて「テイラーシステム」＝「課業管理」理論が展開される。課業の計画・実行・統制の体系的作業管理理論である。それでは、差別出来高払制は課業の実行を動機づける（形態的には必然性を持たない）一管理技法に転化したのであろうか[8]。ミドヴェール社において展開された「要素別時間研究に基づく差別出来高払制」がどのように理論化され、差別的出来高払制はどのような位置にあるのかを検討しよう。

　テイラーは、科学に基礎を置く管理法の「決定的な原理」（Taylor, a, 邦訳、91頁）として周知の「管理法の4原理」をあげる。すなわち、「管理の第1目標は賃金を高くし同時に工費を下げることである」から、この4原理を実行すればこの目標は「簡単に達せられる」（Taylor, a, 邦訳、91頁）というのである。したがって、4原理は上記の3つの原則を適用することによって管理の目標を達成するための実行原理となっている。すなわち、「課業管理」はこの4原理によって運用されなければならない。第1原理（大いなる1日の課業）、第3原理（成功したら多く払う）、第4原理（失敗すれば損をする）は、ミドヴェール社で展開された差別出来高払制の原理であり、第2原理（標準条件）は要素別時間研究の原理である。つまり、テイラーは管理の実行原理をそのまま引き継いでいるのである。ではテイラーがミドヴェール社以降なにを発展させたのかといえば、この実行原理の科学的・体系的運用であった。それが「課業管理」である。したがって、この4原理をテイラーが管理の「根本原理」と考えるということは、この段階にあっても管理の目標にも管理の方法にも変化は認められないということである。すなわち、① 差別的賃金の運用によって課業遂行を動機づける。② 高能率によって高賃金額・低原価を実現する。③ 管理の組織・帳票や報告の制度・標準作業条件の整備などはこの原理の実行のための条件である（Taylor, a, 邦訳、92-93頁）ということである。

以上のように、差別出来高払制は、賃金形態として「絶対視」されなかったものの、テイラーにとっては「理想的」賃金制度であり、現実の労働過程において「課業管理」システムを理念通りに実行しようとすれば、差別出来高払制が必然的な動機づけ制度であることを4原理が示しているのである。

 さて『工場管理法』において、機械作業における高賃金・低原価と差別出来高払制との関連は、「出来高払制私案」で引用されたミドヴェール社の「成果」で説明されている。そして、それ以降の成果として、ベスレヘム製鋼会社、サイモンズ圧延機会社の例をあげている。まず、ベスレヘム製鋼会社での成果を分析しよう。表4-2は原料運搬（ショベル）作業についての1900年4月30日までの1年間の実績である（Taylor, a, 邦訳、82-84頁、272-281頁）。

 第1に、テイラーは、1898年5月入社後ベスレヘム社において各種の単位時間（動作）研究を実施したが、この実績は「科学」（疲労の法則など）を導入した後の実績であり、計画室・職能別職長制・工具室などの組織整備・標準化が行われた後の「テイラーシステム」の本格的成果である。第2に、この成果でも明らかなように基本賃率を引き下げることによって、高生産・高賃金額・低原価を達成している。第3にベスレヘム社での差別出来高払制の実績は、金属切削作業については残されていない。『工場管理法』において、金属切削作業に関する差別出来高払制の成果として説明されている例はミドヴェール社のそれであってベスレヘム社の例ではない。ベスレヘム社における金属切削作業に導入された賃金制度は、ガント「課業賞与制」であったからである。テイラーは、ミドヴェール社以来、金属切削作業について、技術研究および管理制度研究の双方においてガントの協力を必要とした[9]。かれは『工場管理

表4-2 屋外作業における日給制と差別出来高払制の比較

	差別出来高払	日給の場合	比　率
年間取扱総トン数	924,040.13t	924,040.13t	100%
総経費	30,797.78$	67,215.47$	46%
トン当平均費用	0.033$	0.072$	46%
1日1人当平均収入	1.88$	1.15$	163%
1日1人平均トン数	57t	16t	356%

出所：Taylor, a, 邦訳、83頁の表より作成

法』において、ガント「課業賞与制」を差別出来高払制導入までの「過渡期の制度」として検討を加えざるをえなかったのである。

つぎに、サイモンズ圧延機会社での成果を検討しよう（Taylor, a, 邦訳、109-114頁、290-298頁）。これは、1898年、テイラーが顧問技師であった期間に自転車用ボール・ベアリング検査作業に差別出来高払制を導入したことによる成果である。① 検査作業者数を120名から35名に削減。② 労働時間をそれまでの10.5時間から8.5時間に短縮。③ 賃金は週3.5〜4.5ドルから6.5〜9.0ドルへ平均80〜100％の増加。④ 検査精度は日給時の1.3倍。

第1に、テイラーは「労働者の科学的選抜」として「一流労働者」（「個人係数」の低い女工）のみを集め、その他の「遅くて不注意で、見込みのないもの」（Taylor, a, 邦訳、112頁）を解雇した。労働時間を2時間短縮したので、その結果検査速度を実質4.2倍に高速化したことになる。したがって、賃金が2倍になったとしても検査費用が大幅に削減された。第2に、テイラーはサイモンズ社とは1893年に関係を持つが、1897年6月、同社社長がテイラーに工場管理の全責任を与えたことに反発して、ジェネラル・マネジャーをはじめすべての職長・職長補佐・営業マン・事務責任者が辞職するという大事件が発生した（Alford, a, p.81）。テイラーはガントを呼んでこの危機を乗り越えたのであるが、前述の成果はガントが工場長になってからのものである（Taylor, a, 邦訳、114頁）。テイラーはこの事件の教訓として「システム」による管理の重要性を痛感し、これをベスレヘム社での展開に生かしたと考えられる[10]。

以上のように、テイラーは作業能率の問題は作業者の能率の問題であるとの仮定から、作業分析の対象を労働者の熟練に置いた。そして、「要素別時間研究」手法を使い、これを分解・統合することによって作業の「科学化」を行った。しかしながら、熟練の要素別時間研究に基づく作業の再編は、単に「科学的」であるばかりでなく「能率的」でなければならない。したがって、労働者の裁量の下にある熟練については可能なかぎりこれを排除し、作業過程に直接現れる数量化できる熟練について、これをもっとも能率的な形態で再編し、その具体的内容を「指図票」として提示した。その限りでこれは「科学的」「能率的」であった。しかしながら、それが「科学的」であればあるほど伝統的労働慣習に慣れた労働者の反発を受けることになるとともに、「指図票」には現

れない労働者のカンや知識を作業過程に発揮させることが問題になる。ここに作業の動機づけの重要性が存在する。テイラーは動機づけ対象を労働者の生理的欲求に求めた。残された熟練を積極的に発揮させるために賃金、しかも差別的賃率に基づく金銭的報酬これのみに求めたのである。したがって、差別出来高払制は、テイラーシステムにおける不可欠の要素であり、一定の形態上の修正はあるとしても、これを過小評価することはできないのである。

テイラーは、従来の作業慣行、作業方法、管理方式に対抗してこれを否定した。日給制を否定し、職長制を否定し、熟練を否定した。労働者像そのものを否定した。そして「科学」の名の下に、資本主義的管理制度の「システム」化を推進した。したがって、このようなドラスティックな再編が従来の作業・管理の慣行に即座になじむと考えることはできない。こうして、テイラーのこの基本理念はかれの弟子たちによって継承され、新たな展開を示すことになるのである。

第3節　ガント「課業賞与制」の展開

1. ガントの「課業賞与制」問題意識の形成とテイラー
1-1. ガント＝テイラーの初期の関係

ガント管理論の全面的な検討は別稿[11]にゆずるが、簡単にテイラーとガントの初期の関係を概述しておきたい。ガントが1902年顧問技師として独立する以前に、テイラーの「弟子」として共同活動を展開したのは、1887年11月、ガントがスティーブンス工科大学時代の友人 G.M.シンクレアの推薦でミドヴェール製鋼会社に入社して以来3度ある（Alford, a, pp.79-84）。

第1の関係は、ミドヴェール社において主任技師テイラーの下で「冶金部門」を担当したことである。すでにテイラーは金属切削技術研究を完成しつつあり、残された課題すなわち工具鋼の研究、ならびに「機械工場の工作機械をもっとも経済的に運転する方法の決定」（Alford, a, p.78）すなわち金属切削技術応用研究（計算尺開発を含む）を開始していた。一方ガントの技術研究には高度の蓄積があった。かれのスティーブンス工科大学の卒業論文は蒸気機関に

おける圧力・温度と蒸気の反応に関するもので、1884年11月号の「エンジニアリング・マガジン」誌に掲載された（Alford, a, p.42）。かれは熱力学はもちろん、機械工学、電気工学にも関心をもっていた。卒業後は一時ポール・アンド・ハント会社という鉄鋳物・機械製造会社の製図工として働いたこともあった（Alford, a, p.61）。ミドヴェール入社以来のガントの技術研究内容は獲得した特許によって知ることができる。1891年～1904年に獲得された特許は、2件がG.H.チェイズ（装甲鉄板の鋳造工程に関する）と、6件がF.W.テイラー（金属電解槽、高温計、溶剤などに関する）と、1件がバース、テイラー（計算尺）と、5件が単独の特許であった（Alford, a, pp.63-69）[12]。単独の特許は「収縮性インゴット型」と呼ばれた表面にひび割れのない鋼鉄インゴットの型の発明（1934年当時、合衆国の鋼鉄インゴット生産の25％～50％がガント法で製作されていた。Alford, a, p.64）、溶鉱炉、加熱炉（以上、ミドヴェール時代）、切削工具用鍛造炉（ベスレヘム社時代）、鋼球研削盤（サイモンズ圧延機会社時代、特許は取られていないがかれの発明した鋼球焼き入れ機は1時間で熟練労働者1日分の仕事をこなした）などがあるが、その多くは鋳造・鍛造・機械加工に関する技術研究の成果であった。

　このように、テイラーはガントの技術研究能力、とりわけ鋳鍛造技術能力を高く評価し、工具鋼に関する研究に援助を求めたものと考えられる。ミドヴェール社において、ガントは1888年から退社する1893年まで鋳造部長を務めた。しかしながら、ここでガントがテイラーから学んだものは技術問題だけではなかった。管理者ガントにとっては目の前に労働者がおり、かれらの資質・労働意欲・労働慣行に対して対応するテイラーの管理法もまた学ぶべき対象であった。とりわけ、教師としての経歴を持つガントにとって、それは重大な問題であった[13]。すでに、差別出来高払制が実施され、要素別時間研究が行われ、5種類の職能別職長も運用されていた。ガントはテイラー「出来高払制私案」発表後の「討論」のなかでつぎのようにのべている。「テイラー氏の報告された称賛すべき論文『出来高払制私案』は、そのタイトルが示す以上にきわめて多くの内容を有するものであることを理解しなければなりません。（中略）かれの要素別賃率決定の方法は、可能なかぎり誤謬の機会を排除するものであり、その差別的賃率は雇用主と従業員との間の利害を長い目で調和する方

向に向かわしめるものであります。この仕事をかれの助手として1年間手掛けたことはわたくしの幸運でありましたし、作業者に対するこの制度の効果について、わたくしはまったくかれに同意するものであります」(Gantt, b, p.883.)と。ガントにとって、テイラーの管理の科学的方法を体得するのに時間がかかるはずはなく、1888年には早くも「アメリカ機械技師協会」の会員として、かれはミドヴェール社時代からテイラー管理論の最大の支持者であり推進者となった。以上のように、機械工場の主任技師としてのテイラーと鋳造工場の管理責任者としてのガントとの技術・管理両面での共同活動、これが2人の第1の関係である。

第2の関係は、前述のサイモンズ圧延機会社での関係である。この期間は、10ヶ月という短期間ながら、ガントにとって学ぶべきことが多くあったと考えられる。テイラーは大事件を機会に一気に計画室、職能別職長制を完成させ、管理がシステムとして機能する体制を作り上げたからである（Nelson, 邦訳、110-111頁）。技術開発分野では、上記の特許の例で見るように、テイラーがベアリング検査作業へ差別出来高払制を導入する時のその前工程のベアリング生産のための技術的基盤をガントの技術開発が担っていたのである。このように、ガントのテイラーとの共同は、ミドヴェール社の場合と同様、テイラーの指揮の下でのテイラー・システム完成への献身的協力、「科学的」管理法の吸収としての共同であった。しかしながら、サイモンズ社の社長が全面的にテイラーを支援し、反対に職長を含む管理者がすべて辞職するというこの大事件は、伝統的管理制度の改革の難しさと同時にテイラーシステムの徹底した性格が表れた好例であるといえよう。ガントはこうしたテイラーの徹底したやり方についてつぎのように評している。「わたくしがかれのもっとも優れた特徴を指摘せよといわれれば、こういうだろう。それは、友人たちの同情もなく、敵の批判の中で、みずから設定した課題を追求する能力である。」「かれは、ある人たちがよく評するようながむしゃらな人間ではない。かれは、不屈の生き方こそ価値ある人生であるという信念を持っていたのである」(Gantt, c, pp.64-65)と。しかしながら、ガントは、管理の目的は労働者の協力なくしては達成されないことから、テイラーが労働者の反対を押し切ってまで熟練を徹底して分解し「何がなされうるか」ということのみに関心をもつやり方に一定の疑問

を感じていたことは疑いない。

　第3の関係は、ベスレヘム製鋼会社においてであったが、ここでの関係は特に重要な意味をもっている。それは、①2人の最後の共同活動であったこと、②テイラーが課業管理システムを完成させたこと、③ガントにとっては、独自の管理論を確信させる出発点になったことである。1898年10月、テイラーはマウンセル・ホワイトと共同で「高速度鋼」を発明したが、この工具鋼の性能と限界を研究することと、これを使用する場合の工作機械類の再編成、スピードの変更、操作能率の向上などが問題となった。この研究課題を解決するために、テイラーは再度ガントの能力に依拠することになった。「1899年3月、わたしは労働能率向上のための諸方法の実施を援助するためにベスレヘム製鋼会社の仲間に加わった。(中略)テイラー氏が考えた目的の1つは、何がなされうるかということについての科学的研究に基づく出来高払労働のシステムをその工場全体に確立して、永続的な出来高賃率を決定することであった」(Gantt, d, pp.104-105)。

　ガントのベスレヘム社での貢献は2つあった。第1は技術的貢献である。その1つは工具鋼の改良であった。テイラーは「H.L.ガント氏は(中略)これらの実験の全期間をつうじてわれわれと関係をもっていた」(Taylor, b, p.34)とのべているが、前記の特許を見ると、工具鋼の切削温度を測定するための高温度計、工具鋼用の鍛造炉などがある。切削工具鋼についていえば、ガントは高炭素合金鋼である「高速度鋼」が焼き入れ技術の面で問題があり、低炭素合金鋼の実験を追加するように進言したがテイラーに拒否された。しかし、その後「高速度鋼」より高性能の工具鋼として市場に現れた「ブルー・チップ」鋼は低炭素鋼であった(Alford, a, p.84)。いま1つは計算尺の研究である。これは、テイラーの金属切削理論と技術の実用化のための研究で、熟練の排除と操作能率向上のために、新しい切削方法を誰にでも判るように簡素化することであった。テイラーによれば、この種の計算尺の開発はミドヴェール社時代にシンクレアとテイラーの共同研究として開始された。シンクレアは切削工具が切削速度に対して与える多くの変数のそれぞれの影響を近似値で表現する単純な公式を作成した(Alford, a, p.67)。しかしながら、シンクレアの方法は「方眼紙に描いた曲線を重ねる」ことによって解を得ようとするもので、「時間がかかり

第4章　H. L. ガントの「課業賞与制」と科学的管理法の発展　　*151*

過ぎるので、一般的には使用できなかった」(Taylor, b, p.277)。この研究を1887年ガントが引き継いだのである。ガントは1年以上かかってこの方眼紙を対数方眼紙に改め、「結果として、図形や図表によってその諸法則を表現できるような対数表を作成した。（中略）未完成ではあるがこの計算表によって、適切な作業条件にたいする近似値をきわめて短時間に求めることができたのである」(Taylor, b, p.278. Taylor, a, 邦訳、p.189 頁）とテイラーはのべている。しかしながら、これを計算尺に仕上げる研究はテイラー、ガントとともにノックスによってベスレヘム社において行われた。その後これにバースが参加したが、かれはこの対数計算尺を6ヶ月以内に「バース計算尺」として完成したのである（Alford, a, p.69）。ガントは、「筆者はテイラーの旋盤についての実験成果を、使いやすいように計算尺にまとめてみた。この計算尺はカール・G・バースが改善したが、彼はこの計算尺を平削盤、ボール盤、立削盤にも使えるようにし、またベスレヘム製鋼会社の大機械工場の一連の機械用の計算尺も作り上げた。この計算尺のおかげで、われわれは鋼の物理的特性がわかればどんな作業についても最も経済的な送りと速度をたちどころに決定することができるようになった」(Gantt, a, 邦訳、115 頁）とのべている。このように、計算尺の開発は複数の人間の共同研究によって行われた。それは、計算尺の特許がテイラー、ガント、バース3人の名前になっていることからも判明するのである。

1-2.　ガントの「課業賞与制」問題意識の形成

ベスレヘム社におけるガントの第2の貢献は、作業と管理の改善に関するものであった。それは、ガントがベスレヘム社の仲間に加わった本来の課題であって、技術研究を基礎にして生産技術の発展をどのように生産量の増加に結びつけるのかということであった。テイラーの方法は、① 作業の「科学」を作る、② 「科学」を組織化する、③ 「科学的」作業を強制する、ということであった。ガントは、テイラーの技術的成果のみでなくこれらの方法を高く評価し、ミドヴェール社以来みずからテイラーの指導の下に実践することによって、この科学的方法の真髄を会得した。それは「何がなされうるか」を確定してこれを「なさしめる」ことである。ガントが忠実なテイラーの弟子であった

ことは間違いない。

しかしながら、ガントは、その実践過程でテイラーの方法に一定の問題点を感じていた。それは、第1に、能率の理解に関するものである。①「何がなされうるか」としてどんなに作業を「科学化」しようとしても、それは相対的な課題であり、実践過程ではより現実的に考えなければならない。②テイラーは能率を作業者個々人の能率として考えているが、実際の作業は個々人の連繋としての共同作業であり、1人の作業者の能率は別の作業者の能率に影響をおよぼす。③機械技術の進歩によって機械の自動化が進展すると、作業能率は機械の故障、手待ちなどによる機械の遊休、作業の不連続など、作業者個々人には直接起因しない要因によって左右される。これは作業者個々人の作業方法をどれほど改善するかという問題ではなく、機械化生産過程をどのように管理するかという問題でありこのような視点から能率問題を理解しなければならない。

第2に、作業の強制方法に関するものである。①日給制に慣れた労働者に強制的に刺激性の強い出来高払い賃金を実行することは多くの労働者の反発を受ける。労働者の自発的協力を得られる「強制」方法でなければならない。②熟練労働者を「科学的に選択」することは熟練労働者の不足を考えれば無理な話で、むしろ不熟練労働者を「訓練」することによって熟練労働者を形成することに意を注ぐべきである。伝統的作業慣行に慣れた「怠惰な」作業者に「勤勉に作業をする習慣」を身につけさせること、これが訓練の第一歩である。

第3に、管理システムに関するものである。作業能率、さらに製品原価は自動化された生産過程の連続性を実際にいかに確保するかということに規定されている。しかしながら、テイラーシステムは「何がなされうるか」という視点からのみ考えられており、「何がなされたか」「何がなされずに残されているか」という実際の課業遂行状況を統制するシステムについては、結果の報告と集計（タイムカード・システム）に留まるものである。したがって、①作業の予定と作業の結果を日々比較し統制するシステムがなければならない。②その前提として、課業遂行状況を正確に記録する制度が導入されるべきである。それは「工具鋼の改良や出来高賃率の変更よりもはるかに重要なこと」(Gantt, e, p.1330) である。ガントは、すでにミドヴェール社において、自分が

責任をもっていた鋳物工場に作業遂行記録制度を導入している（Gantt, e, p.1326）。

　さて、以上のような問題意識を本格的に実践する機会がベスレヘム社で到来した。金属切削作業について、「課業賞与制」導入を「過渡的」にテイラーが認めたのである。「何がなされうるか」の研究途上であるという意味で「過渡的」なのであった。しかしながら、後述するように、課業賞与制の実践の成果はガントに「独立」の確信を与えるものとなった。蓄積された問題意識を独自に理論化し、独自の判断で実践する段階に至ったのである。1901年12月 A. S. M. E.大会において、ガントは"A Bonus System of Rewarding Labor"と題する論文を発表した。これは、ベスレヘム社で展開された課業賞与制を詳述したものであり、前述の問題意識の第1と第2について詳述したものである。第3の問題意識については、1903年6月 A.S.M.E.大会において"A Graphical Daily Balance in Manufacture"を発表している。ガントの問題意識はこの2つの論文を出発点に展開されるのである。1902年1月、ガントは「顧問技師」として独立した。また、これ以降、ガントとテイラーの共同作業が行われることはなかった。

2.「課業賞与制」の展開過程
2-1.「課業賞与制」の形成（1901年論文）

　1898年5月、テイラーはベスレヘム製鋼会社において金属切削の科学研究の継続と作業方法の科学の研究および生産増加のための実験とを開始した。しかしながら、生産能率の向上についてミドヴェール社におけるような著しい成果は認められなかった。1899年3月、テイラーはガントの全面的な協力を求め、この問題の解決に当らせた。テイラーの指導の下で、まず機械工場の作業組織の再編成が行われた。「大型の旋盤をひとつのグループに、小型旋盤を別のグループに、平削り盤はそちらのグループに等々というように、機械類の配置変更がなされた。機械類が稼動している間、工具鋼の改善に利用できるようにそれらのスピードの変更が行われた。同時に、テイラー氏はそれまで使用されていた各種の工具に替えて工具の最良の形、最良の工具鋼を決定するために数多くの実験を行っていたのである。工場の再編成を行ってからも、永続的な

出来高賃率を決定するための諸条件について十分納得する以前に、さらに多くの研究がなされなければならなかった」(Gantt, d, pp.105-106)。計算尺、職能別職長、指図票の導入がはかられたが、賃金はそれまでの日給制のままで「差別出来高払制」は導入されなかった。それは、金属切削作業においては、在来の作業方法に慣れた労働者に対し「何がなされるべきか」という「科学的」研究成果に基づく指図票を示してまったく新しい作業方法を「差別的賃金」で強制するやり方は、熟練作業者の従来の作業方法を否定したもので、あまりにギャップが大きく労働者の反発を受けるからである。それでも、1896年1月から1900年3月までとそれ以降1901年3月までの月間生産高を比較すると、116万2,418ポンドから117万3,883ポンドへとほとんど変化が見られなかった (Alford, a, p.87)。このような状況に直面して、ガントは「テイラーが要求する高度の完全性を獲得するための労力や時間をこれ以上費やすことは賢明でないと確信して、作業者の協力を確保するためには何らかの仕方で追加報酬を支払うべきであると提案し」承認された（Alford, a, p.87）。

しかしながら、テイラーがガントの提案を認めたのは、それが「正しい」と考えたからではなく、科学的方法と在来の「怠惰な」労働者の作業方法とのギャップを「過渡的」に埋める作用をするものとなるであろうと判断したためであった。1901年3月11日、機械工場労働者700名のうち80名ほどを対象に、指図票にしたがって課業全部を仕上げた作業者に対し50セントの定額賞与が支払われることが承認され、3月18日最初の「課業賞与制」が実施されたのである。その結果、「わずか2、3ヵ月間の実施にもかかわらず、工場全体の空気が一変してしまった」(Gantt, a, 邦訳、107頁) とガントみずから絶賛するほどの大成功を収めることになった。しかし、「課業賞与制」実施2ヶ月後の1901年5月、テイラーは退社を余儀なくされ、ガントも同年9月に退社することになった[14]。それにもかかわらず、ベスレヘムで初めて「課業賞与制」が展開され成功したことは、テイラーとガントのその後の関係に大きな意味を持つものとなったのである。

ベスレヘム製鋼会社における「課業賞与制」の実施について、テイラーとガント両者の位置づけは一致していない。テイラーにとって、① 科学的管理法とは「作業の科学」にもとづく「自動的」原価削減を成し遂げる作業管理シス

テムである。② 科学的管理の評価基準は「科学的管理の4原理」を基準にしなければならない。しかしながら、この原則を守る限り、賃金支払制度は「差別出来高払制」を「理想型」として「過渡的形態」の介在は認められる。③ ベスレヘム社での金属切削技術研究は完成段階にあったが、これを作業能率に結合させるための研究すなわち「何がなされうるか」の研究、言いかえれば「作業の科学」はいまだ完成されていない。④ こうした段階での「差別出来高払制」導入は「少し圧力が強すぎる」(Taylor, a, 邦訳、103 頁) ため、「理想的管理法の特色たる高速作業に移っていく過渡期」(Taylor, a, 邦訳、102 頁) は「課業賞与制」の方が適している。これに対してガントは、① 「作業の科学」を基盤とする課業管理方式はすべての管理制度がもとづくべき最高の原理である。② 技術の進歩はこれに対応する作業の方法を変化させる。したがって、作業の「科学」は相対的なものであり、その時点での最良の作業方法こそ「科学」と見なさなければならない。③ 賃金支払制度は作業者に課業を達成させるための「金銭的動機」を与えるものであるが、それは上からの「強制」としてではなく、作業者の自発的協力を期待しうる「非金銭的動機」と結合されるものでなければならない。機械は自動化できるが人間は自動化できない。科学的作業方法に慣れてはいないが、伝統的な作業方法とその熟練に誇りを持つ機械作業労働者たちの協力なしに現実の成果は期待できない。「課業賞与制」管理方式は、このような動機を合わせ持つ労働者の要求に適合した作業管理法であると考えたのである。

　さて、1901 年論文は、ベスレヘム製鋼会社においてテイラーの指導の下に展開された労働過程再編のための科学的研究・実験・実践の過程で、金属切削作業に適用されたガント「課業賞与制」の目的、手続と方法、経過と成果を詳述したものである。「この論文に述べる制度は、最近筆者がベスレヘム製鋼会社の大機械工場に導入し、完全な成功を収めたもので、以下の説明は必ずや会員諸兄の関心を呼ぶことと思う」(Gantt, a, 邦訳、107 頁)。ガントは自信をもってこのように宣言する。それは、テイラーの方法への全幅の信頼とともに、テイラーシステムではなしえなかった生産量の飛躍的増加をガントシステムが達成したという自信を示している。したがって、当論文はテイラーシステムに忠実に、しかもこれを発展させるという観点から叙述がなされている。

第1に、システムの目的と基本性格についてである。「課業賞与制」の目的は「使用者と従業員の利害を調和させる」(Gantt, a, 邦訳、107頁) ことである。それは、「差別出来高払制」の場合と同様、単なる賃金支払形態ではなく、テイラーと同様の諸認識の下に生産技術水準の向上とこれに適合した作業方法の開発、これを標準的作業方法として作業者に遂行させ、作業者に「高能率＝高賃金」を、使用者には「高能率＝低労務費」を、すなわち「高能率＝高賃金・低労務費」を実現する作業管理システムの形成ということであった。システムの基本性格は、それが目的に対する「教育のシステム」(a system of education) であるということ (Gantt, a, 邦訳、109頁)、つまり、新しい作業方法が高賃金に確実につながるという確信と経営者がこれを常に保証するという信頼（道徳的効果 moral effect）[15]を生み出し、労働者の自発的・積極的な協力を引き出し、科学的基礎のもとに近代的労働者へ脱皮させる教育のシステムであるということである。

　第2に、ガントはこのシステムの「基礎」はテイラーの方法であるとして、①「要素別賃率決定法」の原理（科学的方法）、②「差別出来高払制」（課業管理）を「課業賞与制」の枠組として導入するのである。①のテイラーの科学的方法については、「どんな複雑な仕事でも、分解してみれば一連の単純な作業になるということがわかれば（中略）それに要する時間は、それを構成している単純作業の遂行方法とそれにかかる時間によって左右されるのは確かである。したがって、複雑な作業のことを知るには、それを構成している要素作業を研究するのが理にかなったやり方といえる」(Gantt, a, 邦訳、110-111頁) としたうえで、「科学的方法」の定式化を行っている。すなわち、

　　「その作業を要素に分解する
　　　各作業について、個別に研究する
　　　研究結果を、統合あるいは組み立てる」(Gantt, a, 邦訳、110-111頁)

　分化・単能化・再結合という、いわば「技術学の基本法則の1つ」（岩淵、37頁）について、ガントは、それは科学的研究の「常道」であって、「この方法がわかって実際に適用されるまでは、事実上科学の進歩はなかった」(Gantt, a, 邦訳、111頁) とのべている。そして、もっとも能率的な作業方法の研究に対して「要素別時間研究」という、この科学的方法を適用した先駆者こそテイ

ラーであったと評価している。また、②の課業管理についてガントは、「課業賞与制」は「差別出来高払制」の基本原理を踏襲するものであるとして、標準条件─課業作成・指図票─職能別職長制・「ステップ」賃率を利用した賃金支払制度─記録・報告制度というテイラー式管理制度の一貫として位置づけている。ただし、当論文では「標準化」「課業理念」などの理念問題については詳述せず、もっぱら実践としての制度と成果に焦点をおいて論を進めている。

　第3に、「課業賞与制」の手続と方法についてである。ガントは当論文において作業統制のシステムについては言及していない。ここではつぎの3点についてのべている。①手順計画、②指図票作成、③賞与の支給である。①は仕事の手順の決定であり、「多種多様な作業をおこなっている工場では、この手順計画にいくら重点をおいてもおきすぎることはない」(Gantt, a, 邦訳、115頁)。なぜなら、自動機械作業においては作業と作業の間の時間のムダ、機械の遊休時間をなくすことが節約の基本であるからである。テイラーはこれを工程分析・日程分析・作業配置として、計画室の重要な機能であることを明らかにしている。しかし、ガントはこの問題の分析はこれ以上行っていない。

　ガントがもっとも重視するものは、②指図票の作成である。指図票には「1つの仕事に含まれるそれぞれの要素作業を遂行する一番よい方法を細かに示し、使用工具を指定し、実験によって求めた各要素作業の所要時間をはっきりと記載する」(Gantt, a, 邦訳、107-108頁)。それは「科学的方法」の成果、作業者に対する公正、制度に対する従業員の信頼にかかわるものであり、したがって「指図票の作成者には、この制度の成否の責任がかかっている」(Gantt, a, 邦訳、122頁)として課業管理における指図票の意義を重視している。しかしながら、ガントは実際の指図票の作成に当ってはつぎの諸点を考慮しなければならないとしている。(1)「作業の科学」は「相対的」なものである。「科学」の研究には時間と費用がかかる。(2)「必ずしも唯一最善の方法を示す必要はなく、われわれが現時点で考えうる最善の方法を示せばよい。」(Gantt, a, 邦訳、114頁)。作業方法の改善があればその都度変更すればよい。(3)指図票作成に最も適した人は「りっぱな機械工であると同時に、知能と誠実さにおいて最高の」(Gantt, a, 邦訳、122頁)熟練労働者である。ガントはテイラーこそこの分野の先駆者であると位置づけ、科学的指図票の作成に関するテイラーの業績を

高く評価している（Gantt, a, 邦訳、112頁）。しかしながら、実際の作業過程に導入するためには実際の諸要因を考慮しなければならないという、テイラーの理想主義的方法とは相違したガントの現実主義的方法が展開されていることを忘れてはならない。

　ところが、どれほどすぐれた指図票を準備し、機械を整備し、工具を準備したところで、作業者が指図票どおりに作業をしなければ意味はない。実際に、ベスレヘム社における重大な問題は、この新しい作業方法に従業員がしたがうかどうかということであった。「なによりもむずかしかったのは、作業と作業の間の時間をムダにさせないようにすることで、（中略）機械がたくさん遊んでいるのを見かけることが多かった。（中略）工具は研磨して与えられており、仕事はちゃんと準備されている。作業者がすべきことは、それを機械に取り付け、切削を始めることだけなのである。にもかかわらず、このありさまである。言いかえれば、機械のほうはどんなに能率的に稼動しても、工具のほうは、規定以上の時間がかかるという言い訳や、工場の生産高を著しく減少させるような大きな時間のムダが生ずるという言い訳を見つけてなまけるのである」(Gantt, a, 邦訳、118-119頁）。

　こうして、ガントは能率的な作業遂行のための条件として3つのことを考えた。(1)機械の自動化の進展はこれに対応する労働者を従来の「怠惰」なタイプから「勤勉」に機械を稼動させるタイプに替えることを要求している。それは「人間の器用さよりも重要」(Gantt, a, 邦訳、123頁）であって、指図票の導入はこのような「科学的」作業遂行の基本となるものである。(2)指図票はいまだ完璧ではなく逐次「科学的」に変更されねばならない。しかしながら、従来からの作業慣行に慣れた労働者にとって作業方法・時間の変更は賃率削減への不安を与えるものである。(3)これの媒介をなすものは従来の作業方法を知り、かつ「科学的」方法を作業者に教育できる能力を持つ組長、職長（準備係、速度係）である。管理制度はしたがってこの3つの条件を考慮にいれつつ作業遂行に強い誘因を与えるものでなければならない。「課業賞与制」導入の目的はここにある。その基本は日給を保証して、なおかつ指図票にしたがって課業を達成した作業者に「賞与」をプレミアムとして支給するという単純な形態である。

③ 賞与の支払は、テイラーの課業管理を現実により実行性のあるものにするというガントの意図から始められたものである。したがって、ガントもこの賞与制が理想的なものとは考えていない。それは、指図票に基礎を置いた「出来高給制」の変形であり、能率増進のための「てっとり早い方法」の1つであると考えた（Gantt, a, 邦訳、122頁）。その意味ではテイラーの「過渡的」という評価にしたがうものであった。上記の目的から賞与の支払形態はいくつか実行された。⑴課業達成作業者に定額賞与、⑵上司の職長に対する賞与がそれである。⑴は課業達成作業者に日給のほかに50セントの追加報酬を支給するものである。つまり、日給支給によって作業者の管理者に対する信頼を獲得し、そのうえで高額の賞与によって課業達成すなわち指図票に基づく作業方法へのインセンティブを与えるのである。⑵は日給のほかに、部下のうち賞与を稼いだ人数に応じて賞与を支給し、部下の全員が賞与を稼いだ場合はさらに50％の追加賞与を支給する方法と、自分の担当下にある機械の課業達成台数に応じて賞与を支給、機械全部が達成した場合はさらに50％の追加賞与を支給する方法とがある。職長に対する賞与の支給は、機械工場長E.P.アールの提言にもとづいて実行に移されたものであるが、「こういう手を打った結果、職長はどうしても後れがちになる作業者に、特別な関心を払うようになった」（Gantt, a, 邦訳、119頁）とガントが評価するように、それは、職長に課業を与えるというテイラーの方法に比較して、「管理者管理」の面で一層強化された形態になっていることに留意しなければならない[16]。以上のように、ガント「課業賞与制」は指図票・職長制・賞与制という管理システムによって、テイラー科学的管理法の実践性の強化、管理論の発展に貢献することになったのである。

　第4に、ベスレヘム社における「課業賞与制」の成果について、ガントはつぎの3点に要約している（Gantt, a, 邦訳、119-120頁）。①生産高が平均して200％ないし300％になった。②事故や故障が減少した。③従業員の理解力が向上した。このうち②の機械の故障の減少については、余裕時間を認めず稼働維持を作業者自身の責任、したがって職長の責任とすることによって、賞与制と結合したことによるものである。③は前述の「道徳的効果」である。①の生産高の増加については表4-3のようになる。ガントは1901年9月に退社

しているが、ガント方式はその後も続けられた。ガントの弟子 D. C. フェナーによれば、工具室、現場事務所、職長などの要員にわずかな増加はあったものの、生産設備や労働力にはこれといった増加は認められない。それでも蒸気機関による駆動軸の速度は2倍になったと報告されている（Alford, a, p.91）。これに伴い、鍛造材粗削り所要機械時間は、大ざっぱに見てテイラー方式導入以前（1898年5月以前）を1とすれば、テイラー方式導入後は約2分の1、ガント方式導入後は4分の1から10分の1に短縮されている（Gantt, a, 邦訳、127頁）。その結果、生産高は「課業賞与制」導入後飛躍的に増加し、わずか4ヶ月で2倍超を記録することになったのである。

また、「課業賞与制」の成果について、当時の副工場長から工場長への報告書が当論文に掲載されているが、これによるとつぎのような成果があげられている（Gantt, a, 邦訳、123-126頁）。①機械の故障・トラブルの減少と注油・掃除等の機械保守の向上、②不良品の減少、③道徳的効果と作業に対する自動的動機（automatic incentive）。とくに「道徳的効果」について「最高の成果の1つ」としている。この報告書には1901年5月13日の日付があることから、「課業賞与制」は導入後すぐにその効果を示したことが認められる。テイラーはこのような現実の成果を率直に認め、『工場管理法』においてつぎのように評価せざるをえなかった。「賞与付課業制度は、H. L. ガント氏の発明で

表4-3 鍛造材粗削り生産高の推移

年　　月		生産高指数	管理方式
1896年1月〜1900年3月／月		99	テイラー方式前後
1900年3月〜1901年2月／月		100	テイラー方式
1901年	3月	125	ガント方式
	4月	153	
	5月	186	
	6月	198	
	7月	217	
1901年	月平均	167	
1902年	月平均	230	

出所: Gantt, a, 邦訳、128頁、および Alford, a, p.87, p.90 より作成

あって、ベスレヘム・スチール会社改造の際、私を助けていてくれたときの産物である。氏の制度は直ちに工場の幹部連中の認めるところとなり、率を異にする出来高払制度を実施する用意のできるに先だって、この制度を実行しはじめてしまった。この案は最初からその功を奏し、これを採用するものもますます多く、評判もよく、今日は最もひろく用いられるようになってきた」(Taylor, a, 邦訳、102頁)。

最後に、ガントはベスレヘム社における「課業賞与制」の弱点について言及している。それは当制度が課業達成後のインセンティブを持たないということ、すなわち、指図票どおりに作業を達成した者に賞与を与えるという現行制度の場合、課業の達成までは作業者に「自動的動機」を与えることができるが達成後の動機に欠ける。とりわけ熟練労働者が指図票より優れた作業方法を実行するインセンティブに欠けるということ、指図票に学ぶだけでなくそれを改善する啓発機能に欠けるということである。そこで、ガントは作業者自身が「仕事のやり方を改善したら、大幅な報酬を与える」(Gantt, a, 邦訳、129頁) 方法を考えるべきであると提案している。

以上のように、ガントは、ベスレヘム製鋼会社において、作業管理システムとしてのガント管理法—課業・指図票・職長制・賞与制—を確立したのである。これは、アメリカ機関車会社における実践経験をまとめた1903年論文において展開される図表式生産統制システムと結合されてガント式管理システム(ガントシステム) として完成するのである。

2-2. 「課業賞与制」の発展 (ベスレヘム製鋼会社以降の展開)

ガントは、1902年1月、テイラーとの最後の共同活動であったベスレヘム社退職を機に顧問技師として独立した。しかしながら、それはミドヴェール社、サイモンズ社、ベスレヘム社において学んだテイラーシステムからの独立ではなかった。テイラーは弟子たちの活動を指導・調整しながら『工場管理法』の執筆に専念した。ガントは、テイラーからもっとも信頼できる実践家として推薦を受けつつ、最初の2年間はアメリカ機関車会社、ロビンズ・コンベアベルト社、ウィリアムソン・ブラザーズ社、ポートランド社、ティバー・マニュファクチュアリング社などへの「課業賞与制」の導入に従事した (Alford, a, p.111)[17]。しかしながら、ナドワーニによれば、これらの会社での仕事はけっしてガント自身の満足のいくものではなく、テイラー方式への義理立てと自らの方法との相違から苦しいものとなり、それは、1904年にテイラーの推薦で契約したセイルズ漂白会社においても続いていたとされている（Nadworny, 邦訳、20頁）。ガントが実質的にテイラーから独立するのは、1908年にガントがA.S.M.E. に提出した論文をめぐる2人のトラブルが契機であった。ガントは1902年以降50件の仕事を手掛けたといわれるが、ガントシステムの発展との関わりからすれば、アメリカ機関車会社（1902〜1903年）、セイルズ漂白会社（1904〜1908年）、ブライトン織物会社（1906〜1912年）、レミントン・タイプライター社（1910〜1917年）、チェニー・ブラザーズ社（1912〜1917年）での展開が重要な意味をもった。

　ベスレヘム社以降、ガントには解決しなければならない3つの課題があった。① ベスレヘム社の実践経験から課題として残された「課業賞与制」の実践的精緻化、② 作業計画と作業統制をガント独自の方法で体系化すること、③ 原価管理の方法の改善、以上である。どれも1901年論文では展開されていない問題であった。ところで、ガントの問題意識の根底には作業工程の機械化・自動化の進展という、20世紀初頭の電動機の導入をはじめとする技術革新に対する認識があった。ガントはいう。「今日、工作機械課業の設定は、10年前とは著しく異なっている。当時、機械作業には比較的長い時間がかかり、作業と作業の間の時間はそれほど重要ではなかった。ところが、今日、機械作業はだいたい速さが3倍になり、作業の間の時間も3倍重要になった。このため、1つの作業から別の作業へ移るのにかかる時間をなくすような作業計画を行うことがますます重要になっている」（Gantt, d, pp.137-138）。自動機械を導入した共同作業工程においては、1901年論文にもあるように、機械を効率的に稼動させることが作業能率の基本であり、作業者個々人の「器用さ」に頼る方法には限界がある。したがって、作業者の動機づけもそれだけ難しくなる。また、機械・設備費用が高額になればなるほど、機械の遊休は重大な損失になる。それゆえ、生産工程全体は統一的に管理されねばならず、「能率」はこうしたレベルで把握されねばならない。ガントは、実践経験をつうじてこうした課題に対する自らの理論を構築していった。②については、ミドヴェール社、

ベスレヘム社を経てアメリカ機関車会社において全面的に展開された。1903年論文（"A Graphical Daily Balance in Manufacture"）は当社における実践に基づいて理論化されたものである。当論文はガントシステムの核心をなすものとして重視され、その後もこの手法は大いに活用された。また、それはガント統制図表（Gantt Chart）の原点となった。②と①とのシステム化は、テイラーの始めた Time and Production Card System（タイムカードシステム）にもとづいて行われた（Gantt, e, p.1327）。③は、1910年以降、原価管理との関係で遊休設備問題を重視したガントが、生産と原価との関係の理論化を意図して展開したものである。

ところで、①については2つの課題が残されていた。第1は、1901年論文の最後にあげられている「課業賞与制」に残された課題、つまり課業達成後の作業の動機づけをどのようにするのか、すなわち賃金支払方法の改善の問題である。第2に、ベスレヘム社における展開の直接的成果として「道徳的効果」、すなわち労働者の会社への信頼、協力の精神があげられていたが、この経験はきわめて短期的なものではあったがきわめて教訓的なものであった。ガントは、機械化の進展に対応した近代的労働者の確保と会社への労働者の協力を長期的に確保するための方法の課題を作業管理の最も重要な「要素」と考えた。しかしながら、この課題に対する結論は、セイルズ漂白会社における厳しい試練を経ることによって導き出された。

第1の課題はさほど難しい問題ではなかった。それは試行錯誤ではあったが、わりに早期に解決された。まずはじめガントは出来高払制と結びつけて、賞与を定額制から割増制にした。ガントの説明によると、「たとえば、課業遂行に許容された時間が3時間で、作業者がそれを3時間ないしそれ以内で遂行すれば4時間分の賃金が与えられる。作業者にはできるだけ仕事を多くやろうというインセンティブがはたらく。決められた時間内に課業を遂行できなければ作業者は日給を受け取る。許容時間プラス賞与方式は出来高給と同じである。したがって、熟練労働者は出来高給労働、不熟練労働者は日給労働ということになるであろう」（Gantt, d, p.114）[18]。これは「ステップ」機能を維持しつつ、ハルシー方式などとは違い節約時間労働分をすべて労働者に提供しようという支払方式である。つぎに、「ステップ」率が20％以下では効果がないこと

が判明すると、テイラー方式を参考にして、賞与の額を作業の性格に応じて日給の10％ないし100％変化させる方法を展開した。たとえば、機械監視作業は日給の10～15％、絹加工のような目の疲れる作業は30～40％、高熟練作業あるいは重労働を伴う熟練作業の場合は60～70％、等々である（Alford, a, p.93）[19]。すなわち、かれはまず収入曲線を基本賃率に平行になるような賃率を実施したが、それは本来の出来高賃率曲線に比較して下がってしまう。そこで、最終的には、テイラー方式のような高い出来高賃率を採用することにした。こうしてガント「課業賞与」賃金制度が完成したのである。

　ガントは賞与の支給対象にも工夫を凝らした。作業者と職長に対する適用についてはすでにのべたが、作業遂行のための諸手段を供給する準備作業労働者に対しても賞与制を適用した。すなわち、作業者が課業を遂行した場合に、これらの準備作業労働者にも賞与を与えるというやり方である。このように、ガントは、準備作業者・作業者・職長という作業工程の協力システム＝作業の牽制・強制システムを「課業賞与制」をつうじて実現しようとしたのである。とりわけ、「これは、個々の作業者の教育を職長の金銭的利害にむすびつけた最初の画期的試みである。その重要性はいくら評価してもしきれるものではない」（Gantt, d, p.115）とみずからのべるように、作業者の「協力」を得るために、職長に対するインセンティブ、すなわち職長に対する管理を「課業賞与制」をテコに強化したことに注目しなければならない。

　最後に、ガントは「課業賞与制」の実施状況を管理者、作業者双方に表示できる「賞与チャート」、別名「赤黒チャート」（Red and Black Chart）を開発した。これは毎日「賞与」を稼いだか稼げなかったかを赤（失敗）黒（成功）のインクで帯グラフに示し、同時に日給（黒×）、欠勤（赤×）を書き込むようにしたごく単純な図表であった。もともとこれはテイラーが開発したタイムカードを利用したもので、すでにミドヴェール社時代から開発を始めたものであるが、長期的に観察することによって非常に重要な情報を提供するものになった。労働者の生活スタイル、労働者の資質、新しい作業方法に次第に慣れてゆく状況など、人事管理（賃金、昇進など）に必要な情報を提供するだけでなく、工場全体の能率状況を示すものとなり、それはガントシステムの重要な管理技法となった。

2-3.「課業賞与制」の新展開（セイルズ漂白会社での展開）

　労働者の協力を長期的に確保するという第２の課題は、ガントが「課業賞与制」に託した新たな課題であった。ガントの問題意識によれば、① 技術の進歩にしたがって労働過程は科学化されなければならない。「作業の科学」の方法はテイラーが確立している。② 科学化・自動化している作業工程においては、機械の円滑な稼動が最も重要な問題であり、これに対応できる労働力の確保がなされなければならない。③ 個々人のワザに依存する伝統的作業方法ではこうした要求に対応できない。そうした労働者は現代的視点からすれば「怠惰」な労働者とみなされる。現代の労働者に最も必要とされるのは、「科学」から要求される作業方法にしたがって「勤勉」に仕事をする資質である。④「課業賞与制」のベスレヘム社での展開の結果、適切な「金銭的動機」を与えることによって課業達成率の向上＝勤勉さの進展がはかられることが判明している。この勤勉を習慣化して新しい労働者像を作ることが課題である。ガントは労働者の「訓練」がこの課題に対する回答になることを発見するが、それはセイルズ漂白会社での苦い経験の結果であった。

　1904年1月、ガントはロードアイランド州セイルズビルにある漂白会社と契約したが、当時の同社の工場の現場の管理状況について、アルフォードはつぎのように要約している。「工場内部の状況は当時の典型的なものであった。それは一群の小王国といって差し支えない。それぞれは一人の職長によって支配されていた。かれは幾分かの技術的知識とある種の職の秘密とを有し、この情報を１人占めすることによってみずからの地位を守ろうとしていた。これらの職長の多くは英国人で、かれらは超保守的で、頑固で、扱いにくかった。工場の内部問題は、このように、現実に管理者でなく職長によって指揮・管理されていたのである」（Alford, a, p.113）。「かれらは織物産業についてはよく知っていたが、科学的教育を受けた人はほとんどいなかった。繊維学校の卒業生は使わず、仕上げは父から子へ伝習として伝えられた個人技能の問題と考えられていた」（Alford, a, p.116）。しかしながら、「仕上げ工の技能と芸術的手腕は、最終消費者が強さ、美しさ、使い勝手の面で満足するような織物を作り上げるためにはどうしても頼りにしなければならない」（Alford, a, p.114）ことも確かであった。このような職長帝国、熟練職人尊重の状況について、アルフォード

は「ガントがこうした事実の全てを知っていたかどうかは疑問である。あるいは知っていたとしても、かれ自身の仕事に対する影響を過小評価していた可能性がある」(Alford, a, p.114) としている。下級管理者や現場監督達は、ガントがかれらの支配権に介入してくると考え、「ペンシルバニアの鍛冶屋」による同社の改革に強く反対した。

　ガントと助手たちは、まず布地折りたたみ室の作業改善にとりかかろうとした。男子折りたたみ工は、週給10ドルで1日約155枚の布地を折りたたんでいた。かれらは新しい作業方法に反対して、逆に10%の賃金増加を要求し、容れられないとみるやストライキに突入した。このストライキは工場全体に拡大し、当初その勢いは凄まじいものであった (Alford, a, p.126)。しかしガントは、女子労働者の場合新しい方法に反対する理由は特になく、気質や気分、友人の意見などによるものであることが分かったとしている (Gantt, d, p.193)。仕事は困難をきわめたが、ガントはテイラーに仕事の成り行きを逐次報告していた。しかしながら、ガントはテイラーの方法はセイルズビルには適合しないと判断して、それがテイラーとの確執になることを承知しつつ、無断で独自の方法を展開し始めた。それはガントにとって深い悩みであったと当時の助手の1人は語っている (Alford, a, p.129)。

　ガントが当社で行った仕事は工場管理全般におよんでいる。計画室の設立、時間研究と賃率設定の制度化、「課業賞与制」の導入、工程管理の方法の開発、工場組織の再編、原価制度と在庫管理、材料・消耗品・作業・部門の記号化などである (Alford, a, p.116)。改革は包装用製箱工場への「課業賞与制」の導入から始められ、漂白工場、仕上げ工場などへ拡大された。漂白工場では、伝統的な漂白工程（機械的・化学的）の科学的観察・分析・改善の過程で3種類の技術的発明をしている。「ガント・シュート」(布地積載機、piling machine：布地漂白工程の自動化装置。合衆国、海外で広く使用された。特許は「布地処理装置」No.911,560、1909年、「織物積載機構」No.1,074,567、1913年、英仏独で特許がとられた)、「布地洗浄機」(washing machine)、「大がま」(連続式煮沸機、continuous boiling machine：漂白、染色工程に応用。特許No.1,074,568、1913年) がそれらである (Alford, a, pp.121-125)。

　ガントにとっての最大の問題は、多くの職長と労働者が辞め工場全体に蔓延

している作業改革に反対する零囲気にいかに対処するかということであった。新しい作業方法に積極的に協力する労働力の確保の難しさを嫌というほど味わった。ストライキ状況の中でガントが選んだ道は、新たに人材を雇い入れて、これを厳しい「訓練」によって科学化された作業方法に適応できる労働力と職長・監督者集団を育成することであった。これは、ガントの背に腹は替えられないギリギリの選択であった。当時、作業者訓練の問題が産業界全体の重要な関心事であったとはいえ（Gantt, f, 邦訳、130頁）、当然のことながら、訓練によって近代的労働者を作り出すという考え方はテイラーのそれではなかった。したがって、ガントにとって「訓練」の目的は、技能訓練と同時に新しい作業方法に慣れて勤勉に働く労働者を育成することであった。ガントは訓練の手段として「課業賞与制」を用いた。課業の達成率が技能の向上と「勤勉の習慣」の何よりの証拠であると考えたからである。「課業賞与制」は他の会社の場合と同様、導入と同時に効果を上げ、次第に拡大されて全工場において展開されるようになった。最初にストライキを起こした折りたたみ工場においても、新しい折りたたみ方法で1日の生産高が2倍から5倍になった（Alford, a, p.126）。労働者の習性、技能向上の状況、勤務ぶりを詳細に観察することができる「赤黒賞与チャート」も導入された。

　しかしながら、ガントにとって望外の成果は、「課業賞与制」のもとで仕事をしていた少女たちが「D4ボーナス・クラブ」という非公式組織を組織化したことであった。この組織は、自分たちだけのバッジを作り、プライドをもってピクニックやダンス・パーティなどの社交関係をもっていた。それは次第に賞与を規則的に獲得する全ての従業員を含む組織に拡大された。ガントにとってみれば、それは労働者自身が勤勉で能率的な近代的労働者への脱皮を啓発したことを意味していた（Alford, a, p.124）。「課業賞与制」が訓練機能を発揮して、ガントの理想とする労働者像が実現できたのである。ここにおいて、労働者を訓練することによって勤勉で協力的な労働者を作ることの重要性をガントは確信した。管理システムの要素に「訓練」を加えること、すなわち、「人材」としての労働力から「人間」としての労働力を管理の対象に加えることになったのである。しかしながら、科学的管理に「人的要素」を加えるなどという方法は、いわばテイラーシステムの方法的修正であり、セイルズ漂白会社におけ

る実践経過からまとめ上げた1908年論文の公表にテイラーが反対したのも当然の成り行きといえる。

　ところで、ガントは当社における「課業賞与制」の成果を「百分率グラフ」(Percentage Chart) として展開している（Gantt, d, p.208）。このグラフは、生産高、時間当り賃金額、賃金コストについて、「課業賞与制」の導入前と導入後とを作業別に比較したものである。これによると、生産高は2～3倍半、賃金増加は平均40％、賃金コストは平均40％の低下を示している。また、枕カバー製作作業について品質管理状況を見ると、「課業賞与制」導入前が1ケース当り平均不良品47.5、「課業賞与制」導入後で品質検査前が1ケース平均不良品2、品質検査後は平均1以下になっている。品質検査後は「課業賞与制」導入前の2％以下に減少しているとガントはのべている（Gantt, d, p.211）。

　以上のように、「課業賞与制」の「セイルズビル実験」は大成功に終わった。アルフォードによれば、30年後に至ってもほぼ同じガントシステムが運用されているとのことである（Alford, a, pp.136-137）。ベスレヘム製鋼会社、アメリカ機関車会社からセイルズ漂白会社に至り、名実ともにガントシステムの基礎は確立したのであった。

第4節　「課業賞与制」の意義と評価

1.「差別出来高払制」と「課業賞与制」の比較

　テイラーシステムとガントシステムを比較すると、まず第1に、作業工程と作業者との関係についての2人の認識の相違が明らかになる。①テイラーは「科学の絶対性」を信じ、自然科学の法則を労働の科学、作業管理の科学に直結させ、作業は「唯一最善の方法」にもとづいてなされるべきだと主張した。これに対してガントは、「科学の相対性」を主張し、作業は「唯一最善の方法」でなくその時々の最善の方法にしたがうべきこと、したがって新しい方法が科学によって発見されれば改められるべきであると考えた。②テイラーは、作業工程を作業者を媒介とする分業体系ととらえ、作業能率は機械能率と作業者の能率の合計であると考えた。ガントは、作業工程は機械を媒介とする分業体

系であるととらえ、作業能率は機械と作業者の共同能率であると考えた。③ テイラーは、労働過程統制の根源は熟練にあるとして、熟練の「科学的」分解・再統合によって作業工程を「科学化」し、「非人間化」された「労働力」としての労働者、しかも「組織的怠業」を旨とする労働者像を前提に、「労働者の科学的選択」を訴えた。これに対してガントは、過去の伝統を尊重し、「組織的怠業」をいたずらに攻撃するようなことはせず、近代的作業工程に慣れておらずに伝統的作業方法でしか対応できない「人間」としての労働者を前提に、「労働者の訓練」を主張した。④ テイラーが労働者に課業の遂行を動機づけるものは金銭的手段のみであると考えたのに対して、ガントは、課業遂行には金銭的動機とともに非金銭的動機があると考えた。

第2に、両システムにおける賃金制度の位置づけの問題である。①「差別出来高払制」は「科学」にもとづく「大きな課業」と「差別的賃率」とを結合させ、課業遂行を作業者の内面から強制するという「4原理」の実践手段であった。これに対し「課業賞与制」は、課業に大きな余裕率を与え、日給を保証して作業者を安心させ、作業者の自己啓発に依存して課業を超える作業遂行をうながす方式であった。②「差別出来高払制」は、「科学」に対する労使の「精神革命」を前提に、「組織的怠業」を停止させる強制力をもつものであった。これに対して「課業賞与制」は、作業者の「道徳的効果」を利用して、「勤勉の習慣」(「自然的怠業」の消滅)を身につけた「近代的労働者」を創造する「訓練の制度」であるとガントは考えた。③ 賃金制度を職長管理に利用する仕方についても相違があった。テイラーは職長に直接課業を課し、作業者と同じレベルの管理を主張したが、ガントは作業者の業績は管理の成果であるということ、作業能率は管理能率でもあるとして、職長の管理者としての自覚に訴え、作業業績にリンクさせて賞与を支給した。

第3に、賃金支払形態の比較である。①「差別出来高払制」は、「差別的」複賃率の大きな「ステップ効果」を利用した出来高給であり、それは高能率・高賃金・低原価を保証する賃金形態で、テイラーが「理想」としたものである。これに対し、「課業賞与制」は大きな「ステップ効果」と日給保証という「安定効果」とを併用する「時間給+出来高給」の形態であり[20]、高能率には高賃金を低能率には日給保証をするものであった。しかし、それはテイラー

「第4原理」に違反する（テイラーは「過渡的」にこれを認めた）だけでなく、結果的に「ステップ効果」もテイラー方式ほど大きくならなかった。それにもかかわらず、ガント方式が産業一般に受け入れられたということは、労使ともに「安定効果」を重視したものといえよう。② 賃金支払基準は、「差別出来高払制」は標準時間に対応する標準出来高を基準としたが、「課業賞与制」は標準出来高に対応する標準時間を基準とした。しかしながら、標準時間という考え方は現場の労働者には分かりにくい。アルフォードによれば、ガントは「出来高賃率としての特徴を強調しなかった。かれが常に主張したことは、作業者のためには作成される出来高よりも達成される標準時間によって判断するほうが優れているということである。この場合、作業者自身は常に出来高単位当りの賃率を計算していたといわれるから、ガントの理想が現実離れしていたということである」(Alford, a, p.93) とガント方式の問題点をあげている。

2. 1908年論文と「訓練」の意義

1901年論文が発表されたとき、A. S. M. E. の大会には一種の衝撃が走った。1895年のテイラー「出来高払制私案」を含めて多くの論文が提出され、それらの成果が産業界の大問題とされていた世紀転換期のアメリカ産業界において、テイラーも認める「課業賞与制」のその目覚ましい成果によるものであった。発表後の議論において、C.デイは「この論文は事実にもとづいており、これまでのどの論文よりも優れている」(Gantt, b, p.364) と評し、M.P.ヒギンズは「これは、すべての手足の技能を発展させ、機械工の技術教育を行う方法であり、科学的であるとともにほとんど理想的である」と絶賛した (Gantt, b, p.369)。そして、セイルズ漂白会社、ブライトン織物会社での経験をもとに書かれた1908年論文は、さらに重大なインパクトをアメリカ産業界、研究界におよぼしたといわれる (Gantt, f, 邦訳、130-148頁)。アルフォードは「産業経営と管理に関するガントの最大の貢献」(Jaffe, p.90) といい、W.ケントは「A.S.M.E.の年報に掲載された最も重要な論文」(Jaffe, p.90) と評し、アーウィック＝ブレックは「それはアメリカ合衆国企業の進歩に対するガントの最大貢献の一つ」(Urwick & Brech, p.77) と賛意をのべている。また、論文発表後の議論においても、エマーソン、ハサウェイはじめ多くの高い評価が与えら

れている。しかしながら、なぜテイラーはこの論文の公表に反対したのか。またガントがテイラーの反対にあって数ヶ月間公表を控えたこの論文の意義はどこにあるのか。まず1908年論文の要約をしよう。

第1に、これまでの仕事の方法は部下を「強制」するやり方であった。しかし、「力の時代は、知識の時代に道を譲らねばならない」(Gantt, d, 邦訳、131頁)。同時に、現下の産業訓練においては知識や技能の教育訓練にのみ重点がおかれている。しかしながら、どんな知識よりもどんな技能よりもはるかに価値のあるものは「勤勉の習慣」(Habits of Industry) である。工業学校や技術系大学ではこうした「勤勉の習慣」を身につけさせ、しかる後に手先の器用さを訓練するべきである。では「勤勉の習慣」とは何か。それは「てきぱきと、しかも能力いっぱいまで、与えられた仕事をやり抜く習慣」(Gantt, d, p.135) のことである。

第2に、「課業賞与制」はこの「勤勉の習慣」を「訓練」する制度である。それは、これまでのような「やり方を教える」のみでなく、「やるように訓練する」制度である。その手続きはつぎのようになる。① 作業計画・統制のシステム作成。② 標準化できるものとできないものとの作業分類。③ 標準化（用具、方法の標準化）。標準化とは熟練によって得られた方法と知識を客観化して作業をルーティン化することである。④ 課業設定（専門家による公正な時間研究）。障害の1つは熟練労働者の抵抗である。⑤ 課業遂行と賞与との結合。新しい方法を教え、教えられたとおりにやるように動機づける。課業を達成すれば賞与がもらえるということが仕事への興味を引き起こし、生産の増加、品質改善がもたらされ、作業者の満足感を高める。このように「課業賞与制」は「作業者に必要な知識を授ける手段だけでなく、知識を正しく活用しようという誘因を与えるから、適切な作業習慣を身につけさせる方法」(Gantt, f, 邦訳、134頁) なのである。

第3に、「課業賞与制」の賃金支払方法としての特徴は、日給制と出来高制の利点を組み合わせたものである。訓練期間は日給を保証し、熟練してからは出来高給に切り替えるということ、すなわち、作業者の「自己啓発」「協力精神」をつうじて、経営者には高生産・高品質・低原価、作業者には高賃金・技能向上・仕事の習慣・仕事への誇りをもたらすのである。ただし、作業者が成

功するための第1の条件は上司の命令には必ずしたがうということ、専門家の決めた標準には絶対にしたがうというこの「協力精神」を身につけるということである。早い作業速度と集中力とを必要とする新しい方法にしたがってのみ急速に熟練できるのである。

第4に、「勤勉と能率ということに高い評価」(Gantt, f, 邦訳、144頁)を示した実例は、セイルズ漂白会社、D4ボーナス・クラブの例である。「賞与」を稼ぐことが彼女たちの誇りになったのである。

第5に、「訓練」は「管理の1機能」である。「作業者の訓練を考えないような管理はあまりいい管理ではないと考える日が遠からずやってくる。訓練なくして、管理制度が長続きするはずはないからである」(Gantt, f, 邦訳、145頁)。訓練は、「その階層の上下を問わず、自分と共同して働いている仲間のために、いやおうなく、自分の職責を全うせざるをえなくなる」(Gantt, f, 邦訳、147頁)「強壮剤」として、誠実、正直などの「道徳的効果」をもたらすのである。

以上が1908年論文の要約である。この論文の「衝撃的」内容とは何か。テイラーの考えと比較しながら検討しよう。

第1に、当時の技術革新と管理の状況を考えなければならない。電気産業、自動車産業、石油産業など新興産業の発展は、19世紀後半から20世紀初頭における科学技術の急速な進歩を基盤とするものであるが、近代的機械技術の生産過程への導入による技術と労働とのギャップは、企業競争の死活の問題となり、当時の産業界における最大の関心事となっていた。このギャップを埋めるべき管理の状況は、伝統的な「強制」による管理方法が一般的であった。近代的労働者を育成する「訓練」は、大学、産業訓練学校などで行われていたが、それらの教育内容は、近代技術に関する知識とこれに対する技能訓練に限られており、また、これらに無縁の一般労働者については何らの近代的知識を獲得する機会もなく、もっぱら「伝統的OJT」に支配される状況にあった。テイラー「科学的管理法」は、こうした意味で管理に「革命的」変化をもたらした。それは、作業と管理の基礎に「科学」を据えようというのである。伝統的な「労働力」を分解して、主観的なものを排除し、近代技術に対応するという視点から客観化できる「労働力」に再編成して、これを基準に労働者を選択するという新しい提案をしたのである。しかしながら、テイラーのこうした「科

学」への「精神革命」論は労働者の「感情」を無視した独断であって、それは、きわめて大きな「金銭的動機」と引き替えられなければならなかったのである。

第2に、ガントは、近代技術に対応する新しい作業方法に適応できる労働者像をつぎのように描いた。① 科学を基礎にした作業速度、緊張の増加・継続に適応できる。② 共同労働、共同能率に適応できる。すなわち、労働者同士の「共同精神」。③ 命令に従順な労働者。すなわち、上司に対する「協力精神」。しかしながら、労働者がこうした労働者像に到達するためには、「勤勉に働く習慣」を身につけることが第1の条件であるが、この「勤勉の習慣」は「訓練」しなければできるものではない。産業界における「訓練問題」で欠落しているのは、まさにこの「勤勉の習慣」の訓練であるとして、ガントは、「訓練」が「管理の機能」になるべきであると主張する。ガントによれば、「課業賞与制」はこうした意味での「訓練システム」なのである。「勤勉の習慣」がなければ課業遂行はできないというのがガントの基本的な考えであった。「課業賞与制」は「金銭的動機」すなわち賞与をつうじて「非金銭的動機」「道徳的効果」に働きかけるということ、むしろそれが課業遂行にとって決定的な意味を持っていたのであって、労働者を管理するための重要な要因はこの点にあるとガントは考えたのである。こうして、ガントは、① 自動化工程においては、勤勉に働けば厳密な時間研究がなくとも原価削減はできる。② 「勤勉の習慣」は「課業賞与制」によって達成できる。③ 「勤勉の習慣」の達成状況は「チャート管理」によって判断できる、という生産管理の基本認識を獲得するに至るのである。

第3に、「感情」をもった「人間集団の一員としての労働者」という労働者像はセイルズビルでの経験が教えた最大の教訓であった。「共同精神」「協力精神」は、テイラーのいう労使の「精神革命」以前に近代労働者が具備するべき基本的要件なのである。テイラーの場合は、逆に「科学」の名の下に「人的要素」は全て排除されねばならなかった。技術的側面を除いた管理は存在しなかった。質の悪い労働者は解雇しなければならなかった。「人的要素」は「精神革命」として管理システムの外部に一種の「イデオロギー」として追加するにとどまった。これに対してガントは、これを「訓練」として、管理システム

の要素として「内部化」することを主張したのである。こうして、ガントがテイラーの前に「技術」ではない「管理一般」の問題を提起したとき、テイラーはこれを「科学的管理」としては拒否せざるをえなかったのである。ガントの「人的要素」論は、「訓練」論とともに、のちに「管理の民主化」論に収れんされてゆくが、この点は別稿（坂本、d）にゆずる。

第5節　おわりに

　テイラーは、「課業賞与制」についてこれを「差別出来高払制」の修正形態として、「理想的形態」への「過渡的」形態として位置づけ、1901年論文に対してはこれをむしろ称賛した。しかしながら、ガントが「科学化」の対象に本来「非科学的」な「人的要素」を導入し、これを内包するシステムを展開したことは、どうしてもテイラーの理解を超えることであった。その結果、1908年論文の公表はテイラー＝ガントの長い共同活動関係に実質的な崩壊をもたらした。テイラーは、ガントが科学的管理法の基本原理を真には理解していないと考えていたといわれる（Alford, a, p.128）。ガントにしてみれば、「課業賞与制」はテイラーの「科学的方法」をもっとも正しく受け継いだものと自認していたばかりか、むしろ、テイラーが考慮しなかった「人間としての労働者」を「科学的」に分析すること、すなわち「人的要素」を管理システムに「科学」として導入することの方が「科学的」であると考えていたのである。

　テイラーは伝統的熟練を否定し、これを分解・再編成して労働過程を科学化・「非人間化」した。しかし、ガントがこの熟練を擁護したのかといえばそうではない。むしろ、ガントの方が実践過程では伝統的熟練労働者の反抗を受けたともいえるからである。テイラーは、熟練を否定し「非人間化」したにもかかわらず、労働者個々人の能率に依存する管理システムを考えなければならなかった。このシステムを補完するために「精神革命」という「人的要因」も導入した。しかし、それはあくまでシステムに内部化することではなかった。テイラーとガントの大きな相違は、ガントが、能率を作業者個々人としてではなく、作業工程レベルあるいは工場レベルで理解しようとしたことである。す

なわち、機械技術の進歩、作業工程の連続化の進展によって、個々人は一連の共同作業の一員として理解されねばならないということである。ガントに必要な労働者とは、伝統的な熟練をもったそれではなく、機械工程の円滑な稼動を支える、近代的で「勤勉」な、しかもある意味ではテイラー以上に「非人間化」された要因としての労働者であった。しかしながら、ガントがとくに優れていたのは、この労働者たちがじつは「共同精神」「心理的要素」をもった「人間としての労働者」「集団の一員としての労働者」であることを発見したことであった。「人間的」労働者の「怠業」は機械の遊休の原因となり、重大なコスト問題を引き起こす。そこでガントは、「近代的」で、「勤勉」に機械の稼動に従事する労働者を育成することを管理の機能にすること、すなわち、「訓練」機能を管理システムに内部化することを提案するに至るのである。それが「課業賞与制」による「勤勉」な労働者の育成であった。

　それにしても、「課業賞与制」は、「金銭的動機」を利用した単純な管理システムから出発したとはいえ、共同活動をする労働者の「人的要素」を管理の対象に据えたこと、労働力の利用方式を「科学化」の対象にしようとしたことは、テイラーの場合とは比較にならないほど「近代化」された管理技法として現れてくることを見て取らなければならないであろう。言いかえれば、「課業賞与制」が「差別出来高払制」よりも穏健であるなどという評価でなく、むしろ、それよりも「内的強制」の強化された管理技法であると考えられなくもない。いや、それだからこそ、「産業の不能率」問題に悩む産業界に大歓迎されたのであろうと考える。

注
(1)　たとえば、Nelson, D., 1975, Montgomery, D., 1979. またアルフォードは当時の管理の一般的な方法についてつぎのようにのべている。「1890年代から1900年代にかけての世紀の転換期ごろにおけるアメリカ産業界の労働者管理の一般的な方法は、専断的・独裁的意思決定による力と強制、および管理者の意志と支配とによる方法であった」(Alford, a, pp.70-71)。
(2)　A.S.M.E. (American Society of Mechanical Engineers) の主役は、経営者とともに生産過程の技術と管理を担う機械技師たちであった（廣瀬、第1章）。かれらは、機械工学のプロフェッショナルとして機械技術を科学的視点から研究するだけでなく、経営者に代わって生産過程の統一的管理技法を開発することを任務とする専門職階層であった。
(3)　テイラー「出来高払制私案」(Taylor, F. W., *A Piece Rate System*, Trans. A.S.M.E., Vol.16, 1895) 以前に発表された業績の主なものとしてつぎのようなものがある。
　Towne, H. R., "The Engineer as an Economist", Trans. A.S.M.E., Vol.7, 1886 ; "Gain Sharing",

Trans. A.S.M.E., Vol.10, 1889.

Metcalfe, H., *The Cost of Manufactures and the Administration of Workshops,Public and Private*, 1885；"The Shop Order System of Accounts", Trans. A.S.M.E., Vol.7, 1886.

Halsey, F. A., "Premium Plan for Paying for Labor", Trans. A.S.M.E., No.449, 1891.

Rowan, J. and Halsey, F.A., "Premium Plan of Paying for Labor", Trans. A.S.M.E.,Vol.12, 1891.

なお、「成り行き管理」の検討についてはつぎを参照。藻利重隆、1961 年。向井武文、1970 年。野口　祐、1960 年。山本純一、1959 年。島　弘、1963 年。古林喜楽、1953 年。

(4) テイラーは「出来高払制私案」において、まず、通常の出来高払制が怠業を促進しているとして批判したのち、その「改良」型としてタウン「所得分配法」ならびにハルシー「割増賃金制度」を位置づけている。しかし、両制度は、a) 実際の時間を標準として単価を決めるから、最初の単価を決める出発点が不公平・不正当である。その結果、同じ知力と精力とを費やした仕事に同等の報酬を与えることができない。b) 生産費削減の目的を達することが遅く、また不規則である。c) 一流工員を引きつけ、劣等工員を自覚させる力がない。d) 1 人 1 機械当りの最高生産高を自動的に確保することができない、などの「致命的」欠陥を持っていると批判している（Taylor, a, 邦訳、11-15 頁）。テイラーは、すでにミドヴェール社において、「基本的単価決定部」とともに 5 種類の「職能別職長」を採用しており、「テイラーシステム」の構成要素のいくつかは実施されていた。したがって、体系化されてはいないものの、その基本的な管理制度理念は形成されており、この観点から批判を加えたものと考えられる。しかしながら、労働過程の管理権が作業速度の決定権にあるという「理論」化は『工場管理法』において初めて行われている。

『科学的管理法の原理』においては、賃金支払制度そのものは管理法の中心から外されて、「タウン・ハルシー制」は「精進と奨励」の管理法として一般化され、これらの方法に対する高い社会的評価を意識しつつ「科学的管理法」との「根本的相違」を明らかにしようとしている。すなわち、① 管理者の義務・責任として「作業の科学」を作ること、② 工員を科学的に選択、訓練し、工員任せにはしない、③ 「科学」的原理を媒介に労使が協同する、④ 管理の仕事は管理者が責任を持つ、という「科学的管理の 4 原理」、言いかえれば、労働過程全般の管理の権限が管理者側にあるか、それとも労働者側にあるかという点が両制度の「根本的相違」であるとしている（Taylor, a, 邦訳、247-251 頁）。

(5) 「出来高払制私案」では、差別出来高払制が 1880 年、基本的単価決定（要素別時間研究）が 1883 年にそれぞれ開始されたとのべられている。しかしながら、『工場管理』では、差別出来高払制は 1884 年（Taylor, a, 邦訳、105 頁）、要素別時間研究は 1883 年であったとされている（Taylor, a, 邦訳、109 頁）。また、「証言」では、差別出来高払制はかれが職長になって 2～3 年間の労働者との争いの過程で導入され、時間研究はさらに 2 年半機械作業について行われたとされている（Taylor, a, 邦訳、388-394 頁）。しかし、1880 年にはテイラーは組長（1878 年入社二ヶ月後から、Taylor, a, 邦訳、413 頁）であって、職長には 1882 年に昇進している。このようなテイラーの説明を総合すると、差別出来高払制はテイラーが組長になってしばらくして導入され、その実施にかかわって労働者と争いを起こし、数年後に単価決定の「科学的基礎」の重要性を発見することによって要素別時間研究が開始されたものと考えることができる。また、ガントはこれを 1880 年だとしている（Gantt, a, p.345）。したがって、「出来高払制私案」の記述が年代的には至当であろう。

(6) テイラーは差別出来高払制についてつぎのように定式化している。「もしも仕事が最短時間にできて、しかもなんの欠点もないならば、1 個当り（または単位当り、または 1 仕事当り）に対して高い賃率で支払う。時間が長くかかったり、あるいは製品になにか欠点があったりした場合には、低い賃率で支払う」（Taylor, a, 邦訳、23 頁）。しかしながら、テイラーは、2 賃率制に固執しているわけではなく、賃率の数は作業の質によってはもっと多くの賃率を設けることも提案している（Taylor, a, 邦訳、30 頁）。

(7)　トンプソンによれば、テイラー時間研究の実際の方法は、これに「障害、疲労、惰性などの要因を考慮した余裕率の追加」があるとしている（Thompson, p.17）。また、テイラー自身も「証言」において、その余裕は 20～27％であるとしている（Taylor, a, 邦訳、448 頁）。

(8)　『工場管理』における差別出来高払制の位置に関して、山下はつぎのように分析している。「『一つの出来高給制度』において、唯一の課業実施方式としての位置にあった差別出来高給制度は、その内容が課業原則に発展するということとあいまって、賃金制度としては、テイラー・システムにおける賃金支払制度の一形態、しかも現実的にはほとんど機能しない一形態となり、体系的管理制度としてのテイラー・システムの必然的な構成要素ではなくなるのである」（山下、25 頁）。

(9)　テイラー、ガントの共同の技術研究はミドヴェール社時代から始まり、バースを加えた計算尺特許を除いて、6 種の共同技術特許が認められている。それらは、すべて金属切削工具の加熱の温度の決定・測定・調節・制御に関係する（Alford, a, p.66）。

(10)　テイラーは、ベスレヘム社社長ロバート・L・リンダーマンへの手紙でつぎのようにのべている。「第1に、たとえあなたが職長を失うことになるか、あるいは実際にかなりの数の作業者が一時に辞めるようなことになったとしても、工場が実際に経済的に動くような状況になるように、ただ1人の人間あるいは一組の人間から全く独立した工場の管理を実現すること。第2に、管理者によって決定されるいかなる方針でも適切に遂行されるようなシステムと規律を作り上げること。第3に、時間賃金制に替わる最適な出来高賃金制を導入して、すべての時間賃金制の下で行われる『時間つぶし』（loafing）をやめさせ、職場での各人の仕事の速度と正確性とを実質的に増大させること」（Copley, Vol.2, p.11）。

(11)　坂本清「H.L.ガントの管理論についての一研究」(1)(2)(3) 『和光経済』（和光大学）第 12 巻第 1 号（1979 年）、第 2 号（1979 年）、第 14 巻第 1 号（1982 年）。

(12)　ガントはその後もセイルズ漂白会社で布地加工用の機械の特許（3 種）獲得と4種の特許申請を行っている。

(13)　ガントの教師としての経歴は 1880 年～1883 年、1886 年～1887 年の 2 度で、母校の McDonagh School で教鞭をとっている。

(14)　ガントはこの前後の事情をつぎのように書いている。「1901 年9月、チャールズ・M・シュワッブ氏の手に会社の所有権が移り、それとともに経営の仕方にも変更があった。シュワップ氏は『駆りたて』方式だけを採用している学校で育成され、その他の方法は全く信用しない人であった。テイラー氏はすでに会社を離れ、新しい方式の導入に専念していた著者やその他の全ての人達も間もなく解雇された。経営者の側の理性のない利己的な処置により、間もなく職長に対する賞与の支給を停止してしまった。その他の変更もつぎつぎに行われ、われわれの方式のうち、機械技術上のいくつかの特色は維持されたが、数年にしてこの仕事の本質的な諸原則は実際に廃止され、結果として工場の能率は悪評判がたつほどまでに落ち込んでしまった。そして、その後に復活した『駆りたて』方式によって労働争議が起こるようになり、現在はついに全工場の閉鎖にまで進んでいる。はるか以前にこの方式が始められ、30 年以上も労働争議のないミドヴェール製鋼会社とは対象的である」（Gantt, d, p.113）。

(15)　moral effect という用語は、当時機械副工場長（スナイダー）から工場長（アール）への報告書の中でも用いられているが、この意味は労働過程を支配し近代的労働者に脱皮しようとしない労働者が、「課業賞与制」をつうじてその考え方を改め、経営者を信頼し、新しい作業方法に従って勤勉に作業する労働者に変化したことを表現したものである。したがって、邦訳書のようにこれを「士気、モラール」（morale）と誤解してはならないであろう（Gantt, a, 邦訳、108 頁、124 頁）。

(16)　職長に対する賞与の支給について、ガントはつぎのようにのべている。「これは、個々の作業者を教育することを職長の金銭的利害に結びつけた最初の画期的試みである。その重要性はいくら評価してもし過ぎることはない。なぜなら、それは職長を部下の強制者からその友人か援助者に変え

るからである」(Gantt, d, p.115.)。
(17) アルフォードによれば、最初のこの期間には、特に記すべき仕事はないとされているが、アメリカ機関車会社における日計比較図表（graphical daily balance）の展開は特記されて良いように思われる。
(18) これを説明するとつぎのようになる。課業に許容された時間＝標準時間＝Hs　実際時間＝Ha　時間単価＝Rh　割増（ステップ）率＝r　賃金額＝R とすると
　　(1) 作業が標準時間量に達しない場合　　R＝Rh・Hs
　　(2) 作業が標準時間量を超える場合　　　R＝r・Rh・Hs＋r・Rh（Hs－Ha）
　定額賞与制の場合は、R＝r・Rh・Hs　となる。割増制の場合は、(Hs － Ha) すなわち節約時間分の賃金が大きなインセンティブになる。
(19) これらの増給の程度は、テイラーとの共同作業の過程で確認された数値であろうと考えられる。（テイラーは、作業別増給の程度について、熟練の要らない普通の工場作業30％、熟練は要らないが肉体疲労の激しい作業50～60％、肉体疲労は少ないが細かく熟練の要る作業70～80％、熟練を要し肉体疲労の大きい作業80～100％としている（Taylor, a, 邦訳、58頁）。
(20) D.S.キンボールによれば、「課業賞与制」は「成行管理」（ハルシー制）の「安定性」と「差別出来高払制」の「ステップ効果」とを併用した方式である（Alford, a, p.86)。なお、「課業賞与制」の「ステップ効果」は、当初小幅の「ステップ」が使われていたが、次第にテイラーと同様の大幅のものに替えられていった。したがって、日給保証と小幅のステップによってテイラー制の修正をしたと見ることは必ずしも正しくない（古林、a、123頁）。

フェーズ 2

垂直統合型生産システム

第5章
フォーディズムと企業の社会的責任論

第1節　もの作りの3つの命題とフォーディズム

　もの作りには3つの基本命題がある。第1が「何のために作るのか、誰のために作るのか」であり、もの作りの目的、理念に関わる命題である。もの作りとは、本来人々の経済的、社会的生活の条件を提供することを目的とするものであり、したがって、もの作りを担当する企業は人々の経済社会の1機能を担ういわば「社会機能体」である。しかし、市場競争を前提とする資本主義経済社会においては、企業は社会的なもの作りを媒介に資本と利潤の拡大を目的とする「市場機能体」として現れる。この「社会機能体」と「市場機能体」という企業の2つの機能側面のどちらを重視するかということが、もの作りの第1の命題である。

　歴史的にみれば、人間の経済的行為には倫理性が問われ、その目的の社会的適正性とこれに対する責任性とが、経済的行為の社会的正当性として論じられてきた。経営主体に対する倫理観、社会的責任観が問われ続けてきた。私利私欲による経済行為は厳に戒められ、社会的正義に反する行為として批判されてきた。西欧においては、たとえばキリスト教精神において人の道が説かれ、また東洋においては、たとえば『論語』に、「利に放りて行えば、怨多し」、「義にして然る後に取る、人其の取ることを厭わざるなり」（里仁第四）とあるように、「不義の利」（石田梅岩）は商人の正道ではないと戒められてきた。しかしながら、市場経済が進展するにつれ、営利的企業活動こそ社会発展の源泉であるとする資本主義経済システムが形成されると、生産と販売の企業活動は、次第に営利原則の下に市場機能体として展開するようになった。

　企業不祥事の相次ぐ現代の企業社会において経営者に問われることは、これ

第5章　フォーディズムと企業の社会的責任論　　*181*

ら2つの側面を持つ機能体としての企業経営における経営者の理念、すなわち、経営者が真に消費者のために社会的、経済的な経営行動をとるのか、あるいは企業利益を優先して消費者または社会の利益に反する経営行動をとるのか、その意志決定の際の倫理感覚なのである。

　第2が「何を作るのか、どのようにして作るのか」であり、製品開発、製法革新に関わる命題である。もの作りは消費者のニーズにもとづいて行われるが、そのニーズを満足させるために最適な製品づくりをしなければならない。製品として具現される機能、構造、感性（デザイン）の最適な製品技術の追求、高品質な製品をより効率的に生産するためのしくみ作り、言いかえれば、より高品質な製品をより効率的に生産し、速やかに消費者に届けるための組織体制をいかに作るのか、いわば最適な生産システム作りが第2の命題である。

　そして、第3が「どこで作るのか、誰が作るのか」である。もの作りは生産企業で働く労働者と経営者とによって行われるものであり、かれらの生産活動に対して給与が支払われる。その購買力が1国の経済の基本である。したがって、もの作りが国内のいずれの地域で行われるか、あるいは海外のいずれの国で行われるかということは、1国の経済のあり方を左右する。この命題は、生産のグローバル化が進展する現代のもの作り体制においてとりわけ重視される命題である。企業は、より多くの利益を求めて、または現代の日本企業のように海外での低賃金を求めて海外生産を始めるが、そこに働く人々は現地国の人たちであり、単純に考えれば、海外移転が進めば次第に日本で働く人々の雇用と購買力とがその領域で「空洞化」せざるをえない。このような生産と雇用の空洞化をどのように制御するのか、すなわち、国内生産と海外生産のバランスをいかにコントロールするのかということが、企業の、そして1国の政策的課題となるのである。

　ところで、20世紀初頭、これらの基本命題を自らの経営に明確に位置づけ実践した企業家にヘンリー・フォード（1863〜1947年）がいる。周知のように、フォードは、自動車生産をつうじてフォードシステムという大量生産・大量消費のシステムを構築したのであるが、このフォードシステムの根本にある経営理念がフォーディズムといわれるものである。第5章および第6章では、ヘンリー・フォードが構築した生産システムであるフォードシステムを3つの

基本命題にそって論ずるのであるが、まず本章では、「何のために作るのか、誰のために作るのか」というもの作りの第1命題との関連からフォーディズムについて考察する。そして、第6章において、第2、第3の命題の視点からフォードシステムについて論ずることにする。

第2節　企業目的と社会的責任および経営者倫理

　企業経営とは、人々の物質的・精神的充足と社会的諸関係の発展を目的として、人的・物的資源を結合し、人々に有用な財やサービスを提供する活動である。しかしながら、市場競争と私的資本所有を原則とする資本主義企業においては、その目的は利潤の獲得を媒介として達成されなければならない。それゆえ、資本主義企業には、人々の生存条件の適正な発展を目的とする社会的目的（本源的目的）と、その目的実現の経済的源泉としての利潤の獲得を私的目的（歴史的目的）とする2重の目的がある。したがって、この目的追求のためには、個人が自然人として社会的ルールを守らなければならないように、企業は経済人としての社会的ルール、言いかえれば、適正な経済的（市場）ルールを媒介とする適正な社会的ルールを守らなければならない。適正な経済的ルールとは、適正な生産と消費の循環を実現するための適正な製品、適正な生産、適正な報酬（利益、賃金）であり、これらの適正性を保証するのが適正な情報である。

　また企業の経済的行為を構造的に構成するものは、所有者、経営者そして労働者であるが、その経済的行為の対象がこの場合の社会である。すなわち、社会とは直接的な対象である消費者とこの経済的行為に関わる、あるいはその経済的行為の結果に関わる自然的・社会的・経済的対象のことである。したがって、経済的ルールと社会的ルールとは、本来対立するべきものではないが、それが対立するのは、市場と社会の間の適正性をめぐる矛盾であり、それは企業目的の2重性に発するのである。こうして、適正な社会的ルールの遵守をつうじて適正な企業目的を追求すること、それによって社会発展に貢献すること、それが企業の社会的責任となる。そして、この責任性に対する道徳的観念・意

識が企業倫理なのである。

　しかしながら、企業の経済活動を組織し運営する主体は経営者である。それゆえ、企業の社会的目的、社会的責任は経営者の経営行動をつうじて実現され、また企業倫理は経営者の経営倫理として現れる。このため、かれが当該企業の所有者自身であるか、あるいは所有者に委任された専門経営者であるかによって、経営者の社会的責任のあり方に変化が生ずる。所有経営者の場合、社会的責任のあり方は、企業の社会性に重点をおくか企業の利益性を重視するかというかれ自身の企業経営に対する倫理性に規制される。

　一方、専門経営者の場合、社会的責任のあり方は、企業所有者の倫理性と経営者自身の倫理性との関係によって決まる。単数の所有者に委任された場合には、かれの社会的責任のあり方には所有者の個人的倫理観が大きく反映する。しかしながら、所有者が複数の場合、たとえば株主総会に委任された経営者の場合、かれの社会的責任は、私的目的を優先する株主の要求とかれ個人の倫理性の両面に規制されることになり、しかも委任という立場からすれば、利益目的をまず指向する可能性がある。こうして、企業の適正な社会的目的に対する責任性は利益目的に対する責任性に従うことになる。

　以上のように、企業の社会的責任は経営者の倫理観に左右され、これをチェックするには企業目的と経営者行動に対する企業独自の倫理綱領を作るか、あるいは適正な社会的ルールまたはシステムを作り、その規制力をつうじて実現することが必要になる。経営者は、この社会的規制に従うことで自らの社会的責任を果たせるだけでなく、経営者の社会的倫理性に対する葛藤から解放されるのである。

第3節　フォーディズムと社会的目的論・社会的責任論

1. フォーディズム形成の背景

　ヘンリー・フォードおよびその業績に関しては、数多くの文献資料が公刊されている[※]。これらの資料によって、まずフォーディズム形成の背景について整理してみよう。フォードが生まれた1863年からフォード自動車会社が設

立された1903年に至る40年間とは、南北戦争後のアメリカ資本主義の技術・資本・労働すべての局面における疾風怒濤の時代であった。技術的に見れば、鉄の時代から鋼の時代へ、蒸気動力の時代から電気動力の時代へ、手動機械の時代から自動機械の時代へ、そして馬車の時代から自動車や飛行機の時代への大転換期であった。また、1873年の大恐慌に端を発する資本の集中・集積による「トラスト時代」の熾烈な企業競争は、周期的な恐慌を伴いつつも、多くの産業における寡占体制の構築をつうじて、アメリカ資本主義を世界最大の生産立国に押しあげるとともに、一攫千金をねらう事業熱が銀行と証券を媒介とする金融資本の蓄積を促進し、次第に事業そのものよりも貨幣の蓄積を目的とする拝金資本主義とも称すべき状況を生み出した。他方、この巨大な生産力は大量の移民を源泉とする労働人口の増加によって支えられたが、かれらの多くは言葉の問題や生活習慣の問題とともに、何よりも近代工場の労働規律に不慣れな人たちであった。

こうして、20世紀初頭のアメリカ資本主義は、巨大な生産力、急激な経済成長を背景に、次第に海外投資による海外の市場や労働への寄生、官民癒着による国・自治体への寄生を強めるとともに、「有閑階級」のマネーゲームによる腐敗状況、工業部門と農業部門との間の所得格差、コスト削減を求めて強化される労働環境を生み出していった。そして、このような動向を批判する人たちは、あるいは労働運動、農民運動に身を投じ、あるいは制度学派経済学などの金融資本主義を批判する思想を喧伝した。また、アメリカ合衆国の国際社会における地位の向上は、ドイツの独裁主義の台頭やロシア革命などの西欧における激動、地中海の覇権をめぐる西欧列強の対抗関係に強いインパクトを及ぼすものになっていったのである。

ところで、アメリカの工業発達は、産業革命以来の東部機械工業の発達が、西漸運動とともに次第に中西部の工業発達をもたらしたのであるが、フォードの出身地域を代表するデトロイトは、東西の水陸交通の要衝都市として、次第に造船、化学、食肉、厨房・暖房器具などの工業中心地として成長していった。そして、もともと農業入植者たちが開拓したこの地域が新興機械工業の中心都市として発達するにつれ、一方で企業の盛衰が金融資本によるマネーゲームの対象となり、他方でこうした腐った近代化に反発する農民たちの怒りが政

治運動にさえ高まっていった。とりわけ、グリーンバッグ党の流れをくむ人民党は、1880年代には独自の大統領候補を立てるまでに成長した。かれらの人民主義は、東部の資本家や金貸しを排斥し、禁酒主義を擁護し、そして善行としての農作業を信奉したのである。アイルランド出身の開拓農民の子息であるフォードが、ピューリタニズムの清浄主義とこうした社会的動向の下に教育を受けたことは間違いない。フォードの経営理念すなわちフォーディズムは、このような時代的諸環境の中で醸成されたのである（Lacey, 邦訳、69頁、下川、a、第1章）。

※ 本書で使用したフォードの著書は以下の4冊である。
　a）*My Life And Work*, 1922（加藤三郎訳『我が一生と事業』1924年）
　b）*Today And Tomorrow*, 1926（稲葉襄監訳『フォード経営』1968年、竹村健一訳『藁のハンドル』中央公論新社、2002年）
　c）*Moving Forward*, 1931.
　d）*My philosophy of Industry*, 1928（『フォードの産業哲学』荻原隆吉訳、1929年）

　a）は、フォード自動車会社とフォードシステムの形成・発展のプロセスを記したものであり、b）は、最発展期のフォードシステムを貫く経営理念（フォーディズム）を明らかにすることによって、これが他の産業領域に適応できることを実証している。また、c）は、T型からA型への変更と大恐慌期におけるフォード自動車会社の停滞状況のなかで、フォーディズム、フォードシステムの有効性と重要性を論じたものである。これら3著は、フォードの事業と考え方をサミュエル・クローサーが代筆したものであるといわれるが、フォードの考え方は、これらを見ることでほぼ理解することができる。d）は、プロテスタントであるフォードの産業哲学、いわばフォーディズムの根底に流れるフォードの信念をF. L. フォーロートがインタビューによって記したものである。

　また、フォードの手記を編纂した、e）『フォードの事業と教訓』（能率研究部編、中外産業調査会、1928年）などもフォードの考え方を直接理解する上で役に立つ資料である。さらに、f）『ヘンリー・フォードの軌跡』（豊土栄訳、創英社／三省堂書店、2000年）は、フォードの全著作の完訳である『20世紀の巨人事業家・ヘンリー・フォード著作集』（豊土栄訳、創英社／三省堂書店（2000年）から事業経営についての部分を抽出し一冊に編纂したものである。なお本書では、a）邦訳については、文体が旧仮名遣いなど分かりにくいため当書を参考にしつつ原典を、また、b）については稲葉襄監訳書を、c）についてはf）を使用した。

　一方、フォード研究に関係する数多くの文献資料のうち、フォーディズムの形成過程を研究する上で訳書として参考になるのが、Lacey, R., *Ford, the Man and the Machine*, Vol.1, 1986（『フォード：自動車王国を築いた一族』（上）小菅正夫訳、新潮文庫、1989

年)、Sorensen, C. E., *My Forty Years with Ford*, 1956 (『フォード：その栄光と悲劇』高橋達男訳、産業能率短期大学出版部、1968年)、Batchelor, R., *Henry Ford*, Manchester University Press, 1994 (『フォーディズム』楠井敏朗・大橋陽訳、1998年) などである。

2. フォーディズムの根本思想

つぎに、フォーディズムの根本にあるフォードの思想について考えてみよう。第1に、フォードの倫理観についてである。フォードは、人間の行為に対して、人間は、理性と法に従い「その正しき道を得、其の正しき道に依って働け、さらば諸君は世界を貧窮もなく、不正もなく、又、難澁もなき世界を有つことができます」(Ford, d, 邦訳、41頁)というキリスト教倫理観を基本に、自然人としての正しい行為についての倫理観を提示する。すなわち、「私共の行爲の動機は、人生そのものと、風馬牛であるやうな善を成し遂げることではなくて、肉體的にも意識的にも靈的にも本然の正義を實現することでなくてはなりません。斯くてこそ、私共の所謂社會と稱する複雑な機関が有效にその機能を果たし得るのです」(Ford, d, 邦訳、36頁)と。このように、フォードは、人間社会の目的は、人々の正義的行為という倫理性を根源とした労働によって人々の幸福と平和な世界を構築することであり、国家の目的もそこにあると考えた。それゆえ、人間の理想社会の構築のためには、貧困や搾取・収奪、過酷な労働、戦争や不正行為があってはならず、人間の経済活動は、こうした倫理性に基礎をおく社会目的に貢献するものでなければならない。すなわち、「産業の終着点は、人々が頭脳を必要としない、標準化され、自動化された世界ではない。その終着点は、人々にとって頭脳を働かす機会が豊富に存在する世界である。なぜなら、そこでは人間は、もはや朝早くから夜遅くまで、生計を得るための仕事にかかりきりになるというようなことはなくなるだろう。(中略)産業は、働く人々をも含めて公衆に、サーヴィスを行なうために存在する。産業の真の目的は、この世をよくできた、しかも安価な生産物で満たして、人間の精神と肉体を、生存のための苦役から解放することにある」(Ford, b, 邦訳、99-100頁)のである。

このような考え方は、当時のヨーロッパ移民の間では特にめずらしい倫理観ではなかったといわれるが、フォードは、多様な宗教や地域からの移民労働者

に対してもこの倫理観に基づく日常生活を要求したのである。禁酒、節約、勤勉、信仰などで、それはフォード流5S（整理、整頓、清潔、清掃、躾）政策や、悪名高き「社会福祉部」の創設などに現れることになる。フォードにとっての理想社会は「旧き良きアメリカ」であり、その郷愁は「グリーンフィールド村」の建設に見られるが、そこは晩年のフォードの心のよりどころになったのである（Batchelor, 邦訳、第1章）。

3. フォードの経済思想

　第2がフォードの経済思想である。フォードは、まず、社会の経済原理はいかなるものかを問うている。人間生活の根本作用とは、「要するに農業、工業及び運輸である。これ等の三者がなくしては、人間の社會的生活は不可能であり、この三者は世界を結束するところの綱である。物を生じ、物を作り、物を運ぶといふことは、人類の慾望の始源と共に、舊い生活作用であるが、その必要は現在に於ても何等變りがない」（Ford. e, 11頁）。すなわち、農民出身のフォードは、常々その過酷な労働を改善するために、農業の機械化と人々の経済圏の拡大とを主張するのであるが、その媒介となるのがトラクターであり、自動車すなわち輸送手段であった。それゆえ、トラクターおよび自動車を生産し農民がこれを使用するということがフォーディズムの根幹にあったことは間違いないが、自動車の生産規模が拡大するにつれ、部品の輸送問題が重要課題になるに及んで、この3者の結合こそが国の経済原理であると確信したのである。

　つぎに、フォードは経済価値の根源を問う。「現在の人間生活の経済的根本要素とは何であるかといへば、それは勞働である。この勞働は天地萬有をして、人間の利益のために、効用を発揮させる有力なる要素である。（中略）われ等は、われ等自身が創造し得ない物料、即ち自然に依って與へられたものに対して、われ等の勞力を加へ、日夜生活を續けていくのである」（Ford. e, 17頁）として、経済的価値の根源が労働にあると考えた。それゆえ、労働をいかに組織化し経済原理の根幹である輸送手段の大量生産をはかるか、そしてこれを大衆の大量消費にいかに結びつけるか、それがフォードの自動車生産の根本思想であった。

4. フォードの企業観

　第3に、フォードの企業観である。フォードは「事業はカネではない。それは、アイデア、労働および管理から成り立っており、そしてこうしたものが本来持つ特性を表すのは、配当ではなく、効用、品質および有用性」(Ford, b, 邦訳、283頁) である。したがって「私の考え方からすれば、株主とは、その事業に積極的にかかわり、その会社を金を作る機械としてでなく、社会への奉仕の道具と考える人でなければならない」(Ford, a, p.161) として、企業を生産活動をつうじて社会に奉仕する「制度」(institution)、「道具」(instrument) と考える (Ford, a, p.19, p.135)。利益は企業に帰属するものであって、企業の成長のために手段として使用するべきものである。それゆえ、何も貢献せずに利益を収奪する銀行資本や不在株主は否定されねばならない (Ford, a, p.162)。このようなフォードの考え方は、当時のアメリカ資本主義の寄生的性格を批判する制度論的思考に通ずる考え方であるが、かれは専門経営者支配論を採らず、株式分散を否定する所有経営者論を採る。それが企業目的を実現するための最大のガバナンス効果であると考えたのである。

　つぎに、フォードは企業共同体論を主張する。「一人以上の人間を雇用する事業は、どれも一種のパートナーシップである。経営者が仕事で助力を必要とする瞬間、たとえそれが子供であったとしても、かれはパートナーをもつことになる。(中略) 資本家も労働者も、自分達を一つのグループと考えることなど全く馬鹿げたことである。資本家と労働者はパートナーなのである。(中略) 高い賃金を払うのは経営者ではない。もちろん、それができるかできないかはともかく、その責任はかれにある。しかし、かれがそれを一人で実現することなどありえない。従業員がそれを稼ぎ出さない限り高い賃金など払えない。従業員の労働力が、高賃金のための生産要素なのである」(Ford, a, pp.117-119)「賃金は、パートナーシップの分配金である」(Ford, a, p.121) と。すなわち、企業は経営者、労働者、そしてそれを支える消費者の共同作業で成立するのであって、その共同性を否定する利潤主義や組織労働による圧力は否定されなければならなかったのである。

5. 企業目的論・社会的責任論

フォードは、企業の社会的役割とその目的についてつぎのようにのべている。「生産者の役割は、社会の人々の快適な生活に貢献することである。生産者は社会の一つの道具であり、より良い品物をより低い価格で大衆に提供し、同時に、仕事に従事するすべての人に、その働きに応じてより高い賃金を支払えるように会社を経営する場合にのみ、かれは社会に奉仕できる。こうすることで、こうすることによってのみ、生産者や事業に携わる者は、その存在を正当化できるのである」(Ford, a, pp.134-135)。それゆえ、「事業家ならば、社会全体の利益を考え、社会に奉仕することを望み、断固として社会に貢献するべき」(Ford, a, p.164) なのである。

このように、企業の目的とは、高品質・低価格の製品を社会に供給することで大衆に奉仕すること（奉仕動機）、および大衆の一部である労働者に高い賃金を保証すること（賃金動機）であり、利潤・配当を目的とするもの（利潤動機）ではない。換言すれば、フォードは、雇用を拡大し高賃金を支払うことによって社会的購買力を高め、これに対して消費者の欲求する高品質・低価格製品を過不足なく供給すること、このような大量生産と大量消費の循環システムすなわちフォードシステムの構築をフォード自動車の目的としたのである。

しかしながら、重要なことは、このシステムが大量消費を前提とするのであって大量販売を前提とするのではないということである。いわく「目新しさばかりを追求して、より改善した品物を売ることをしなければ、奉仕とは言えない」(Ford, a, p.56) のであり、「大衆にその製品を無理に買わそうとしたり、あるいはすでに十分物を持っている顧客にさらに売り込もうとするような事業は危険なのだ。自らの製品を正しく説明しないような事業も非常に危険である」(Ford, f, 邦訳、298-299頁) と。これは、次第に一般化するＧＭのマーケティング戦略に対するフォードの一貫した姿勢であった。

それでは高賃金・低価格とは何か。フォードはここに適正賃金、適正価格、適正利益という社会的ルールとしての適正概念を提示する。すなわち、適正賃金とは、人間を働く気にさせる最低の金額でなく、雇用者が安定的に支払える最高の金額のことであり、適正価格とは顧客が負担できる最高価格でなく、品物が安定的に売れる最低の価格のことである (Ford, b, 邦訳、187頁)。また、

適正利益とは、過大な利益であってはならず、奉仕動機の結果としてもたらされる利益のことである。すなわち、「利益は3ヶ所に属する。第1に利益は事業そのものに属する。それは、事業を着実に、前進的に、そして健全に維持するためである。第2はそれを生み出すのに努力した従業員に属する。そして第3に、利益は大衆に属する。こうして、成功する事業は、これら三種の利害関係者（計画者、生産者、購買者）に利益を与えるのである。また、健全な基準の下に経営してなお過大な利益がある場合は、まず価格を下げるべきである。しかし、一般にはそうはしない。かれらはすべての余分なコストを消費者の負担に転嫁する。（中略）かれらの事業哲学は『取れる間は取れ』ということである。かれらは、事業家ではなく投機家であり、搾取者であり、常に正当な事業を傷つける不良分子である」(Ford, a, p.164) とのべる。

こうして、フォードは、企業が平和で豊かな社会の実現に向けて努力し、そしてこの目的のために、これを社会的責任として正義的行動をとるところに経営者の倫理性があると考えた。フォードがフォード自動車会社の株式をすべて買い集めたのも、このような目的実現のためであり、当時の「利潤動機」主義の株主たちの影響を排除するフォードの挑戦であったのである。

第4節　フォード社会的責任論の歴史的意義

以上のように、フォーディズムにおける社会的責任の内容をなすものは、フォードシステムをつうじて消費者大衆の物質的・精神的満足を実現するという社会的貢献と、適正概念に基づく社会的ルールを社会的規制としてでなく、事業システムの中にビルトインすることであった。そして、それは自然人としての、また経済人としての厳しい倫理観を背景とするものであった。最後に、このフォード社会的責任論の歴史的意義について考えてみよう。

フォーディズムは、アメリカが大量生産体制を確立するその転換期に登場した経営思想である。それは、「旧き良きアメリカ」からモダニズムへの転換期、すなわち熟練からオートメーションへの転換期であった。フォード社会的責任論は、この「旧き良きアメリカ」を背景とするものであり、しかるにフォード

の実現したフォードシステムはフォードが批判するモダニズムそのものであった（Batchelor, 邦訳、第1章）。言いかえれば、モダニズムから最も疎外されたのは実はフォードその人であったのである。

その結果、所有経営者となったフォードの経営は、フォードシステムを維持するための合理性と「旧き良きアメリカ」思想に基づく専断的経営とを統合するきわめて矛盾した性格を持つものとなった。言いかえればフォード社会的責任論は、このような専断的経営を前提に展開されざるを得なかったのである。フォードにとって労働者は、同じ思想を持つ協働者でなければならず、経営組織はフォード自身であり、利益は社会に帰属するものであった。1914年倍増した賃金は1920年には業界と肩を並べるとともに、徹底した労働の単純化・無内容化が労働者の離反を招き、また反抗する労働者は弾圧した。さらにフォードの考える社会すなわち消費者大衆に対する固定化した概念が、変化する消費者の欲求を理解できず結局はGMに指導的立場を譲らねばならなくなったのである。下川浩一によれば、それがフォードの「産業的家父長主義」の帰結であり、「独善主義的自己矛盾」の中身であった（下川、a、第3章）のである。

それにもかかわらず、例えば、高賃金政策についてソレンセンはつぎのように評価している。「フォード社の従業員の購買力が増加したという事実には、社会的な意味はほとんどなかった。しかし、フォード社の従業員の購買力の増加によって他の人々の購買力が増加し、つぎつぎと連鎖反応を起こしたのである。真の意義は、フォード社の高賃金政策はまさに先駆者であり、やがてアメリカ産業界の手本となったことである」（Sorensen, 邦訳、162頁）と。また、フォードT型は、高品質・低価格化による大衆への奉仕という産業の流れを作り上げ、さらに当時労働運動の闘争課題の1つであった8時間労働制をいち早く導入して産業界全般での労働時間短縮のさきがけとなった。その意味では、フォード社会的責任論はきわめて意義ある社会的貢献をなしたのである。

近年のフォーディズム評価は、労働論や生産システム論から論じられることが多く、社会的責任論から分析されることはほとんどない。しかしながら、ドン・キホーテのような存在であったとしても、フォーディズム社会的責任論の果たした歴史的役割は、良い意味でも悪い意味でも再評価の価値があると考え

る。また、21世紀の現代において、その時代的特質を20世紀初頭と比較すれば、企業の社会的・経済的・技術的環境がきわめて類似していることがわかる。株主価値とりわけ機関投資家による配当要求と、企業の社会的責任が問われる対立的経営環境もきわめて類似している。われわれは、このような環境に敢然と挑戦したフォーディズムの歴史的意義を認めるとともに、現代の企業の社会的責任（CSR）問題の性格と規制のあり方を考える場合にこの心情を受け継ぎたいのである。

第6章
フォードシステムと分業の機能の科学化

第1節　フォードシステムと大量生産体制

　20世紀は大量生産の世紀であった。19世紀における動力および鉄鋼そして機械技術の進歩、ビッグビジネスによる生産の大規模化、テイラーシステムに見られる作業の科学化の進展、都市の発達と人々の生活水準の向上、20世紀初頭のアメリカ合衆国におけるこれら資本・技術・労働そして人々の生活の展開が、フォードシステムによって創発された「大量生産の原理」に統合され、それが20世紀全般の産業、社会、文化に与えたインパクトの大きさから、「第2次産業革命」(Drucker, b, 邦訳17頁)と評価されている。P.F.ドラッカーは、そのインパクトの大きさについて、「ヘンリー・フォードが最初の『T型』を製造してからわずか40年たらずの間に、この原理は社会の基盤を変形してしまったのであるが、それは、その速さにおいて、その普遍性において、その衝撃において、人類史上未曾有というべきものであった」(Drucker, b, 邦訳13頁)とのべている。また、D.A.ハウンシェルも同様に、この「大量生産のエートス」の生成と発展そしてその産業および社会に対するインパクトについて、「工場制度に第1の産業革命が対応していたように、大量生産は『新』産業革命、つまり第2の産業革命に対応している」(Hounshell, 邦訳、389頁)と論じている。

　「大量生産の原理」を生みだしたフォードシステムは、このように、労働の様式の変革を基盤に製品の機能と構造の革新、生産の効率化と大規模化をつうじて、自動車産業のみでなく、産業全般における20世紀型「大量生産のエートス」を生産システムの新たな原理として生みだし、さらに、これら大規模化した生産に対応する消費の規模の拡大を雇用の増加と高賃金で保証することに

よって、働く人々すなわち大衆の生活水準の向上に寄与する「原理」、大量生産・大量消費の生産システムを実現したのである。しかも、人々の所得の向上が、労働生活と社会生活に対する意識の変化をつうじて、人間生活における人々の諸関係に重大なインパクトを与えたことは、フォードシステムの人類史に対する貢献であり、また問題点なのである。

　このような意味において、第2次世界大戦におけるアメリカの勝利は、まさに圧倒的な生産能力を発揮したフォードシステムの勝利であった。戦後、世界の先進諸国はフォードシステムの導入によって経済の再編をはかったが、それはわが国についても同様で、戦後経済の復興・再編はフォードシステムを基盤とする生産システムの再編によって展開された。日本的な社会システムとの統合による日本的生産システムは、「大量生産の原理」を遺憾なく発揮し、先進資本主義諸国の「黄金の60年代」を象徴する高度経済成長を実現したのである。またその過程で、日本人の生活スタイル、社会的諸関係、さらには人々の価値観にまで「大量生産の原理」が、いわば「モダニズム」として反映されてきたことも周知のことであろう。フォードシステムは、まさに20世紀文明そして文化の原点となったのである。

　しかしながら、フォードシステムは、必ずしも積極的側面のみが評価されてきたわけではない。機械の導入によって仕事そのものから排除されることに反対した第1次産業革命時の労働者の運動と同様、標準化された単工程反復労働というフォード型労働に対する労働者の反発は、その後の大きな社会的問題になった。また、第2次世界大戦後のフォードシステムの世界的普及とともに、労働の自律性の回復を求める「ポスト・フォーディズム」運動が、生産システムの進化を促す理論的・実践的な問題提起として展開されてきたことも記憶に新しい。以上のように、20世紀文明を生産システム論から見るならば、20世紀はフォードシステムの世紀であったといえるのである。

　それでは、そもそも大量生産とは何か。それは、たんに生産規模の拡大を意味するだけではない。たんなる機械化を意味するものでもない。ドラッカーはこれを生産のシステム化に求めている。「大量生産は、今世紀の科学技術に新局面が追加されたことの実例を示すものである。新局面とは、すなわちシステム・アプローチである。大量生産は、1つの事象ではない。諸事象の集合でも

ない。それは、生産過程の統一的な観点を示す1つの概念である。もちろん、大量生産は、機械や工具などの多くの"事象"を必要とする。しかし、大量生産は、それらから始まるのではなく、それらがシステムの観点から理解されるのである」(Drucker, c, p.70) と。すなわち、フォードシステムが大量生産システムの原点であることの理由は、たんに生産規模の巨大な飛躍であっただけでなく、それが、新たなもの作りのシステムとして概念化されたこと、言いかえれば、生産システム諸要因の個別最適化のみでなく、それらを統合するシステムとして最適化したことである。その統合のシステム原理こそ、フォードシステムが生産システムの新たな次元を画する「概念」の内容をなすのである。

本章の課題は、このような「大量生産の原理」を生みだしたフォードシステムのシステム原理について、原点に立ち戻って再検討することによって、フォードシステムが、熟練の機能、分業の機能の組織体制としての生産システムの進化において、新たな段階を画するいかなる革新をなしたのかを解明することにある。そして、それが、現代工業生産が課題とする次世代生産システムの構築に対して、いかなる示唆と教訓を有するものであるかについて検討することにある。

第2節　先行研究とフォードシステム研究の意義

フォードシステムに関しては、欧米をはじめ、わが国においてもこれまで数多くの研究が行われてきた。それは、カール・ベンツやゴットリープ・ダイムラーをはじめとするヨーロッパにおけるガソリン自動車の技術的発展を背景に、アメリカにおいて自動車という人類の夢を大衆にもたらしたヘンリー・フォードの偉業と、そのために開発されたフォードシステムというもの作りの革新が、世界に及ぼした影響力の大きさを反映するものである。社会科学の多くの領域において、ヘンリー・フォード、フォード社、フォードシステムが研究の対象にされてきたことは周知のとおりである。

わが国における研究を振りかえれば、フォードの最初の著書 *My Life and Work* (1922) が加藤三郎によって出版翌々年翻訳されたのをきっかけに、

1920年代からフォードシステムの研究が、にわかに脚光を浴びることになった。1925年、27年にはフォード社、GM社がそれぞれ日本に組立工場を新設したこともあって、フォードシステムに対する産業界の関心は大いに高まった。1926年には、フォードの2冊目の著 *Today and Tomorrow* が出版され、有川治助『ヘンリー・フォード』(1927年)は、フォードの2著をもとに、A.L.ベンソン (Benson, 1923) その他の文献を駆使するとともに、フォード社に体験入社した「学友」から、その人事手続き、作業状況、管理状況などを学び、それらを参考に、人としての、企業家としての、経営者としてのヘンリー・フォード論を展開した大著(大内兵衛が有川を改造社に紹介したとある)である。2年後には54版に達したと当時の出版広告に見られることから、昭和初期の恐慌時に、日本資本主義の行き詰まりに対して、フォードシステムにその活路を求めようとする当時の産業界の経営環境が想像できるのである。翌1928年には、『フォードの事業と教訓——ヘンリー・フォード手記』(中外産業調査会)が出版され、また、1929年に、*My Philosophy of Industry* (1928) が『フォードの産業哲学』(荻原隆吉訳)として翻訳され、1930年には、マネジメント社が『フォードの工場経営原則』を出版している。これは、フォード社の工場経営を資料の一部に採り入れてまとめられた L. P. アルフォード著 *Laws of Management applied to Manufacturing* (Alford, 1928) に示される「工場経営原則」に基づいてフォード社の工場経営を分析したものである。

1930年代にはいると、ゴットルをはじめとするドイツ経営経済学の影響のもとに、フォードシステムに関する理論的研究が行なわれ始めた (Gottl, 1926)。本書では中西寅雄『經營經濟學』(中西、1931年9月)および宮田喜代蔵『經營管理』(宮田、1931年10月)を取りあげるが、ここでは中西を取り上げよう(宮田については、第4節で取り上げる)。中西は、わずか17頁という紙幅でフォードシステムの生産組織的意義とその本質を見事に解明している。すなわち、フォードシステムの特質は、①製品の標準化と大量生産、②生産の分業化、とくに流動作業、③生産の機械化、特にコンベヤーであり、「厳格なる意味よりすればフォード経営の特徴は、コンベヤーを伴う流動作業組織に集約せられる」(中西、137頁)と、製品の標準化を「前提条件」とする「コンベヤーを伴う流動作業組織」の導入に革新的意義があることを明確にし

ている。とくに、流動作業組織については、古林喜楽（1930年）を引用しつつ[1]、「流動作業の特質は生産過程の細分化と、製品の技術的生成の順序に基づくその結合とによって、生産過程を時間的に又空間的に相互連続する一つの単流作業たらしむる点にある」（中西、142頁）とし、原料生産から製品販売までの「垂直的結合」はその必然的方向であると結論づけている。中西の研究は、その後のわが国のフォードシステム研究の基礎を築いたといえよう[2]。

　中西の議論は、その後、藻利重隆『経営管理論』（1943）、『経営管理総論』（初版1948年）に引き継がれた。藻利は、フォードの著作を詳細に分析し、中西と同じくゴットル理論を照射しながら、フォーディズムとフォードシステムを区分し、その理論化と体系化を行った（藻利の理論は、宮田の影響を強く受けていると思われる）。藻利は、フォーディズムすなわちフォードの経営指導原理「低価格・高賃金の原理」の現実的展開である生産合理化をフォードシステムと位置づけ、その生産合理化の内容は、生産の標準化と移動組立法とにあるとした。生産の標準化を構成するものは、① 製品の単純化、② 部分品の規格化（互換性部品）、③ 工場の特殊化（肢体経営）、④ 機械および工具の特殊化（専門機械化）、⑤ 労働の「機械的化」であって、大枠としては中西と同じである。また、移動組立法は、機種別職場作業組織から品種別職場作業組織への変更を前提に、これをさらに組立線（アセンブリライン）に編成し、コンベアを手段として作業のタクト制とその時間的規則性を強制する「コンベア・システムとしての流れ作業組織」であるとしている。こうして、藻利は、「製品である自動車の最終組立線が工場を貫流し、その側面にこれに連結する無数の組立支線が設けられ、自動車生産の全作業が時間的強制進行性をもって完全に同時化せられている光景においてこそ、われわれは、フォードの移動組立法の特質がもっとも鮮明に描き出されていることを知るのである」（藻利、b、159頁）とのべ、フォードシステムの本質は、この「生産活動の総合的同時化」であると結論づける。生産の標準化は、その前提であり、また、移動組立法はその手段である。この点において、すなわち「移動組立法」を手段と位置づける点において、藻利の見解は中西と異なる。そして、藻利は、経営管理としてのフォードシステムは、「広義のフォードシステム」（生産管理としてのフォードシステムと労務管理としてのフォードシステムとの二重体系化）（藻利、b、

176頁）であるが、労務管理としてのフォードシステムには特に顕著な特質はなく、生産管理としてのフォードシステム（狭義のフォードシステム）すなわち「生産活動の総合的同時化」にその本質を求めるべきであると結論づける。たしかに、大規模経営の利益目的で展開される補助経営（機械製造、鉄道、船舶など）、副次経営（屑物、廃物の再利用）、あるいは原料部門にまでさかのぼる主要経営の垂直的発達、それらが総合的に構成されるところにフォードの「垂直的結合経営の特殊性」があるが、そこにフォードシステムの本質を認めることはできないとしている（藻利、b、181頁）。

以上のように、藻利のフォードシステム論の特質は、フォードシステムの本質を生産合理化としての、生産管理としての生産システムに限定したところにあるが[3]、その後のフォードシステムのシステム原理に関わる議論に大きな進展はなかったといえる。それは、わが国経営学のドイツ経営学からアメリカ経営学への潮流の変化に原因があったのかもしれない。フォードシステム研究は、「フォードシステムとは何か。そのシステム原理は何か」から「フォードシステムはどのように形成されたか。したがってどのように衰退したか」に課題設定が変わっていったのである。そしてわが国フォードシステム研究に大きな影響を与えたのがA.チャンドラー『競争の戦略』（Chandler, 1964）である。本著には2つの背景があると考えられる。第1に、1920年代後半以降、アメリカ自動車産業の発展が実はGMを中心に展開されてきたことである。すなわち、大量生産の担い手である大企業はフォードシステムとは別の「原理」でも形成されるということ、したがって、フォードシステムは歴史的規定性の中で評価されるべきであること。第2に、フォード社に関しては、A.ネヴィンスのフォード社史の大著（Nevins, 1954）、フォードの右腕C.ソレンセンのフォード社人生から見たフォード論（Soresen, 1956）などの出版によって、1922年からのフォード3部作、ハイランドパーク工場の現場観察記録であるH.L.アーノルドらの大著（Arnold, H.L. and F.L.Faurote, 1915. 以下Arnoldとのみ記す）と合わせ、研究の資料が大きく膨らんだこと、また、GMに関しては、A.P.スローン『GMとともに』（Sloan, 1963）が出版され、GMの発展過程と巨大企業の経営のあり方が明らかにされたことである。チャンドラーの意義は、アメリカ自動車産業の歴史を、自動車市場の変化をめぐるフォードとGMの戦

略の歴史として捉え直したとろにある。フォードシステムは「フォードの成長戦略」として位置づけられたのである。

　下川浩一『フォード』（1972 年）は、チャンドラー方法論に依拠しつつ、フォード社の形成・発展・衰退・再編のプロセスを実に克明に分析し、その中で、フォードシステムの生産システムとしての意義とその資本主義的本質を分析している。とくに、フォードシステムのシステム原理に関しては、藻利に依拠しつつ「生産の同時化」のプロセスを論じている。この点では、わが国フォードシステム研究の方法論を引き継いだフォードシステム研究の 1 つの集大成といえるであろう。

　いま 1 つの集大成は、塩見治人『現代大量生産体制論』（1978 年）である。塩見は、産業革命段階、アメリカンシステム段階、テイラーシステム段階につづく現代大量生産発達史の第 4 の発展段階としてフォードシステムを位置づけ、これを作業機構と管理機構という視角からネヴィンス、アーノルド等の資料をきわめて詳細に分析してその技術過程を解明し、それが、作業と管理に関わるそれ以前に発達した諸要因をコンベアという機械的搬送手段を使ってシステム化したもの、いわば藻利の「流れ作業組織＝同時管理」であると特徴づけ、これを「機械コンビナート」と呼んだ。そして、現代大量生産体制は、作業機構の自動化、管理機構のコンピュータ化を媒介にした「フォード・システムの直接的な発展形態」（塩見、307 頁）であるオートメーション化に本質があると結論づけている。

　フォードシステムのシステム原理に関する研究は、近年、D.ハウンシェル『アメリカン・システムから大量生産へ』（Hounshell, 1984）によって、アメリカンシステムからフォードシステムにいたる大量生産技術の発展過程研究として行われた。その中で、ハウンシェルは、フォードシステムのシステム原理を「動力と正確さ、経済性、システム、連続、速度という諸原理」（Hounshell, 邦訳、290 頁）と規定し、それぞれの諸原理の展開過程として、当時の新たな資料を用いながらフォードシステム形成のプロセスを再検討して、「大量生産のエートス」とは何かを問い、ものづくりとは何か、生産技術の発達は人類を豊かにしたか、という技術の本源的な意味を問うている[4]。

　本著の翻訳者の 1 人、和田一夫の大著『ものづくりの寓話』（2009 年）は、

ハウンシェルの方法に従い、「フォードからトヨタへ」として、日本企業へのフォードシステムの導入プロセスとトヨタ自動車の生産方式形成のプロセスを豊富な実態資料をもとに分析した。本著において、和田は、これまでのフォードシステムの理解は「誤解に満ちている」（和田、2頁）として、正しいフォードシステム理解のために、「予備的考察」としてフォードシステムの再検討を行っている。そして、その「誤解」の原因は、フォードシステムの本質とされる「移動式組立ライン」にのみ焦点が当てられてきたことにあるとして、組立工程革新のプロセスをハウンシェルをはじめ、労働時間、生産性の推移に関する近年の諸論文に依拠しつつ、「工場群としてのフォードシステム」の全容を明らかにしている。ただし、和田の場合、「大量生産のエートス」というハウンシェルの理念的な課題設定を具体化、フォードシステムの特質、および日本への導入プロセスを、生産技術・技法の導入・開発のプロセスとして、また言うならば日本の産業界の「エートス」として分析しているところに特徴があるといえよう。

　以上、日本における研究を中心に、フォードシステム研究の大ざっぱなまとめを行った。しかしながら、ここではフォード型労働のあり方における「労働疎外」に関するフォード型労働批判の流れ、また1980年代以降のフレキシビリティ論争におけるフォーディズム批判については触れていない。この点については、本章がフォードシステムの形成過程に焦点があること、フォードシステムのシステム原理を再検討することに課題があることから取り上げなかった。

第3節　フォードシステム形成の論理と展開

1. フォードシステムの目的

　第5章で示したように、もの作りの基本命題は3つある。1つは、「何のために作るのか、誰のために作るのか」であり、いま1つは、「何を作るのか、どのように作るのか」であり、そして3つめは、「誰が作るのか、どこで作るのか」である。

第1の命題については前章で検討したのでここでは簡潔にとどめよう。フォードによれば、高い品質の安価な生産物を大量に生産することによって、生存のために苦痛な労働をする人々、すなわち多くの農民や労働者いわば大衆を精神的・肉体的に充足させること、ここに産業がものづくりをする本来の目的があるという。その根底には、農民の家庭に育ったフォードが経験した農業労働の厳しさ、その過酷な労働をする農民たちをその苦役から解放するという直接的な目的があったことも確かであろうし[5]、またそれをつうじて、社会全体の生活水準の向上に貢献できることを希求していたことも間違いない。

　それゆえ、移動用・脱穀用としてのトラクターでなく、まず自動車を生産することになった理由について、フォードが「私はまずトラクターを開発することがより肝要であると考えた。農場の骨折り仕事に対して、血と肉を取り去り、鋼鉄と発動機で置き換えることは、私の長年の大望であった。しかしながら、諸状況のために実際に私が最初に製作したのは道路用の自動車であった。結局のところ、私は、農場で仕事をしてくれる何かでなく、道路を移動するための何かに人々の関心があることを発見したのである」(Ford, a, p.26) とのべるように、金持ちの高価な贅沢品であった自動車を大衆の手に届くものにすること、いわば大衆の中に需要を創造し、大衆が購入可能な自動車の生産、そのシステムの構築、そこにフォードシステムの第1の目的があった。さらに重要なことは、「私がいま最も関心を持っていることは、われわれが実行しているアイデアが、自動車やトラクターなど特定の問題に関わるのでなく、一般法則といった性格の何ものかを形成するという意味で、最大限利用できるかどうかということ」(Ford, a, p.3) とのべるように、フォードは、生産システムの普遍化、すなわち、ものづくり全般に適用できる生産システムの原理をフォードシステムの中に求めたことである。こうして、フォードは、大量生産・大量消費の循環システムを構築することになるが、フォードシステムにおける大量生産 (mass production) の第1の目的は、たんにものを大量に (massive) 生産するということではなく、大衆 (the masses) のための生産 (production) ということであり、大衆が大量消費によって生活水準の向上をはかること、そこにフォードのものづくりの本来の目的があったのである。

2. T型フォードの製品競争力

　第2に、製品（Product）と製造（Process）の命題である。アバナシーやアッターバックらによれば、製品のイノベーションと製造のイノベーションは、時間的なずれをもって展開するとされている（Abernathy, 1983, Utterback, 1994）が、フォードシステムの展開過程をみれば、それは、製品と製造の統合的イノベーションであったといえる。

　まず、フォードが18年間単一車種にこだわり、しかもそれが世界を席巻し続けたT型フォードとはいかなる自動車か、その特質について考えよう。フォードは、大衆車（Product）の基本条件としてつぎのものをあげる（Ford, a, p.68）。①良質の材料、②軽量性、③十分な動力、④絶対的な信頼性、⑤運転の簡便性、⑥制御の安定性、⑦経済性である。当時の道路条件、技術水準、大衆の経済力からすれば、とにかく、どのような走行条件に対しても頑丈で壊れにくく、機能が安定しており、運転が簡便で、維持費が安い自動車の開発、それがフォードのプロダクト開発であった。そして、フォードが、これらの条件を全て満たす車として開発したのがT型フォードであった。

　T型の特徴は、第1にその堅牢性と軽量性にある。フォードいわく「余計な重量はいかなる自力推進車についてもその力を削ぐもの」であり「強さは重さに関係はないのであって」、「世界で最も美しいものは、すべて余計な重量を最小化したものである」（Ford, a, p.53）。こうして、フォードがたどり着いた金属材料がバナジウム合金であった。バナジウム鋼は、軽量で耐食性があり、バナジウムは高速度鋼にも使用されるように、合金にすると鉄の硬度・強度を高める性質がある。フォードは当時の鋼鉄の2.5倍の張力を持つバナジウム鋼を開発することによって、「力が強くしかも軽量な鉄が必要な場合にはどこでも」（Ford, a, p.67）バナジウム鋼を使用し、その上で自動車全体のバランスを考慮した一体設計を行ったのである。その強靭性は農村の悪路に強く、軽量性は雪や氷の上でも、畑や道のないところにも適するものであった。たしかに、それは、大衆車として先行するオールズ自動車の欠陥（悪路に弱い）を乗り越えるものであった（下川, a, 53頁）。ソレンセンによれば、「バナジウム鋼こそが、驚異的成功を収めたN型車を放棄してT型車の開発に踏み切らせ、最後にはヘンリー・フォードの夢である大衆車を実現させた真の導火線となった」

(Sorensen, 邦訳、114 頁) のである。

　第 2 の特徴が、十分な動力と機構の精密性である。T 型は、デザイン、装備などの変更が毎年のようになされたが、4 気筒一体鋳造の 22.5 馬力の新型エンジン、100 インチのホイルベースのシャシー、30 インチのタイヤについては、その後 18 年間生産終了まで変更されることはなかった (下川、a、50 頁)。また、駆動機構は、始動はバッテリー (1916 年まではクランクハンドル式)、点火装置としてフライホイール式磁石発電機 (ソレンセンは革命的進歩といっている。Sorensen, 邦訳、125 頁)、チェンジレバーのない遊星式変速機 (当時の変速機は乱暴な運転をすると歯車がすぐに壊れた。Sorensen, 邦訳、116 頁) などが採用されたが、その機構の精密性と安定性は、専用工作機械と精密測定器の開発による部品の精密化と互換性＝標準化によって保証された。

　第 3 の特徴が、運転の簡便性である。T 型は、左ハンドル (それ以前の車は中央ハンドル) になり操作性が向上し、チェンジレバーがなく、3 つのペダル (ブレーキと遊星式変速機用の前進、後退のペダル) を足で踏み込むだけで前進 2 段、後進 1 段の操作ができた。その利便性についてソレンセンは、「まず、ロー・ペダルを踏み込んで、バックペダルを踏むだけで車をシーソーのように前後に動かすことができた。田舎の悪路のぬかるみに車がはまりこんだとき、ロー・ギアを交互に抜いたり入れたりして、車をぬかるみから脱出させるのにほとんどどんなことでもできた。現在の車の変速装置では、このようなことはできない」(Sorensen, 邦訳、117 頁) といっている。このように、運転の簡便なこと、どんな走行条件でも安定した機能を発揮する T 型に対して技術知識に疎い大衆の信頼性が増加したことは間違いない。

　第 4 の特徴が、経済性である。軽量化によって燃費が向上し、また部品の互換性があるために高い技術的知識がなくとも修繕・部品交換が簡便になったことは他の車に比べて維持費が少なくてすむということである。この点は、フォードも強調するように、T 型フォードの重要な特徴であった (Ford, a, p.68)。

　第 5 の特徴は、低価格性である。T 型車の製品差別化要因の 1 つである技術的優位性すなわち品質については以上のとおりであるが、いま 1 つの差別化要因、所得の低い大衆がそれを購入できるほどの低価格化を実現したというこ

と、1908年に初めて売り出したT型が850ドル、それを1924年の295ドルまで、ほぼ年々価格を引き下げたということである。後述するように、その低価格化は、生産が間に合わないほどの需要の増加に対応して、その量産の規模を年々拡大した結果によるものであった。

こうして、T型フォードは、価格面と非価格面における圧倒的な製品競争力を獲得することによって[6]、大量生産の申し子としての技術的基礎を確立するとともに、そこから始まるアメリカのモータリゼーションの戦略車になったのである。

3. フォードシステムの論理

つぎに、どのように作るのか、製造（Process）の命題であるが、フォードシステムは、以下の2つのの論理によって構成されている。

第1の論理は、需要の論理である。大量生産は大量需要を必要とする。それは2つの側面をもっていた。すなわち、① 需要は、価格の低下とともに増加する。② 需要の源泉である購買力は、雇用量と賃金の総額で決まる。すなわち、大衆が自動車を購入する能力を拡大するためには、一方で自動車の価格を引き下げ、他方で雇用を増加し、各人の賃金を引き上げることである。この相乗効果によって、フォードが「普遍的」と展望する大衆の大量需要を開拓することができるのである[7]。第2の論理は、供給の論理である。それは、① 雇用の増加および賃金の増加は、生産規模の拡大、大量生産によって可能となる。② 価格の低下は、低コストによって可能となるが、コストの削減は、無駄の削減、生産性の向上（生産の効率化）を基盤に、大量生産することによって可能となる。すなわち、無駄を削減し、生産効率を上げ、そして大量生産することが、価格を下げ、雇用・賃金を増加させ、大衆が生活を向上させる源泉になるということである。

フォードシステムとは、以上の2つの論理の統合、すなわち「高賃金・低価格」と「高能率・低コスト」をシステム・コンセプト（藻利によれば経営指導原理）とする生産システム、言いかえれば、大量需要と大量生産の循環をシステム統合する論理で構築されるものであった。それゆえ、需要が縮小すれば供給の縮小、システムの崩壊につながる宿命を内包する論理でもあったのであ

る。

　ではこれらの2つの論理がどのように展開されたのか検討しよう。第1の論理、製品価格の低下と大衆の購買力が大量需要の源泉であるという論理についてである。T型車を大量に生産するためには大量の需要がなければならない。需要を拡大するフォードの論理とは、まず先に価格を下げ、それによって需要を創造し、その需要に対応して生産量を増加させるというものである。この点を端的にのべているのがソレンセンのつぎの言葉である。「われわれはまず販売量が最大になると思われるところまで価格を下げた。そして仕事を推し進め、その価格に合わせるように努力した。商品を売れる価格で製造できないときに、原価を知ったところでなんの意味があろうか。実際、原価切り下げを推進したのは新価格だったのである。そして、原価を下げる1つの方策は、価格をウンと下げて工場の全従業員が能率を上げねばならないようにさせることで

表6-1　フォード社の経営実績

単位 年	生産台数 台	販売台数 台	販売額 ドル	T型価格 ドル	労働者数 人	最低賃金 ドル	生産台数 台	物価指数	換算価格 ドル
1909-1910	18,664	18,664	16,711,299	(ツーリング) 950	1,655		11.28		
1910-1911	34,528	34,528	24,656,767	780	2,773		12.45		
1911-1912	78,440	78,440	42,477,677	690	3,976		19.73		
1912-1913	168,220	168,304	89,108,884	600	6,867		24.50		
1913-1914	248,307	248,307	119,489,316	550	14,366		17.28	100.0	550
1914-1915	308,213	(10m.) 221,805	121,200,871	490	12,880	5.0	23.93	96.7	507
1915-1916	533,921	472,350	206,867,327	440	18,892		28.26	107.0	411
1916-1917	785,432	730,041	274,575,051	360	32,702		24.02	128.4	280
1917-1918	706,584	656,165	308,719,033	450	36,411		19.41	170.0	265
1918-1919	533,706	487,802	305,637,115	525	33,699	6.0	15.84	203.0	259
1919-1920	996,660	(17m.) 1,325,981	913,763,145	440	44,569		22.36	202.7	217
1920-1921	1,250,000	933,720	546,049,449	355	51,197		24.42	208.2	171

出所：Benson, A.L., *The New Henry Ford* (1923), Ford H., *My Life And Work* (1922), 有川治助『ヘンリ・フォード』（改造社、1927年）をもとに筆者作成。生産台数およびT型価格、最低賃金はFord、販売台数、販売額、労働者数はBenson、物価指数は有川を使用。換算価格（T型価格／物価指数）は有川をもとに計算

あった」(Sorensen, 邦訳, 164-165頁)。この論理は、T型の非価格競争力のゆえに、価格低下によってのみ販売量が増加したとは評価できないとしても、表6-1[8]により、T型車の自動車価格と販売台数の推移を見れば、明らかに相関をもっているといえよう。なお、同表のうち、有川は、物価指数の変動による換算価格を導入しているが、藻利が指摘するように、物価指数で換算すれば価格はさらに安くなるということである（藻利、b、183頁）。大衆の購買力という側面からは、きわめて重要な要因であろう。

このように、フォードは、需要曲線に沿う形で価格を下げ、増加する需要に合わせて供給量を増大するという戦略、すなわち、価格の低下は単位当たりの利益の減少を伴うが、それを生産量の増加とコストの削減とによって全体として利益を確保するという戦略を採用したのである。「原料についても、労働力についても、最小限の浪費によって製造しようとしてきたし、最小限の利益をもって販売し、販売総量から利益を得ることに努力してきた。（中略）最低の製造コストを追求し最小利益で販売しているので、われわれは購買力に合わせて製品を配給することができるのである」(Ford, a, p.19) と。ベンソンによれば、フォードは、まず生産コスト以下に販売価格を設定し、さらにその販売価格以下に生産コストを引き下げるために生産システムの効率化をはかったということである (Benson, p.146)。

つぎに、購買力の源泉である雇用について見てみよう。表6-1の労働者数の推移は、ベンソンによる資料であるが、フォード社は、1921年には従業員5万人を超える巨大企業に成長していた。フォードが考える雇用増加の意義は、たんに直接雇用した労働者の購買力だけの問題ではなかった。雇用の拡大こそ社会発展の源であるとするフォードは、1926年につぎのようにのべている。大量生産は重要な成果であるが、それよりさらに重要なことは、「ほんのわずかの人々しか雇っていなかった小工場から、20万人以上の人々を直接に雇用する一大事業へと成長し、しかも従業員は1人残らず、最低6ドルの賃金を受け取っているという事実である。またこれとは別に、われわれのディーラーやサーヴィス・ステーションでも、やはり20万人の人々を雇っている。さらにまた、自社で使用するもののすべてを自社で製造しているのではなく、およそ自社製造の2倍分を社外から購入しており、そして社外工場でわれわれの仕事

に従事しているものは20万人にも及ぶといった状況である。このようにみてくると、約60万人の人々が直接・間接に雇用されていることになる。このことは、わずか18年前に実行に移されたたった1つのアイディアが、約300万人の老若男女の生計の道を確立したことを示しているのである」(Ford, b, 邦訳、4頁) と。この300万人 (1926年のアメリカ合衆国の人口は1億1,700万人) の生計を維持しているというフォードの自負は、かれの経済理論の根幹をなすのである。

また、賃金についてみれば、当時の諸状況があるにせよ、1914年はじめの1日平均2.4ドル余りから1日最低賃金5ドルへの賃金の倍増[9]、さらに1日9時間から8時間への労働時間の短縮 (実質的な賃金の増加) は、他の企業・産業からは狂気とさえ考えられた。しかし、フォードの経済理論からすれば、「『労働の淘汰』だとか賃金の低減による国家利益の増加などということをよく耳にするが、賃金を切り下げるということは、結局購買力を縮小して国内市場を狭隘化することになるのだが、それがなぜ国家利益につながるのか。関係する全ての人たちの生活に利益還元できないような劣悪な経営がなされるとすれば、事業とはいったい何なのであろうか。国民のほとんどが賃金によって生活しているのだから、賃金以上に重要な問題はない。かれらの生活規模すなわち賃金の額が国家の繁栄を決定するのである」(Ford, a, p.116)。さらに、「わが社の真の発展は、1914年、われわれがその最低賃金を1日2ドル余りから一律5ドルに引き上げたときに始まる。なぜなら、その結果、われわれは自社の従業員の購買力を増加させ、かれらがまたその他の人々の購買力を増加さすといったぐあいに波及的に購買力を増加していったからである。この高賃金の支払いと低価格での販売とが購買力を拡大させるという思想こそが、実にわが国今日の繁栄の基礎になったのである」(Ford, b, 邦訳、13頁) と持論を強調する。

しかしながら、雇用の増加、賃金の増加が大量需要の源泉になるということは前述のとおりであるが、雇用の増加が生産規模の拡大のいわば結果として生ずるものであるのに対して、賃金の増加は、たんに需要の問題としてだけでなく、生産効率向上に関連することが明らかになった。賃金の引き上げが、従業員に労働意欲の向上をもたらし、離職率を下げ[10]、労使関係の安定に寄与する

ことによって、生産効率の向上に大きく役立ったという直接的な成果をあげたのである。この点について、ソレンセンはつぎのようにのべる。「フォード社が最も躍進した時期は、1914年から1919年にかけてであった。(中略)成功の原因は賃金だけではなかった。製造能力に賃金が結びついていなければならなかったのだ。高賃金・高能率、これが公式だった。この公式を当てはめることにより、自動車の製造原価は見る見る下がっていった」(Sorensen, 邦訳、163頁)と。同様に、フォードも「高い賃金を払うことは、幸い価格の低下に貢献する。何故ならば、労働者達は、仕事以外の心配がなくなるために、一層能率を上げるようになるからである。われわれが、1日8時間の労働に対して5ドルの日給を支払うことにしたことは、われわれがこれまで行ったことの中で、原価切り下げの最も有効な成果の1つであった。現在支払っている日給6ドルは5ドルよりもさらに安くつく。こうしたことがどこまで可能なのかはわれわれには分からない」(Ford, a, p.147)とのべている。したがって、高賃金と高能率とは、相互連関的要因として機能したのである。

なお、賃金倍増はもとより、労働時間の9時間から8時間への短縮は、きわめて重要な意義を有している(1927年には、週5日40時間制)。それが、I.W.W.(世界産業労働組合)の労働攻勢に対するフォードの反応であったとしても、「8時間が1日の3分の1であるからではなく、われわれの見るところでは、この時間がたまたま労働者から継続して最大のサーヴィスを引き出す時間である」(Ford, b, 邦訳、193頁)という経営的判断の下に、フォード自らの意志で決定し、産業界の労働時間短縮にインパクトを与えた意義は大いに評価されるべきであろう。

表6-2 1913年における製造コスト比較

	フォード車		1,000ドル車		2,000ドル車		4,000ドル車	
資材、労務費	$340;	62%	$550;	55%	$1,050;	52.5%	$1,900;	47%
広告、営業および諸経費	20;	4	100;	10	250;	12.5	550;	14
卸および小売販売費	90;	16	250;	25	500;	25	1,200;	30
生産者利益	100;	18	100;	10	200;	10	350;	9
小売価格	550		1,000		2,000		4,000	

出所:Nevins A. and F. E. Hill, *Ford*, 1954, p.651.

第2の論理、コストの削減による価格の低下、そして雇用の増加、賃金の増加は、大量生産と生産効率の向上、そして無駄の削減によって実現できるという供給の論理である。まず、表6-2はネヴィンスが引用する資料であるが(Nevins, A. and F. E. Hill, a, p.651)、これによると、フォード車のコスト（1913年）は、人的・物的資源の投入コストが62％と他社の車に比較してかなり高く、これを広告費や営業経費、販売コストの縮小などによって賄い、結果として他社の2倍近い利益率を上げていたことが分かる。この利益の多くは、ハイランドパーク工場の建設、価格の低下、高賃金（他社より15％高い）の原資に当てられていたわけであるが、フォードは、1914年の賃金倍増によるコスト圧力、さらなる価格低下の原資を生産効率向上の中に吸収するために、生産システムの革新を追求しなければならなかった。

　生産効率は、投入量（インプット）に対する産出量（アウトプット）の比率で計られるが、その向上は、投入量の極小化と産出量の極大化によってもたらされる。物的資源、人的資源を効率的に運用し、そこからいかに高品質の製品をより多く生産するかということが生産効率の課題である。フォードは、この生産効率化を、生産原理の革新にもとづく生産システムの開発によっておし進め、これを投入量の極大化と産出量の最大化、すなわち生産の大規模化と結びつけることによって、コスト削減・価格低下にもとづく大量供給体制を実現したのである。この生産原理の革新にもとづく生産システムこそ、フォードシステムといわれる生産システムである。すなわち、投入量の内、労働力については、安全衛生や作業環境などの作業条件を整備し、可能な最高の賃金を支払うことによって労働者の労働意欲を高め、一方で単工程反復労働に忍従させるとともに、他方で労働者から節約の提案などの改善能力を引き出すことによって、労働力からその最高能率を引き出す。エネルギー・資材については、多様なエネルギー開発と資源リサイクル・システムの導入によって資源効率を高め、労働手段については、生産効率向上に有効な全ての作業の機械化とその精密化・専門化・連続化をおし進め、そしてこれら生産諸要素の最高機能を工程標準として、資材のジャスト・イン・タイム供給、品種別作業方式への作業原理の革新、ベルトコンベアをはじめとする搬送手段の導入による生産の同期化の推進など、全工程をシステム統合したのである。それは、原材料の供給体制

と製造過程、それに消費までの輸送体制の全機能過程を統合するシステムとなり、この垂直統合化された生産システムをつうじて、コストの削減と価格低下、高賃金と雇用の拡大、そして利益の拡大を実現したのである。言いかえれば、革新的生産システムによるコスト削減効果と生産規模の拡大に伴う規模の経済効果[11]とによって、大量需要と大量生産の循環から生みだされる利益をさらなる価格低下に結びつけたのである。

4. コスト削減の理念と事例
4-1. 無駄排除の哲学

重要なことは、以上のコスト削減のためのシステム作りには共通するキーワードがあることである。それは、無駄（浪費、空費）の排除である。物的・人的資源を時間的・空間的に浪費する、あるいは適切に利用しないことが無駄（フォードはこれを2種類の無駄といっている）であるが、トヨタ生産方式を開発した大野耐一が展開する「7つのムダ」の排除は、まさにフォードの根本思想を受け継いだものである[12]。大野が引用するフォードの無駄概念とはつぎのようなものである。「もし人が何も使わないとしたら、無駄は生じないであろう。この道理は、あまりにも明らかなように思われる。しかしこのことを、別の角度から考えてみるとどうであろうか。もしわれわれが何一つ使わないとしたら、すべてが無駄ではないのか。公共的資源の利用をまったく取りやめることは、保存なのか、それとも無駄なのか。ある人が、自らの老後に備えて、かれの人生の最もよき時代を倹約一筋に生きることは、かれの財産を保護することになるのか、それとも財産を無駄にすることになるのか。かれは建設的な倹約家であったのか、あるいは破壊的な倹約家であったのか。（中略）天然資源を利用しないで保存することは、社会へのサーヴィスではない。それは、ものは人よりも重要であるという、あの旧式の理論に執着することにほかならないのである。現在、わが国の天然資源は、われわれのあらゆる需要を満たすに十分である。資源について思いわずらうことはない。われわれが思いわずらうべきことは、人間労働の無駄についてである。炭鉱の鉱脈に例をとろう。石炭は鉱山に眠っているかぎり重要なものではない。だがその一塊でも、掘り出されてデトロイトに運ばれれば、それは重要なものとなる。なぜならその石炭

は、採掘と輸送の際に費やされた人間労働の量を表すからである。もしわれわれがその石炭を少しでも浪費するなら—換言すれば、もしわれわれがその石炭を完全に利用しきらないなら—われわれは、人間の時間と努力を無駄にすることになる。無駄にされることになっているものを生産しても、多額の賃金支払いを受けることはできない。

　無駄についての私の理論は、物それ自体から、物を生産する労働へとさかのぼる。労働の価値全部に対して支払いができるようにするために労働の価値全部を利用したいというのがわれわれの希望である。われわれが関心をもつのは利用であって保存ではない。われわれは、人間の時間を無駄にしないようにするために、物質をその極限まで使うことを望んでいる。もともと物質そのものはただなのである。それは管理者の手中におさまらないうちは値打ちのないものなのである。物質をただ物質として節約するのと、物質が労働を表わしているという理由で節約するのとは、おなじことに思えるかもしれない。しかし、この考え方の差は重大な相違を生む。物質を労働を表わすものとしてみるなら、より注意深く使うであろう。たとえば物質は再生して再度利用することができるからといって、それを軽々しく無駄にはしないであろう。なぜなら、廃物利用には労働が必要だからである。理想は利用すべき廃物を出さないことである。」(Ford, b, 邦訳、111-114頁。大野、179-180頁)

　以上のように、物質は労働を付加することによって価値を持つ。製品はもちろん、原料も機械や工具さらには廃棄物すら労働の蓄積物としての価値を持つ。フォードは、生産物の価値は労働であるという労働価値論の下に、労働とその蓄積物の無駄を排除すること、労働力を節約（save）してその効率的利用をはかること、このような「無駄排除の哲学」が、コスト削減の根底にあることを理解しなければならないのである。

4-2. コスト削減の事例

　本章の最も重要な課題である生産原理の革新とコスト削減については次節で扱うこととして、ここでは、作業環境の改善、労働力の節約や有効利用、素材製造のイノベーションなどによるコスト削減の事例を、そして次項（4-3.)では「無駄排除の哲学」にもとづくエネルギー・資源の有効利用によるコスト削

減の事例を見ることにしよう。

　まず、作業環境の改善によるコスト削減の事例である。その第1が、作業者に労働意欲を起こさせるための作業環境・安全衛生をいかに整えるかということである。すなわち、作業者が労働意欲を持って働くためには、職場が明るく清潔で安全でなければならない。その作業環境の整備が生産効率を上げコストを削減するとフォードはのべる。「今日では、建物の支柱はみな中空式になっていて、そこから悪い空気を排出し、良い空気を注入している。また、工場内は、どこでも一年中ほぼ同じ温度に保たれ、日中は人工照明が必要ないようにしてある。700人ほどの人間が、職場の清掃、窓ふき、ペンキの塗り替えの仕事に従事し、痰を吐きたくなるような暗い隅々は白ペンキで塗るようにしている。清潔な職場環境がなければ従業員のモラールを維持することはできないのである」(Ford, a, p.114) と。そしてフォードは、買収したガラス珪石採石場や鉄鉱石鉱山を実例としてあげ、「あらゆるものはペンキで明るい色に塗られ、そのためにほんの少しのごみでも見分けることができる。ごみをかくすためにペンキを塗るのではない。純白色や明るい灰色のペンキにしているのは、清潔であることが珍しいことではなく、あたりまえの状態にするためである」(Ford, b, 邦訳、61-62頁) としている。

　また、安全対策についても、「不適切な作業着、不注意、無知などから起きる諸問題に対しても対策を立てておかなければならない。とくにベルト伝動の職場では一層難しい。新規の工場ではモーター直結の機械が設置されているけれども、古い工場ではベルトを使用せざるを得ない。しかし、ベルトは全て安全設備が施され、自動式コンベアーの上には橋が設けられ、誰も危険な場所を横切る必要がない。金属片が飛んでくる危険のある職場では、作業者は安全めがねを着用し、機械は防護ネットで囲われている。また加熱炉の周囲には鉄柵を設置し、作業着が引き込まれないようにカバーがつけられている。すべての通路は整理整頓されている。圧延プレスの起動スイッチには大きな赤いタグが付けられていて、それを取り外さないと起動できないように工夫され、機械が不用意に動かされることがないようになっている。作業者は作業に適さない服装をしていることがある。たとえば、滑車に巻き込まれそうなネクタイ、ひらひらの付いた袖などの作業には不適切なすべてのものについて、職長はそれら

を監視し、違反者を見つけ出さなければならない。新しい機械は設置前にあらゆる方法でテストし、重大な事故が起こらないようにしなければならない。工場において絶対に守られるべきことは人命尊重なのである」(Ford, a, p.115) としており、これらの事例は、作業環境の改善と安全管理などの生産能率向上のための基本的な作業条件整備という、現代の5Sの実例がフォードにおいて明確に見て取れるのである。

　第2に、労働力の有効利用についての2つの事例である。その1つは身体障害者の雇用に見る事例である。バベジの分業の利益にもあるように、労働者の適材適所の配置は、コスト削減の重要な要因である。フォードは、「確信を持っていえることは、(中略)肉体的に健常でなくとも、1人前の仕事をして1人前の賃金を得る、そうした仕事の欠乏は断じてないということである」(Ford, a, p.108) として、在庫部で分工場へ送るボルトとナットの数を数える仕事をする目の不自由な労働者が、それまで2人の健常者がやっていた仕事を1人でやっているという実例、回復過程にある病床の労働者がベットの上で、ボルトにナットをねじ込む仕事を健康な労働者より20％も多くこなし、結果として病気の回復が早まったという実例 (Ford, a, pp.109-110) をあげている。

　1922年以前の最も新しい調査によれば、フォード自動車に雇用される健常でない労働者は9,563人に上るが、その内123人は手や腕に障害のある労働者であり、4人は両眼とも視力のない労働者、207人は一眼がまったく見えない労働者、253人は一眼がほとんど見えない労働者、37人は聴覚に障害のある労働者、60人はてんかんのある労働者、4人は両足のない労働者、234人は片方の足のない労働者であった (Ford, a, p.110)。F.ギルブレスの義手や義足の研究に見られるように、第1次世界大戦で負傷し復員した人たちの雇用問題は当時のアメリカの重要な課題であったのである。

　重要なことは、このような労働者の雇用を「慈善」などではなく、実例にもあるように真に経済的視点から雇用するのである。フォードは、熟練度別賃金を採用するのであるが、作業が細分化され単純化すれば、それに対応した労働者を採用してコストの削減をはかっているのである。ちなみに、熟練度の分類を見れば、43％が1日以内で習得できる、36％が1週間以内で習得できる、6％が1～2週間、14％が1年以内、そしてわずか1％が習熟に1～6年かかる

(道具製作、金型製作)とされており、機械化の進展によって作業がいかに単純化しているかが分かるのである (Ford, a, p.110)。

2つに労働者の改善能力の利用事例である。「工場管理全体が、常に改善提案に対して門戸が開かれており、われわれは、非公式な提案制度をもっている。それによって、作業者は頭に浮かんだアイデアを提案し、それを実行に移すことができる」(Ford, a, p.100)。なぜならば、1個の部品につき1セントの節約ができれば、年間1万2,000ドルの節約になるし、それが全部品で行われれば、年間数百万ドルの節約となるからである。こうして、フォードは、現場作業者による改善事例をあげる。列挙すれば、①工具の取り付け角度変更で機械の寿命を延ばした。②ボール盤に自家製の装置を加えることによって作業を改善した。③鋳物を鋳物工場から機械工場へ高架搬送することによって運搬作業を70人節約した。④バリ取り機械の考案によって、それまで17人必要だった作業員を4人で数倍の仕事をするようにした。⑤一体もののロッドを溶接ロッドに変えることによって年間50万ドルも節約した。⑥歯車製作におけるスクラップ率の削減方法 (12％から1％へ) の考案をした。⑦カムシャフト加熱炉の加熱度合いを色電球で知らせる、いわば「あんどん」によって作業者を37人から8人にした (Ford, a, pp.101-102)。以上、これ以外にも幾多の改善事例があるが、フォードは「開発された製造上の熟練の成果は、いかなるものも作業者の業績である」(Ford, a, p.102) と、現場労働者の改善能力を高く評価している。

第3に、素材製造のイノベーションによるコスト削減の3つの事例である。その1つが板ガラスの製造方法の完全自動化についてである。ガラスの需要が増加したのは、「自動車は、天井のない夏の乗り物から、箱形の年中利用できる交通機関へと急速に変化した」(Ford, b, 邦訳、58頁) ことにある。1919年に10.2％であったクローズドカーが、22年には30.0％、25年には61.5％に増加している (下川、a、145頁)。フォードは、全国で生産される板ガラスの4分の1を購入していたが、ガラス需要の増加と品不足状況から、1923年、ピッツバーグ近郊にあるアルジェニー硝子会社の工場と設備を買収した。そこでは、旧来の方法でガラス生産を行っていた。すなわち、①調合原料を粘土のるつぼで溶かす。るつぼは、すべて手と素足で細かい砂や異物がなくなるまで

こねられる。これを機械化する方法は発明されていなかつた。るつぼ1つには、厚さ半インチで300平方フィートの粗板ができる原料が入っている。1つのかまどにはそれが16個はいる。② クレーンで鋳込み台に移され、中身が流し出される。③ 決められた厚さに圧延される。④ 焼き鈍され、冷やされる。⑤ 板の表裏に粗磨き（7種類の研磨剤）と仕上げ磨き（フェルトつき回転台）がなされる（Ford, b, 邦訳、59頁）。

これが旧来方式のガラス製造であるが、フォードは、このプロセスを、るつぼを使わずに自動化・連続化し、手労働を排除した完全自動化工程を開発したのである。すなわち、① 調合原料を408トン入る炉の中で溶かす。炉の熔解温度は、溶融温度が華氏2,500度、精製温度が2,300度。15分ごとに原料の砂、ソーダ灰、その他の薬品を入れる。② ガラスは連続的流れとなって、ゆっくり回転している鉄製のドラムに流れ出る。③ 適当な厚さにするためにローラーの下を通過しながら、延ばされて薄板状になる。1分間50インチの速度で移動し、442フィートある徐冷室に入って徐々に冷却され、焼きを戻す。（華氏1,400度の板ガラスを冷却しながら442フィートの移動の間、ローラーは完全に水平を保たなければならず、ガスの炎をサーモスタットを使用して制御する。これが開発技術の要であった。）④ 徐冷室の末端で113インチの長さ（風防ガラス6枚分）に切断されコンベアで研磨工程に送られる。⑤ 研磨機（粗磨きと仕上げ磨き）にて研磨（研磨用の8種類の砂と6種類のざくろ石を水に混ぜた研磨材）。⑥ 洗浄され仕上げ研磨盤（鉄丹と水の混合研磨材）に移動する。⑦ 裏返され同じ工程を繰り返す。

さらに、原料、研磨材についても、一切人間の手は使用しない。原料運搬車両から真空ポンプを使ってホッパーに落とし、コンベアでそれを上に運び貯蔵タンクに送るためのコンベアに落とす。そして、使用する場合は貯蔵タンクから流水を使ってパイプラインでそれぞれの供給タンクに送られる。そこから、各工程にパイプで供給される。使用済み研磨材は、研磨機の下にある導管に流れ込み、そこからポンプで選別システム（連続した8つのタンクに水とともに流し込み、砂の重さごとに自動的に選別）に送られ、循環する。こうして、ガラス板製造工程は完全自動化工程となった（Ford, b, 邦訳、68-71頁）。買収したガラス製造プラントでは、年間250万平方フィートのガラスを製造していた

ものを、ルージュ工場の新型プラントにおいて、敷地2分の1、生産力2倍、従業員3分の1の完全自動化工程によって、年間1,200万平方フィートの板ガラスを生産することになり、年間300万ドルの節約を実現したのである（Ford, b, 邦訳、68頁）。

2つ目が、最良質の木材で製作されていたハンドルの素材を、それまでは捨てていた麦わらを原料とするバイオプラスチックで代替した例である。フォーダイト（硬質ゴム類似製品）と名付けられた製品は、①麦わら、ゴムの粉、硫黄、珪土、その他の材料を各々150ポンドずつ釜に入れ混合する。これをゴム製造機の中に入れ加熱ローラーで45分撹拌する。②細長く切ってチューブ型に成形後、52インチずつに切断し、ゴム状物質で被覆する。③ハンドルの型に入れ1平方インチ当たり2,000ポンドの水圧をかけながら、蒸気で一時間加熱し、その後冷やす。④仕上げ室で、切削と研磨後、機械で鋼鉄の中軸を十字にはめ込み取り付ける。以上であるが、麦わらはフォードの農場分ではまかなえず近隣から購入したが、このフォーダイトは、ハンドルの縁のほか、電気系統に関係する45の部品に使用され、結果として木材コストを半分に節減したのである（Ford, b, 邦訳、80-81頁）。

3つ目に、人造皮革の例である。自動車の屋根張り、カーテン、座席には5種類の人造皮革が使用される。もちろん、自動車の生産量を考えれば天然皮革を使用することはできない（高価であり、それほど動物がいない）。フォードは、5年を超える実験の末、独自の人造皮革を開発した。その工程とは、①素材の布を釜に入れる（釜は一連の塔で構成）。各々の塔の底には布の上塗り用の薬品（合成塗料）が入ったタンクがあり、布が通るときにこの薬品が塗布され、ナイフ状の刃が平にならし余りをこそぎ取る。約200度の塔の中を30フィートの高さまで持ち上げ、乾燥させ、降ろされる。②乾燥した布を第2の釜に入れ、別の塗料が塗布され乾燥させる。③第3〜第7の釜まで繰り返す。④1ヤード単位で塗布量測定のための重量検査を行う。⑤圧縮機で700トンの圧力をかけ、表面に粒状の模様をつける。⑥最後に別の釜で仕上げの塗布と光沢をつけ、柔軟性処理が行われる。実はこの合成塗料の開発に長時間がかかった。その塗料とは、ひまし油と黒色塗料を混合し、エチル・アセテートに溶かし、硝化綿と混ぜ、ベンゾールで希釈したものである。揮発性が強

く、したがって乾燥が早い。そのプロセスで蒸発した酢酸エチル、アルコール、ベンゾールのガスは、回収され、ココやしの殻からつくった木炭に吸収させる。そして、蒸気を送り込みガスを凝縮機に導き、そこで各要素に分離して再使用する。90％以上のガスが回収される（Ford, b, 邦訳、81-83 頁）。結果として、1日1万2,000ドル以上の節約となった。

　以上のように、フォードシステムには、「無駄排除の哲学」の下における多くのコスト削減の事例を見ることができる。これら以外にもたとえば購入部品の内製化、あるいは作業の機械化や輸送コストの削減（後述）など、コスト削減の事例は枚挙にいとまがない。すなわち、「高賃金・低価格」「高能率・低コスト」は、製造工程の革新のみでなく、このような各種のコスト削減のための不断の努力によるものであることがわかるのである。

4-3. フォードの資源循環システム

　つぎに、資源・エネルギーの無駄の排除、有効利用によるコスト削減の事例について見てみよう。「想像されるいかなる技能をもってしても、われわれはなお主に天然資源に依存し、それらに取って代わることは出来ないと考える。われわれは石炭や鉄鉱石を掘り出し、また樹木を切り倒している。われわれはその石炭や鉄鉱石を使用しているが、それらはその内なくなるであろう。樹木もわれわれの一生の内には再生されないであろう」（Ford, a, pp.280-281)、したがって、現段階では「思いわずらう」ことはないとしても、「先を見越して、予想される資源の枯渇や、材料の節約、さらに、現在のものに代替する材料や燃料の発見に常に注意を払っておく必要がある。（中略）例えば、ガソリンの価格がある一定額を上回るなら、それに代わる燃料をとり入れることは有益である」（Ford, b, 邦訳、79 頁）として、フォードが将来の資源・エネルギー問題に対して一定の危機感を持っていたことは確かである。しかも、フォードの理論からすれば、資源の無駄はすなわち労働の無駄を意味するのであるから、資源の有効利用によって労働の無駄を削減することが資源の保全とコスト削減につながるのである。

　第1に、資源の有効利用によるコストの削減である。まず、木材の有効利用に関する実例である。木材消費の通常の方法は、① 丸太、完成材は、市販寸

法に切ってあり、それを購入して用途に合わせて切り、残りを捨てる。② 使用済みの木枠、梱包用の木箱は、廃物として壊して燃やす。しかし、こうした木材消費を続ければ「わが国の森林は、（中略）50年ともたないであろう」（Ford, b, 邦訳、151頁）というのがフォードの認識であり、こうした無駄をなくすため、「われわれは一本一本の樹木を、普通の木材として役立つ部分がすっかりなくなるまでは木材として取り扱い、次にその残りを化学品として扱い、これを分解して、別の化合物に転換し、自らの経営内部で利用する」（Ford, b, 邦訳、149-150頁）という、新たな木材利用方式を実施した。① 森林の購入、製材工場を森林地帯に建設。② 太さ12インチ以下の木は切らない。ガソリン発動機つき帯鋸によって立木はなるべく根元から切る。以前の20分の1の速度。これまで切り株として残された大量の木材を節約。周りの柴はすぐに燃やす（山火事防止、若木の生育）。森林の寿命が3分の1のびる。③ 樹皮の着いた丸太から直接厚板を切り出す。各成型部品に製材。以前より25-35％も多い部品。1日の節約額2万ドル。④ 改良型の乾燥機で水分7％まで乾燥。乾燥には20日程度時間がかかるが、木材の節約は50％に達する（以上、Ford, b, 邦訳、158-160頁）。

また、⑤ 隣接発電所と製材工場、乾燥釜および乾留工場が一体となっており、発電所の炉は、がらくた、おがくず、油、タール、粉炭など、ほとんどどんなものでも燃料として使用できるという特徴を持っている（Ford, b, 邦訳、161頁）。⑥ 乾留工場は、おがくず、木片、樹皮、トウモロコシの穂、果実カラ、麦わら、そして伐採した大小の枝等、セルロース構造ならどんなものでも木炭と副産物に変える。乾燥した木材を華氏1,000度のトレルト（高さ50フィート、直径10フィートの塔）に入れ、揮発性ガスと木炭に分離する。ガスは、高さ50フィートのガス精製装置によって精製ガスと凝縮された木酢となり、残余は発電所の燃料になる。木酢は、蒸溜器によってタール、メチルアルコール、種々の酸、軽油などに分解。タールは、ピッチ、クレオソート、浮遊油に。ピッチは、電池の封印やコイルの絶縁に。クレオソートは、柱や杭、枕木の防腐剤に。浮遊油は浮遊選鉱用に。メチルアルコールと種々の酸は、石灰で中和後蒸溜器に入れ、酢酸と化合してカルシウム・アセテートにする。それは、自動車の幌、車内装飾用のレザー・クロスに。最後に残った油は燃料に

する。また、木炭は、大きな塊は貯蔵室へ、小さな塊は粉砕され接着剤と混ぜて燃料用の練炭になる。

こうして、廃材1トンは、石灰アセテート135ポンド、82％のメチルアルコール61ガロン、木炭610ポンド、タール、重油、軽油、クレオソートは計5ガロン、燃料用ガス600立方フィートとなり、回収生産物は1日12,000ドルになるのである（Ford, b, 邦訳、160-165頁）。

つぎに、鋼材の利用効率を高めた例である。それまでは鋼板や棒鋼を標準規格で購入していたが、仕上げ済みのこうした鋼板を使用すると多くのスクラップが出る。多くの労働の無駄を出していたのである。そこで、①クランクケースの場合は、以前はポンド当たり0.335ドルで購入していた鋼板から切り取っていたのを、仕上げされていない長さ150インチの鋼板を、ポンド0.028ドルで購入し、109インチのところで切り（この部分は他の部品の材料となる）、残りの部分から5つのクランクケースを1回の作業で切り出す。これによって、年400万ポンドの鉄屑の節約になり、50万ポンドのコスト削減を生みだした（Ford, b, 邦訳、114-115頁）。②風防ガラスのブラケットの場合は、以前は15.5インチ×32.5インチの鋼板から6個切り取っていたが、多くのスクラップが出ていた。そこでそのスクラップ部分から、10個の小部品を同時に切り取る改善によって、年間150万ポンドの鋼鉄の節約を実現した（Ford, b, 邦訳、115頁）。フォードはその他の事例をあげつつ、「われわれはスクラップは避けるべきであり、また他の用途がなくなるまでは、再び溶かしてはならない」として、鋼鉄レールを再熔解せずに棒鋼として再利用する例などをあげている（Ford, b, 邦訳、117頁）。

最後に、ルージュ工場における、副産物回収炉の例についてである。これは、石炭の消費過程で発生するガス等から副産物を製造するものである。まず、石炭の搬入価格はトン5ドル。それがコークスと副産物に転換されると約12ドルの価値を持つ。まず、乾留によって発生するガスは、1部は炉の過熱用、1部はハイランドパークへ、そして残部が地元のガス会社に販売される。コールタールと鉱油は自家消費する。コークス炉の近くの高炉には、鉄鉱石、コークス、石灰石、空気（比率は、2トン、1トン、0.5トン、3.5トン）が入れられるが、ここから、高珪素鉄1トン、鉱滓0.5トン、20万立方フィートに

当たる5.5トンのガスが生産される。ガスは微塵を含んでいるので洗浄・濾過される。そのガスの一部は高炉の余熱用、残部は発電用の燃料となる。微塵は、以前は廃棄されていたが、50％の鉄を含むので回収・焼結し再利用する(Ford, b, 邦訳、130頁)。

第2に、廃棄・排出物の再資源化によるコストの削減である。これまでの事例にも見られるように、フォードの資源・エネルギーに対する考え方は、廃棄・排出物は可能な限り出さないこと、廃棄・排出物は再利用するということである。ここでは、廃棄・排出物のリサイクルの事例を見ることにしよう。

まず、フォードは、廃棄物をできる限り少なくするために、廃棄物利用部門を作ったが、その活動の事例があげられている。①廃棄ベルト（日に1,000ドル分以上）は、すべて修理されて再利用されるが、小物は、窓ふき人夫の安全ベルトや靴屋のつぎ革や底革として再利用される。②破損した工具類は全部修理され、保管される。これらの修理はすべて仕様書どおりに再生される。③壊れた工具の把手は、ねじ回しやノミの把手に、つるはし、くま、すき、ぞうきん、ほうきなどの用具類も役に立つ限り回収、ぞうきんバケツ修理に2人の作業員がいる。④古くなったペンキは1日500ガロンほど再生され、粗塗り仕事に使われる。⑤切削過程で出るキリコと油の混合物から、1日2,000ガロンの油を回収する。⑥金属類のスクラップは、すべて再度熔解される。⑦鋳型用の砂は高価なうえ運賃も高いので、回収再利用される。⑧廃油も回収され、潤滑油、錆止めとしても使用できないものは燃料になる。⑨古い耐火煉瓦は粉砕されて再加工される。⑩写真の現像液から銀塩が回収され、その額は年に1万ドルにもなる。⑪全社から出る紙くず20トンは、社内製紙工場で、バインダー用の板紙14トンと特殊防水板紙8トンになる。⑫溶鉱炉から出る1日500トンの鉱滓のうち、225トンはセメント製造に使用され、残りは道路用に粉砕される。セメント工場へ送られる鉱滓は、パイプをつうじて冷却した流水と一緒になることによって粒状になり、除水装置を経てコンベアで貯蔵所へ運ばれる。途中、強力な磁石の下を通過するが、その時含まれる1％の鉄を回収する。鉄は溶鉱炉へ送られる。セメント工場に送られた鉱滓は、石灰石と30％以上の水で混合され、微粉末にされる。このクリーム状の混合物（スラリーとよばれる）は、空気の圧力で貯蔵桶に送られ、成分検査が行われ

る。その後、スラリーは回転窯に入り高熱で溶融されクリンカー状のセメントになる。そして最後に、少量の石膏を加えて粉末にされ、製品となる（Ford, b, 邦訳, 117-121頁）。

以上、資源・エネルギーの節約・有効利用・再資源化の事例を見てきたが、「無駄排除の哲学」という経営哲学を根本理念とするフォードにとって、生産過程からの廃棄・排出物は「厄介者」ではなかった。それは生産過程において加えられた人間労働を蓄積する価値物なのである。それゆえ、フォードにとって廃棄・排出物から価値を回収することは、まったく理にかなった企業活動なのである。フォードの偉大さは、いわゆる動脈流と静脈流の統合を1企業の中で実現したことである。大量生産・大量消費・大量廃棄と地球環境問題とのジレンマに悩む現代生産システムにとってきわめて示唆的内容を有しているといえよう。

第4節　フォードシステムと生産原理の革新

1. フォードシステムの展開

フォードシステムの生産システムとしての歴史的評価はその生産原理の革新にある。マックアベニュー工場に始まり、ピケットアベニュー工場段階を経て、ハイランドパーク工場へと発展するフォードシステムの進化は、いわば万能作業組織段階、機種別作業組織段階、そして品種別作業組織段階への進化の過程であった。そして、品種別作業組織への転換こそ、大量生産の原理を生みだしたフォードシステムの質的飛躍であった。

ところで、組立加工型生産システムは、製品を構成する部品の生産とこれら部品の組立の工程から構成されるが、個々の部品の生産は、鋳造、熱処理、鍛造、機械加工の各工程を、部品組立工程は、構成部品の組立（部品組立）と構成部品の組付による完成品の組立（総組立）から構成される。ハイランドパーク工場は、ピケット工場の全設備を移して1910年に操業が開始され1913年に一応完成するが、その過程で、1911年に買収したカイム製作所の鍛造（プレス）工程が追加され、また1913年には熱処理工場が完成し、世界最大といわ

れる鋳造工場の大拡張が行われた。1913年のハイランドパーク工場のレイアウトを見れば、鋳造工場、熱処理工場、2棟の主工場、それに、2ヶ所の発電所、事務棟、倉庫などから構成されており、資材の搬入、完成品の搬出のための鉄道の引き込み線が工場の目前まで敷かれ、工場全体が、クレーン、モノレール、コンベアなどの機械式搬送装置で結合されている。また、主工場は、1棟がシャシーおよび車体の部品生産のための機械工場であり、他の1棟がユニット部品の組立と製品の最終組立の工場である（Arnold, p.24）。組立工場は4階建てになっており、1階がシャシーの部品組立と総組立、4階が車体用部品の組立、3階が車体塗装、2階が車体組立、そして2階からの車体と1階からのシャシーが建屋の外で組み合わされるという生産工程である（塩見、220頁、Arnold, p.151）。ではフォードシステムは、このような工場体制の下でどのように大量生産の原理を構築していったのであろうか。まず、具体的な生産工程の展開を工程順に見ることにしよう[13]。

1-1. 製造工程の革新
(1) 鋳造工程

鋳造工程は、元来きわめてコストのかかる工程である。それは、木型製作および鋳型製作に熟練を必要とするだけでなく、何よりも長い時間のかかる労働集約型工程であるからである。したがって、この木型製作および鋳造工程の熟練と時間とをいかに削減できるか、フォードにとって鋳造工程のコスト削減は、生産工程におけるコスト削減の重要な課題であった。まず、木型製作にどの程度の熟練が必要であったのか、木型工ソレンセンがつぎのようにのべている。「木型製作の仕事は、知的職業でもまた商業でもなく、両方の調和を必要とする正確かつ高度に熟練した技能である。木型工は、きわめて複雑な設計図を読み取らねばならず、また家具師以上に、のこぎりや、かんな、サンドペーパーや、にかわについて、細部にわたって精通しかつ無限の忍耐力を持っていなければならない。同時にまた、設計者や製図者の考えを木を使って正確に表現することが必要である。更にそれ以上に、その木型は、鋳造場の鋳型工の、特に正確な要求にあわなければならないのだ」（Sorensen, 邦訳、73頁）と。このように、木型の製作は、習熟によって労働者に蓄積された熟練技能の世界で

あった。それは、大量生産を目指すフォードの大きな桎梏であったことは間違いない。また、鋳造工程については、フォードの説明も、アーノルドの説明も、ましてや日本の諸論者の説明でも、熟練という点からは明確ではない。

そこで、筆者の経験が一般化できるかどうかは分からないが、かつて零細企業において硬鉛のバルブ鋳造作業にわずかながら関わった経験から、そのプロセスについて考えてみたい。高度経済成長期、硫安生産に不可欠の硫酸製造工場では、鉛製品が使用されていた。鉛のパイプ・配管、鉛を張ったタンク、ミストのように鉛で内張りされた塔、等々。この硫酸製造工程において多用されていたのが鉛のバルブである（後にステンレス製のバルブが市販されるが高価であった）。その工程について説明しよう。

① 原型（木型）は外注していたが、硬い素材で製作されており、かなりの重量物であった。複雑な外形が美しささえ感ずるほどの工芸品のようなものであった。型は上型と下型、すなわち1つの原型を半分に割ったものである。2つを合わせれば製品と同じ外形になる。多種類の注文に対しては多種類の木型を持っていなければならない。新規注文には、新規に型を作らなければならない。

② 鋳型作りに使用する砂は特定の産地の砂である。砂に若干の水分を与え、鋳型づくりに適切な鋳型砂にする。湿り気の状態を判断する能力がいる。

③ 平面の台の上に四角の型枠を置く。その中に木型の一方を、平面部分を下に向けて置く。そして上から②の砂を入れ、しっかりと固め、平らにならす。その硬さも重要な判断を要する。

④ 鋳型を静かにひっくり返す。型の切り口部分をきれいに拭き取り、他方の木型（上型）をぴったりと載せる。

⑤ 上から型枠を載せ、全面に乾いた細かい砂を薄く振りかける（上下型を分離し易いようにするためである）。そして②の砂を入れて固める。その際に型に接するように湯口棒を立てる。砂を固めた時点でその棒はゆっくり引き抜き丁寧に補修する。

⑥ 上下鋳型を慎重にはがす。白砂が撒いてあるのでわりに簡単に分離できる。砂の欠落があった場合は補修する。

⑦ それぞれの鋳型から木型を抜く。木型の面に金具を打ち込み、木型をわ

ずかに動かしながら引き上げる。これは結構難しい作業で慎重にやらなければならない。引き抜くときに木型が縁に触れると砂を崩す。そこで、和筆に水を含ませ木型の縁全体に水滴を垂らす。木型が砂から離れやすくし、抜き易くするためである。木型をはずしたのち、鋳型のでき具合をみながらへらで補修する。一方の湯口穴もしっかりと固める。

⑧ 鋳型を乾燥させる。ストーブの周りに鋳型の表面を内側に並べ一晩置く。

⑨ 乾燥した鋳型（下型）に中子をセットする（中子は内部の形状を決めるので、正確に動かないように）。中子は、別のところで同様のプロセスで製作する。下型に上型をぴったり合わせる（湯口が上に来る）。重しを載せる、粘土で上下鋳型をとめる、固定具をつけるなど、上下鋳型がずれないように工夫する。湯が鋳型の間から漏れないためでもある。これで鋳型の完成である。

⑩ 湯（この場合は溶けた鉛）は、鉛のインゴットを溶解鍋で溶かしたものである。通常、鉄の鋳物工場の場合、鋳鉄溶解炉（キューポラ）で溶解する。さて、この湯を鋳型に注ぐのだが、大きさにもよるが、注湯鍋または鉄のひしゃくで湯口にあふれるまでいっぱいに注ぐ。直ぐにわずかに湯の面が沈む。そこで押し湯（減った分追加）をする。製品に鬆（す）が入らないための重要な作業である。実に体力のいる作業である。

⑪ 湯はまもなく固まるので、しばらくして鋳型をばらす。バリ取り、湯口切り、その他傷や鬆の状態を点検する。補修が必要な場合がある。鉛の場合、補修は酸素と水素の混合ガスで小さな火口を使って鑞（ろう）を盛る。

⑫ 砂および型枠は再利用する。製品を機械加工に回す。

以上が鋳造工程であるが、鋳造職場は、湿度・温度が高く換気が常に必要となるような作業条件にあり、砂や湯をスコップやひしゃくで運ぶなどの重筋労働が求められる、きわめて危険を伴う作業環境にあった。そして、鉛と鉄とでは技術的あるいは方法的に若干の相違があるかもしれないが、基本的には鋳造工程の条件や方法は同じである。

初期のフォード社の工場における鋳造職場についても同様の環境が想像される。アーノルドによれば、1910年5月10日、最初のT型車のシリンダーは木型でつくられたが、当時は、まだスコップとねこ車で、すべての作業が人手で行われていたと説明されている（Arnold, p.331）。T型車の大量生産のため

には、鋳造工程が大きなボトルネックになっていたことは間違いない。ソレンセンが「溶融工程をもっと改良し、研究所で原材料を分析し、金属鋳型および砂込めに機械を使わねばならないということがハッキリわかってきた」(Sorensen, 邦訳、93頁) とのべるように、当時の旧式の鋳造方法の改革は、T型車の大量生産を実現するためのフォードの最大の課題の1つであったのである。フォード社での改革はつぎのように行われた。

　第1に、木型から金型への転換である。木型は単品生産で、壊れれば作り直さなければならない。ソレンセンは、当時の状況をつぎのように書いている。「その当時シリンダー・ブロックの鋳造には、マホガニー材の木型を使い、消耗の激しい部分を真鍮で補強していた。どんな熟練した鋳物工でも、鋳造中に木型を乱暴にとり扱うので、ダメになることが多かった」(Sorensen, 邦訳、91頁)。このため「木型部は1日10時間稼働しており、それ以上残業することも多く、それでも仕事を家に持って帰ることさえあった」(Sorensen, 邦訳、92頁)。そこでソレンセンは、「自動車を大量生産するというヘンリー・フォードの夢に刺激されて、私は鋳物工と、シリンダー・ブロックの木型を金属製のものに替え、これを鋳造機の上にすえられないかと議論した」(Sorensen, 邦訳、91頁)。木型から金属型に変更できれば、型の寿命が延び、同じ型でより多くの鋳造が可能となる。熟練労働者も少なくてすみ、当然コストが削減できる。こうしてかれは、「木型の代わりに金型を作成してこれを機械にかけ、正しく寸法を出した」(Sorensen, 邦訳、121頁) ところ、「この同じ鋳型で何回も鋳造したが驚くほど正確なものができた。これで鋳物の問題は解決した」(Sorensen, 邦訳、122頁) とのべている。確かに金属型は機械加工が容易で、大量生産に向いていたのである。ただし、この場合の金型とは、木型に代わる金属製の原型であって、後にアルミニウムの鋳造に採用された金型に直接注湯する方式（ダイカスト方式）ではない (Ford, b, 邦訳、88頁)。

　第2に、鋳型の製作工程の改革である。鋳型の製作は、前述のように、長い時間を要し、またかなりの熟練を要する工程である。鋳型製作工程の最大の改革は、砂づめ工程の機械化と鋳型製造機 (the moulding machine) の導入であった (Arnold, p.332)。ただし、鋳型製造機については、当時の鋳型製造機が鋳型製造プロセスのどこをどのように機械化しているのかの説明がないので詳

細は不明であるが、鋳型製作から熟練の機能の多くを機械が代替したことだけはたしかである。また、砂づめ工程は、生砂混合と砂づめの自動工程が1913年に採用されたことによって、鋳型製造機での砂処理の労働がなくなった。この砂処理工程は、鋳型砂の混合工程から個々の鋳型に砂を供給する工程（生砂をホッパーからコンベアで送り出し、生砂供給シュートによってそれぞれの鋳型製造機に供給する）、鋳込み後の鋳型をばらして砂の回収を行う工程を循環工程として自動化したものである（Arnold, pp.332-333）。鋳型製造機の導入とともに、鋳型砂の作成・砂づめ・砂回収処理工程の一体的機械化は、実に鋳型工の作業のきわめて多くの時間節約と労働の削減を実現したのである。このような鋳型製作の状況については、1926年著書の中でフォード自身による鋳型製作職場の様子がのべられているので、これを見ることにしよう。

「鋳型工には、作業を迅速かつ能率的にするのに役立つものはすべて与えてある。型の上へ手で砂をふりわける代わりに、電気ふるいが用いられている。これによればボタンを一押しするだけで仕事が行なわれる。砂は固くてがっちりした鋳型になるようふりわけられ、固められる。ここでも、やはり機械は、どんな労働者よりはるかにすぐれた仕事をする。金属板の下にある電気コイルがこの鋳型を加熱するのだが、その鋳型は暑い日でも作業員に無用な熱気をあてることなしに作られている。同じ考えにそって、各作業員の近くには、冷えた空気を送る冷却空気の送風器システムが設置されている」（Ford, b, 邦訳、93頁）。また、「型を取り除くためには、鋳型は、2つの部分がぴったりと合い、しかも容易に割ることができるようになっていなければならない。この2つの部分の間に、以前はロシア産のライコポウジャム（ロシアにしかない花の花粉からつくられる細かな粉末）を敷くことが慣習となっていた。これは非常に高価なものであった。だがわれわれは今では、それと効果が同じで、しかもずっと安価な代替品を調整して使用している。また空気振動装置と簡単なギア機構によって、鋳型の上半分をもちあげることができる。したがって、この過程で傷がつくことはない」（Ford, b, 邦訳、93頁）。

以上の説明によって明らかなことは、鋳型製造機が鋳型を自動的に作るのではないが、鋳型工が鋳型製造機を使用して、砂込め作業、上下鋳型のはがし作業、乾燥作業を行い、前記③④⑤⑥⑧の工程を単純化したことである。た

だし、⑦の工程についてはその方法についての言及がない。⑨の工程に関しては、締め付け具の開発によって簡素化されたとしている（Ford, b, 邦訳、93-94頁）。

　第3に、鋳込みの工程である。まず、当時旧式鋳造方式を行っていたシリンダー・ブロックの鋳込み工程の作業場について、アーノルドの説明を見てみよう。「シリンダーの鋳造は、注湯鍋を運搬しながら東西に移動する3機の並行クレーンの下で行われる。シリンダー鋳造は、13グループで行われている。各グループには、上型砂詰め係と助手各1人、下型砂詰め係と助手各1人、1人の下型完成係（下型検査、3つの中子のセット）、1人の上型完成係（上型検査と水ジャケットのセット）、1人の円筒中子セット係（円筒中子のセットと最終検査と確認、型合わせ助手の助けをかりて鋳型を合わせる）、2人の型合わせ助手（型合わせの手伝い、湯口製作）によって行われる。北側のNo.1、No.2クレーンは、それぞれ4つの鋳型製造グループ用、No.3クレーンは5つの鋳型製造グループ用である。各クレーンを1つの注湯グループが運転し、その中にはクレーンを操作する1人の注湯係と1人の助手、1人の湯膜とり係が担当する。また、3つのクレーンには、1人の職長と25人の作業者からなる鋳型ばらし係がついている。そして、この重量物の鋳込み工程についても自動化の設計はなされているとアーノルドは書いている（Arnold, p.356）。以上であるが、ここでの説明でも型抜きを（上下の鋳型完成係だと思われるが）誰がどのように行うのかの言及は見られない。それにしても、著書の中に挿入された写真（Arnold, p.355, p.356）にあるように、鋳造作業は、多くの労働者が、蒸気が充満した労働環境の中で重筋労働を余儀なくされる危険な職場であった。

　さて、シリンダー・ブロック以外の鋳込み工程の変革は、機械式鋳型搬送装置の導入によって実現した。同様の搬送工程の自動化方式は、すでにウェスティングハウス社に導入されており（Arnold, p.336, Hounshell, 邦訳、305頁）、それ自体は新規の技術開発ではないが、それが鋳型製造工程と一体化された自動化工程として構築されたところにフォード社の独創性がある。すなわち、鋳型を置く台が循環チェーンにつり下げられた状態で移動する。その台の上に鋳型をセットすると、鋳型は移動してキューポラの前で注湯され、そのまま移動する間に固まり、それがコンベアの上に移される。チェーンはそのまま動き、

図6-1 ハイランドパークの自動鋳造工場のレイアウト

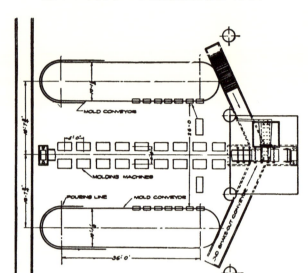

出所：Arnold, H.L. and F.L. Faurote, *Ford Methods and the Ford Shops*, 1915, p.338.

鋳型はコンベア上で鋳物・枠・砂がばらばらにされ、分別回収されるというものである[14]。アーノルドによるある1つのユニットの例を見てみよう（図6-1）。それは、機械駆動式の2つの鋳型搬送循環ラインの真ん中に2本の鋳型製造機ラインが配置され、それぞれに生砂供給シュートがついている。鋳型が完成すると、そこにいる作業者は、①鋳型組立係が鋳型製造機から鋳型をはずし、循環ラインのぶら下がり式の台の上に置くか、すでに台に置かれた下型の上に上型としてセットする。②重し係がセットされた鋳型の上に重しをのせる。③注湯係が手に持ったひしゃくで溶湯を注ぐ。④ばらし係が鉄格子の上で鋳型を揺すってばらし、枠を積み上げる（Arnold, p.335）。

アーノルドは、中子の砂づめの自動化、中子乾燥の連続化、そして鋳型の移動の連続化をもって「これらが低コストを実現するフォード鋳造工場の3大要素である」（Arnold, p.334）とのべている。ただし、ぶら下がり台式の鋳型搬送装置は、特に明白な利点を有するものではないとも言っている。すなわち、鋳

型搬送の機械化および自由に揺れるぶら下がり式鋳型台の難しさ、歯型屋根からの採光を妨げること、そしてとりわけ重大な欠点、すなわち、搬送装置が稼働している間は広い床スペースが無駄になるなどの問題点を明らかにしている（Arnold, pp.338-339）。

以上、1914年前後の鋳造工程革新の状況を見てきたが、鋳造工程の改革の特徴はつぎの2点にあると考えられる。1つは、作業の機械化である。それは、砂型鋳造に必須の生砂の混合・運搬・砂づめ・回収までの機械化・自動化、鋳型製造工程の機械化、そして注湯工程への循環式鋳型搬送装置の導入である。鋳造工程のこのような全面的な機械化によって、鋳造作業に必要な多くの熟練を不要にし（熟練の機能の機械による代置）、それに関わる重労働の多くを削減したことである。フォードいわく、「今では、約5％の熟練鋳型工と心型工とがいるだけで、残りの95％は不熟練工、もっと正確にいえば、最もできの悪い労働者が2日間で学びうる程度の1つの作業を覚えた工員である」と（Ford, a, p.87）。

いま1つは、鋳造作業を流れ作業化したことである。すなわち、工程の分業化は行われていたが、それぞれの係が移動しながら担当作業を行っていたのに対して、鋳型搬送循環ラインの導入によって、鋳型が作業者の所に順次運ばれ、作業者は流れてくる鋳型に注湯し、コンベアに移動した鋳型は、振動によって砂・枠・鋳物が分別回収されるというものである。いわば、機種別作業から品種別作業への作業転換によって、注湯作業の簡素化、ばらし係の削減、砂回収作業の排除など、流れ作業による作業の効率化と人員削減によるコストの削減はきわめて大きなものがあったと考えられる。

(2) 熱処理工程

鋳造品は、機械加工工程に送られる前に熱処理、すなわち、焼き入れ、焼き鈍しが行われる。それは、鋳鉄の強化、鋳鉄の内部のひずみを取り除く重要な工程である。「注湯後の鋳物にヤキを入れる仕事は、鋳物が堅すぎたりもろすぎたりしないように調節するために重要な仕事であった。このような調節をしたおかげで鋳物をフライス盤や、ドリル、リーマーなどで機械加工する場合、工具が長持ちするようになった。また、あらゆる作業のスピードが早くなっ

た」(Sorensen, 邦訳、275頁)とソレンセンがのべたように、焼き入れ工程は鋳鉄には不可欠の熱処理工程であった。また焼き鈍し工程については、かつては鋳造品を野天に数週間から何ヶ月も放置し、いわば「枯らす」ことによってそのひずみを取り除いていたのであるが、この「枯らし」工程を熱処理工場の新設によって、鋳造工程と機械加工工程とを連結させたのである。「熱処理については、鋳鉄に残っている初熱から始めた。要するに、熱したり、冷却したり、また加熱したりする熱処理作業を、すべて機械でコントロールし、鋳物を一度も床に降ろさずに機械工場へ」(Sorensen, 邦訳、279頁) 移動させるようにしたとあるように、「ハイランド・パーク工場では従来のバッチ式加熱炉のほかに連続式加熱炉も設置されていった」(塩見、224頁) のである。

　フォードは、1926年著書において、この熱処理工程の重要性とその機械化の意義についてつぎのようにのべている。「鋼鉄の熱処理は、とりわけ重要である。この処理によっては鋼鉄の強度が増大し、そのため軽い部品ができるからである。しかし、それは微妙なプロセスである。部品は、軟らかすぎれば摩滅しやすく、また反対に、あまりに硬すぎれば割れやすくなる。その正確な硬さは部品の用途によってきまる。これが基本である。しかし大量の部品を、そのおのおのが好ましい硬さをもつように処理することはたいへんなことである。(中略) しかし熱処理部門では、高熱と重労働がからんでおり、工場内にそのような仕事があることは好ましくない。重労働は機械にまかしたらよいので、人間がするものではない」(Ford, b, 邦訳、83-84頁) と。そして、車軸の熱処理工程について事例をあげている。「車軸のようなまっすぐな部品は、冷却速度が一様でなかったため、熱処理ののちもう一度まっすぐにしなければならなかった。これはコストを高くした。(中略) 車軸部門 (アクスル・シャフト) では、大型の二層炉を使用して熱処理を行っている。移動ビームにより、シャフトは1分間隔で前進し、この炉の下層室 (ロワー・チェンバー) にはいる。シャフトは28分かかってこのチェンバーを通る。この間、計器制御により温度は華氏1,480度に保たれている。

　シャフトが炉の端から出てくると、作業員は火ばさみでこれをつかみ、回転機に1つずつはめこむ。さらに1分間に四回の頻度でアルカリ溶液の中で急冷却される。機械の回転運動により、シャフトの温度は全表面にむらなく同時に

低下する。この操作でシャフトの硬さは一様となり、冷却にむらがあるときに起こる形の歪みはでなくなる。冷却されたシャフトは、コンベアーで炉の上層室（アパー・チェンバー）へ運ばれる。このチェンバーは華氏680度に保たれており、シャフトはこの中を移動し、再び入り口から出て行く。この処理に要する時間は45分である。引き出されたシャフトは懸架式コンベアーで最終の機械加工へと送られる。これらの改善は、たいして重要でないようにみえるかもしれないが、熱処理を加えたのちもう一度伸ばす手間が省けたため、4年間に約3,600万ドルもの費用が節約された」（Ford, b, 邦訳、84-85頁）といっている。

以上のように、ハイランドパーク工場における熱処理工場の新増設は、それまで熟練労働者の経験とカンに依存していた不可欠ではあるが時間のかかる作業工程を、機械化・自動化することによって、品質を安定化させコストの削減を実現したのである。

(3) 鍛造工程

鋳造工程の改革は、前述のように鋳造工程そのものの改革とともに、鋳造の鍛造化によってなされた。技術的に見れば、鋳造（ダイカスト型）と型鍛造とは、金型を用いて金属を加工する点では同じである。一方は溶解金属の圧入であり、鍛造は、上型・下型の間に金属（熱間・冷間）を挟んで圧縮・打撃成型する技術である。技術的に見れば、労働者の熟練の機能に全面的に依存する金敷と手ハンマーによる自由鍛造法から、1800年頃には水車駆動のはねハンマーが開発され、1827年に金型と落とし鍛造機による鍛造法が、そして1840年代初頭にジャンパー機構（上下金型）によって型鍛造法が完成された。これにより、鍛造部品は、機械加工によって生産できるようになった。

ネヴィンスによれば、当時すでに、自動車メーカーでは木製フレームの補強材として鋼プレス材が使用されていたが、1909年までには鋼材フレームが一般化するなど、鋼プレス部品は、急速に自動車メーカーに不可欠の技術的要素となっていた。1907年頃には、はじめてフィアット社が後車軸ケースのプレス化を導入し、その後ブレーキ・ドラムやフライホイール・カバーなどのプレス化が行われるようになっていたのである（Nevins, a, p.458）。

鍛造によって部品が製作されるとなれば、砂型鋳造工程で必要となる時間と熟練の諸作業がなくなり、素材の加熱炉とアプセット機による据え込み加工およびトリミング機による成形加工をそれぞれ担当する労働のみとなる。また、その工程の搬送を自動化すれば労働者の作業は素材の脱着のみとなる。コスト削減と大量生産を目指すフォードが、部品生産のプレス化を目指すのは当然の成り行きであった。ソレンセンは、その辺の事情をつぎのように語っている。「われわれがクランクケースのふたの金型と鋳物を試作していたとき、私はジョーにでこぼこのないカバーを鋳造でなくプレスを用いて製作することを提案した。つい最近、バッファローからの訪問者が、自動車部品とフレームの製作にプレスが使えることを教えてくれた。この訪問者とは、当時使用されていた電話機のボール型ケースをプレス加工していた、ジョン・R・カイム製作所の経営者であり、共同経営者であったウィリアム・H・スミスであった。スミス氏は自分の工場でやっていることを大規模にすれば、自動車の車軸ケースの製造にも使うことができると考えた。フォード氏は直ぐに、T型車の開発コストばかりでなく、現在製造している型の車の生産コストの切り下げのためにもこれがピッタリのものだと見てとった」(Sorensen, 邦訳、123頁) のである。鋳造品の鍛造化の重要性を認めたフォードは、直ちにカイム製作所に資金をつぎ込み、工場の大規模化と機械の更新をはかってT型車のクランクケースと変速装置を作らせた。そして、1911年6月カイム製作所を買収し、当時同社に勤務していたW.H.ヌードセンなどの技術者とともに機械類をハイランドパークの新工場に移転させ、「できる限り鋳物の代わりにプレス鋼を使うこととなった」(Sorensen, 邦訳、124頁) のである。

鍛造作業の実態については、フォード自身が詳細に論じている (Ford, b, 邦訳、85-88頁)。鍛造部品の製造には2種類の鍛造法が使用される。プレス機によるアプセッティング (据え込み) 加工と蒸気ハンマーによるハンマー加工である。プレス加工では、上下の金型の圧縮によって据え込み、整形、穴あけ、縁の切断 (トリミング)、成型品の切り取りなどを行う。ハンマー加工では、上の金型 (ハンマー) が下の金型 (鉄床) に激しい打撃を与え、下の金型の上におかれた鋼材を成型する。

「車軸についていえば、まずアプセッティング・マシンにかけられる。ここ

で、車軸としての大ざっぱな形がつくられ、その端が拡げられ、割られて、ハンマーへ送られる。ハンマー加工に際して車軸は半分ずつ処理される。車軸はあまりに長すぎて、一度に全部をハンマーの下に入れることができないのである。ハンマー加工が終わると、次にはそれらにひだのようになって付着している金属片を取り除くために、80台のトリミング・プレスが使用される。このプレス加工の大部分はベルト・コンベアの上で行われるので、鍛造物から削り取られた金属くずはすぐに運び去られる。小さな鍛造物もまた、コンベアの上に落ちるようになっている。これらの鍛造物は建物の出口でコンベアからはこの中に移され類別される。また金属くずはコンベアにより、外部の転轍器上の貨車へと投げ込まれる」(Ford, b, 邦訳、87頁)。

以上のように、鍛造工程においても、単に鋳造の鍛造化のみでなく、鍛造工程の自動化と連続化がはかられ、作業の単純化・高速化によって、コスト削減と大量生産を実現したのである。

(4) 機械加工工程

鋳造（熱処理）された粗形材は、機械加工によって部品として完成するが、機械加工工程も、鋳造工程と同様きわめて時間のかかる工程である。エンジン・ブロックなどのような多種類の機械加工を必要とする部品の場合、機械への脱着時間、加工時間、つぎの機械への搬送時間と、完成するまでに長い時間を要する。しかも、T型車はボルト・ナットを含めれば5,000もの部品から構成されており、大量生産体制を構築するためには、機械加工作業をいかに効率化するかということが不可欠の課題となった。したがって、カイム製作所の買収による鍛造工程の拡大は、鋳造工程の負担を少なくするのみでなく、機械加工の負担を軽減するという意味でも重要な戦略であった。

ハイランドパーク工場の機械加工工程の再編はつぎのように展開した。第1に、工作機械の高速化・精密化である。フォード社では、機械の設計・試作はフォード社で行い、それを機械メーカーに発注するという調達方式をとっていた。ソレンセンのつぎの逸話は、工作機械の高速化が厳しく追及されたことを物語っている。「わが社の需要を満たすために新機械を設計した際、チャーリー・モーガナは、機械メーカーに対し仕様書を示し、1時間に何百個も作り

出せる機械を要求したものだ。メーカーは、時間当たり多量の生産を要求する、チャーリー・モーガナの仕様書を読んでは、われわれがまちがえているのだといつも思ったものだ。『1時間に何百個作るということでなく、1日に何百個作るということなんですね。』すると、設計者が席について、われわれがまさにそのとおりの機械を作ったのだから、われわれが正しいのだ、と証明しなければならなかった。われわれが購入した数千台の機械についてこうしていったのである」(Sorensen, 邦訳、63頁)。

　工作機械の高速化は、まず機械の単能化・専用化によって行われた。フォードが「1つの機械は1つの作業のみを行うのである」(Ford, b, 邦訳、105頁) とのべるように、特定の加工目的1つに特化した工作機械が採用された。しかし、機能の単能化は、それ自体は高速化するが、それぞれの機能に専用化した機械を多数必要とする。その結果、ハイランドパーク工場では1万5,000台もの工作機械を部品ユニット別に配置した。エンジン・ブロックの機械加工工程についていえば、28の工程それぞれに専用の工作機械が配置された。工作機械の単能化によって、作業が単純化し、熟練が不要になり、コストの削減に大いに寄与したことは間違いない。また、工作機械の高速化は単能機能をマルチ化した特殊機械を製作することで実現した。エンジン・ブロックの4面に一度に49の穴を同時に開ける多軸ボール盤、4個の気筒を同時に削る多軸中ぐり盤、3面に24個のねじ穴をあけるタッピング機、多頭フライス盤など、加工のマルチ・ステーション化がはかられ、単機能の同時加工によって機械加工の高速化を実現したのである (Arnold, pp.77-83)。こうした機械の設計は、社内の設計部が担当し、「増産になるものならどんな機械でも使ってみた」(Sorensen, 邦訳、146頁) とソレンセンは述懐している。しかも、重要な改善は、このような機械に素材をセットする取付装置を同時に開発したことである。ハウンシェルの表現をかりれば、「フォード社のチームは、15個のエンジン・ブロックを同時に乗せ、簡単にピタリと位置決めができ、しっかりと保持するフライス盤用取付具と作業台、それに一度に30個のシリンダー・ヘッドを保持できるといった類の装置」(Hounshell, 邦訳、292頁) をつくるなど、機械のマルチ化に対応する治具・取付具を開発し、機械加工の高速化を推進したのである。ただし、作業者による素材の脱着・起動・監視作業は基本的にその

ままで、単能機の連続化、したがって自動シーケンス制御による脱着・起動作業を廃止したトランスファーマシンの導入は、1920年代以降のことである（本格的には第2次世界大戦後）[15]。

つぎに、工作機械の精密化であるが、精密機械である自動車の互換性部品は、その精度を基本とする。フォードは、1926年著書において、「部品が互換性をもつことは、経済的な生産を行ううえで絶対に必要である。（中略）われわれが作っているのは部品であり、完成車はそれが使用される地方で組み立てられる。こうしたことをするためには、過去において考えられていたよりはるかにきびしい正確さが製造に要求される。もし各部品が正確に適合しないならば、結局その組立品は動かなくなり、ディザインしたときにせっかく考慮した経済的効果は大部分失われるであろう。こうした事情により、われわれは製造上の絶対的な精密さが不可欠のものとなり、ある場合には、1万分の1インチまでの正確さを必要とするようになった」（Ford, b, 邦訳、102-103頁）と部品の精度を強調しているが、ハウンシェルは、「この精度がT型車の大量生産の基盤になった」（Hounshell, 邦訳295頁）としたうえで、「この時期における工作機械の精度と速度の改善は、もっぱら冶金技術の発展と硬度の増加によるものであり、この改善がフォード社における―そして自動車産業全体の―生産能力を急速に上昇させた決定的な要因となったということである。シンガー製造会社では精度の低い機械加工部品によって組立上の問題が生じたことを考えれば、フォード社が精度にこだわったことは強調しても強調しすぎることはない」（Hounshell, 邦訳294頁）としている。

フォードは、工作機械のこの精密さを確保するために、世界で最も精密な測定器具ヨハンソン・ゲージ・ブロックスを採用した。表面を手でこすった2枚のブロックを合わせると、物理的現象によって210ポンドの牽引力に絶えるというほどの平面を持つ測定器具である。このような「異常な性質」―10万分の1インチという高精度測定―を、部品生産に適用したのである（旋盤の精度は、送り台の平面の精度とボールネジの精度―ただし、円滑移動のためのキサゲの技能を含めて―にかかっている）。フォードがいかにこの精度を重視したかは、制作者のC.E.ヨハンソンをスウェーデンから呼び寄せてフォード社の一員とし、アメリカでの製造権を購入して製作し、アメリカ中の工作機械製造者

図6-2 ハイランドパークの工作機械工場のレイアウト

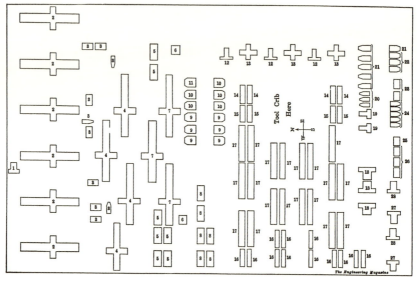

出所：Arnold, H.L. and F.L. Faurote, *Ford Methods and the Ford Shops*, 1915, p.74.

に販売したことでもわかる（Ford, b, 邦訳、103-104頁）。こうして、フォード社は、当時アメリカで最も品質のすぐれた大衆車Ｔ型自動車を生産し続けたのである。

　第２に、品種別ライン作業すなわち流れ作業への工作機械と作業者の再配置である。ピケット工場においては、小規模とはいえ、各種の工作機械が、加工タイプに応じて、それぞれ機種別にまとめて配置されており、加工順序や運搬作業のために作業進行が交錯することも少なくなかった。ハイランドパーク工場では、品種別作業組織への変更に対応して、工作機械の単能化・専用化とともに、専用機と作業者とを素材の加工順に並べ、一連の機械加工を順次行う流れ作業方式に転換したのである。図6-2は、ハイランドパークの機械作業工場の1913年の機械配置を示しているが、１つの建屋内に機種別かつ加工工程順に配置されていることがわかる。

　しかしながら、塩見が指摘するように、「当時のハイランド・パーク工場の機械加工工程においては、機械的搬送手段がなく、（中略）加工対象の部門内

搬送の機械化とレイアウトの再整備は、機械加工工程の重大な課題となっていたのである」(塩見、226頁)。こうして、1914年、レイアウトの再配置とともに自動式の搬送手段が導入された。重力滑り台、ローラー滑り台、そしてベルトコンベアなどである。これらの搬送手段は、それまで手押し車で次の工程に運んでいた労働を排除した。とりわけ、機械式搬送手段であるベルトコンベアは、加工品の自動搬送だけでなく、切削屑をも自動回収する手段となった。また、これら機械式搬送手段は、機械の近接化と機械加工の連続化を可能とした。フォードは「これらの機械類は作業の順序に従って配置されているのみでなく、各作業者と各機械とが要すべき平方インチを与えるべく科学的に配置されており、しかも可能ならば、必要な広さよりも1平方インチでも、また、もちろん1平方フィートでも余分には与えないように配置してある」(Ford, a, p.113) とのべている。

しかしながら、このような流れ作業組織への再編を可能にしたのは、何よりも工程明細表の作成であったとハウンシェルはのべている。「この工程表には、さまざまな部品の機械加工工程や必要な資材投入量、それに必要な工作機械、取付具、ゲージ（これらすべてに番号が付され、部品設計図と対照されていた）の詳細が記載されている。この紙の上に描かれた加工工程順の構造が、工場の配置をどのようにすべきかを示していた。この工程表を用意することで、混沌としかねない新モデルの生産に秩序と明晰さがもたらされた。工作機械に必要な条件が工程明細表に詳細に記され、この明細表は全く新たな工作機械の設計の可能性も示唆した」(Hounshell, 邦訳、285頁) と。

以上のように、ハイランドパークの機械加工工程の再編は、流れ作業方式、すなわち工程明細表に基づいて加工順に機械を配置したことと、機械式搬送手段の採用によって、レイアウト・スペースの縮小、機械の近接化と機械式搬送手段の使用による搬送労働の排除、間断のない作業の連続、作業の不熟練化による労働コストの削減など、加工リードタイムの短縮および加工コストの削減に非常に大きな革新をもたらしたのである。

(5) **組立工程**

フォードは、組立作業の作業方式の変遷についてつぎのように説明してい

る。「我が社の最初の組立工場では、自動車を作業場の一ヶ所に置いて、ちょうど人が家を建てるのと同じように、作業者がそこに必要な部品を持ってきて組み立てていた」(Ford, a, pp.79-80)。いわば、このマックアベニュー段階のフォード社は、設計をフォード自身が担当し、部品生産を外部業者に委託するという、ほぼ組立のみを行う工場であった。つぎのピケットアベニュー工場については、工場の一部に部品製造部門を設け、「通常一人の作業者が車のある一部分に必要なすべての作業を担当した。しかし、生産の急速な増加のため、作業者相互の仕事が重複しないように生産計画を工夫する必要が生じた。指揮を受けていない作業者は仕事をするよりも材料や工具を探し歩くことに多くの時間を費やしていた」(Ford, a, p.80)とのべているが、ハイランドパーク工場の当初の状況も、こうした作業方式に基本的な変化はなかったようである。エンジン、前後車軸、ダッシュボードなどユニット部品は、組立台の上で1人作業として組み立てられていたし、シャシーの総組立についても、1ヶ所で専門作業集団による部品の組み付けが行われていた（以上は、Hounshell, 邦訳、298-301頁の掲載写真説明による）。こうした状況について、ハウンシェルは、F. H.コルヴィンの観察記録として、「労働者が必要な部品を各々の組立台に配送する。部品の配送時間は、組立台で必要となる直前には部品が組立台に届いているように設定されていた。自動車のフレームは脚立のうえに静止したままであった。他方、組立チームつまり集団が動き回り、組立台から組立台へと次々に移動していた。（中略）全体の調整が注意深くなされている場合には、この方法はうまく機能した。しかし、正確な資材配送の問題や、集団が制限時間を守らない（したがって、お互いの集団が邪魔になる）問題にフォード工場は悩まされていたと想像される」(Hounshell, 邦訳、298-299頁)と説明している。すなわち、部品配送係を置いていたとはいえ、台上静止組立において、特定の作業に集中・専門化した作業集団が、作業場を動き回ることによる混雑した状況の中で、専門化した作業間の調整、工程管理の問題が大きな課題になっていたことがわかる。しかしながら、「部品の配送時間は、組立台で必要となる直前には部品が組立台に届いているように設定されていた」ことは、きわめて重要な観察であり、現場在庫の最小化をはかるフォード式ジャスト・イン・タイムがすでに指向されていたことがうかがえる。

こうして、このコルヴィンの観察のわずかに後日のことであるが、「1913年4月1日頃であったか、われわれは組立ラインの実験を初めて行った。われわれは、フライホイール式磁石発電機の組立作業においてそれを行った」(Ford, a, p.81) とフォードはのべている。実験の内容は後述するとして、ここにおいて組立工程にライン生産を導入する初めての実験が行われたのである。組立工程へのライン生産導入の発端については、工場建設の責任者ソレンセンがフォードの説明を真っ向から否定しており[16]、またハウンシェルも、もと作業員の回想録を引用して、「移動式ライン方式を実施したのは発電コイル組立が最初だったということ、また、永久磁石のフライホイールへの組付けを移動式ラインで行ったのは、実際にはエンジン組立や変速機ギア・クラッチ組立部門における移動式ライン組立の後だったということである」(Hounshell, 邦訳、310頁) としているが、そのいきさつはともかく、当時の精肉や缶詰工場、製粉工場あるいは前述のウェスティングハウス社の自動鋳造の例にも見られるように、自動搬送装置を使った流れ作業工程の事例を参考にすることが難しいことでなかったことは確かであろう。

フォードの説明を続けよう。「組立作業の最初の改善は、作業者が作業の場所に行くのでなく、作業を作業者のところへ移動させることから始められた」(Ford, a, p.80) というように、それまでのような作業集団が移動する作業方式を、作業者が動かずに加工対象が移動するという作業の発想の根本的な転換が行われたのである。そして、フォードは、組立作業について、つぎの3つの原則を提起する。(1)組立作業の順番にしたがって工具と作業員を配置し、各作業完了まで構成部品の移動を最小限にすること、(2)滑り台やその他の搬送具を使って、1人の作業員が作業を完了したときに、その部品を常に同じ場所—手の届く最も適切な場所—に置き、出来れば重力でつぎの作業者のところに運ぶこと、(3)組み立てられる部品が便利な距離で引き渡されるようにスライド式の組立ラインを使用することである (Ford, a, p.80)。しかも、「今では、われわれは2つの一般原則をすべての作業に適用している。それは、必要でないならば、作業員は1つの作業しかしないこと、そして、誰も腰をかがめて仕事はしないということ」(Ford, a, p.80) である。これらをまとめてみれば、新たな作業方式は、加工対象の加工(組立)の順序にしたがって機械・労働者が配置

され、作業者は、流れてくる加工対象に対して決められた1つの加工を加え、つぎの作業者にそれを送るというものである。加工対象の次工程への搬送は、つぎの作業者に手でスライドさせる方法、重力を利用して滑らせる方法、そしてコンベアのような搬送機械によって移動させる方法など諸方法があるが、「要は、あらゆるものを動かしておいて、人を仕事のあるところへ行かせる代わりに、仕事を人のところへもってくることである。これがわれわれの生産における真の原則である。そしてコンベアは、この目的のための多くの手段の一つにすぎない」(Ford, b, 邦訳、125頁)のである。この品種別ライン作業すなわち流れ作業と自動搬送システムこそ「大量生産の2要素」であるとハウンシェルはのべている（Hounshell, 邦訳、301頁）。

　では、フライホイール式磁石発電機の組立工程への移動式組立ライン導入はどのように行われたのであろうか。フォードの説明は、実はアーノルドの観察記録が原典となっていると考えられ、またアーノルドの説明が詳細であるので、アーノルドの説明によってそのプロセスを見てみよう。

　① 「この移動式の磁石発電機組立ラインの導入以前は、フォード社のフライホイール式磁石発電機は1人組立方式であった。この仕事に就いている各作業者は、フライホイール式磁石発電機1個の組立作業をすべて行い、1日9時間作業で35個から40個の完成品を生産していた。経験豊富な作業者がその仕事を担当していたが、均一性という点では望ましい結果は得られていなかったし、すべての1人組立作業の宿命として、当然のことながらコストが高くなった。1日9時間で40個の組立といえば、1人の作業者で行う最短時間だが、その場合で、1個につきほぼ20分要したことになる」(Arnold, p.112)。

　② 「（スライド式）移動組立ラインが29名の作業者の作業に導入され、各人の作業が29の作業に分割されると、その29名の作業者は、1時間に132個、9時間で1,188個のフライホイール式磁石発電機を組み立てた。各人が1個のフライホイール式磁石発電機の組立を13分11秒で行ったことになる。それは、1個の組立につきほぼ7分の節約、以前の方式の最短時間の3分の1以上の節約になる」(Arnold, p.112)。

　③ 「1914年3月1日ごろ、フライホイール式磁石発電機組立にチェーン駆動の高架式新規ラインが導入されたが、その時すでにフォード社の1日の労働

時間は8時間に短縮されていた。当時、磁石発電機組立の生産力は、人員交替や経験蓄積から改善されており、18名の作業者が8時間に1,175個のフライホイール式磁石発電機を組み立てていた。1人1個当たり7分強の組立時間となる」(Arnold, p.114)。

④ チェーン駆動のスピードが試行され、最初1分5フィートにしたが、これはかなり速すぎた。つぎに1分18インチにしたが、これではきわめて遅いことが判明した。第3の試行では1分44インチ(3フィート8インチ)にしたが、この速度で落ち着いた。ただ職長はさらに効果的に速度を速めることが出来ると信じている。このように、チェーン駆動方式が、遅い作業者の作業を速くさせ、速い作業者には前もって作業を抑制させる、いわば全般的な調整器ないし等化器として機能するという、きわめて大きな改善をなしたことは明らかである」(Arnold, p.114)。

⑤ 作業者たちが自動的に移動する組立作業に馴れるとすぐに、4人の作業者がラインから除かれたが、生産量は以前の実績を160個越え、14名の作業者が8時間に1,335個のフライホイール式磁石発電機の組立を行った。かつて1人当たり20分で1個であったのに対して、1人当たり5分で1個組み立てたことになる」(Arnold, pp.114-115)。

以上、アーノルドの計算を確認すると、1人1個当たり組立時間は、① 20分、② 13.18分、③ 7.35分、⑤ 5.03分となる。フォードは、「科学的研究の助けをかりて、1人の作業者が、つい数年前の4倍以上の仕事をすることができるようになった」(Ford, a, p.81)と、その結果を高く評価している。確かに、アーノルドの説明によって1人1個の生産時間を見れば、① が20分であり、組立ラインの導入によって、それが② 13.18分となるから、ここに重大な生産性の飛躍があったことになる。また、チェーン駆動の移動組立ライン導入によって、② 13.18分が最終的に⑤ 5.03分になったことを見れば、チェーン駆動の移動組立ラインの生産性向上効果が著しいこともわかる。すなわち、そこには2段階の生産性の飛躍が見られる。スライド式移動組立ラインを導入した段階とチェーン駆動式移動組立ラインの導入の段階である。

しかし、ここに少々厄介な問題がある。それは、① の段階、熟練労働者1人が1日9時間労働で最高40個を生産する場合、1個当たり組立時間は20分

なのであろうか。筆者の計算違いであれば良いのだが、9時間で40個組立てるならば、1個あたり組立時間は13.5分（13分30秒）である。言いかえれば、1個20分の組立時間の場合には、1時間で3個、9時間で27個しか生産できない。それゆえ、②の段階、スライド式移動組立ラインの導入によって、1個あたり組立時間が13.18分になったとするならば、そこには実はほんのわずかの時間短縮しか認められないのである。この計算が正しいとするならば[17]、つぎのことがいえる。フライホイール式磁石発電機の組立工程への品種別作業方式の導入の場合、たとえ組立順に作業分割して作業者を配置したとしても、作業者の作業速度に依拠するスライド方式では大きな生産性の飛躍は認められなかったということである。動作研究による加工時間の均一分割化がなされ、それを機械式搬送手段を使って作業速度を強制することによりはじめて生産性は大きく飛躍したということである（当初の2.7倍、スライド式移動組立方式の2.6倍）。加工時間に対する搬送時間の比率が大きいこの事例の場合、ハウンシェルがのべるように、流れ作業方式は機械式搬送手段によってその意味をもったということである。フォードは、コンベアを流れ作業方式の単なる手段だとのべるが、ベルトコンベアの導入が作業の時間的規則性と作業の連続性、作業の強制性を特徴とする完全な流れ作業方式に結びつき、それが作業時間の削減、したがってコストの削減に重大な貢献をなしたことは間違いないのである。

　ところで、このアーノルドの説明は、これまで何の疑問もなく多くの研究資料に採用されてきた。本書で参照している文献についても同様である。当のフォードすらこのまま採用している（Ford, a, p.81）。ハウンシェルも、アーノルドの説明の「混乱」を指摘しつつも（Hounshell, 邦訳、310頁）、この点については疑問を持っていない（Hounshell, 邦訳、313頁）。したがって、これを出発点とする立論があれば、修正されねばならないであろう。

　フォード社における組立作業への最初の移動式ライン生産の導入といわれるフライホイール式磁石発電機の事例は以上の通りであるが、ソレンセンによれば、「モーター、フェンダー、磁石発電機、変速装置の組立（に）コンベヤー・システムを導入するにあたり、作業予定表を作りあげた。これらの作業工程を1つ1つ改造して、組立を完了した部品を常時動いているコンベヤー

で、最終組立ラインのある階へと運ぶようにした。時間の節約はめざましいものがあった—組立時間がそれまでの6分の1になった部品もある。1913年の8月までに、動く生産ラインは完成した。ただし、最終段階の最も華々しい部分—5年前のある日曜日の朝われわれが初めて実験した組立ライン—はまだだったが」(Sorensen, 邦訳, 150-151頁) と、最終組立への移動組立ラインの導入は、これら部品生産の革新を待って行われたと説明している。

ちなみに、ユニット部品生産への移動組立ラインの導入による展開過程についてアーノルドの説明を見ておこう。まず、エンジン組立である (Arnold, p.116)。

① 1913年10月 静止組立台の上で、1,100人の組立工が、1日9時間労働で1,000台を組み立てていた。1台当たり594分 (9時間54分) である。前述のハウンシェルの説明と同様、フォードも「エンジンの組立は、以前は1人の作業者が全てをやっていた」(Ford, a, p.81) といっているが、塩見は組作業を想定している (塩見、230頁)。

② 同11月 全工程に組立ライン導入の試行が行われ、その後改良がなされて、手動滑り軌道を全工程に配備したエンジン組立ラインが導入された。1914年8月現在、472名の組立工が1日8時間労働で1,000台を組み立てている。1台当たり約226分 (3時間46分) に短縮した。生産性は2.6倍になった。

この事例の場合、84の生産工程の各作業時間を見ると、作業内容によって1秒から355秒まで、きわめて大きなばらつきがある (Arnold, pp.118-127)。このため、フライホイール式磁石発電機の組立の場合と異なり、機械式搬送手段を使用することはできず、各作業終了とともにつぎの工程に手でレールの上を平面移動させる手押し式の滑り台が用いられたのである。この方式で生産性が2.6倍になったということは、加工対象の搬送時間が加工時間に比較してきわめて短いことによるもので、適切な時間研究を前提とした流れ作業方式による分業の機能の利益であるといえよう。

つぎに、前車軸の例を見よう (Arnold, pp.193-194)。

① 1913年1月 各自の万力を与えられた全部で125人の組立工が、長い組立台の前に配置され、1日9時間で450個の前車軸を組み立てた。1個の組立時間は、150分 (2時間30分) である。

フェーズ2　垂直統合型生産システム

②1914年1月1日　いくつかの改善がなされ、90人の組立工が1日8時間で650個生産した。1個の組立時間は、66.46分（1時間6分28秒）。組立時間は半分以下になった。

③1914年6月1日　チェーン駆動の移動組立ラインが導入された。直後の6月13日。44人の組立工が、8時間に800個組立、塗装、乾燥した。1個の生産時間は26分24秒である。当初の約5.7倍の生産性である。この場合には、流れ作業工程への機械式搬送手段の導入効果が大きいことが分かる。

また、トランスミッション・ケースの事例を見よう。

従来方式では、1人組立方式で、組立工1人1日9時間労働で20～30個を組み立てた。1個当たり18分である。現在方式は、23に分割された組立工程に、23名の組立工が配置され、それぞれ1つの工程を担当して、1日8時間労働で1,200個のトランスミッション・ケースを組み立てる。1個あたり9分12秒である。従来方式の約半分である。

こうして、いよいよ、最終組立工程であるシャシー組立への移動組立ラインの実験が1913年の8月に開始されたのである。（以下、Arnold, pp.135-139による観察記録）

①1913年8月まで　1ヶ所に全ての部品を手で運んで静止組立を行っていた。全長600フィートの床面にそって2列、12フィート間隔に1列50ヶ所、合計100ヶ所の静止組立場が配置され、通常500人の組立工と100人の部品運搬工、合計600人の作業者が働いていた。またこの間、4月1日ごろ、フライホイール式磁石発電機のスライド式移動組立ラインが導入された。

②同年8月（暇な月）250人の組立工と80人の部品運搬工で、1日9時間労働、26日間で6,182台のシャシーを組み立てた。1台12時間28分である。一方、暇な月を利用し、ロープとウィンチを使ってシャシーを引っぱる250フィートの移動組立ラインの実験が行われた。6人の組立工がシャシーとともに移動しながら、ラインの横に積まれた部品を組付けるのである。これで、シャシー組立の時間は5時間50分に短縮された。50％以上の短縮である。

③同年10月7日　全長150フィートの移動組立ラインが設置され、部品を適切な位置に積むことによって、部品運搬工なしに、140人の組立工が1日9時間で435台を組立てた。1人1台当たり2時間57分である。

④ 同年12月1日　組立ラインを300フィートに延長し、組立工を177人に増やした結果、1日9時間に606台を生産した。1人1台当たり2時間38分となった。

⑤ 同年12月30日　手押し式の搬送方式とし、組立ラインを2本にした結果、191人の組立工が1日9時間で642台を生産した。1人1台2時間40分である。

⑥ 1914年1月14日　1本の組立ラインにチェーン駆動搬送方式を導入し、良好な結果を得た。

⑦ 同年1月19日　組立ラインを4本とし、1本をチェーン駆動搬送方式とした。

⑧ 同年2月27日　チェーン駆動高架式移動組立ラインを3本設置した。1本を床上26.75インチにレールを設置した結果、1台組立時間が最短84分から最長120分とばらつきが出た。そこで、残りの2本のラインを、作業者の身長に合わせて、一方は26.75インチ、もう一方は24.5インチとした。

⑨ 同年4月30日　これら3本の移動組立ラインで、1日8時間に1,212台を生産した。1台当たり1時間33分となった。当初の12時間28分に比較して、実に8倍強の生産性向上である。フォードは、これを「腰の高さでの作業や作業の細分化によって作業員の動作を削減した結果」(Ford, a, p.82)であるとしている。

こうして、シャシー組立工程は、1914年の半ばまでには一応移動組立法の導入を完了するが、その時の組立工場の様子について、フォードはつぎのように描いている。

「シャシー組立ライン速度は毎分6フィート、(中略) シャシー組立工程は45作業に分けられている。最初の工具は、シャシーのフレームに4個の泥よけ板を取り付け、10番目の作業はエンジンを取り付けるという具合である。ある工具たちは1つか2つの細かい作業を行い、他の工具たちは、今少し多くの作業を行う。部品を一定の場所に置く工具は、それを組み付ける作業はしない。その部品はいくつかの作業が終わるまでは完全には組み付けられない場合もあるからである。ボルトを取り付ける工具はナットをつけない。ナットをつけた人がそれを締めつけることはない。34番目の作業は、前もってオイルを

入れてあるエンジンにガソリンを注入する作業、44番目の作業でラジエーターに水が注入され、そして45番目の作業で完成車がジョン・アール街に走り出す」(Ford, a, pp.82-83)。

なお、シャシーの上に載せるボディについて付け加えると、当時のボディは、木骨を鉄板で覆ったもので、手作業の多い工程であったが、チェーン駆動のコンベア導入により、コストを大幅に削減したとアーノルドはのべている(Arnold, p.153)。

以上、部品生産への移動組立法の導入とともに、最終組立ラインへの移動組立法の導入が大成功したことによって、ハイランドパーク工場は、品種別ライン作業すなわち流れ作業あるいは流動作業と機械式搬送システムという大量生産の2要素を確立した。こうして、「普通の組立ラインと大量生産の組立ラインとの相違は、完全なる同期性があるかないかということである」(Sorensen, 邦訳、145頁)とソレンセンがのべるように、部品組立工程と最終組立工程とがジャスト・イン・タイムに統合され、システム化されることによって、信じられないほどの生産性の向上とコスト削減をもたらした[18]。それは、フォーディズム実現のための技術的基盤の確立であったといえるのである。

1-2. 生産の集中と分散

ハイランドパーク工場の完成は、大量生産と生産コストの削減というフォードの目標を実現した。それは、ほとんど全ての部品を外部に依存していたマックアベニュー工場段階から、部品の内製化を進め生産の集中化をめざしたピケットアベニュー段階、そして資源・エネルギーから完成品までの垂直統合化をめざし実現したハイランドパーク工場段階への、いわば生産の集中化と規模の経済への発展過程であった。しかしながら、生産の大規模化・集中化は、他方で重要な問題を生じ始めた。1つは労働者の過密化の問題である。労働者の数が過大になると、過密通勤や住宅・物流・健康・子供の教育など、諸問題が発生することである(Ford, b, 邦訳。169頁)。1914年からの最低賃金の倍増による工場周辺への人口増加がこれに拍車をかけた。2つに、消費(販売)市場が、国内市場のみでなく海外市場へも拡大することによって、生産の大規模化への圧力がさらに強くなると、資源および製品の輸送量・コストの増加、いわ

ば輸送コストをいかに削減するかが大きな課題となる。以上の問題を回避するために、フォードは2つの大きな改革に乗り出した。すなわち、もの作りの第3の命題「誰が作るのか、どこで作るのか」ということである。

　第1に、部品生産の農村地域への分散である。フォードは、生産の集中化のメリットを発見したが、「その後われわれはいま1つの新発見をした。それは、全ての部品を1つの工場で造る必要はないということである。実のところこれは発見というものではなかった。エンジンや部品の90％を購入していた創業時に行われていたやり方であったからである。部品の内製を始めたときから、全ての部品が1つの工場の中で造られる事を当然のことと考えてきた」（Ford, a, p.84）。しかし、大規模な生産の増加が起こると、部品の生産量・工場規模が過大になる。「かようなわけで、われわれは今では最初に出発したところに逆戻りしている。ただ、異なるところは、外部から部品を買う代わりに自ら所有する外部の工場で生産を始めたことである。このことはとりわけ重要な意味を持つ発展なのである」（Ford, a, p.84）。すなわち「高度に標準化され細分化された工業では、大規模工場で問題となる輸送や住居の不便さを工場に集中化する必要はないということである。1工場には1,000人もしくは500人いれば十分で、それならば、工員を移動させる問題もなくなれば、工員が大規模工場の近くに住む場合に生じる過密化に付随するスラム化その他の不自然な生活方法も起こらない」（Ford, a, pp.84-85）からである。

　そして、フォードは、この分工場を近隣の農村に求めた。農民出身のフォードが、経済活動の根本として農業と工業そして運輸の結合をあげていることについては前章で論じたが、フォードは、農業地域に労働市場を求め、雇用機会を提供し、農業者の所得を増加させ、顧客として成長させるという、農業と工業の結合を実践したのである。「農場には閑散期がある。その時こそ農民が工場に入り、農場の耕作に必要な物の生産に助力する時である。工場もまた暇な時期がある。その時こそ労働者が農場に赴き食料の生産に助力するときである。」（Ford, a, p.189）。こうして、「工業と農業とが完全に再編成されたときには、両者は相互補完的なものとなる。つまり、両者は結合し分離できないものとなる。事例として、我々のバルブ工場を例に挙げよう。我々は、その工場を街から18マイル離れた田舎に建設したが、そこでは労働者が同時に農民なの

である。機械を使用することによって、農業は現在消費する時間のわずかな部分しか使用する必要がなくなる。自然が生産するのに要する時間は、人間が種をまき、耕し、収穫するのに要する時間よりもはるかに長いものとなる。また，多くの産業において、生産する部品がかさばったものでない限り、それがどこで製作されようと大差はない。水力の利用によって、農業地帯においても十分に生産することができるのである。こうして、われわれは通常知られているよりもはるかに大きな程度で、最も科学的かつ健康的な条件の下で農業と工業の双方で働く農工労働者（farmer-industrialist）を育成することができる」(Ford, a, p.133) のである。フォードは、このバルブ工場建設に35人の生産担当者と機械類を送り込み、バルブ製造作業を21工程に分割して、近辺から労働者を300人雇用した。その結果、ハイランドパークでは、1個当たり8セントのコストであったが、そこでは日産15万個、1個当たり3.5セントで生産できたという（Ford, b, 邦訳、173頁）。

このような農村分工場の事例をフォードはいくつかあげている（Ford, b, 邦訳、173-177頁）。それらは、ルージュ川やヒューロン川の水を利用して水力発電を行い、その一部の電力で小物部品を生産するのである。作業者は農村地域からのみ採用し、賃金はハイランドパーク工場と同じ額を支払い、しかも、生産コストはハイランドパークで作るより安い。こうして、フォードは、一方でのハイランドパーク工場における集中化の利益と、他方での農村分工場への分散化の利益とを組み合わせることによって、農工の結合という持論の実践とコストの削減という一石二鳥の利益を獲得したのである。

第2に、消費市場への組立工場の分散である。販売が全国各地で増加してくると、ハイランドパーク工場での生産の増加・集中化はますます激しくなる。それは、生産資源の安定確保をいかにするか、それにも増して、生産地と消費地との距離が長くなることによる製品の輸送コストの増加にいかに対処するか、フォードは、これらの問題に対応するために2つの改革に乗り出した。1つが輸送手段・方法の改革であり、いま1つが大消費地に組立分工場を建設することである。まず、輸送手段の改革は鉄道事業と船舶事業とによって行われた。鉄道は、デトロイト・トレド・アンド・アイアントン鉄道であるが、ケンタッキー州およびウェストバージニア州の炭鉱とハイランドパーク工場（およ

び後のリバールージュ工場)を結び、また多くの東西の幹線と交差することによって、ハイランドパーク工場の初期から資源輸送・製品輸送の最も重要な輸送手段であった。このため、フォードは私営のこの鉄道経営を支えてきたが、1921年にはこれを買収して、輸送網の改革を行った。また、後には、ルージュ川を改修・浚渫して、運河をつうじて五大湖に結びつけ、大型船によって東部地域への輸送に結びつけた。このような輸送手段の改善によって、フォードは、自動車の生産・配給のリードタイムを20日から14日に短縮した。すなわち、「原料購入から製造、そして完成品が販売店に達するまでの時間が、以前よりおおよそ33%短縮した。われわれは、製造の中断を避けるために、ほぼ6,000万ドル分の在庫を保有してきたが、輸送時間を3分の1短縮したために、在庫を2,000万ドル分、年利息で120万ドル分節約した」(Ford, a, p.174)とのべている。輸送方法の改善については、たとえば、「ほんの2、3年前には、7台の大型乗用車(ツーリングカー)用ボディで、標準型36フィート貨車はいっぱいになった。今では、このボディをばらばらのまま出荷し、各分工場で組み立て、仕上げをするようにしており、この同じ大きさの貨車で130台分の大型乗用車用ボディを出荷する──すなわち、以前なら18台の貨車を使っていたところを、1台の貨車ですましている」(Ford, b, 邦訳、141頁)というように、ノックダウン生産を開始したことである。もちろん、これは海外工場の場合にも適用された。

つぎに、組立分工場の消費地建設である。フォードは、戦略消費地域に販売・サービス支社を設け、1910年10月のカンザスシティの組立工場建設を初めとして、支社に現地組立工場の併設を開始した。フォードは、1926年著書において、「現在われわれは、完成車を出荷しないで、合衆国全土の商業の中心地に31の組立工場を設け、そこで製造工場からきた標準化部品を組み立て、完成車として出荷している。このためには、シャシー組立て、ボディ製造およびいっさいの塗装・仕上げ、車内装飾作業が必要となる。こうした分工場には、クッション、スプリング、および箱形ボディを製造しているものもある。これらの工場は、まったく同一のシステムの下で作業し、同一の標準工具を使用し、同一の方法で自動車を作っており、総計約2万6千人の人々に職を与えている」(Ford, b, 邦訳、140頁)とのべているが、塩見によれば、組立工場

を持つ支社の数は、1910年2社、1911年3社、1912年3社、1913年18社、1914年23社、1915年28社、1916年28社、1917年28社と増加しており（塩見、197頁）、こうした支社の供給体制の充実とともに、フォード社の売上高は支社の販売体制に依存するようになった。ネヴィンスによれば、フォード社の売上高に占める支社売上の割合は、1909年62.2％、1910年66.6％、1911年69.4％、1912年72.7％、1913年78.8％、1914年79.6％、1915年86.4％、1916年87.8％と年々増加している（Nevins, a, p.652）[19]。

　戦略地域での組立・販売の比重が大きくなることは、完成車をディーラー、顧客に届ける輸送の時間とコストを削減する、ディーラーに対する部品供給をスムーズに行えるなどの顧客サービスの充実とともに、ハイランドパークでの在庫スペースを削減できるという利点も追加された。他方、ハイランドパーク工場は、部品供給基地としての比重が高まることによって、部品の輸送時間・コストの問題が大きくなる。いわば、主工場と分工場の間の部品輸送の時間管理をいかに行うかが問題となる。なぜなら、「主工場と分工場との間の輸送時間は平均して6.16日で、このことは平均6日分の必要量よりもやや多い部品が輸送中であることを意味する。これは『浮荷（フロート）』と呼ばれている。もし生産が日産8千台なら、4万8千台の完成車の組立てに十分な部品が輸送中であることになる。かくして、運輸部門と生産部門は、必要部品が各分工場に全部同時に到着するように、密接な協力関係を保っていなければならない」（Ford, b, 邦訳、142頁）からである。この調整は、貨車の積載量の標準化によって行われた。これによって、「浮荷」の測定が可能となり、いちいち出荷量を記入する必要がなくなった。印刷された出荷量が「出荷命令書」になるからである（Ford, b, 邦訳、142-143頁）。さらに、貨物の輸送管理は、全国の各接続駅や特定地点に係員を配置し、各地点間の時間測定を行うことによって、遅延が管理されたのである（Ford, b, 邦訳、143頁）。こうした輸送管理によって、資源の出荷から完成車生産に至るまでの生産リードタイムを14日から3日と9時間にまで短縮したのである。

1-3. 資材供給の改善

　生産の効率化とコストの削減をめざすハイランドパーク工場の生産システム

改革は、直接的な生産工程の自動化・連続化・システム化とともに、それを支える諸工程の改革によって行われたが、最後に、資材供給の改善について見てみよう。

　生産の同期化は、各工程・作業ステーションに置かれた資材・部品の在庫を最小限にすることによって最も効率的となる。フォードは、「われわれは、資材を仕入れるに当たり、すぐに必要となる以外のものを購入する価値がないことを発見した。われわれは、その時点における運送状態を考慮して、生産計画に必要な量だけを購入した。輸送が完全で、資材の流れが確実ならば、いかなる在庫ももつ必要がない。原材料を積んだ貨車が時間通りに到着し、計画通りの順序と数量で貨車から降ろされ、生産に送り込まれる。それは大いに資金を節約するであろう」(Ford, a, p.143) と。ハイランドパーク工場の改革以前にも、すでに「部品の配送時間は、組立台で必要となる直前には部品が組立台に届いているように設定されていた」と先に引用したが、この資材の配給がジャスト・イン・タイムになることを追求していたことは間違いない。

　フォードの工場管理を1つの資料としてまとめられた L. P. アルフォード著 *Laws of Management applied to Manufacturing* (1928) における『資材管理の法則』によれば、① 資材使用の最高能率は、必要な品質および状態の資材を、必要な量、必要な時に、必要な場所に供給することによって得られる。② 資材、工具、消耗品の在庫の最高の効率は、すべての品物について、決められた場所の、指定された箇所に保管し、かつそれの適切な記録をとることによって得られる。③ 資材の回転が速くなれば、資材管理費用は減少する。とりわけ、資材が製造工場で加工される場合は、工程と工程の間隔が最短になるときがもっとも経済的である (Alford, pp.143-159)。フォードはこれら3点を重視していたと考えられる。① について見れば、投入資材のコスト削減は、必要な資材を、必要な時に、必要な量だけ投入するという徹底した投入在庫の調整、すなわち、ジャスト・イン・タイム方式によって行うことが、投入資源の無駄を最小限にする方法であるということを発見したのである。その結果、「計画部門は、その日までは全速力で生産を遂行させ、しかもその日がくれば、手持ち材料をすべて使い切って生産を中止することのできるよう、材料の量を見積もらねばならなかった。32の提携工場と42の分工場のためにも同じ見積もりを

しなければならなかった」(Ford, b, 邦訳、109 頁）のである。ただし、「他方、突発事故があれば生産が中断するほど、在庫を少なくすることもまた一種の無駄である。この間のつりあいをとることが必要であって、それは輸送の発達に大いに依存している」(Ford, b, 邦訳、138 頁）と、手持ち在庫の削減追求と同時に、最適在庫をいかにするかという、現代でも重要な課題となる在庫問題にも対応していた。また、②についても、工具についていえば、フォードは工具の標準化、工具室の整理整頓を徹底し、また「フォード工具標準書」を作成して、工具の標準的な使用方法を明記し、新入社員教育に使用したのである[20]。

2. フォードシステムのシステム原理
2-1. システム原理としての標準化、機械化、システム化

以上のように、フォードシステムの展開は、生産原理の革新、すなわち、品種別ライン作業と搬送の機械化とによる、すべての生産工程における労働様式の根本的革新であった。それでは、こうした生産原理の革新を実現したフォードシステムのシステム原理、すなわち、フォードシステムをシステムとして組織化する基本原理をどのように捉えればよいだろうか。宮田喜代蔵は、ゴットルに依拠して、①製品の定型化、②経営の総合的組織化、③コンベアを伴う流動作業をもって、フォードシステムの「原理的特質」としている（宮田、372頁）。宮田は、製品の定型化において大量生産の原則を、経営の総合的組織化において高速度生産の原則および調和的生産の原則を、そしてコンベアを伴う流動作業において分業的生産の原則、機械的生産の原則をあげる。そして、これらの諸原則は「別々に無関係に把握すべきでなく、原理的體系の統一性のうちにおいて、それぞれの意味關聯において把握せねばならぬ。すなわち製品の定型化は総合的組織化の前提的意味において、コンベーヤーを伴う流動作業はかかる綜合的組織化の手段として」（宮田、373頁）捉えなければならないとしている。また、藻利重隆は、フォードシステムを「生産の総合的同時化」と規定し、その前提として①標準化を、その手段として②移動組立法を位置づけたことは前述した。標準化を前提条件としてコンベアシステムを手段とする捉え方は、フォードの見解を忠実に理解するものであり、また多くの論者の一

致するところであるが、フォードシステムを構成する必要条件として生産諸要素の標準化を、その十分条件としてコンベアシステムを位置づけるという意味で首肯できるものである。

このように、宮田は「経営の綜合的組織化」に、そして藻利は「生産の総合的同時化」にその基本原理を求めている。フォードシステムは、高能率・低コストで大量生産するための革新的生産システムである。その革新性の基軸となる原理がシステム原理なのである。それは、「何を、どのように作るのか」というもの作りの基本命題における新たな次元を画するものでなければならない。ここでは、以上の展開過程の分析から、① 標準化、② 機械化、③ システム化として、フォードシステムのシステム原理の革新性を検討する。製品の標準化を出発点とする生産諸要素の標準化、労働様式の革新と生産工程の機械化、そして生産諸要因の個別最適化を全体最適化に統合するシステム化である。宮田、藻利が「総合的」という用語で「システム化」を表現していると考えるならば、同様の意と解することができる。ドラッカーがこの「システム」の原理をフォードシステムの新たな原理として評価したことは先にのべた。そして、この3つのシステム原理こそ、アメリカ産業が構築した「組織された能力」（Abernathy, 邦訳、76頁）の集大成、すなわち、生産システムの進化に革新をもたらしたものと考えることができるのである。

2-2. 標準化の原理

はじめに、製品（Product）の標準化である。標準化とは、同一製品を大量に生産するための諸要因の最適な組織化の原理であるといえるが、アメリカ産業革命における生産システムの進化は、生産諸要因の標準化の歴史であったといえる。アメリカ産業革命の出発点となった互換性部品方式は、銃火器、ミシン、時計などの組立加工型産業における「部品の標準化」を、そしてその互換性部品を製作するための「工具・機械の専門化」を促進した。F.W.テイラーは、これらを標準的作業条件とする「作業の標準化」を追求し、時間・動作研究の方法を開発した。標準化は、品質を安定させ、労務費を削減し、規模の利益を獲得する、言いかえれば、大量生産とコスト削減の基本条件であった。

しかしながら、5,000点もの精密部品から構成される自動車、しかも技術的

に発展途上にある自動車生産の場合、部品や工具・機械の標準化、また作業方法を標準化することは、余りに困難な課題であった。多様な部品や製品を熟練労働者が個別的に製作する万能作業型のもとでは、均一で、品質にムラのない同一製品の大量生産は不可能である。そこに、フォードが、大衆車として圧倒的な高品質機能を有するT型車を開発することによって標準として固定し、これに対応する互換性部品、工具・機械などの生産諸要素を標準化することによって、T型車に生産を集中した意義がある。「私は、12年かけて、今日フォード・カーとして知られるモデルTに到達した」(Ford, a, p.17)。「一度型が決定されたなら、その後その型に施すいかなる改良も、旧型と互換性を持ち、自動車が決して時代遅れにならないことである」(Ford, a, p.57)とフォードがのべるように、A型車から始まるT型車開発へのプロセスは、まさに「真の製品」「ユニバーサル・カー」(Ford, a, p.67)の探求に苦闘した製品の標準化に至る12年であった。単一製品に標準化されるということは、それに必要とされる部品、工具・機械の多様性が削減されること、すなわち、生産諸要素の開発・製造のコストが削減されること、単一製品に生産を集中することによって規模の利益を獲得できるということを意味した。製品の標準化によって、大量生産の必要条件が確立したのである。藻利は、この製品の標準化をゴットルに依拠して「単一製品の原則」と規定している(藻利、125頁)[21]。こうして、フォードは、1909年、シャシーをT型1車種に標準化したのである。

　つぎに、製品の標準化に対応する生産工程(Process)の標準化である。フォードはいう。「標準化という用語は、とかく問題のもとになりがちである。というのは、それはデザインと方法とをある程度固定化して、生産者が最も容易に生産できる商品を選択し、かつ最も高い利益で販売できるように生産することを意味するからである。(中略)私の理解する意味でその言葉を用いれば、標準化とは、単にある最も売れる製品を取り出して、それに全力を集中することではない。それは、毎日毎夜、おそらく何年にもわたって、初めは何か公衆に最も適した製品について、次にそれがいかに製造されるべきかについて計画化すること」(Ford, a, pp.48-49)なのであると、標準化のプロセスについてのべている。

こうして、標準化は、製品の標準化にはじまり、機械・工具、資材・部品、作業方法、生産工程、搬送方法の標準化、いわば製造工程全体の標準化に至るのである。アバナシーによれば、「コア・コンセプト」、たとえば自動車でいえば蒸気か、電気か、ガソリンかということであるが、このコア・コンセプトが市場競争の中で序列が安定化し、製品デザインの標準化が達成されると、つぎに生産工程の標準化が開始されるとのべている（Abernathy, 邦訳、45-49 頁）。

　それでは、生産工程の標準化はどのように展開したのであろうか。まず、製品の標準化には、それを構成する部品の標準化＝規格化が求められる。互換性部品＝規格部品の生産は、アメリカンシステムの伝統であるが、フォードは、この互換性部品の精度の向上に努力した。部品の精度が製品の精度を決定するからである。精密な互換性部品の開発とその標準化によって、品質の安定とコスト削減の両立をはかるとともに、製品組立の分工場への水平的展開を可能としたのである。

　また、この部品の精度を保証するのが工作機械の精度である。フォードは、機械・部品の絶対的精密性を確保するために、前述のヨハンソン・ゲージ・ブロックスを導入したのである。また、生産の高速化のために、この精密な工作機械の単能化＝標準化をはかった。精密な専用工作機械による単一部品の集中生産を行ったのである。すなわち、「１つの機械は１つの作業のみを行うのである。（中略）われわれの設備の約90％は標準品であり、単一目的機械への転換は容易である。（中略）標準的機械は、まず250種に大分類され、そのおのおのは、さらにさまざまな形や種類によって細別され、最後にはそのリストは数千にものぼるようになる。（中略）１日８千台をこえる車の生産を継続している今日、わが社の生産限度が１日３千台であった時代よりも機械の破損から生じる損失は少なくなっている。その理由は標準化にある。（中略）同じことが工作機械の製造に使用される工具や備品についてもいえる。ギア、鍵、シャフト、把手、ペダル等々の機械を構成する各部品は、すべて標準化されており、非常に特殊な機械でさえ、これらの標準化された部品のいろいろな組み合わせによって製作されている」（Ford, b, 邦訳、105-106 頁）と。

　さらに、このような生産諸要素の標準化とともに、工程作業についても綿密な標準化がなされた。「こうした標準化の制度は、すべての分工場や製造工場

において、設備だけでなく工場の作業方式にも適用されている。さまざまな分工場で使用されているコンベアと、その製作に用いられるチェーンは、すべて規格品である。仕入れ品もすべて標準寸法ではいってくる。また青写真は一定の標準形式により作製され、各種の情報は常にその紙面上の同一の位置に記載されているので、それをさがすために無駄な時間を費やす必要はない。『フォード工具標準書』という名の一連の冊子は、必要な資料をすべて網羅し、われわれのなしとげた標準的実施方法を、末端の詳細な点に至るまで、余すところなく明らかにしている。これらの冊子は、新入社員を訓練する際に、数千ドルも節約をしてきたが、その真の重要性ははかりしれないものがある。なぜなら、この一連の冊子は、全組織をつうじて仕事の企画を保持する際に、まず第1に頼りとされるからである」(Ford, b, 邦訳、107頁)。このように、作業工程の分析と工程の細分化・単純化そして専門化、各工程作業の内容を確定するための時間研究・動作研究によって、はじめて生産技術の標準化に対応する最適な工程作業が確定できる。フォードは、「1913年頃になってはじめて、工場内の数千の作業すべてについて時間研究がなされた」(Ford, a, p.125) としているが、それはハイランドパーク工場への自動搬送システムが本格的に導入されるプロセスであり、それに伴う時間・動作研究であった[22]。その成果の1つは、「真の成果は、作業者がいろいろ考える必要が無くなったこと、および動作を最小限にまで減少させたことである。すなわち、かれはほとんど唯一の作業を唯一の動作ですることになった」(Ford, a, p.80) とフォードはのべる。しかしながら、ここで重要なことは、単に作業者が「機械的」に労働するということではなく、単工程反復労働による単純化・空洞化された作業を労働者が強制されるということである。この点については後述する。いま1つの成果は、作業内容の確定によって各工程の要求する熟練度別分類が可能となり、雇用、賃金の合理的管理基準が明確化したことである。賃金についていえば、前述の熟練度別賃金表(注9、別表1)によって、コストの削減とともに原価の標準化が容易になったのである。

　以上のように、フォードは、製品の標準化に対応する徹底した作業の標準化を含む生産工程の標準化を実現した。標準化の利益について、フォードはつぎのようにのべる。「工作機械と設備についてのこの標準化の制度の利益は、莫

大なものである。工作機械の問題は、単純な金物類の問題になってしまい、しかも金物類以上に費用がかかることはほとんどない。標準機械と特殊機械の製作においては、はかりしれない費用の節約が可能である。(中略)分工場や製造工場に設備をすえることは非常に簡単になり、緊急の事態がおきても、特別の努力なしにそれに対処することができる。さらに、機械と工具の保全・修理は、より単純化され容易になっている。したがって一年間に、これによってどれだけの節約がされるかは、推測しかできない」(Ford, b, 邦訳、107-108頁)と。

しかしながら、製品の標準化（単一製品）を頂点とする生産システム全体の標準化は、大いにコストを削減し、大量生産システムを実現したのであるが、他方、それは、生産システムを固定化させたこと、製品を単一化＝固定化し、機械設備を単能化＝固定化し、柔軟な労働能力を単純化＝固定化することによって、生産システムから柔軟性を奪ってしまった。フォードは、この点を率直に明らかにしている。1925年、T型車に「全金属製ボディ」への変更(Hounshell, 邦訳、345頁)を含む大小81の変更を行ったが、「すべてこれは非常に簡単なように思えるが、わずか81の変更をすることがどのような意味をもっているかを以下に示すことにする。われわれは4,759の孔抜具（パンチ）とダイス、4,243の治具と備品の設計をせねばならなかった。また5,622の孔抜具とダイス、6,990の治具と備品をつくらねばならなかった。それに必要な労務費は5,682,387ドルにのぼり、原料費は1,395,596ドルであった。また分工場13ヶ所にエナメル炉を新たに建設するのに371,000ドルを費やし、29の分工場の設備を変えるのに145,650ドルかかった。要するにこれらの変更には、生産段階で失われた時間を計算に入れないでも、正味800万ドル以上の費用がかかったのである」(Ford, b, 邦訳、109-110頁)と。こうして、「柔軟な大量生産」(flexible mass production)を拒否したフォードは、1927年のT型車の生産停止と新型車への生産移行のために、工作機械や治具・取付具の再整備や調達に1,800万ドルを使用しなければならなかったのである(Hounshell, 邦訳、365頁)。そして、この生産システムの固定性こそ、1920年代半ばにGMに逆転を許す最大の要因となったのである。

2-3. 機械化の原理

つぎに、機械化の原理である。鋳・鍛造工程、機械加工工程、組立工程の展開から明らかなように、機械化はフォードシステムの主要なシステム原理であった。それは、大量生産と生産コストの削減というフォードシステムの目的を実現する科学の恩恵であった。「握りこぶしよりもハンマーのほうが強く打つことができる。人間の力はハンマーの把手のてこによる特別な力の利用によって、増幅が可能となる。そして、ハンマーの頭が損傷するとしても、人間の手には傷がつかないですむ。動力ハンマーは手動ハンマーよりさらに進んでいる。それは労働者の働きをいっそう効果的にする。」(Ford, b, 邦訳、170頁)とのべるように、フォードは、労働手段の本質を正しく理解していた。

そもそも、労働手段の発見と応用は、人類の生産活動の質と量の拡大をもたらした最大の要因である。それは、人間労働の様式を変化させ、また人々の生活様式を変化させてきた。道具は人間の手足の機能を延長するものとして、機械は手足の機能を新たな仕組みをもって手足に代置するものとして、その機能を自立的に発展させてきた。そして、人間は、その労働の機能の一部を機械に移転させつつも、機械を労働手段として、自らの意志の下に制御してきた。人間は、機械のおかげで過酷な労働から解放され、多くの時間をより高度な労働に振り向けることができるようになったのである。フォードのつぎの言葉は、この機械の積極的機能を正しく表現している。「機械の機能は、人間を肉体的な重圧から解放し、その精力を、思考とより高度な行動の分野での征服に必要な知力と精神力の形成へと振り向けることにある。機械は、人間による環境支配の象徴である」(Ford, b, 邦訳、204頁)。

フォードは、「過酷な労働は労働のうちで最も非生産的なものである」(Ford, b, 邦訳、183頁)として、生産の質と量の拡大という機械技術の積極的側面、そしてコスト優位がある場合はいかなる労働をも機械化しようとした。「手作業は機械作業よりもすぐれているかのように、今までよくいわれてきた。しかし現在では、適当な機械を使用すれば千分の1インチまでの精度で、また必要ならさらにどんな精度ででも仕事ができるし、しかもいつでもそれが可能なのである。もし、機械や機械系列で作業していながら、手でしなければならないところが残っているとすれば、そのあやまちは管理にある」(Ford, b, 邦訳、170

頁）と、作業を機械によって代置することが、大量生産の主要因であることを確信し、機械化を徹底したのである。

　フォードシステムの機械化の特徴は、前述のように、第1に、機械の単能化と精密化にある。単能化が加工の高速化を保証し、精密化が部品の互換性を約束した。そして第2に、搬送手段の機械化である。それは作業と作業、工程と工程を直線的に結びつけ、生産の連続化を約束した。こうして、これらの機械化は生産工程再編の技術的条件となり、生産工程全体を躍動する恐竜に変貌させたのである。大量生産とコストの削減が雇用の大量増加と賃金増加に結びつき、大衆の所得の増加がひいては国家経済の拡大をもたらした。

　しかしながら、その機械化は、「単に人間の手の代わりに機械を用いるというものではなく、全作業を機械によって行ない、人間は機械の単なる付添人にするというものであり、この方式はその実現の可能性をあらかじめ確信しないことには生まれないのである。これこそ産業における、手作業概念に対立するものとしての機械作業概念である」(Ford, b, 邦訳、67-68頁) とフォードが率直にのべるように、機械の主人であった人間は、機械の「付添人」になるということを意味した。フォードシステムにおいては、機械は機械の所有者フォードの意志の下に運用され、賃金労働者は、単なる機械の使用者として生産工程に配置される。労働者は、もはや機械の主人ではなくなる。それゆえ、労働者は、自らの意志・意欲とはかかわりなく、生産計画に基づく機械作業を行わなければならない。ましてや、生産工程が機械の連鎖的工程として組織化されると、そこに働く労働者は、自らが機械の連鎖的工程の一部に組み込まれ、機械の運動の単なる付属物になる。しかも、その連鎖的工程が細分化され単能化されるにつれて、労働者の作業内容は無内容化された単一作業を反復することになる。もはや、機械工の熟練も、作業意欲も、加工の喜びも、すべて単能機械の内部に移転して、作業者は、機械の命ずるままに単純労働の立ち作業をしなければならない。この労働様式の根本的変化は、フォードシステムがもたらした人間労働の新たな苦悩となったのである。

　いうまでもなく、「利潤動機」でなく「賃金動機」に基づいて大衆のために自動車を生産するフォードにとって、機械化のこのような状況を望んでいたわけではない。「誰でも、動力や機械、産業などの拡大について語るときには、

冷たい金属的な世界を描くのであるが、それは、巨大な工場が樹木も草花も鳥たちや青々とした畑などがことごとく追い払われた世界である。そうであるならば、われわれは、そこに金属製の機械、人間機械から構成された世界を見るであろう。私はそうした世界にはどうしても賛成できない。（中略）動力や機械も、金銭や商品も、われわれの生活を自由にさせるために存在する場合にのみ有用なのである」(Ford, a, p.2) と、フォードが、労働者の、大衆の利益を望んでいたことは間違いない。また、労働内容についても、「人間の代わりに機械に仕事をさせることから派生する1つの興味ある新事実は、それが機械や工具を修理し、また新しい機械を製作する熟練労働者の需要を増加させることである。多くの人々は、機械生産は生産者の技倆を無用のものにするであろうと考えた。しかしながらまったく逆の事態が現出したのである。われわれはいまや、かつてないほど多くの熟達した機械技師を必要としている」(Ford, b, 邦訳、134頁) と、機械化の進展が、過酷な単純労働よりも、機械製作および保守の熟練労働者を増加させると強調している。しかしながら、フォードが「モダン・タイムズ」の世界を批判したとしても、フォードシステムの機械化は、実態として、大量生産とコスト削減を実現しそれを大衆に還元するという積極的側面とともに、そこに「労働の機械的化」（藻利、b、143頁）と「疎外化された労働」という消極的側面をシステム原理として内包していたことは疑う余地がないのである。

2-4. システム化の原理

最後に、システム化の原理である。システムとは、これを構成する諸手段の有機的な組み合わせによって特定の目的を達成するための手段体系である。言いかえれば、生産システムとは、技術や労働力などの生産過程を構成する諸要素を手段として、これらを有機的に組み合わせ、生産の量的・質的拡大という目的を実現するために統合された機能体系である。機械の発達や作業方法の改善はその要素であり、これらの要素機能が統合的視点から有機的に統合された機能体系が生産システムである。

フォードシステムを、このような意味におけるシステムとしてその機能体系を考えた場合、これまでのべた展開過程の中に生産機能方式すなわち生産原理

の根本的な革新を認めることができる。

　第1に、生産システムを、作業原理でなく工程原理に基づいて再編成したことである。その内容については、展開過程で十分説明したところである。テイラーシステムは、前章で見たように、労働者の熟練の機能を時間・動作研究によって要素機能に分解し、その要素機能の最適化（最速化）をはかり、最適化された要素機能を標準として再結合し、この標準化された熟練の機能を、人的管理組織をつうじて労働者に強制する生産システムであった。これに対して、フォードシステムにおいては、労働者の作業工程が動作研究によって要素機能に細分化され、この細分化された要素機能の連鎖工程として、いわば作業機能が工程機能に置き換えられることによって、自立化した客観的・技術的な機能連鎖工程、しかも、機械機能の連鎖工程として再現される。その結果、熟練の機能は工程に吸収され、労働者は、自立化した工程での機械の「付添人」になる。労働における主客逆転である。作業者は、素材を集めに歩き回ることもなく、工具すら運ばれてくる。作業速度は、工程機能が決定し、労働者は、工程の進行速度に合わせた加工対象の脱着、すなわち細分化され時間的に規則化された単純作業（単一作業）を強制される。これが、フォードシステムにおける品種別ライン作業すなわち流れ作業である。その上、コンベアなどの機械的搬送手段の導入が、流れ作業におけるわずかに残された主観的な作業速度を排除し、搬送手段の速度に規制される作業速度の強制的進行性を必然化するのである[23]。労働者は、作業の内容からのみでなく、作業の速度からも疎外されるのである。

　こうして、機械的搬送手段を付与された工程機能は、その技術的論理性の下に、個々の生産工程、部門の生産工程を同期化し、遂には自動車生産の全工程をシステムとして同期化するのである。塩見は、この点を適切に表現している。「生産力構造にとって機械的搬送手段の意義は、2重である。それは、本来的には搬送手段であるが、またそれが加工対象に強制進行性を付与して個々の作業と作業を結びつける場合は、個々の作業を時間的に強制し、個々の作業の1系列全体を同期化する手段ともなる」（塩見、221頁）と[24]。

　以上のように、フォードシステムにおける生産原理の革新は、作業原理から工程原理へのシステム原理の転換にあった。それは、標準化、機械化の原理に

対して最大限の効率化を保証することによって、フォードシステムを最高の大量生産システムに飛躍させ、労働者には高賃金と雇用を、社会には低価格を実現して見せた。しかしながら、それはまた反面、労働者をシステムの1要素として組み込み、労働の質・量をシステム強制するという、「疎外された労働」と引き替えに構築された矛盾的システムであった。

第2に、生産システムの垂直的統合（川上から川下までの集中統合）および水平的統合（国内および海外への分散統合）である。宮田は、フォードシステムの本質は「全生産の連携」にあるとし、作業工程の機械および労働者が、製品の純粋技術的な生成の順序に従って配置され、コンベアという1本の紐によって連携（同期化）される。さらに生産諸部門が1つの紐で連携される。そして「最初は細流が集まって小河をなし、多数の小河が支流に注ぎ、遂に多数の支流は一本の本流に合流し、ここに自動車組立作業の流動作業が悠々と流れてゆく」（宮田、393頁）と、「全生産の連携（同期化）」が技術的必然性の下に展開するとのべている。さらに、宮田は、このような生産の「単流化」「連携化」は、統一された経営体系構築の「基礎条件」であって、経営全体の合理性は、「経営体系総合化の原理」に集約されるとしている（宮田、397頁）。その「経営体系」とは、自動車製造の経営はもちろんのこと、鉄鉱山、炭坑、木材、製鋼、ガラス、発電などの「全階的産業」経営、鋳型、機械、器具などを製作する「準備的産業」経営、セメント、製紙などの「廃物利用のための副業」経営、鉄道、船舶などの「補助的産業」、資材購入、販売などの経営のことである（宮田、399-401頁）。そして「かかる経営体系は、外形的に見れば、経営の『垂直的結合』と解釈することができるが、内容的に見ればフォード産業体に包括されるいっさいの完全経営がさらに一つの紐で連携化されてゐると見ることができる。しかもかかる有機的な関係において一切の経営が垂直的に結合される場合には、経営体系の完成は実質上益々進化して行き、出来上がった綜合的な産業体はいよいよ内部的な生活力を増加する」（宮田、401-402頁）と、フォードシステムは、その垂直的・水平的統合を技術的必然としていると論じている。中西も、同様に、「フォードに於ける経営の合理化は単に経営の内部に於ける作業の単流化、機械化に極限せられるのではない。経営内部の合理化は更に夫々の経営を合目的的に結合する事に依って、必然に一の統一的なる産

業体の最高構成に迄到達する。それは各経営の生産の範囲、速度、並に形式を調和せしめる事であり、外部的には経営の『垂直的結合』となって現れる」（中西、146頁）と、生産システムの垂直的統合の必然性を論じている。

　フォードシステムは、大量生産と低コストを実現するために、新たな生産原理の下に、技術機能および労働機能を体系化したアルゴリズムである。したがって、論理的にも技術的にも、システムを構成する諸要因の最適化を求めることはいうまでもない。またそれは、フォードの経済理念であった農・工・輸の統合を実現するという目標と整合するものでなければならない。フォードシステムの垂直的・水平的統合は、これら2つの経営原理の統合である。技術・労働システムとしてのフォードシステムを、資源開発から生産、そして流通過程に至るまで適用し、生産システムの垂直的・水平的拡大をアルゴリズムとして統合することは、フォードシステムの論理的・技術的必然であったのである。

　第3に、コンベア式流れ作業方式の技術的必然としての単工程反復労働への労働システム原理の革新である。フォードは、単工程反復労働についてつぎのように書いている。「反復的労働——1つの仕事を常に同一の方法で繰り返し行うこと——は、ある種の心の持ち主には誠に恐ろしい感情を起こさせるものである。それは私にも恐ろしく思える。確かに私には朝から晩まで同じ仕事をすることはできないであろう。（中略）しかし、おそらく大多数の人々には反復的作業が恐ろしいとは感じられないのである」(Ford, a, p.103)と、反復労働を嫌悪するタイプと、むしろ頭脳や体力を使うことを嫌うタイプの2種類の人間がいるとのべ、「個々の労働者の仕事が反復的なものになるのはやむをえない——そうでなければ、低価格と高賃金を生み出し、しかも無理のない作業速度を得ることは不可能である。われわれの作業のうちには（中略）極端に単調なものもある。だがしかし、多くの人々の心もまったく単調である。大多数の人々は頭を使わないで生計を立てることを望んでいるのであって、これらの人たちにとって頭脳の働きを必要としない仕事は恩恵なのである。われわれには頭脳を必要とする仕事がたくさんある。われわれは常に頭脳を求めている。そして頭脳ある人々は、このような反復作業に長くとどまったりはしない。（中略）われわれの諸工場での長年にわたる経験では、反復作業が労働者に害を与えると

いう事実は見いだされていない。実際それは、反復的でない仕事よりも、肉体的にも、精神的にも、健康によいように思える」(Ford, b, 邦訳、195-196頁)。それゆえ、反復的労働をする人たちに対して無用の同情をする必要はない(Ford, a, p.103)と、単工程反復労働の必然性を擁護している。

　しかしながら、日給5ドル制以前の異常な離職率の高さは何を意味するのであろうか。フォードシステムのシステム要因として「個々の労働者の仕事が反復的なものになるのはやむをえない」のであり、またその単工程反復労働に必要とされる熟練度は、前述のように、43％が1日以内、36％が1週間以内で習得できるのであり、習得に1年以上かかる熟練労働者はわずか1％にすぎない。8,000に近い作業数の大半が単工程反復労働から構成されるわけで、その労働は、フォードが「私にも恐ろしく思える」と感ずるほどの、単調で、無内容な単一労働の繰り返しであった。それは、工場労働習慣さえない移民労働者には、おそらく精神的にも肉体的にも忍耐と疲労とあきらめを伴うきわめて過酷な労働であったに違いない。バチェラーは、日給5ドル制導入後の組立ラインで働く労働者の妻のフォードへの手紙を紹介している。「あんたがもっているチェーン・システムは奴隷監督だ！　忌ま忌ましい！　フォードさんよォ。亭主は帰宅すると横になって夕食を食べようともしないんだ。そうなっちまったんだ！　直る見込みでもあるのかい。（中略）あの日給5ドルの計画は祝福もんさ。あんたにわかっている以上に大きい祝福さ。だけど、ああ、労働者がそれをどうやって稼いでいると思ってんのかよォ」(Batchelor, 邦訳、83頁)。

　「モダン・タイムズ」の世界は、必ずしも誇張ではなかった。単工程反復労働は、まさに「必要悪」として、高賃金は単工程反復労働の忍耐料として、これらはセットとしてシステム化されたのである。反復的労働に耐えられる労働者は少なからずいたであろうが、反復的労働を好む労働者が多くなかったことだけは確かである。それにもかかわらず、フォードが、こうした労働を「肉体的にも、精神的にも、健康によい」などと弁解するのは、およそフォードシステムの目的をみずから放棄するものと解することさえできるのである。

第5節　フォードシステムと分業の機能の科学化

1. 熟練の機能と分業の機能

　生産活動は、人々の個人的・社会的な価値獲得欲求に対して、これを充足するための個別的あるいは共同的な人間労働によって行われる。しかも、人間は、この労働の過程において製作される製品の質的・量的高度化を求めて、自らの労働能力の高度化すなわち熟練の機能を高めるとともに、労働手段（技術）を開発して自らの労働能力を延長し、さらに、共同の労働過程（分業・協業）を組織化することによって、労働の機能の質的・量的拡大をはかってきた。いわば、熟練の機能および分業の機能という2つの労働の基本機能をつうじて、人間は、生産活動の目的であるより豊かな生活を実現してきたのである。それでは、フォードシステムは、この2つの労働の基本機能をどのように組織化したのであろうか。フォードシステムの中に熟練の機能および分業の機能をどのように組み込み、生産システムの革新を実現したのであろうか。そこで、まず、熟練の機能および分業の機能について、その概念を整理しておこう。

　序章で論じたように、熟練の機能は、作業的熟練の機能と管理的熟練の機能とから構成される。作業的熟練の機能とは、作業の質と量とにおける質的労働機能の促進、すなわち、よりすぐれた品質の製品を構想し、これを精密に製作し、出来映えを検証することを機能とする品質向上の機能、および、習熟・反復による量的労働機能の促進、すなわち、製品をより高速に製作することを機能とする生産性向上の機能のことである。また、管理的熟練の機能とは、製品の製作過程を計画し、監督し、統制する、労働過程の管理の機能である。そして、作業が個人的に行われる場合には、管理的熟練の機能は、作業者個人が自らの作業過程を管理するわけで、それは主観的な労働の過程に内包される。管理的熟練の機能は、労働過程が共同的になってはじめてその客観性を現すのである。

　熟練の機能は、具体的な労働過程の中で展開する。労働過程が主として労働者の労働力によって担われる場合には、それが個人的に行われようと共同的に

行われようと、その労働過程の質的・量的水準が基本的に労働者の熟練の機能に依存することはいうまでもない。しかしながら、その労働が個人的であるか共同的であるかということは、熟練の機能の展開の仕方、したがってその成果に大きな相違が生じる。共同的労働（分業に基づく協業）とは、労働の分割 (the division of labor)、すなわち、労働者が主体的に担う労働過程＝作業工程を分割し、各工程に労働力と労働手段の集中的運用をはかることによって、共同で作業工程全体を完結することであるが、共同的労働は、作業者各人がそれぞれ作業工程全体を遂行した場合の熟練の機能の総計を超える独自の機能、すなわち、分業の機能（分業・協業の機能）を発揮する。したがって、労働力と労働手段との組み合わせの様式、すなわち、分割された作業工程をどのように組織化（統合）するかということ、そしてその分業組織からいかに最大の機能を引き出すかということ、いわば分業の労働過程をいかに管理するかということが、もの作りの機能の水準を決定する。このように、生産システムとは、こうした意味での作業と管理の分業組織（分化と統合のシステム）なのである。

　周知のように、この分業の機能を論じた嚆矢はA.スミスである。スミスは、生産力は第一義的に質的・量的な熟練の機能に依存するとした上で、労働過程に分業の原理を導入すると、この生産力を飛躍的に拡大できること、これをピン製造という逐次加工型マニュファクチュアを事例に実証した。この例によれば、10人の労働者が18に分割された作業工程の分業をすることによって、各人がそれぞれ全作業を担当する場合の240倍から、場合によっては4,800倍もの生産性の向上が可能であるとしたのである（Smith, 邦訳、100-101頁）。その根拠として、スミスは、分業の機能について分析し、これをつぎの3点に集約した。a) 部分作業に集中することによる個々の職人の技巧の改善、b) 作業者が仕事から仕事へ移る場合に失われる移動時間の節約、c) 労働を促進・短縮し、1人で多数の仕事を可能とする機械類の発明である（Smith, 邦訳、105ページ）。

　また、C.バベジは、このスミスの分業論を詳細に分析し、分業の機能を次のようにまとめた。ⅰ) 単一作業への集中による学習時間の節約、ⅱ) 仕事の転換時の時間的ロスの節約（時間的ロスとは、新たな仕事をするための準備時間ロスおよび工具交換・調整時間ロスのこと）、ⅲ) 同一工程の反復作業による

技量の増進、iv) 分業によって工具や機械の改良・工夫が生まれる。これらの点についてはスミスと大きな相違はない。しかしながら、iii) については、分業の限界性について論及している。すなわち、「繰り返し同じ仕事をすることによって、いつ、いかなるときにも利益が得られるかというと、そうではないのである。この点は見ぬかなければならない。というのは、初めのうちは分業はうまくいくが、月日がたつうちに、分業していない労働者の技量も向上し、3～4年もたつと、分業の人との技量に大差なくなるからである」(Babbage, 邦訳、14頁) と。また、iv) についても、ピン自動製造機 (pin-making machine) について紹介し、作業内容によっては、機械による製造が必ずしも生産性が高いということではないと指摘している[25]。この点は、機械の導入に当たって留意するべきことである。そして、バベジの指摘でさらに重要な点は、v)「バベジ原理」といわれる新たな角度からの経済性原理を分業の機能論に導入したことである。すなわち、「いろいろ程度の違う技量と労力を必要とする工程に仕事を分割すれば、工場主は、工程ごとに必要とされる技量と労力に最もふさわしい労働者を雇うことができる。これに反し、一人の労働者が全部の仕事をやる場合には、その仕事の最もむずかしい面をこなせるだけの技能と、最も労力のかかる面をやり遂げるだけの体力の両方を持っていなければならない」(Babbage, 邦訳、16頁) という点である。いわば、労働能力に応じて適材適所に労働者を配置すれば、最高の生産性と経済性とを両立させる機能が分業の機能にあるというのである。

ところで、スミス、バベジの議論を見ると、共同的労働のうち、主として分業の側面から、しかも、部分労働の反復による熟練の機能の促進について、その特質を分析している。これに対して、K.マルクスは、分業と協業の両側面から分業の機能について議論している。その論点を集約すると、1) 部分作業に集中することで熟練が増進する。技能修得の時間も短縮する。さらに、熟練が職場に堆積し他の作業者に移転される（労働機能の共同的促進による熟練の機能の作業者から作業者への移転）。2) 人・物の移動時間が節約できる。移動を媒介する労働も節約する（作業転換の減少による人・物の移動時間の節約、搬送作業の削減）。3) 作業者の競争心を刺激する（協業による作業者の内的機能の刺激）。4) 作業の効率化のための機械類の発明・工夫を促進する（労働者の

創造能力の促進)。5) 異種作業の並行的進行または段階的作業が時間的継起から空間的併存を可能とし、作業の連続性・多面性を促進するとともに時間的・空間的節約ができる (以上、Marx, a, 邦訳、第11章、第12章)。こうして、分業は、「各個人にたいし自分の機能に必要な時間だけを費やすように強制するのであり、そのため、独立の手工業の場合とは、または単純な協業の場合とさえも、まったく異なる労働の連続性、画一性、規則性、秩序、とりわけ労働の強度までもが、生み出される」(Marx, a, 邦訳、601頁) と分業の独自の機能の意義について指摘している。

しかしながら、マルクスの場合も、分業の持つ制約的側面を指摘している。それは、1つは「同一種類の労働が連続することにより、活動の転換そのもののなかに回復と刺激とを見いだす活力の弾力とはずみが破壊される」(Marx, a, 邦訳、593頁) という、反復労働に固定化されることから生ずる労働意欲の減退であり、いま1つは「分立化させられた諸機能のあいだの連関を確立し維持するには、製品を一つの手から別の手に、また一つの過程から別の過程に絶えず運ぶ必要が生じる。このことは、大工業の立場からすれば、特徴的な、費用のかかる、マニュファクチュアの原理に内在する、限界性として現れる」(Marx, a, 邦訳、599頁) という、作業の分割そのものが新たな搬送問題を発生させるということである。

以上のように、熟練の機能は、分業の発達とともに、分解され、機械に移転され、分業の機能に吸収される。しかも、労働過程が機械を中心に組織化される段階、すなわち、「純粋に主観的」(Marx, a, 邦訳、667頁) なマニュファクチュアではなく、「一つのまったく客観的な生産有機体」(Marx, a, 邦訳、667頁) として機械設備に規定され、「社会化された、または共同的な労働によってのみ機能する」(Marx, a, 邦訳、668頁) 大工業の労働過程においては、労働者は、作業的熟練の客観化と標準化、および機械への移転によって、次第にその主体的機能を喪失し、「機械の付添人」に転化する。熟練の機能は、製品の構想、いまだ機械化され得ない熟練に特化する。「純粋に主観的」であった管理的熟練についても、次第に客観化され、標準化されて、システム化されるのである。

以下、テイラーシステム (熟練の機能の科学化) との比較においてフォード

システムの「分業の機能の科学化」について論ずることにする。

2. テイラーシステムと熟練の機能の科学化

テイラーシステムは、蒸気機関技術体系の最後の段階において、熟練の機能の「科学化」をつうじて、労働過程の管理技法を体系化した嚆矢である。それは、産業資本主義段階から独占資本主義段階への移行過程という時代的環境にあって、一方では企業側のコスト削減要求があり、他方では熟練労働者が労働過程を支配するという対立的労使関係の中で、作業的熟練の機能の客観化による作業方法の標準化と、管理的熟練の機能のシステム化をつうじた管理的熟練の移転とによって、管理者側が労働過程の組織者として、計画・実行・統制の管理サイクルを意識的に運営することを目的とするものであった。

まず、第3章で詳述したテイラーシステムの特質について要約しよう。テイラーが対象にした労働過程とは、技術的に見れば、いまだ蒸気機関からの動力によって駆動する個別機械類を手段として労働者が働く機種別に組織された工作機械作業職場であり、熟練の機能によって組織化された共同労働の現場であった。生産の成果は、労働者の作業的熟練と管理的熟練とに任せられ、経営者は、労働者の「精進」に期待するという伝統的な労働過程であった。テイラーは、労働者が自動機械の連鎖工程に携わるような労働過程を対象にしたのではなかった。したがって、宮田がのべるように、「げにテーラーシステムは技術の進歩の経過において、機械によって排除されずして残る残余労働を合理化せんことを対象とするものである」（宮田、371頁）という理解は、必ずしも正しいとはいえないのである。

テイラーによる生産現場の理解はつぎのようなものである。a) 生産過程の主体は労働者であり、かれらの熟練の機能が作業の質・量を決定している。b) 熟練労働者は、作業的熟練と管理的熟練とを持っており、それによって労働過程の統制を行っている。c) 労働者は、生産制限（怠業）を日常的に行っており、真の生産能力は不明である。このような生産現場の状況から、テイラーは、つぎのような生産現場改革の問題意識を持つに至った。① 生産方法には最適な方法、すなわち労働者が行っている主観的な「目分量方式」でなく、熟練の機能には科学があるはずである。その科学を発見し、これに基づい

て作業が行われれば、最高の生産能率したがってコスト削減が得られる。② 熟練の科学の解明のためには、作業的熟練の機能の具体的な分析によって、その機能を客観化しなければならない。またその客観化のための分析方法を開発しなければならない。③ この科学に基づいた作業を管理するためには、まず、労働者の持っている管理的熟練の機能を客観化し、その上で、作業管理のための客観的な仕組み作りを行わなければならない。しかし、生産制限を行っている労働者には、この仕組み作りは期待できず、管理者側の責任で行わなければならない。④ この科学は恣意的なものであってはならず、科学に対しては労働者側も経営者側もこれを認め、労使共同でこの科学を発展させなければならない（「精神革命」）。

こうして、テイラーは、課業管理として知られる作業管理システムを構築するのであるが、その論理的展開はつぎのようなものであった。第1が作業の科学化（作業的熟練の機能の科学化）である。テイラーは、まず、「機械の行う仕事」の最速時間とこれを操作する「人の行う仕事」の最速時間とを合計すれば作業の最高能率が決まると考える。つぎに、「要素別時間研究」によって、例えば旋盤の切削作業についてみれば、切削工具、刃先角、切り込みの深さ、送りの速度、冷却方法、被削材、等々、最適（最速）な切削速度を実現するための技術的研究によって、旋盤の最速時間を決定し（「機械の行う仕事」）、この切削速度に合わせた作業方法（「人の行う仕事」）の最速時間を決定する。こうして、「機械の行う仕事」「人の行う仕事」の内容を「要素別時間研究」によって数量化することにより、それまで熟練職人が「職の秘密」として内部化していた作業的熟練の機能を客観化できるということ、いわば生産制限の武器としての作業的熟練を、客観化された熟練として「科学的」に再統合したのである。その結果、熟練労働者は、自らの「目分量方式」でなく、「科学的」根拠の下に、その科学化された作業速度に従うことを余儀なくされるのである。

第2が、作業管理の科学化（管理的熟練の機能の科学化）である。作業の科学は、作業の速度およびその速度を維持するための作業方法を客観化したものであるが、科学化された作業を遂行するのは機械でなく労働者である。熟練の機能を媒介に自らの方法と速度で作業をしてきた労働者が、科学とはいえ自らの方法を変更するについては大きな抵抗感があるわけであり、しかも管理者側

の手で作成された最速労働に従うということは、自らの労働過程統制権を失うことになる。いわば、「仕事をする」から「仕事をさせられる」に根本的に変化するわけである。

　テイラーは、このような意識を持つ労働者に対し、2つの方向から、むしろ労働者が「科学」の遂行に意欲的に取り組むような作業管理方式を考えた。その1つが、標準化された作業条件の下での科学的作業方法・時間にもとづく1日の作業量を決定し、これを標準作業量とする。そして、この標準作業量を「課業」として、課業を達成した場合には大いなる割増賃金を支払うというものである（差別出来高払制）。いわば「経済人」としての労働者から、その内的機能（労働意欲）を引き出そうとするものである。

　いま1つは、労働者の内部に主観的に蓄積されている管理的熟練の客観化＝科学化である。テイラーは、作業的熟練の科学化における作業の要素作業への分割・最適化・再統合の方法論を、管理的熟練に対しても適用した。まず、熟練労働者である万能職長の労働内容を分析して、労働者としてその内部に蓄積された作業的熟練の機能と、労働過程を統制する管理的熟練の機能とを分離し、職長を管理者として、管理の仕事を専門に担当する職能とした。つぎに、管理的熟練の機能の内容を、計画的熟練の機能と執行的熟練の機能とに機能別に8種類に分割し、それぞれ1つの機能を担当する「職能別職長」を設け、かれらによる組織的管理として再編成した。すなわち、計画的熟練の機能を「計画室」で担当する4種の職長と、現場で作業の遂行を直接指揮・監督する4種の執行的職長とによる「職能別職長制」として、いわば、管理的熟練の機能を管理組織の機能として再統合したのである。

　こうして、作成された課業を確実に遂行するための作業管理システムが構築された（課業管理）。計画室にいる職能別職長（指図票係）を中心に、労働者各人の毎日の課業が作成され、その内容（作業の内容、作業方法・時間、差別的賃率）が「指図票」に記載され、毎朝労働者がこの指図票と作業時間を示す「タイムカード」（課業の達成状況を担当職長が記入）を指示された現場に持って行き、現場の職能別職長の指導・監督の下に指図票の指示に従って作業を行う。タイムカードは計画室に回収され、賃金計算が行われる。すなわち、課業の作成と課業の遂行が差別出来高払制と職能別職長制という管理制度によって

システム化(科学化)されたのである。しかしながら、生産の成果は、課業の大きさと労働者の作業的熟練の水準、そして労働者の労働意欲によって決まるわけであり、課業は、「一流労働者の最速時間」を基準に作成されたことはいうまでもない。こうして、労働者の労働過程統制力は、作業の科学化と作業管理の科学化とをつうじて、労働者から管理者側に移転することになったのである。

以上のように、テイラーシステムは、当時の技術的条件の下で、生産性向上という生産目的を達成するために、分業の機能でなく、熟練の機能を対象に、熟練の機能の科学化をつうじて、作業管理をシステム化した管理技法であり、それをもって科学的管理法と呼ばれるのである。

3. フォードシステムと分業の機能の科学化

それでは、フォードシステムは、この2つの労働の基本機能をどのように組織化したのであろうか。フォードシステムの中に熟練の機能および分業の機能をどのように組み込み、生産システムの革新を実現したのであろうか。前述のマルクスの分析を念頭において、フォードシステムの熟練・分業の機能の展開を見てみよう。まず、フォードが熟練の機能を軽視していたかというとそうではない。熟練の機能の重要性を十分承知していたことはいうまでもない。鋳造工程に始まる生産工程には、多くの熟練が必要だったからである。大量生産をめざすためには、それゆえ多くの熟練労働者を大量に雇用しなければならない。しかしながら、熟練労働者を大量に雇用することは量的にも、また低価格車生産という目的からも問題があり、その上、個人の生産能力には限界がある。そこで、フォードは、ハイランドパーク工場での大量生産システム構築のために、前述のようなつぎの方法を採り入れたのである。すなわち、① 熟練労働者による分業・協業の限界から脱皮するために、機械化できる作業は可能な限り機械化することによって、作業的熟練の機能を機械に移転し排除する。そして、機械を単一目的の専用機械とし、生産工程を専用機械の協業工程とする。② 作業工程を単一作業にまで分割して作業内容を単純化し、作業的熟練の機能を工程に移転して工程分業とし、直接的労働過程から作業的熟練の機能を排除する。その結果、労働者は、専用機械の付添人として、あるいは組立作

業において、工程分業の単一作業あるいは標準化された単純作業を行う。③機械の分業工程をコンベア等の機械的搬送手段によって結合することにより、機械の連鎖工程を構築し、作業者・仕掛品の移動および搬送の作業を時間的・空間的に節約する。分業による新たな搬送の発生というマルクスの指摘は解消される。④ マルクスのいう単工程反復労働による労働者の労働意欲の減退については、最低5ドルの高賃金そして9時間から8時間への労働時間の短縮を全作業者に保証することによって防ぐ。それは、また、与えられた単一労働を確実に行う責任料でもある。

　こうして、フォードシステムにおいては、マルクスの1) 2) 3) 4) の特質、すなわち、分業の機能が本来有している熟練の機能の促進機能が機械に置き換えられ、機械の機能を促進する工程分業として、いわば機械の機能体系として再編成され、主観的な生産過程が客観的な工程機能の体系として「科学化」された。そして、ここにテイラーシステムとの根本的な相違が認められるのである。すなわち、テイラーシステムにおいては、作業的熟練の要素作業への分解と要素作業の最適化、その再結合による作業的熟練の機能の再統合＝作業の科学化と、管理的熟練の職能別職長制への移転による労働者からの分離とが行われたのであるが、客観化されたとはいえ作業的熟練を遂行するのは熟練労働者であった。テイラーシステムにおける作業的熟練の要素作業への分割と最適化は、フォードシステムのような作業の単純化を目的とするものでなく、その再統合とは、科学的な熟練労働の作成であったのである。それゆえ、課業という作業目標を熟練労働者に提示し、その遂行のために労働者個人の労働意欲を喚起する差別出来高払制を導入することによって、計画された生産力を維持せざるを得なかった。換言すれば、労働過程における熟練労働者の主観性は排除されたが、なお作業的熟練の機能に依存する生産システムの構築を追求せざるを得なかったのであり、テイラーは、労働者のさらなる労働意欲に期待する「精神革命」論を展開することになったのである。

　これに対しフォードシステムは、機械とコンベアによる工程分業の中で、熟練の機能でなく機械の機能を細分化（単一機能化・高速化）・高度化（精密化）することによって機械の機能の分業体制を構築し、作業者は、機械の付添人として機械の機能に合わせた作業方法・速度での単工程反復作業を行うという、

個人の主観的な努力に依存するシステムでなく、工程機能の客観的・強制的な展開に依存する生産システムであった。そして、テイラーシステムにおいて職能別職長制に移転した管理的熟練の機能が、フォードシステムにおいては工程機能に移転することによって、作業的熟練の機能と管理的熟練の機能とが工程機能として、工程が作業を管理する、作業と管理の「同時化」を実現したのである。工程が作業者を管理するのであるから、管理組織は不要なのである。フォードによれば、「フォード工場とフォード会社には組織といったものはなく、特定の地位に特定の義務が付随することもない。役割の継承ラインや権限の規定などもなく、わずかな肩書きがあるだけである。会議などは全くやらない。我々は、絶対になくてはならない事務員を抱えているだけで、詳細な記録など全くとらず、したがって、面倒な手続きがない」(Ford, a, p.92)と、管理組織を不要化するシステムを自慢している。また、フォードシステムは、労働者個人の熟練の機能および個人的努力に依拠するシステムでないがゆえに、作業者の努力を個別的に刺激する必要がない。したがって、テイラーシステムのような出来高賃金でなく、時間賃金を採用し、しかも高額の最低賃金を保証することによって労働意欲の一般的な増進をはかったのである。さらに、マルクスの3) 4) の実践として、フォードは現場労働者の工夫・改善提案を奨励したことは労働力の有効利用として前述したが、安定した賃金を前提に、労働者の中にフォードシステムの進展に協力する労働者が多くいたことは、労働者の創造能力を促進するという分業の機能の働きであったと考えられる。なお付け加えれば、バベジ原理については、詳細な時間研究を前提に、身体障害者雇用に見られるような適材適所を徹底したことは前述のとおりである。

　こうして、フォードシステムは、分業の機能の最大の特質である分業の機能のシステム化を実現した。それは、マルクスの5) の特質、すなわち、異種作業や段階的作業の並行的・空間的併存、いわば、専用機械と機械的搬送手段とを媒介として、生産過程の連続性・多面性・同時性をシステムとして展開したのである。しかも、協業・分業の垂直的・水平的システム化、すなわち、一方で資源から販売に至る垂直的拡大、他方で1工場から国内・海外への水平的拡大、このような生産過程・流通過程の循環過程を世界レベルでシステム化することによって、低価格・大量生産体制という巨大な生産力を実現したのであ

る。ここに、テイラーシステムとは質的に異なる生産システム段階を構築したフォードシステムの分業の機能の科学化の最大の意義があるといえよう[26]。

第6節　フォードシステムの歴史的意義―制約なき大量生産―

　フォードシステム形成の時代は、金融資本主義の腐朽に対する国民的批判が強まり、また、資本主義列強の相克が第1次世界大戦に帰結し、さらにロシア革命に現れる労働者政権の成立が世界の労働運動に強いインパクトを及ぼすという世界的な激動の時代であった。テイラー・グループのH.L.ガントは、こうした混沌とした経済社会を批判し、企業経営は、社会への奉仕を目的とする真の民主的な企業社会をつくるための「分かれ道」(the parting of the ways)に直面していると力説している (Gantt, 1919)。このような時代的背景の中で、フォードは、大衆の生活水準の向上、社会への利益の還元を目的として、T型自動車の低価格・大量生産のシステムを構築した。それは、L.マンフォードが指摘するように、「未熟な標準化」に基づく「フォードのモデルT型でなされた誤謬」(Mumford, 邦訳(3)、121-122頁) という限定つきであるとしても、もの作りの3つの基本命題に明確な回答を与えるものとなった。しかも、結果としてフォード社に莫大な利益をもたらしたのである。フォードシステムが示した大衆のための大量生産システムが、アメリカ社会、いや、世界中の産業界から喝采をもって迎えられたことは、生産システムの新たな段階として大いに評価されるべきであろう。それは、レイシーがのべるように、「1917年のロシア革命は20世紀の歴史において新たな活動勢力を生み出したが、その3年前にヘンリー・フォードは労働者大衆が大企業の敵になるとは限らないことをハイランドパークで証明したのである」(Lacey, 邦訳、238頁)。すなわち、社会主義か産業民主主義かの「分かれ道」に対して、フォードは、資本主義経済体制の中でも、生産過程を社会目的に設定することによって、労働者・農民の豊かな生活と福祉を実現できるということを実証しようとしたのである[27]。

　しかしながら、フォードシステムは、その後のもの作りの歴史に2つの課題を残した。第1は、大量生産そのものがもたらした課題、物質的な豊かさが

人々の精神構造や社会的人間関係に及ぼしたインパクトである。すなわち、フォードは大量生産システムに制約装置を組み込まなかった。製品を作り続けることが人間社会の幸福につながると考えていた。しかしながら、この「制約なき大量生産」は、過剰な製品で社会を満たし、持てるものと持たざるものとの格差社会を助長し、果てには資源の枯渇をもたらす元凶となった。もちろん、大量生産の諸結果の責任を、フォードシステムにのみ負わせることは公平ではないかもしれない。あくなき自由競争という資本主義経済システム、そして社会秩序の側の責任を問わなければなるまい。しかしながら、この「制約なき大量生産」は、人間社会の精神的諸関係を物質に還元するという社会的精神構造を根本から変えることによって、人間社会の諸関係を分断し、本来主観的で密接であるべき人間関係が客観的で空疎な関係になるという社会的変化をもたらしたことは確かである。その意味では、レイシーがのべるように、「近代社会を自動車と大量生産の奴隷にする上で果たした役割ゆえに、その毀誉褒貶（きよほうへん）はこもごもだが、近代大衆社会にもう一つの功罪半ばするもの、物質の氾濫をもたらしたという点でも、ヘンリー・フォードは歴史の審判に耐えなければならないのである」（Lacey, 邦訳、239頁）。

第2の課題は、フォードシステムの標準化、機械化、システム化というシステム原理に基づく大量生産システムがもたらした労働システムへのインパクトである。この従来の労働のあり方とは異質の労働システムへの転換は、「モダン・タイムズ」や「自由を我等に」などの映画で描かれるような、強制された、無内容化した労働様式を余儀なくしたが、それは、自由で主体的な「労働の人間化」を望むフォードの労働観とはまさに異質の必然性であった。しかしながら、その必然は、疑いもなくE.ホイットニー以来のアメリカンシステムの延長線上にある必然であって、その意味では、テイラーシステムとともに、フォードシステムは、その必然性の諸結果についての歴史的審判を免れることはできないのである。

人類は大量生産システムによって豊かになったかという命題は、いまだ解決されない人類的課題である。物質的な豊かさと疎外化された労働というフォードシステムがもたらした帰結は、それゆえ、その後の人類の呪縛として引き継がれているのである。

注

(1) 流れ作業の特質は、「すべての作業場所が、一定の給付に対して、作業品が順次規則的な時間のあい間をおいて場所を移動し、かくして最後には製品が均等の時間で生産される如くに調子が合わされることに存する。流れの強制的・秩序的・連続的性質が流れ作業の本質的特徴をなすのである」（古林、1930 年、301 頁。1984 年、96 頁）。

(2) 中西は、テイラーシステムとフォードシステムを比較し、それらの産業への導入の経済的前提条件という視角から、なぜ戦前のドイツにはフォードシステムが普及しなかったかについてのべている。それは、① ヨーロッパは労働力が比較的低廉であったこと（4.2 対 1）、② ドイツ産業にとってシステム導入の資金という点で、フォードシステムがあまりに高価であったこと、③ 大衆の貧困化と海外市場の狭隘化とによって、大量生産の経済的基礎を有しなかったこと、④ アメリカに比べドイツでは、原料生産から製品販売にいたる垂直的大コンツェルンの形成が困難であったこと（中西、150 頁）である。

(3) 同時に、藻利は、フォードシステムのシステム原理の一つである「標準化」が実は生産システムの「固定化」を伴う弱点を有していることを指摘している（藻利、b、182-183 頁）。

(4) 「大量生産は人々を豊かにしたか」を問うならば、フォードシステムが「労働を豊かにしたか」という命題は避けて通れない。Braverman (1974) を発端とする労働過程論争、フォードシステムのオールターナティブスを探求するポスト・フォーディズム論争など、フォードシステムのシステム原理そのものへの批判としてのこれらの議論もまとめる必要があるが、本章が「システム原理の形成」に力点を置く関係で割愛した。

(5) フォードは、「農場における仕事の中で最もつらい仕事は土地を耕すことであった。また、我々の地方の道路はきわめて悪く、外に出かける習慣などなかった。それゆえ、自動車が農場に及ぼした最も顕著な現象は、農民の生活の幅を拡げたことである」(Ford, a, p.25) とのべているが、当時、農業の全産業に占める比重は大きかった。下川浩一は、T 型車の農村へのインパクトについて、つぎのように評価している。それまで小麦やトウモロコシ、綿花など貯蔵可能な農産物だけであったものが、野菜や果物などの生鮮食料品を都市へ出荷することが可能になり、「T 型車による農村の輸送革命は、農産物の商品化と都市の生活様式との接触を強めて、農村経済や農村の生活様式にも大きな変革をもたらした」ように、それは「農村生活近代化のシンボル」になったのである（下川、a、53 頁）。

(6) チャンドラーは、T 型車の価格競争力、非価格競争力に関するアメリカ租税控訴局報告書を引用している。「T 型フォードは、実用車であった。それはたしかにすぐれた乗用車であった。1913 年にはすでに好評を博し、完全に揺るぎない地歩を確立していた。それはあらゆる階層の人に使用されていた。市場において最廉価の乗用車で、他の乗用車と比べて価格の割には大きな価値があった。価格が低廉なため、他の乗用車よりも需要の分野が広かった。しかも数多くの人たちの購買力の範囲内にあったため、その利用者は急激にふえつつあった。T 型フォードに対する需要は、他のいかなる会社の乗用車に対する需要をも上回った」(Chandler, 邦訳、36 頁)。

(7) フォードは高賃金・低価格と市場創造の関係の意義についてつぎのようにのべる。「高賃金と低価格は、より大きな購買力―より多くの顧客―を意味する。賃金の切り下げは、低調な消費に対する治療法ではない。それは、消費者となる可能性をもつ者の数を減少させることによって、消費をよりいっそう低調にするのみである。事業の目的の 1 つは、消費者に対して供給するとともに消費者を創造することにある。顧客は、人々が何を望んでいるかを理解し、それを妥当な価格で生産し、そしてその生産に十分高い賃金を払い、人々がそれを買うことができるようにして、はじめて創造されるのである」(Ford, b, 邦訳、185 頁) として、1925 年時点で「フォード事業体が直接支払った賃金は、約 2 億 5 千万ドルであった。また、当社の購買活動の結果、これとは別に恐らく 5 億ドルの賃金が社外で支払われている。さらにサーヴィス・ステーションとディーラーでは、賃金

として約2億5千万ドルが支払われた。したがって、わが社は昨年賃金に振り向けられるカネを、約10億ドル生み出したことになる」と、持論を強調する（Ford, b、邦訳、47頁）。また、フォードは、大衆市場について、自らの好みと理由をいえる顧客はせいぜい5％程度であるから、「諸君が、その95％の人たちに対して、いずれの点からも最善のサービスを与えることができるものを発見して、まさに最高の品質のものを製造できるように工夫し、そして真に最低の価格で販売したならば、普遍的と呼べるほど大規模な需要に遭遇することになるであろう」（Ford, a, p.48）とのべている。

(8) フォード社の創立以来の実績（統計）については、フォード社自身の資料、政府資料、その他の研究資料などが、多くの文献に引用されている。その原典は、これまでフォード経営史研究の第1人者 Nevins and Hill（以下、Nevins とのみ表記）の統計資料がその主なものであったが、本章との関連でフォード社の生産実績を比較してみると、近年のフォード経営史研究文献には多くの異なる統計資料が見られる。実に悩ましい限りである。それは、Nevins（1954）の資料には販売台数の統計はあるが生産台数の統計がなく、Nevins（1962）で生産実績が提示されたが、前著との関連で資料に問題があると判断されたためかも知れない。そこで、まず、生産台数に関して、塩見、和田、有川らの引用統計を比較してみると、非常に多くの相違があることがわかる。統計が会計年度の変更などの問題はあるにしても、たとえば、塩見は Nevins（1962）に依拠しているのであるが、1913年までの生産実績を見ると Nevins（1954）の販売実績よりかなり少ない。生産と販売とは時間的関連で一致するものではない。しかし、一定期間を取れば販売台数が生産台数を上回ることはない。とすれば、販売統計に問題があるのか。ネヴィンスの統計資料に対する疑問はこの辺にあるのかも知れない。そこで、本書との関連で、T型フォード時代の1909年から1921年の生産台数合計を諸文献から比較してみると、5,662,675台（Ford, a）、5,769,704台（塩見）、5,072,423台（和田）、5,915,888台（有川）であり、かなりの相違がある。Nevins（1954）の統計では、この間の販売台数は5,376,099台である。和田の引用資料は、会計年度と暦年度との関係と思われる1920年8月1日から12月31日までの統計が欠落しているが、このことを勘案すれば、販売台数に最も近いと考えられる（和田、54頁）。塩見は、Nevins（1962）の統計資料を引用している（塩見、184頁）。有川は、会計年度を考慮した詳細なデータを引用しているが、生産数量のみ出所が不明である。また、奇妙なことに、別の箇所では Ford（1922）の生産台数資料を引用しているという問題がある（有川、108頁および152頁）。

ところで、Nevins（1954）の統計の内、販売台数、売上高、利益額、従業員数については、同じ統計をすでに30年前に Benson（1923）が使用している。ベンソンによれば、この「内部資料」は、ベンソンの著書のためにフォード自身の指示で提供されたもので、いまだ印刷されたことのない数値であるとされている（Benson, p.139）。ただし、このベンソンにも生産台数の統計はない。しかし、ネヴィンスを引用する研究者は多いが、ベンソンを引用する研究者は少ない。年代的に当然であるが、このベンソンに依拠しているのが有川である。

以上の状況を総合的に判断して、本章では、生産台数統計として、Ford（1922）に記述された統計（1909～1921）を使用することとする。また、販売台数および売上高、利益額、労働者数についてはベンソンを使用する。

(9) 賃金倍増を実施する以前にも、フォード社では利益分配制度を行っていた。「例えば、1909年時点でさえ、8万ドルを勤続年数に応じて分配していた。1年勤続者は年収の5％、2年勤続者は7.5％、3年勤続者は10％が支給された。この制度の問題は、日々の労働に直接関連をもたないことであった。労働者は、作業が行われてからずっと後になって分け前をもらえるわけで、ほとんどプレゼントのような形でかれの手元に入ってきたのである」（Ford, a, p.125）。新たな方式も、いわば利益分配制度であったが、異なるのは、利益を前もって概算して賃金に追加するという方式であった。対象は、6ヶ月以上勤続する労働者で、つぎの3つの基準に該当する労働者であった。

第6章　フォードシステムと分業の機能の科学化　279

別表1　フォード熟練度別賃金（1913年）

熟練度	時間賃率	労働者数	職種グレード
A-1	.51	2	熟練機械工および副職長
A-2	.48	45	
A-3	.43	273	
B-Service	.43	51	熟練オペレーター
B-1	.48	606	
B-2	.34	1,457	
B-3	.30	1,317	
C-Service	.38	19	オペレーター
C-1	.34	348	
C-2	.30	2,071	
C-3	.26	4,311	
D-1	.34	31	助手
D-2	.30	137	
D-3	.26	416	
E	.26	2,003	雑役工
Special	.23	208	女子および連絡係

出所：Meyer, S. III, *The Five Dollar Day*, 1981, p.103 より引用

① 既婚者で、家族と同居し、かれらの世話をよくするもの。
② 22歳以上の未婚者で、倹約の習慣があることが判明したもの。
③ 22歳未満の青年および近親者を1人で支える女性労働者（Ford, a, p.127）。

　「労働者は、まず正当なる賃金を支払われることになるが、それも当時の通常の賃金より平均して15％高い賃金であった。次に、彼は一定の利益分配を受けることになる。彼の賃金に分配利益を加えて、最低1日5ドルの収入が得られるように計算された。分配利益は、時間給をベースに分類され、最低の時間給の者が最大の割合の利益分配を受け取れるように、時間給に加算された。それは賃金とともに2週間ごとに支払われた。たとえば、時給34セントの作業者は、1時間28.5セントの利益分配を受け取ることになり、それでかれの日収は5ドルとなる。時給54セントの作業者は21セントの利益分配を受け、それで日収は6ドルとなるのである」（Ford, a, pp.127-128）。そして、「この計画を実行に移したとき、従業員の60％は直ちに分配に預かる資格を持っていた。6ヶ月後には78％が、1年後には87％の従業員が分配されていた」（Ford, a, p.129）としている。
　別表1は、新制度導入以前のフォード社の賃金表であるが、最低賃金5ドルの上昇率がいかに大きいかが分かる。この熟練度別賃金制度を採用するために、詳細な「時間研究」が行われた。「1913年頃になってはじめて、工場内の数千の作業全てについて時間研究がなされた。時間研究によってすれば、一人の作業者の生産高が理論的に決定することができるのである。そうして、十分な余裕を加えて、一日の満足な標準生産高を設定し、さらに熟練を考慮に入れて、一つの仕事に投ぜられる熟練と労力の量をかなり正確に表す賃率に到達することが可能となるのである」（Ford, a, p.125）。

⑩　「高給はそれ以外の結果も示した。1914年にその計画が初めて実行に移されたとき、我々は14,000人の従業員を雇用していた。しかも、14,000人の人員を絶えず維持するためにはほぼ53,000人の割合で労働者を雇用する必要があったのである。しかし、1915年にはわずか6,503人を雇い入

れたのみであった。しかも、これら新規雇用者の大多数は、事業拡大の故に採用された者たちであった。（中略）それ以来、労働者の移動問題に悩まされることはなくなった。（中略）我々の知る限り、労働者の移動は月3％から6％位である」(Ford, a, pp.129-130)。

⑾　スケールメリット（規模の経済）といわれるこの論理は、「標準化」を媒介とする熟練の機能、分業の機能の集中化を意味するが、「規模の経済効果」についてみれば、アバナシーも指摘するように、BCG（ボストン・コンサルティング・グループ）の「経験曲線」が参考になる。それによれば、累積生産量が2倍になるごとにコストは25％ずつ減少するということである（Abernathy, 邦訳、40頁。アベグレン、27頁）。

⑿　大野耐一『トヨタ生産方式』を読めばわかるとおり、大野は、「フォードシステムの真意」という章を設け、その「真意」を受け継ぐという視角から、フォードシステムの歴史的役割を高く評価している。一般に、フォードシステムとトヨタシステムを比較する際に、フォードシステムを過小評価する論調があるが、むしろ、トヨタシステムを作りあげた本人が、最もフォードシステムを正しく評価しているのかも知れない。

⒀　ハイランドパーク工場は1913年に完成したが、その工場は、鉄道で搬入された原料・資材が機械化された搬送装置を介して、鋳造・熱処理工程、鍛造工程、機械加工工程、部品組立、完成品組立、発送という自動車製造の全工程を自動化・連続化する一貫工場であった。

⒁　筆者は、以前に同様の自動化鋳造ラインを岩手の南部鉄器製造会社で見たことがある。この場合は、鋳型の製造、鋳込み工程がともに流れ作業で行われ、さらに最後の鋳型のばらし工程が自動化され、網のコンベアの振動によりその上にある鋳型が飛び跳ねるようにばらけて、砂は下の回収用のコンベア上に落ち、残った鋳物と枠はコンベアの最後で分別回収されていた。

⒂　オートメーションの魁である単能機の連続化としてのトランスファーマシンは、1923年にモリスモーターズ社が初めて導入したが、その制御が難しく廃棄された。1928年、A.O.スミス会社が本格的な自動車フレーム製作用のトランスファーマシンを製作した（Lilly, a, 邦訳、20-21頁）。フォードも、独自のトランスファーマシンを製作したが、フィードバック制御式のマルチ・ステーション＝マルチ・サイクル化のオートメーションの採用は、第2次世界大戦後のことである。

⒃　ソレンセンによると、「フォード氏は組立ラインの創造、計画、実施には何の関係もなかった」(Sorensen, 邦訳、150頁）のであって、それは、「大量生産方式に必須の機械類や多数の材料供給ラインのついた最終組立ラインは、増産をめざして絶え間なく実験を繰り返した部門から生まれたのである。種々の部品の組立時間を短縮し、車を組み立てる一階の大部屋に部品を早く届けるためには、工場を改造しなければならないことが明らかとなった。私が初めてコンベヤー・システムを導入したのはこのためであった」(Sorensen, 邦訳、148頁）と、コンベア式流れ作業は、ソレンセンの業績であることを強調している。しかしながら、フォードの文章は、すべて「We」で始まっており、自分が何をしたかということでなく、フォード社として何をしたかという文章になっている。それは、おそらくソレンセンの業績も含んでいるのであろう。

⒄　アーノルドの観察記録から100年。あまりに単純な計算なので、後の引用者たちがアーノルドの計算を再確認せずに引用したと考えるが、多くの論者の立論との関係でいえば、むしろ筆者に何か見落としがあり、あるいは計算違いがあり、アーノルドが正しいことを望みたい。その場合には全面的にお詫びしたい。

⒅　ハイランドパーク工場の組立工程の改革完了でコスト削減のための改革が完了したわけではもちろんない。例えば、その後の塗装工程と仕上げ工程への移動組立法の導入である。塗装工程の場合、塗料タンクを各工程に配置し、車体の移動にしたがってノズルのついたホースで吹き付けた。また内装工程についてもコンベア作業の導入により、「作業の分割と標準化が進められ、作業員の配置と作業時間の秩序ある規則性が確立した」（下川、a、76頁）のである。

⒆　フォードによれば、1922年時点で、組立分工場は35工場あり、その内22工場は部品生産も

第6章 フォードシステムと分業の機能の科学化　　281

行っていた (Ford, a, p.173)。なお、和田によれば、組立分工場の比重は年々高まり、「1914 年には ハイランド・パーク工場が全体の 9 割を、各地の組立分工場は 1 割を組み立てていたが、23 年にはその比率は完全に逆転し、全社で 200 万台を組み立てたうち、ハイランド・パーク工場は 6% を組み立てていたにすぎなかった」という（和田、58 頁）。

(20) フォード社の新入社員教育用の工具・機械の標準とその使用方法についてはつぎを参照。Henry Ford Trade School ed., *Shop Theory*, McGraw-Hill Book Co., 1934 (Reprinted by Lindsay Publications Inc., 1989)

(21) Schlüsselprodukt を「単一型製品」と翻訳したのは宮田である（宮田、381 頁）。

(22) 綿密な時間研究によって、1914 年 1 月、ハイランドパーク工場の全職務構成が確定された。「私は、工場内のすべての仕事を機械仕事と手仕事の種類別に分類させた。すなわち、その仕事は肉体的に軽度のものか、普通のものか、大変なものか、あるいは、それは濡れる仕事か乾いた仕事か、もし乾いていないとすればいかなる液体を使うのか、あるいは、それはきれいな仕事か汚い仕事か、熱室に近いかどうか、空気の状態はどうか、片手でできる仕事か両手を使う仕事か、立ち仕事か座ってするのか、騒音の程度はどうか、精密さを必要とする仕事か、明かりは自然のものか人工のものか、時間当たりの取扱量はいくらか、取り扱う材料の重量、作業者にかかるストレスの程度などについて分類した」(Ford, a, pp.107-108)。その結果、「工場には 7,882 種類の仕事があった。その内、949 種は肉体的に完璧な強い体力を必要とする重労働と区分され、3,338 種は普通の体力でできる仕事であり、残りの 3,595 種は、肉体的な力を必要とせず、最も軽く弱そうな人間でもできる仕事であった。実際、これらの仕事の多くは婦人か年嵩の少年で十分にこなせる仕事であった。この最も軽度の仕事をさらに必要とされる能力の程度から分類したところ、つぎのことが発見された。670 種の仕事は両足のない人でもでき、2,637 種は一方の足がない人、2 種は両腕のない人、715 種は一方の腕のない人、そして 10 種の仕事は両眼の視力がない人でできる仕事であった」(Ford, a, p.108)。

(23) 藻利は、「品種別職場作業組織」と「流れ作業組織」を区別する。「流れ作業組織」は、作業進行の時間的規則性・強制性を伴う「コンベヤー・システムとしての流れ作業組織」であるとしている（藻利、b、154-158）。筆者も同様に考える。

(24) 塩見は「フォードシステムの本質的意義は、機械工業史上はじめてこの専用的搬送手段を部門内へ全面的に導入したことにある」(塩見、221 頁) と、フォードシステムにおけるコンベアなどの機械的搬送手段の意義を高く評価している。

(25) ピン自動製造機は、バベジの著書と同年の 1832 年、アメリカの John Howe が発明したとされる。アメリカ・スミソニアン博物館で実物を見ることができる (Hindle B., Luber, S., p.154)。筆者も現物を同博物館で見たことがあるが、たしかに、きわめて興味深い機械である。しかし、多工程を小さい素材が移動する場合、加工時間よりも工程移動に時間がかかり、労働者による分業の方が作業時間が速いのではないかと感じた。

(26) テイラーシステムとフォードシステムとの関係について敷衍すると、まず、「フォード社における大量生産の発展に関して、これは主として『科学的管理法』のおかげであるというがんこな神話がある。フォード社の人間は（中略）だれ一人として『科学的管理法』の父フレデリック・W・テーラーの理論に通じてはいなかった。(中略) 1914 年の終わりころ、テーラーがデトロイトを訪れたことを、フランク・バークレイ・コプレイのテーラーに関する 2 巻の本に書いてあるというのを読んだことがある。テーラーはデトロイトの工業家たちが『熟練工の助けを借りずに科学的管理法の原理を活用し始めた』ことを見て驚いた。熟練工たるテーラーが無意識に認めたことは、あまりにも熟練工に頼りすぎるとロクなことにはならぬということをウマク証言したということであり、テーラーの理念が、フォードに何らかの影響を与えたという伝説を永遠に葬り去ってくれるものだと思えるのである」(Sorensen、邦訳、46 頁) とソレンセンがのべるように、その直接的関連

はないと考える。それは、「移動組立法を完成していく過程において実施した新しい作業工程における動作研究や時間研究は、広い意味でテイラーの影響であるが、このような作業研究のテクニックは、当時のアメリカの工業界においてかなり広く普及していたものであり、それをフォード経営において応用したにすぎない」(下川、a、117頁) との下川の指摘、すなわち、分化・最適化・再結合のアメリカシステムの方法論の方法的類似性として捉えるべきであろう。

ただし、ソレンセンの見方は、コンサルティング・エンジニアとして多くの企業の生産システム構築に関わり、各種の企業の指導を行っていたテイラー・グループと基本的にそのスタンスが異なっていたのは確かである。H.L.ガントは、テイラーの見解とは別の角度から、フォードシステムの先進性に早くから着目していた。すなわち、「業界紙はフォード工場の製造方法の記事で一杯である。この方法は、確かに非常に興味深く、工場がうまく経営されていることは疑いない」として、それが可能なのは、多くの人々が欲するものをかれらが支払える価格で販売しているからであり、このようなやり方は、これまで多くの人が考えていた高価格・高利益という考え方を否定するものであると、鋭く分析しているのである (Gannt, g, p.112)。

両システムの関係について、これを生産システムの進化という視角から見るならば、「テイラーシステムにおいては、作業の標準化と作業工具の規格化といったあくまで作業の管理に終始し、その標準化のやり方も熟練作業の人為的な観察と記録によっている。これに対して、フォードシステムでは、製作された最終製品－部品－専門機械－工具といった一連の生産過程の機械体系全体が、徹底的に規格化され、作業内容の細分化に伴って単純化された労働がそこに配置されて、体系的な生産の管理となっているという特徴がある。つまり、テイラーシステムが、生産工程における作業労働の分析と標準化から出発したのに対して、フォードシステムは、工作機械そのものの技術的発展に基礎づけられた完成品そのものの標準化から出発しているのである」(下川、a、117-118頁) という両システムの相違性の指摘こそ重要なのである。

(27) 有川は、フォードの社会目的の意義について、「生産手段が社会有としたからとて、直ちに生産が社会的になるものではなく、生産手段は資本家の所有であっても、生産は社会的であることが出来る。これが即ち社会奉仕主義の経営である」(有川、323頁) とのべる。

フェーズ 3

柔軟統合型生産システム

第7章
日本的生産システムの発展と国際的評価

第1節　戦後の経済発展とフォードシステム

1. 戦後復興と生産体制の再構築

　明治維新以来「もの作り」を立国精神として先進工業諸国から技術・技法を学び工業大国への道を歩んできた日本にとって、アメリカの圧倒的な工業力による太平洋戦争の敗戦は、物質的・精神的にすべてを国家に捧げた日本人の20世紀最大のショックであった。日本列島の幾多の都市や町そして工場が廃墟と化し、生産手段、輸送手段、そして衣食住の生活手段はその多くが失われた。それゆえ、生産と生活の循環構造を完全に破壊された日本人にとって戦後まずなすべきことは、戦前の循環構造の再構築であった。鉄鋼を増産し、橋を作り、輸送船を建造し、鉄道を復旧し、道具や機械を生産する工場を再建し、農業生産のための肥料を生産する。またこれらに必要なエネルギー源である石炭の増産、水力電源開発、戦後の経済再建は、生産循環のインフラの再構築から開始された。政府はわずかな資金をこれらの産業に重点的に配分（傾斜生産）する政策を採用したが、結果として人々の消費手段の生産が本格化するにはしばらく時間がかかった。こうして、生産と生活の循環構造が再構築されたのは日本の生産力が戦前の水準に回復した1955年と見て良いであろう。日本人の生産と生活の循環構造は、人々の一丸となった努力によって敗戦の痕跡を払拭し、インフラ、生産設備を再構築することによって、衣食住について最低限の充足を実現するまでに再編された。輸入した資源を加工して製品化し、輸出によって資金を回収・蓄積する日本の循環構造である。
　しかしながら、日本人の生活は、その多くが賃金に依存することは明らかで、政府の政策の基本は、いかに日本人の生活を向上させるか、いかなる産業

を興し雇用を拡大するか、そして、それを基礎にいかなる国土作りをするか、いわばエネルギー・素材産業（生産財生産）の再構築を基盤に、雇用の拡大が期待できるリーディング・インダストリーの創出をはかることであった。そして、政府が着目した産業は自動車産業と電気機器産業であった。自動車・電気製品は多くの部品から構成される裾野の広い組立加工型産業であり、したがって、素材・部品生産から製品生産まで多くの雇用が期待できる。しかしながら、これらの産業はすでにアメリカが製品技術および製造技術（フォードシステム）において世界を支配しており、わが国はその多くの技術を欧米先進諸国に依存しつつキャッチアップをはからざるをえなかった。製品技術をアメリカから導入し、生産技術はもとより、もの作りの管理の技法を来日したデミングやジュランに学び（由井浩、2011 年）、またアメリカの技術、生産管理技法を学ぶため多くの専門家を戦後いち早くアメリカに派遣した。後のトヨタ自動車の最高経営者となる豊田英二もフォードの工場で1ヶ月半の現場研修を行い、フォードシステムからもの作りの神髄を学んだといわれる。

　前章で見たように、日本では昭和の初期にはすでにフォードシステムの研究が行われ、戦時体制におけるその重要性は産業界に十分認識されていたのであるが、システム構築に必要となる巨大なコスト負担のため、むしろ熟練の機能を重視するテイラーシステム、また戦時には生産の流れを重視したタクトシステムに依拠してもの作りが行われていた。しかしながら、日米戦争の結末の根源がフォードシステムによるアメリカの圧倒的な生産能力にあったことを思い知らされた日本のもの作りは、テイラーシステムからフォードシステムへの大転換をはかったのである。わが国企業は大量生産の原理を学び、多様な産業にその原理を適用していった。生産された価値の配分に関しては経営側と労働側の熾烈な抗争はあったものの、基本的に労使がともにこの生産体制を支持したのである。労働者側は機械化・自動化とフォード型労働を受け容れ、経営者側も日本的経営によって雇用者を厚遇したのである。

2. フォーディズムの導入と高度経済成長

　そして、このようなフォード型大量生産体制を促進し、わが国の高度経済成長の基盤を築いたのは、1960 年池田内閣が導入した所得倍増政策であった。

それは、組立加工型産業の重点化によって雇用を拡大し、同時に賃金の大幅な増加を促すことによって国民の購買力を増加させ、その購買力が企業の成長を可能にする。しかも、結果として税金収入が増加し、それを原資に国民の福祉の向上をはかるという福祉国家構築をめざす経済の好循環政策であった。この政策は政労使一体の日本的経営として展開されたが、それはまさにフォーディズムの実践そのものであった。

こうして、わが国戦後経済は、石油危機に至る10数年の超高度経済成長を経験することになった。表7-1によれば、1955年～60年8.8％、1960年～65年9.2％、1965年～70年11.1％と、近年の経済成長率とはおよそ比較にならない高成長を経験したことがわかる。また、表7-2によってこの高成長期の具体的内容を見れば、石油重化学工業発展の基盤である粗鋼生産高、原油の輸入量はもとより、日本の工業発展を牽引した自動車生産・電気機器生産、そしてその基盤技術である工作機械生産の巨大な発展過程が読み取れる。自動車生産は1970年には1960年の11倍になるという生産増加で、わが国の60年代のモータリゼーションを実現した。また電気機器は、1950年代後半からの冷蔵庫、洗濯機、白黒テレビ、トランジスタラジオ、テープレコーダーなどの普及に始

表7-1 実質経済成長率

年	実質経済成長率（年率％）
1955～1960	8.8
1960～1965	9.2
1965～1970	11.1
1970～1975	4.5
1975～1980	4.4
1980～1985	4.3
1985～1990	5.0
1990～1995	1.4
1995～2000	0.8
2000～2005	1.2
2005～2010	0.3

出所：『労働経済白書』平成25年版236頁より作成

表 7-2 戦後日本の生産動向

	鉱工業 生産指数 2010年=100	工作機械 生産台数 台	粗鋼 生産 千t	原油 輸入量 千kl	自動車生産 と（輸出） 千台		民生用電子機器 生産と（輸出）（輸入） 億円		
1950		4,039	4,839	1,541	32	(6)	18	(…)	
1955	6.4	18,147	9,408	8,553	69	(1)	253	(3)	
1960	13.4	80,143	22,138	31,116	482	(39)	2,414	(573)	(2)
1965	23.3	90,359	41,161	83,280	1,876	(194)	3,447	(1,511)	(16)
1970	48.0	256,694	93,322	195,825	5,289	(1,087)	14,658	(5,870)	(49)
1975	51.8	88,108	102,313	262,806	6,942	(2,678)	15,605	(8,755)	(184)
1980	71.7	178,890	111,395	256,833	11,043	(5,967)	28,140	(20,471)	(382)
1985	84.9	175,238	105,279	198,330	12,271	(6,730)	47,615	(38,055)	(237)
1990	105.8	196,131	110,339	228,760	13,487	(5,831)	41,540	(26,178)	(1,131)
1995	101.2	100,293	101,640	266,921	10,196	(3,791)	24,400	(13,133)	(3,333)
2000	105.9	90,916	106,444	250,578	10,141	(4,455)	22,214	(15,309)	(5,301)
2005	106.7	92,385	112,471	245,186	10,800	(5,053)	25,592	(16,886)	(7,812)
2010	100.0	74,718	109,599	215,381	9,629	(4,841)	23,957	(9,172)	(10,223)

出所：経済財政白書・平成26年版、日本国勢図会（2012/2013）より作成

まり、1960年代にはこれにVTR、電卓、そしてカラーテレビ、クーラーなどが加わり、文字どおり「生産立国」日本を代表する産業に成長した。こうして、鉱工業生産は1960年代に実に3.6倍になり、1968年にはGNPでアメリカに次ぐ世界第2位という驚異的経済発展を実現したのである。

重要なことは、これら組立加工型製品の開発・生産が日本国内で行われたことである。それが膨大な雇用の拡大を牽引したこと、また高度経済成長と日本的経営の中で賃金の大幅な上昇を保証したことは明白である。雇用・賃金の増加の推移を表7-3で見れば、雇用は一貫して完全雇用の下に増加し、1960年代に1,000万人増加したことがわかる。また、現金給与伸び率を見ると、消費者物価指数を差し引いても60年代にきわめて高い賃金上昇があったことがわかる。言いかえれば、日本人の生活水準は1960年代に飛躍的に向上したのである。

以上のように、戦後の経済再建と高度経済成長は、フォーディズムとフォー

表 7-3 雇用・賃金と消費者物価

年	就業者数 万人	雇用者数 万人	完全失業率 %	現金給与伸び率 (%)	消費者物価指数前年比 (%)
1955	4,090	1,778	2.5	6.0	−1.1
1960	4,436	2,370	1.7	6.9	3.6
1965	4,730	2,876	1.2	8.6	6.6
1970	5,094	3,306	1.1	17.3	7.7
1975	5,223	3,646	1.9	14.8	11.7
1980	5,536	3,971	2.0	6.3	7.7
1985	5,807	4,313	2.6	2.8	2.0
1990	6,249	4,835	2.1	4.7	3.1
1995	6,457	5,263	3.2	1.8	−0.1
2000	6,446	5,356	4.7	−0.3	−0.7
2005	6,356	5,393	4.4	1.0	−0.3
2010	6,298	5,500	5.1	1.0	−0.7

出所:『経済白書』平成9年版（現金給与伸び率1970年まで）および『経済財政白書』平成26年版より作成

ドシステムとを基盤として形成された日本的大量生産体制によるものであった。またその条件は、日本資本主義の後発性にもとづく経済発展の「のびしろ」の大きさと、戦後再編における政労使一体のひたむきな努力にあったといえるであろう。そして、このような日本的大量生産体制は、1973年の石油危機に端を発する世界的な経済停滞とフォーディズムからの離脱という状況においても、なおその威力を発揮し、ソニーを始めとして世界に先駆ける製品開発、トヨタをはじめとする製法革新など、日本のもの作り体制は、1980年代にはその製品・製法が世界を席巻するほどにまでに発展し、日本はもの作りのリーダーとしての国際的地位を確立したのである。次節では、このような戦後日本の経済発展の起動力となった自動車産業について、その発展過程と国際競争力形成の基盤について検討しよう。

第2節　自動車産業の発展過程と国際競争力形成

1. 自動車生産の発展段階と国際展開の要因

　日本の自動車生産は戦後一貫して増加してきたが、その発展過程をここでは3段階に時期区分している。第1は、高度成長期の高い設備投資比率による生産性の上昇と自動車の大衆化に支えられた、1960年代のモータリゼーションによる国内需要の増加期。第2は、国内市場の成熟と石油危機とを背景に、「減量経営」による生産システムの転換と生産性の上昇、コスト削減に依拠した、70年代から80年代初頭にかけての国内販売の鈍化と輸出の急拡大の時期。第3は、自動車輸出の約半分を占める対米輸出をはじめとする輸出の規制的展開と、日本的生産システムの移転による生産の現地化の進展の時期である。

　なお、本章では、生産システムの進化におけるフェーズ3（柔軟統合型生産システム）の形成と特質とを分析するという目的から、日本経済の全般的な停滞と生産構造の転換を画するバブル経済の崩壊までを分析の対象として3段階に区分した。

　表7-4は、1960年代、70年代のわが国自動車生産の発展過程を示している。まず、60年代をみれば、生産台数の拡大と国内新車登録の拡大とが比例しており、生産の増加が国内モータリゼーションに寄与したことが裏づけられる（1970年には、世界の自動車生産台数の18％を占めるに至った）。輸出比率は20％を超えたところであり、自動車生産の重点が国内販売を主たる対象にしていたことは明らかである。しかしながら、輸出の増大とともに対米依存の割合が増加したことも特徴的である。70年代にはいると、70年から80年の間に国内新車登録台数は100万台増加したにすぎないのに対して、生産台数は600万台増加しており、その8割の500万台弱が輸出に振り向けられているということ、すなわち、（1980年には世界の自動車生産の29％を占めるに至った）わが国自動車生産の54％、しかもその46％が対米輸出という、対米輸出依存型自動車生産構造が形成されたのである。

表 7-4 日本の自動車生産と輸出活動（60、70年代）

(単位：千台、％)

年	生産台数		国内新車登録		輸出台数		輸出比率		対米乗用車輸出	
	合計	乗用車	合計	乗用車	合計	乗用車	合計	乗用車	合計	輸出比率
1960	482	165	408	145	39	7	8.1	4.2	0.9	13.4
1965	1,876	696	1,675	586	194	101	10.5	14.5	22	22.0
1970	5,289	3,179	4,100	2,379	1,087	726	20.5	22.8	324	44.6
1972	6,294	4,022	4,367	2,627	1,965	1,407	31.2	35.0	590	41.9
1974	6,552	3,932	3,850	2,287	2,618	1,727	40.0	43.9	684	39.6
1976	7,841	5,028	4,104	2,449	3,710	2,539	47.3	50.5	1,051	41.4
1978	9,269	5,976	4,682	2,857	4,601	3,042	49.6	50.5	1,409	46.3
1980	11,043	7,038	5,016	2,854	5,967	3,947	54.0	56.1	1,819	46.1

出所：『自動車産業ハンドブック』紀伊國屋書店、各年版より作成

表 7-5 日本の自動車生産と輸出活動（80年代）

(単位：千台、％)

年	生産台数		国内新車登録		輸出台数		輸出比率		対米乗用車輸出	
	合計	乗用車	合計	乗用車	合計	乗用車	合計	乗用車	合計	輸出比率
1981	11,180	6,974	5,127	2,867	6,048	3,947	54.1	56.6	1,761	44.6
1982	10,732	6,882	5,262	3,038	5,590	3,770	52.1	54.8	1,692	44.9
1983	11,112	7,152	5,382	3,136	5,670	3,886	51.0	53.2	1,698	44.6
1984	11,465	7,073	5,437	3,096	6,109	3,981	53.3	56.3	1,852	46.5
1985	12,271	7,647	5,557	3,104	6,730	4,427	54.8	57.9	2,216	50.1
1986	12,260	7,810	5,708	3,146	6,605	4,573	53.9	58.6	2,348	51.4
1987	12,249	7,891	6,019	3,275	6,305	4,508	51.5	57.1	2,205	48.9
1988	12,700	8,198	6,721	3,718	6,104	4,432	48.1	54.1	2,051	46.3
1989	13,026	9,052	7,256	4,404	5,884	4,392	45.2	48.5	1,944	45.3

出所：『自動車産業ハンドブック』紀伊國屋書店、各年版より作成

つぎに、表7-5、表7-6によって1980年代の生産構造の特徴を概観してみよう。まず、国内生産は81年から84年までの間に28.5万台の増加しかみられない（乗用車については9.9万台増）。これは、第2次石油危機後の国内販売の停滞（31万台増）とアメリカ国内における保護主義的動向に対応した対

第7章 日本的生産システムの発展と国際的評価

表7-6 日本の乗用車生産と対米活動の展開 (80年代)

(単位：台，%)

年	国内生産/A 増減	輸出/B B/A	対米輸出/C C/B	米国内生産/D 米国内生産シェア	対米輸出増減 米国内生産増減	A+D 増減	C+D 米国内販売比率	米国内販売量 日本車販売シェア
1981	6,974,131	3,946,542 56.6	1,761,403 44.6			6,974,131	1,761,403 21.8	8,536,000 20.6
1982	6,881,586 -92,545	3,770,036 54.8	1,691,806 44.9	968 0.0	-69,597 +968	6,882,554 -91,577	1,692,774 22.6	7,982,000 21.2
1983	7,151,888 +270,302	3,806,396 53.2	1,697,852 44.6	55,337 0.8	+6,046 +54,369	7,207,225 +324,671	1,753,189 21.6	9,182,000 20.3
1984	7,073,173 -78,715	3,980,691 56.3	1,851,855 46.5	138,573 1.8	+154,003 +83,236	7,211,746 +4,521	1,990,428 19.7	10,391,000 18.6
1985	7,646,816 +573,643	4,426,762 57.9	2,215,811 50.1	253,756 3.1	+363,956 +115,183	7,900,572 +688,826	2,469,567 22.4	11,042,000 20.6
1986	7,809,809 +162,993	4,572,791 58.6	2,348,456 51.4	509,263 6.7	+132,645 +255,507	8,319,072 +418,500	2,857,719 25.3	11,460,000 20.8
1987	7,891,087 +81,278	4,507,534 57.1	2,204,653 48.9	632,971 9.5	-143,803 +123,708	8,524,058 +204,986	2,837,624 27.4	10,278,000 23.7
1988	8,198,400 +307,313	4,431,887 54.1	2,051,319 46.3	792,606 11.1	-153,334 +159,635	8,991,006 +466,948	2,843,925 27.5	10,543,000 23.2
1989	9,052,406 +854,006	4,391,869 48.5	1,944,281 45.3	1,130,419 16.5	-107,038 +337,813	10,182,825 +1,191,819	3,074,700 31.0	9,777,000 25.4

注：米国内販売量比率は、米国内で販売された乗用車台数に対するC+Dの比率
出所：『自動車産業ハンドブック』(紀伊國屋書店) 各年版、鈴木直次『アメリカ社会のなかの日系企業』、58、106頁の各表から集計

米輸出自主規制とに原因があった。しかしながら、85年以降新たな特徴的展開がみられる。まず、生産台数は乗用車を中心に増加傾向に戻り、全体で89年までに75万台の増加を示している（89年、1,300万台を超え、世界生産の26％）。他方、輸出台数（対米輸出を含めて）は85年をピークに逆に減少しており（85-89年、台数で85万台減、輸出比率で9.6％減）、輸出比率の低下が著しい。この国内生産の増加を超える輸出の減少をカバーしているのが国内販売の回復とトランスプラントによる現地生産の増加である。表7-5によれば、国内新車登録台数は85年以降拡大し、輸出の減少を優に超過している。また、トランスプラントによる現地生産の増加は、米国における乗用車生産活動だけをみてもその拡大ぶりが著しい（表7-6）。米国ホンダ（HAM）が稼働を開始した82年以来、日系企業の米国での現地生産は年々増加し、北米現地生産工場のすべてが本格生産を開始した1989年には乗用車のみで113万台（米国内生産量の16.5％）に達し、その生産規模は国内生産の12.5％、自主規制による輸出の減少量をはるかに超える増加率を示している。その結果、アメリカに限ってみただけでも国内生産と現地生産量を加えて計算すると、わが国自動車生産は、とりわけ、85年以降飛躍的に増加してきたと見なすことができよう。また、アメリカ国内の販売量に対するこの合計台数の比率（米国内販売量とは一致しない）はすでに30％を超えており、アメリカ国内での日本車販売シェアは、89年において25％を超えるに至っている。

　ところで、石油危機以降の日本自動車産業の国際的展開を可能にした要因は何であったろうか。第1に考えられるべきは、1960年代における基盤形成、すなわち、資本、技術、労働における蓄積である。わが国の「高度成長期」は、石油重化学工業化を基盤として耐久消費財生産への設備投資を基軸とする、欧米先進資本主義生産構造へのキャッチアップ過程であった。それは、一方での外国技術の導入に依拠した生産技術の再編過程であり、他方における労働運動の高揚に依拠した実質賃金の上昇、国内需要の拡大期であった。自動車産業においては、外国技術なかでもアメリカの生産技術および生産管理技法を日本的に焼き直し、小型・低燃費車に特化した製品開発によるスケールメリットの追求、低賃金構造を基盤とする日本的労働慣行、下請け生産構造、いわば日本的生産システムの形成による低価格車生産が行われるとともに、割賦販売

法制定（1961年）や大衆の生活の質の高度化への憧れなどの環境に支えられてモータリゼーション時代を迎えたのである。1967年には、生産台数300万台を超え、西ドイツを抜いて世界第2位の生産力を有するまでに成長したのである。

　第2に、1970年代の輸出競争力である。その要因は、石油危機に起因するガソリンの高騰による低燃費車・低価格車への要求と1960年代に確立した生産基盤にもとづく日本車の価格・非価格競争力とが一致したことである。1970年代の輸出急増の要因について、中村静治はつぎのように的確に特徴づけている。「米国内ではガソリン価格の急騰と割賦金利の高騰に挟撃された消費者大衆が燃費と価格の安い日本製小型車に殺到した。このさい、故障率が低く、品質が安定しているうえに、きめ細かなアフターサービスのあることが日本車人気の大きな要因となった。一般に、市場における勝者となるためには、品質・性能がすぐれて非価格競争力が強いと同時に、その割に価格が安くなければならない。ガソリン価格の高騰、円安など国際環境に助けられたとはいえ、日本製小型車がアメリカ市場のみならず、小型車の本場ヨーロッパ市場にも広く深く浸透していったのは、以上の諸条件をそなえていたからとしなければならない」（中村、c、372頁）。しかしながら、日米の競争力格差に基づくアメリカ国内販売量の2割に達する輸出の拡大は、アメリカ側の日本車輸入規制運動によって日本企業の国際展開が規制され、それは、対米輸出依存体制の下に発展してきた日本自動車産業に重大なインパクトを与えることになった。

　第3に、1980年代の国際展開を可能にした要因は、1970年代に確立した圧倒的な商品力の一層の強化と積極的な競争の「多国籍化段階」への戦略転換である。それは、1981年以降の輸出自主規制および1985年G5「プラザ合意」以降の急激な円高基調の定着に起因する不可避的対応であった。すなわち、一方では、商品開発、製造システム、販売体制をME技術導入によって統合的に展開し、価格・非価格競争力の徹底的強化を追求した。他方では、現地生産の拡充によって輸出依存体制からの脱却をはかり、市場と生産を接近させて輸送コスト、為替変動による製造コストへの影響を緩和させ、あるいは、円高によるコスト・プッシュを回避するために低コスト要因を求めて海外展開するなど、多国籍企業としての経営行動を展開した。すでに1989年には320万台の

海外生産を達成しており、それは、国内生産の 25％弱に当るのである。

2. 1970 年代における輸出競争力の諸要因と日本的基盤
2-1. 製品競争力の構成要因

　消費者の自動車購入基準にかかわる製品競争力が価格、非価格両面から構成されることに異論はあるまい。1970 年代の日本製自動車の輸出競争力が、たんに価格面にのみ存在するのでなく、品質、製品系列といった非価格面の優位性に基づいて展開されたことは、アメリカの消費者調査などによっても明らかである。しかしながら、この 2 つの側面は決して切り離されて存在するのでなく、非価格要因は価格要因の内容をなすということ、価格要因が量的な側面なら、非価格要因はその質を構成すること、消費者は両者の相対性のなかで購入の意志決定をするということを理解しなければならない。

　価格を規定する要因は、時にダンピングなどの価格戦略はあるものの、基本的には製品コストである。製品コストには、商品開発費から資材（部品）購入費、労務費などの製造コスト、その他輸送・保管、販売に関わる一切の費用が含まれる。したがって、製品価格の低下に直接関連するコストの削減は、これら諸過程におけるコストの削減によって実現される。一方、非価格要因としてもっとも重要なものは品質と多様性である。品質を構成する要因については、ここでは製品の性能および信頼性と規定しておこう。性能とは自動車の場合経済性、機能性のことであり、信頼性とは耐久性、仕上がり、スタイルなどである[1]。また、多様性とは製品の種類、選択性などである。なお、経済性には燃費だけでなく、その他の維持費用が含まれ、機能性には駆動技術、操作性、乗り心地、安全性のみでなく修繕の容易性などが含まれる。また、仕上がりとは外装、内装、水漏れ、ノイズ、各種調整などのことである。

　以上の競争力基準は、製品の属性から見た基準であり、藤本隆宏はこれらを総合して「商品力」と呼んでいる（藤本、a、39 頁）。また、消費者の購入意志決定が、こうした商品力とともに、流行や評判、納期やアフターサービス、マーケティング力などの多くの要因に左右されることも確かである。したがって、わが国の自動車製品国際競争力が、その時々の国際的条件の中で、これらの総合的な商品力に優れていたと考えることができる。問題はこれらの商品力

を可能にした日本的条件、いいかえれば、以上の価格・非価格面での優位性の基盤はどこにあったのかということである。

2-2. 輸出競争力の価格要因分析

おそらく70年代をつうじてアメリカ社会全体に共通していた認識、つまり日本車の価格優位の要因は日本の低賃金にあるという認識に対して、日本車の輸出競争力をコスト・生産性・品質の日米比較から分析し、アメリカの認識に警鐘を鳴らした研究にアバナシー＝クラーク＝カントローの研究がある[2](Abernathy, et al., 1983)。それによると、1981年における日米主要自動車メーカー4社（GM、フォード、東洋工業、日産）の小型車製造コスト格差は、部品メーカー間コスト・生産性格差、製品種類と垂直統合の度合いなどの調整を行ったのち、労務費格差が1,200～1,250ドル（賃率は製造業全体の賃率、アメリカ20ドル／時間、日本11.28ドル／時間について、日本側を0.4ドル高く修正）、資材購入費格差が600～800ドル、その他製造コスト（原燃料費、金融・保険費など）格差が300～380ドルとなり、全体で2,150～2,350ドルほどになると推計されている。アバナシーは、非製造コストである海上輸送費、販売管理費などの逆格差（750～850ドル）を差し引いても1,200ドルから1,500ドルのコスト優位があるとのべている（Abernathy, et al., 邦訳、110-114頁）。そして、このコスト優位の真の源泉が労働生産性格差（1台当りの所要労働時間は、日本が51～53時間、アメリカが83～84時間として計算）、賃率格差、資本コスト格差にあり、それは、「製造システム全体を巧みにコントロールした」結果であるとのべている（Abernathy, et al., 邦訳、113頁）。

このアバナシーらの研究では、資材購入費格差の源泉である日本の下請け生産構造の問題には立ち入っていない。しかしながら、それまで低賃金・ダンピングとして説明されてきた日米価格格差論に対し、それが生産システムの問題に起因する生産性の問題であるとして、「生産パラダイム」転換を主張したかれらの研究が高く評価されたこともうなずけるのである。鈴木良始は、アバナシーらのこの研究を注意深く再検討し、「仮りに、日本メーカーの賃金水準が米国自動車メーカーのそれと同じレベルまで上昇したとすれば」と仮定して、その場合の日米の労務費格差は700ドルとなり、それが実質的な日米の労働生

産性格差に当たるとして、日米自動車製造コスト差の要因寄与率は「組立メーカー賃金レベルの差異がおよそ25パーセント、労働生産性要因が約30パーセント、部品等資材購入費格差が35パーセント弱、その他が10パーセント強」であるとしている（鈴木良始、a、110-111頁）[3]。

また、下川浩一は、日米の主要自動車メーカー4社（GM、フォード、トヨタ、日産）について独自の計算によって生産性比較を行い、アバナシーらの研究について、「賃金格差はもっと少く生産性格差はもっと高いと見るのが正当であろう」としている（下川、b、18頁）。すなわち、賃金格差についてみれば、1979年でトヨタ446万円、日産427万円に対してGM482万円、フォード582万円となっており、日本両企業の労働者の賃金がアメリカの80％周辺にあることを示唆している（下川、b、7頁）。たしかに、1979年の国連統計によっても輸送用機器産業労働者の賃金は、日本が303万円でアメリカの436万円（1ドル219.17円として）の約70％であるとしているから（日本生産性本部『活用労働統計』、1984年版）、下川のあげた日本の主要メーカー（輸出の中心的企業）としてのトヨタ、日産の数値は信頼できるものであろう。もちろん、鈴木も指摘するように、日米の賃金格差の統計数値については慎重に利用されなければならないことも確かである。すなわち、労働力の質の高低、実質労働時間、労働強度、物価水準、規模別賃金格差など多くの要因が考慮されなければならないからである。しかし、名目賃金で見るかぎり日米の賃金格差はアバナシーらのあげた数値よりはその格差が小さいと考えることができよう。

つぎに、下川はこの4社の付加価値労働生産性を比較している。付加価値労働生産は労働者1人当りの付加価値額を表すが、それは、つぎの式に分解できるとしている。

$$\text{付加価値労働生産性} = \frac{\text{付加価値}}{\text{人員}} = \frac{\text{生産台数}}{\text{人員}} \times \frac{\text{付加価値}}{\text{生産台数}}$$

$$= \underbrace{\frac{\text{付加価値}}{\text{売上高}}}_{\text{(付加価値率)}} \times \underbrace{\frac{\text{生産設備}}{\text{人員}}}_{\text{(労働装備率)}} \times \underbrace{\frac{\text{売上高}}{\text{生産設備}}}_{\text{(設備利用度)}}$$

そして、下川の計算のうち、1979年の数値を引用すれば表7-7のようにな

表 7-7　付加価値労働生産性の日米比較（1979 年）

	1人当り付加価値（百万円）	1人当り生産台数（台）	1台当り付加価値（万円）	付加価値率（％）	労働装備率（百万円）	設備利用度（回/年）
トヨタ	11.56	70.8	16.32	16.4	25.13	2.80
日産	8.54	45.7	18.70	17.7	18.04	2.68
GM	6.92	13.8	65.53	40.6	6.38	2.67
フォード	5.68	15.2	46.24	29.5	6.31	3.05

注：1ドル219.17円とする。
出所：下川浩一「日米自動車産業の生産性国際比較」『経営志林』18巻4号（1982年1月）

表 7-8　日米自動車産業生産性比較（1人当たり生産台数）

年	65	69	71	73	74	75	76	77	78	80	85
アメリカ	13.4	11.6	12.6	13.0	11.1	11.3	13.1	13.4	12.8	10.2	13.4
日本	4.5	8.3	10.1	11.2	10.7	11.6	12.6	13.5	14.5	16.4	16.1

注：部品生産を含む自動車製造業全体
出所：伊丹敬之他著『競争と革新』東洋経済新報社、16頁の表より作成

る（下川、b、4頁）。まず1人当り生産台数（物的労働生産性）については、圧倒的に日本企業が高い。しかし、この指標については、内製比率、車種構成などの相違があって比較が難しいが、下請企業を含めた自動車製造業全体を対象にすれば、下川が評価するほどの日米格差は存在しないと考えられる。ちなみに、伊丹敬之他の作成した資料（表7-8）により部品生産を含む自動車製造業全体で見れば、1人当り生産台数は、第1次石油危機直後の1975年に日米が逆転しており、その差は年とともに拡大の傾向があることが示されている（伊丹他、16頁）。

重要なことは、下川の資料から人員数の変化を計算すると、1969年から石油危機直前の73年までの4年間で、トヨタ5,999人（15.7％）、日産5,294人（11.1％）それぞれ増加しているのに対して、1973年から79年までの6年間で、トヨタ2,858人（6.5％）、日産3,955人（7.5％）しか増加していない。伊丹の資料によっても、73年から79まで自動車製造業全体で8,000人（1.3％）しか増加していないのである（伊丹他、16頁）。このことは、この間の物的生産性の増加が徹底した省力化によって展開されたことを示しているのである。

また労働装備率についてみると、圧倒的に日本が高い。この傾向は、1970

年代をつうじて拡大傾向にある（下川、b、4頁）。このことは、ある程度外注率の高さ（労働集約度の高い工程は下請け企業に任せる）を割り引かなければならないが、それでも自動車メーカーの資本集約度の高さを示すとともに、労働生産性の高さが生産技術要因に関連していることを意味している。しかしながら、他方、先の伊丹の資料によれば、わが国の1960年代の設備投資比率は非常に高く、キャッチアップ型資本高蓄積を示しているが、1970年代に入るとその比率は急速に下降し、停滞傾向は79年まで継続するのである（伊丹他、16頁）。したがって、1970年代の労働装備率の向上は、そのまま生産規模拡大のための設備投資の大きさを示すものでなく、むしろ省力化投資に起因するところが大きいものと判断できよう。

　最後に、付加価値（人件費、利益、原価償却費など）生産についてみると、1台当りの付加価値額、付加価値率ともに、圧倒的にアメリカ企業が高い。これは、付加価値率の高い大型車中心の生産を行うアメリカ企業の特徴を反映している。しかしながら、これを1人当り付加価値額（付加価値労働生産性）でみると、逆に圧倒的に日本企業が高いことがわかる。これは、労働分配率の相違（下川の資料では1977年に、日本約45％、アメリカ約61％）とともに、日本の労働者の高い労働効率の実態を示すものである。

　以上の分析から、1970年代の日本自動車産業の製造コスト面での輸出競争力の要因は、1960年代に蓄積した生産技術的基盤、1970年代の徹底した資本節約と省力化投資とに基づく労働生産性の向上、低賃金構造に依存した労務費の節約、資材購入費用（材料、部品購入）の切り詰めにあるといえよう。資材購入費用については、鋼板など資材の価格競争力、わが国自動車産業の外注率の高さと独特の下請け生産構造を考慮すればきわめて寄与率の高い要因であろう（前述、鈴木良始のアバナシー分析でも35％の寄与率）。

2-3. 輸出競争力の非価格要因分析

　1970年代の製品輸出競争力を非価格面、品質、多様性から見てみよう。1980年におけるアメリカの消費者の購買動機が、①燃費、②品質、③価格、④信頼性・耐久性であるとの調査報告がある（森・油井、24頁）。①②④は前述の分類からすると品質に含められる。すなわち、アメリカの消費者は価格

よりも品質を重視しているということである。日本の小型車は、すでに価格面での競争力を持っていたが、品質においてもその競争力を有していた。それは低コスト高品質の両立という、それまでのアメリカの常識を破るものであった。まず、燃費の達成状況を比較すると、アメリカ車が1989年においてやっと27-28マイル／ガロンを達成したのに対して、日本車はすでに1979年にはこの数値をクリアしている（『自動車産業ハンドブック』による）。これには、高性能エンジン・小型軽量車両設計および製造技術の優秀性、すなわち生産技術的要因が中心的に寄与していると考えられる。

つぎに、前述のアバナシーらの品質比較を見てみよう。かれらは、品質を、仕上がり、耐久性、信頼性の3つの要因でとらえ、比較の指標として、仕上がりは新車購入から1ヶ月以内の欠陥率、耐久性を5年後の欠陥率（修理頻度消費者評価）、信頼性を5年後の車に対する消費者評価で示している（Abernathy, et al., 邦訳、117-119頁）。これによると、1ヶ月以内の欠陥率（1台当り欠陥数）はアメリカ車が日本車の3～5倍に上り、製造直後段階での日本車の優秀性が理解される。これに対し、5年後の評価については、電装関係で日本車がやや優れているものの、ほとんど相違がない。その結果、総合的な信頼性評価では、日本車がボディ構造、機械系を中心に優位を持っていることが

表7-9 米国自動車技術者の品質評価

（第1位票数の%）

項　目	US	日本	欧州
1. 車の仕上げ	2	84	14
2. 運転性能	26	36	38
3. 基本構造	70	11	19
4. エンジン・動力	37	30	33
5. メンテナンス	76	18	6
6. 安全性	84	11	5
7. 乗りごこち	86	4	10
8. 燃費の経済性	18	76	6
9. スタイリング	51	19	30
10. 防錆	82	7	11
11. 排気ガス調整	72	24	4
12. ハンドリング	26	7	67

出所：1. Automotive News, Nov.1981.
　　　2.『工場管理』1982年7月号、37頁

わかる。

　他方、アメリカ自動車メーカー技術者に対する品質評価調査（1981年）ではつぎのように評価されている（森・油井、37頁）（表7-9）。すなわち、日本車は、運転性能、仕上げ、燃費で優れているものの、基本構造、メンテナンス性、安全性、乗りごこち、排ガス調整機能、防錆、スタイルではアメリカ車にはるかに劣っているというのである。つまり、日本車は、燃費を除けば、どちらかというと表面的な品質に依拠しているという評価なのである。しかしながら、こうした技術者の評価とは別に、1つには、日本車が当時のアメリカの消費者のニーズを満足させたことは確かであり、いま1つ重要なことは、圧倒的な仕上げの良さ、これは、自動車に対する考え方の相違もあるが、安定した品質を維持する生産技術とともに、製造工程における労働者の技能や注意深さなどの労働力要因、共同作業、品質管理活動を調整する生産管理上の相違を示していると判断できよう。

　製品の多様性についてはどうであろうか。キム・クラーク＝藤本隆宏は、1970年代の日本自動車開発を「折衷主義」と評し、その理由を「日本のメーカーは、1970年代までは欧米へのキャッチアップ体制にあったので、車の基本概念をアメリカやヨーロッパから採り入れていたのである。（中略）その結果、アメリカやヨーロッパの遺産を受け継いで、非常に多種類のモデルを開発してきた。たとえば、トヨタの第3世代車カローラは、1970年代に、アメリカの大型車のもつ多くのオプションや形状、快適な乗りごこちとともに、ヨーロッパ車のもつエンジン・パワーやボディー・サイズ、それに統合パッケージ思想を受け継いだ」（Clark & Fujimoto, p.39）としている。その結果、1980年代に入る頃には、独自性の問題はあったものの、モデル数において日本はアメリカに追い着いていたのである。他方、アメリカ企業は、日米製品の競争力格差が生産性格差に比重が置かれていることを認識し始めていたが、品質・品種との関係ではいまだそのトレード・オフ関係を信じていた。このため、日本の小型車に対する競争力重視の観点から導入された戦略は、品質を度外視した生産性向上のための戦略であった。それは、車の基本構造を同一にして共通部品を大幅に増やす「ワールドカー」の開発と生産技術の近代化と徹底した合理化とであった。品種を少なくして大量生産によるコスト削減を計ろうとしたので

ある。その結果が、例えばGMのXカー、Jカーの失敗に現れるような品質の悪さ、労使関係の悪化なのである。しかしながら1970年代だけをとってみれば、モデル数が競争力の主要因であったわけではないことも確かである。

2-4. 輸出競争力の生産システム要因

以上の分析から明らかになったことは、製品コスト要因とともに、石油危機以降の市場構造の変化、消費者ニーズの変化（非価格面の重視）に対する対応の仕方が競争力に大きく影響したということ、つまり、日本企業は製品差別化・品質向上とコスト削減（生産性向上）とを同時達成することによって、消費者ニーズの変化に対応できたのであり、圧倒的な輸出競争力を獲得できたということである。では、なぜアメリカ企業でなく日本企業に可能であったのか。それが「日本的生産システム」に注目を集めた理由である。

ところで、前述の下川浩一の付加価値労働生産性の分析によれば、1人当り生産量の増加に著しい日本的特徴があった。それは、相対的に少ない人員でより多くの生産量を実現すること＝省力化を意味しているが、ここで、再度トヨタと日産の1970年代をつうじての生産性向上の例をとれば以下の表7-10のようになる。日産は、1.16倍の人員で1.86倍の生産台数、1人当り生産台数は29.2台から47.1台（61.3％増）、トヨタは、一層の省力化で、1.23倍の人員で2.13倍の生産台数、1人当り生産台数は39.7台から68.6台（72.8％増）と飛躍的な増加を達成した。ここでいう省力化とは、単なる省人化でなく、①機械設備の代替による人員の削減、②人員利用の効率化、③資材・機械設備利用の効率化などを意味しているが、日本の1970年代の省力化はつぎのような内

表7-10 日産、トヨタの1970年代の労働生産性

	決算年月	人員（百人）	生産台数（千台）	労働生産性（台）	増加率（％）
日産	71/3	486	1,421	29.2	
	81/3	563	2,649	47.1	61.3
トヨタ	70/5	382	1,517	39.7	
	80/6	471	3,230	68.6	72.8

出所：『自動車産業ハンドブック』90年版より作成

容をもって展開された。①は作業工程のFA化、OA化による人員の削減、②は労働力の質的・量的利用効率の向上、たとえば多能工化・多工程持ち、ローテーション、交替制、QCサークル、③は機械設備の稼働効率の向上、部品・仕掛品の利用効率の向上、たとえばジャスト・イン・タイム（JIT）な部品・仕掛品の搬送、「作り込み」による機械稼働効率向上、小ロット化による在庫削減、段取り替え時間の削減による稼働時間の延長、予防メンテナンスによる無駄な機械利用の防止、品質管理などである。そして、わが国の生産性向上活動の特徴は①②③が統合的に展開されたところにある。すなわち、第1に、下請部品生産企業と一体となった生産システムとして展開されたこと。第2に、80年代の競争の基軸となる多品種化と生産性向上とを同時に追求するフレキシブルな多種大量生産システムを開発したことである[4]。さらに第3に、これらのシステムにとって不可欠の労使関係の安定性と労働者の高いモラールに支えられたということである。

　こうした生産システムは、すでに1970年代後半のアメリカにおいても、それが「日本型」の諸技法として、生産性向上の根本的要因として意識されていたことは確かである。実際QCサークル、小ロット生産、予防メンテナンス、段取り時間短縮、多能工化などはその多くがアメリカに適用可能なものとして考えられていた（森・油井、29頁）。しかしながら、それが、アメリカ型大量生産システムと対比させて「日本型生産システム」として認識され、ましてや生産システムのパラダイム転換として位置づけられるのは1980年代に入ってからである。

3. 1980年代における国際競争力の新展開
3-1. 80年代国際競争の環境の変化と企業の対応

　日本自動車産業が1970年代に築き上げたものは、世界一の生産力、すなわち、世界一の生産台数、世界一の商品力（多車種・高品質・低コスト）を、アメリカはじめ多くの国々に輸出することによって維持・拡大する体制であった。しかしながら、1980年代に入ると、この体制を根底から揺るがす環境の変化が起こった。

　第1に、輸出自主規制問題である。この問題の背後にはアメリカ自動車産業

の停滞があった。アメリカの乗用車生産台数は1965年をピーク（934万台）に1982年に至るまでに約46％も減少（販売台数は931万台から17％減）したが、それは、戦時経済とドル・ショック、それにつづく石油危機といった「パックス・アメリカーナ」の危機の時代に、アメリカ自動車産業の競争力が低下したことを意味した（1980年には生産台数において日本に抜かれる。日本1,104万台、アメリカ801万台。乗用車、日本704万台、アメリカ637万台）。すなわち、同期間に乗用車輸入は5.5倍の307万台、販売台数のじつに40％に達したのである。このため、「強いアメリカ」の象徴、アメリカ経済のリーディング・セクター、自動車産業保護のための日本車輸入規制がITC（米国国際貿易委員会）に対して産業界（フォード社）のみならずUAWからも提訴されたのである。しかしながら、ITCでの攻防はむしろ日本車の優秀性を認める結果となり、「シロ」審判が出されたにもかかわらず、結局、日本政府の強力な行政指導をつうじて、日本企業が輸出を「自主規制」することによってアメリカ企業を保護するという結果になったのである（81～83年度168万台、84年度185万台、85～90年度230万台、以上『自動車産業ハンドブック』90年版）（中村、c、第6章）。それは、対米輸出依存体制を揺るがすものとなり、現地生産体制にインパクトを与えるものとなった。

　第2の環境の変化は円高問題である。日本の自動車産業は、1970年代における国内販売の停滞（販売量は1979年に至ってやっと第1次石油危機直前の量を回復した）の傾向は1980年代の半ばまでつづくが、頼みとする輸出についても81年以降自主規制を余儀なくされることによって、国内販売競争が一段と激化していた。これに追いうちをかけたのが円高問題であった。円高は実質的な競争力低下として現れる。しかも、その規模が異常に大きかったことである。すなわち、G5直前の対ドル・レート242円が、1年後には180円、2年後には140円にまで上昇したのである。日本製自動車の価格競争力は、低賃金、高生産性、低部品コストによって構成されてきたが、この数字は、日米の賃金コスト格差を相殺するどころか、コストの生産性コスト格差分をも脅かす数字である。それはまた、下請け企業のコストを増加させ、部品購入費用にも重大な影響を与える。輸送費を算入すれば、輸出競争力には決定的な打撃を与えるものであった。

このような環境変化に対する対応は3つの方向から展開された。輸出自主規制への対応と新市場開拓のための現地生産活動の推進、ME化による生産システムの再編、価格・非価格競争力の強化とその後の円高対策のための生産体制の再編である。

まず、わが国自動車工業は、すでに1960年代途上国を中心に生産活動を展開していたが、1967年の資本自由化の開始以降、アメリカ・ビッグスリーとの資本・業務提携が進み（71年：クライスラー＝三菱自動車、71年：GM＝いすず、71年：フォード＝マツダ）、アメリカの小型車生産（ワールドカー）の補完をしてきた。その後、前述のとおり、米国における現地生産台数はすでに日本国内生産の12.5％に達し、これにヨーロッパやカナダ、アジア諸国などの現地生産を加えればその比率は24.6％にまで達した。このような展開は1980年代後半から加速化され、北米のみでなく、EU、あるいはアジア、アフリカ東欧諸国などを対象とした市場拡大を、輸出依存でなく、現地生産によって展開しようという新たな国際展開が進展したのである。したがって、1990年代の日本自動車産業の発展段階を「多国籍化段階」と規定すれば、1980年代の国際競争はその過渡期にあったと位置づけることができよう。現地生産は、すべての資材や部品それに労働力、機械設備を現地調達した場合を想定すれば、製品競争力はその商品力にあり、したがって、その商品力を形成する諸過程の競争力にあることは明らかであろう。すなわち、それは、現地人労働者によって日本車を生産するという新たな競争形態を意味しており、競争の2大要因である価格・非価格競争が同じ土俵で、いわば文字通り商品力、生産技術、生産管理と販売力の日米企業競争がアメリカ現地で展開されたのである。

第2の対応は、一層の生産性向上を追求する生産体制の再編であった。それは、省力化＝生産性向上による賃金コストの削減と機械設備の効率的使用、部品コストの削減、徹底した現場での品質管理、無在庫小ロット生産体制による搬送コストの削減など、生産・流通のあらゆる段階での不効率（「ムダ」）を削減する生産システムの構築であった。そして、それが外注率7割といわれる下請け生産企業群との一体化のもとに展開されたのは当然である。この生産体制再編には2つの柱があった。ME機器の導入とJIT生産体制の徹底、いわば生産体制の情報化である。

1979年の第2次石油危機以降、日本の自動車生産企業各社は生産を停滞ないし低下させてきたが、これに対して展開されたのが情報化のための設備投資であった。1980年に業界全体で1兆円を超えた設備投資はその後も拡大をつづけ、その多くが製造工程へのロボットの導入、NC工作機械、MC、コンピュータによるシステム管理など、FA（フレキシブル・オートメーション）化投資に向けられた。たしかに、1970年代の初めから部分的にロボットが導入されたり、NC工作機械、あるいはコンピュータが導入されてきた。しかしながら、自動車産業におけるME機器の導入は、電気産業や精密機器産業に比較すればかなり遅れていた。それが80年代に入って情報化によるシステム自動化が積極的に展開されたのである。ちなみに、1980年が「ロボット元年」といわれるように、わが国産業用ロボットの生産額は、1979年が80億円であったものが、1980年には約1.75倍の140億円に増加し、その後1985年にはさらに10倍の1,435億円、1989年には2,040億円に達している。また、NC工作機械は1979年2,055億円、80年3,394億円、85年7,038億円、89年8,318億円に達している（以上、通産省『機械統計年報』）。ロボット化で先行していた日産は1981年から3年間に全体で6千億円の設備投資を実施し（鎌田、20頁）、ロボット化に消極的であったトヨタも1981年に420台のロボットを溶接、塗装ラインに導入し、82年に840台、そして83年にはとうとう日産を上回る1,300台のロボットを保有することになった（愛知労働問題研究所、191頁）。本田技研、マツダ、三菱自動車などの他の主要企業もこぞってNC、ロボットの大量導入によるFMS化を推進したのである。

　ところで、NC、MC、ロボット、コンピュータなどME複合機器の大量導入が80年代の日本産業の国際競争力を規定したといわれるのは、それらの技術的要因にある。第1に1980年代の市場競争の主要因が品質、車種の多様性などの非価格面にあったことは明らかであるが、ME機器はその技術的特質（制御の可変性によって生産工程を柔軟化する）によってこうした要求に対応し、多種大量・混流生産を生産技術的に可能にした。しかも一定の品質の水準を維持することができた。第2に、ME複合機器は省人化を促進する。すなわち、直接的に人間労働（複雑、単純）に代置するのである。それは、労働力不足のおりから、労働者の必要な職場への配置転換を可能にした。しかも、ME

機器は、人間と異なり休息をとらずに長時間稼働を続けることができるのである。第3に、ME技術は人間労働の熟練に代置して労働の単純化を促進する。それは、人間の肉体的力能のみでなく、頭脳の一部にも代置するからである。コンピュータが「神経系労働手段」などと呼称されるのはこうした意味においてである。ME機器を導入する主たる目的が「省力化」「品質向上」「コスト・ダウン」にあるといわれるのは、このようなME技術の特質によるものなのである。

1970年代のわが国自動車産業の国際競争力の技術的基盤であった「生産システム要因」とは、JITシステムと多種大量生産とを労働力の柔軟性に依拠して展開された省力化生産システムであった。1980年代のME技術の導入は、この柔軟な生産工程を自動化すると同時に混流生産を可能にすることによって、多種大量生産を高次元で再構築したのである。さらに、コンピュータ技術はこれらの諸生産工程を統合し、ネットワーク化することによってJITの効率を高め、生産システム全体の統合性を高めたのである。こうした展開が、労働力利用の徹底した効率化、機械設備の実効稼働率向上、材料の「ムダの排除」を押し進め、1980年代の大規模なコスト削減につながったと考えられるのである。

第3の対応は、自動車の高級化＝カーエレクトロニクス化である。それは、世界に先がけて電子制御装置・機器を大量に装備（製品の情報化）させ、徹底した製品差別化戦略を展開することによって消費者のニーズを開発し、同時に、高付加価値化による価格競争力の強化に役立てようとするものであった。トヨタ車の状況をみれば、このようなエレクトロニクス化が1980年代に集中しており、しかも、それらの技術は世界最初のケースがほとんどである（森野辺、32-33頁）。このことは、わが国の技術開発水準の高さを示すとともに、1980年代の価格・非価格競争の優位性がこうした差別化戦略での優位性に基づいていることを示しているのである。

以上のように、わが国自動車産業の1980年代の国際競争力の基盤は多国籍化と情報化とにあった。情報化の進展によって、80年代後半には、受注から出荷までのリード・タイムの削減、すなわち受注即応型の生産体制＝CIMの構築がはかられ、さらに、これが多国籍化と統合されて国際的なCIMが展望

3-2. 1980年代の日米生産性比較とその要因

日米自動車企業の生産性比較を、両国の国内生産実績からまず分析しよう。表7-11は、日米主要企業4社の80年代の業績を表している。ただし、この表では、たとえばトヨタ3割GM7割といわれる内製率の相違などによる従業員数に調整を加えていないということ、また、同年の生産台数と売上高は直接対応するものでなく、これらを前提として分析しなければならないことに注意が必要である。

第1に、日本2社の業績を見よう。トヨタは人員数（44％増）、生産台数（24％増）の増加が著しい。これは、トヨタが1985年以前に一気に規模を拡大した結果である。これに対して、日産は人員数、生産台数とも減少している。これは、1980年代における日産のシェア減少（80年23.2％、89年18.3％）として現れている。売上高はトヨタの117％増は驚異的であるとしても、日産についても18.7％増加している。その結果、まず、1人当り生産台数が両社とも減少していることが特徴的である。これに対して、1台当り売上高および1人当り売上高の凄まじい上昇が認められる。これは、1台当りの価格の上昇、す

表7-11 1980年代の日米主要自動車企業の生産性比較

企業名	年度	人員（百人）a	生産台数（千台）b	売上高（億円）c	b/a 台	c/a 百万円	c/b 万円
日　産	81/3	563	2,649	30,162	47.1	54	114
	89/3	528	2,239	35,801	42.4	68	160
トヨタ	80/6	471	3,230	33,102	68.6	70	102
	89/6	678	4,007	71,906	59.1	106	179
G M	80	4,762	4,753	87,060	10.0	18	183
	89	4,146	4,706	101,839	11.4	25	216
フォード	80	1,616	1,888	37,567	11.7	23	199
	89	1,504	3,173	71,884	21.2	48	227

注：1）ドル・円換算は80年＝227円、89年＝140円とした
　　2）生産台数は乗用車・商用車合計。GM、フォードについては、米国内売上高に自動車部門売上高比率を乗じた。人員数についても同様の調整をした
出所：『自動車産業ハンドブック』90年版より作成

なわちカーエレクトロニクス化、複雑化による高付加価値化（高級車化）の結果であり、結局、生産性（1人当り生産台数）の減少は、文字どおり生産性の減少でなく、1台当りの作業量の増加（部品の増加、加工作業数の増加）、ひいては付加価値労働生産性の上昇を意味すると判断できる。

第2に、アメリカ2社を見るときわめて対称的である。GMが僅かながら生産台数を減少させたのに対して、フォードは68％の大幅な増加を示している。その結果、GMは、大幅な人員減にもかかわらず1人当り生産台数の伸びは小さく、フォードは1人当り生産台数で80％の大幅な上昇を示している。これは1人当り売上高にも反映して、フォードの伸びが著しい。この生産性の格差をもたらしたものはフォードの「日本型生産システム」の導入であったといわれている（Roos, et al., 邦訳、108頁）。

第3に、日米企業を比較すると、1人当り生産台数では、内製率の相違を考慮にいれた場合でもかなりの開きがある。これを、1台当り売上高で見ると、日本車の上昇率が非常に高いものの、相変わらずアメリカ車の高価格化＝大型化の傾向が続いている。この2つの傾向は1970年代からひき続いている特徴である。こうしてみると、1980年代の日米生産性格差に何らかの特徴的な変化が生じていると判断することはできないのであり、日本車の高級化＝エレクトロニクス利用技術の格差と開発体制の相違などを考慮すれば、国際競争力はむしろ拡大していると考えることができるのである。

つぎに、日米国際競争力の実態をもっとも直接的に比較した資料がIMVP（国際自動車プログラム）の研究である。表7-12は、日本の工場、北米の日系工場、北米のアメリカ車工場について、生産性と品質、および製造工程におけ

表7-12　日米自動車工場の生産性・品質比較とその要因

	日本にある日本車工場	北米にある日本車工場	北米にある米国車工場
生産性（時間/台）（指数）	16.8 (100)	21.2 (126)	25.1 (149)
品質（欠陥数/100台）（指数）	60.0 (100)	65.0 (108)	82.3 (137)

出所：『リーン生産方式が、世界の自動車産業をこう変える』経済界、116頁より作成

る諸要因を比較したものである (Roos, et al., 邦訳、116 頁)。

これによると、生産性（1台当り組立時間）は、日本の工場を100とすると、北米日系工場126、北米のアメリカ車工場149となる。つまり、日本企業とアメリカ企業には約50％の生産性格差があり、北米の日系企業はちょうどその中間にあることになる。また、品質（欠陥数）についてみると、日本の工場を100とすると、北米のアメリカ車工場は137、日系工場108である。この点でも日米の格差が明瞭である。すなわち、これをそのまま見る限りでは、日米の国際競争力には相当の格差があることになる。しかも、重要なことは、北米の日系工場と北米のアメリカ工場の間に生産性、品質両面でかなりの格差が生じていることである。日系工場は、後発工場特性としての生産技術面での若干の優位性を除けばほぼ同一の生産条件の下にあるはずである。したがって、この違いは、生産諸要因の利用効率の相違、すなわち生産システムの相違として考えることは可能であり、もしそう仮定すれば、それは、「日本型生産システム」の優位性を証明していることになるであろう。

以上のように、国際競争力を規定する要因を製品競争力とこれを支える生産システム要因とから分析してきた。その結果、日本製自動車の国際競争力はその高い生産性にあり、これを維持するための、技術と労働の結合システムを独特の方式で展開してきたことにあることが明らかになった。欧米企業が日本企業の生産システムの「秘密」に関心を示したのは当然のことであった。

第3節　日本的生産システム論の国際展開と特徴

1. 日本的生産システム、その特殊的、普遍的意義

周知のように、2度の石油危機は石油エネルギー多消費型の大量生産型再生産構造を崩壊させたが、ヨーロッパにおいては、鉱工業生産の減少、失業率の増加、国家財政の逼迫とともに、フォード型労働に起因する労働疎外現象（無断欠勤、作業の質の低下、山猫ストなど）と効率性の低下、市場の狭隘化と競争の激化などが先進資本主義諸国の蓄積構造にきわめて重大なインパクトをもたらした。それが、第2次世界対戦後の労資関係における矛盾の蓄積を背景に

した社会正義(公害、戦争、植民地主義などに反対)、労働の人間性(労働の質、労働時間、労働条件などの改善)と労働者の権利の向上とを求める労働運動、社会運動の高揚と重なることによって、一種の「体制的」危機の観を呈した。

このような危機的状況における再生産構造の再編には3つの課題が提起された。第1が市場の創造である。それは、従来の標準化製品市場を細分化・高付加価値化することによって消費者ニーズの多様化・高度化をはかる市場の質的創造、ならびに、製品輸出による国内市場から国際市場への市場の国際化、すなわち市場の量的創造を意味していた。国際市場への進出のためには製品の国際競争力の強化が必要であったが、同時にそれは当該国との経済摩擦を引き起こす原因ともなった。第2に、このような市場創造に対応可能な生産技術基盤の再編成、すなわち在来型生産システムからの脱皮が課題とされたが、それには2つの意味があった。1つは、「重厚長大製品」型から「軽薄短小製品」型への製品構成の転換、すなわち脱石油・省エネ型でしかも付加価値の高い製品を生産できるシステムへの転換であり、いま1つは、少品種大量生産型から多品種大量生産型への製造システムの転換、すなわち細分化された市場の需要変動に柔軟に対応可能で、しかもそれまで以上に生産性を向上=コスト削減を実現できる製造システムへの転換である。第3に、効率的生産体制構築にとっての「阻害要因」としての労働者対策である。それは、敵対的労資関係から協調的労使関係への誘導政策の展開、ならびに「人間の労働化」から「労働の人間化」、すなわち労働者の労働意欲・満足を労働過程の内部に求める生産システムの開発であった。

日本的生産システムの国際展開は、以上の諸課題と深く関わっていることはいうまでもない。それは、① 日本的生産システムが、労働の柔軟性とME技術の柔軟性とをシステム統合することによって、ME段階における効率化・柔軟化生産システムを実現している。② これまでトレード・オフ関係にあるとされてきた多品種化・高品質化と生産性向上・コスト削減とを同時達成し、それが圧倒的な製品国際競争力の源泉となっている。③ 労使一体化と生産過程の管理化に成功し、それが日本的生産システムの支柱になっている。④ トランス・プラントにおいて日本的生産システムの優位性が実証されるとともに、

日本的生産システムの諸技法を導入した欧米企業が業績回復に成功している、などの認識を背景としている。

しかしながら、序章でのべたように、生産システムとは、要素機能的側面、循環機能的側面、環境機能的側面、組織機能的側面の4つの機能側面を有する統合的機能システムであるが、それは時間性と空間性、すなわち生産システムが展開される地域における歴史性に規定された「特殊的」生産システムとして現れる。したがって、テイラーシステムやフォードシステムがアメリカ的条件の下に形成された特殊的生産システムであるように、日本的生産システムは日本の企業関係者（経営者、労働者、関連会社）が日本の自然的・社会的・経済的条件あるいは構造の下に組織化した特殊的生産システムである。それゆえ、日本的生産システムに学び日本方式を導入するといっても多くの制約があることは間違いない。

たしかに、石油危機以前の日本経済の「高度成長」については、これを歴史的な低賃金構造にもとづく低価格政策として、あるいは、J. C. アベグレン「日本株式会社」論に見られる経済の官民癒着構造と日本特有の経営慣行という、日本経済の「特殊性」から説明がなされてきた（Abegglen, a）。それは、いわばわが国における「日本的経営」論議に点火した感もあるが、わが国の経済成長の「特殊性」については多くの研究が蓄積されてきた。しかしながら、石油危機以降の世界情勢において、日本企業と激しく競合する欧米、とくにアメリカの企業にとって、日本企業製品の圧倒的な国際競争力の基盤を日本企業の「特殊性」として放置することは許されない。そのうえ、日本企業の国際的展開によってその「特殊性」も輸出され、しかもそれが欧米においても一定の成果を上げうることが実証されるにおよんで、低賃金構造、日本株式会社、ME化などの従来方式の説明でない、その「特殊性」に内在する「普遍性」を発見する努力がなされたのである。すなわち、テイラーシステムやフォードシステムが日本の土壌の中で十分に機能し、日本の高度経済成長の大きな要因になったということは、その特殊的生産システムの中に他の地域でも展開できる「普遍的」ないし「一般的」機能が内在しているということである。こうして、日本的生産システムへの対抗とその移転可能性という経営戦略的観点から、あるいは生産システムのパラダイム転換論という角度から日本的生産システムの

特殊性研究と普遍化研究が行われてきたのである（宗像正幸、a）。IMVP がうちだした「リーン生産システム」論はこうした日本的生産システムの普遍化論の１つであるが、アメリカ自動車産業の停滞と戦略再編の要請に応え、自動車産業界における大規模な国際的調査と比較研究とにもとづいて日本的生産システムを分析、その普遍化・次世代生産システム論を展開したものとして重要な意義をもつ。すなわち、「日本的」生産システムが「日本型」生産システムとして一般化されたのである。そして、この「リーン生産システム」論、すなわち日本型生産システム論を集約点として日本的生産システムが国際的議論の対象になったのである。

2. 日本的生産システムとフレキシビリティ

欧米における日本的生産システムの評価は、ポスト・フォーディズム論争におけるフレキシビリティ評価として展開された（ここでは柔軟性をフレキシビリティと表現）。1970 年代から 1980 年代、欧米におけるフレキシビリティ論議は大きく２つの側面から理解することができる。１つはフォード型大量生産システムにおける労働と管理の評価にかかわる論議としてであり、いま１つは日本的生産システムの評価にかかわる論議としてである[5]。

第１のフォード主義生産・労働をどのように評価するかについては３種の流れを理解することができる。その第１は「労働の人間化」論の流れで、60 年代に展開され始めた「労働の人間化」の試みが 70 年代に入って国際的な広がりを見せたことである（奥林、1981 年）。これは、労働疎外いわばフォード主義的労働に起因する労働の細分化・単純化・専門化・無内容化を批判するもので、職務内容の質的・量的再編成、作業組織の再編成、経営参加などを求めるものであった。その第２は、労働過程論争である。これは、1970 年代半ばから 80 年代にかけて、ブレイヴァマン・テーゼを出発点に、新技術と労働内容の評価、「労働の衰退」と労働者の社会的地位など、現代の労働過程の変化とその本質および展望について議論するものであった[6]。第３がフレキシビリティ論争で、アグリエッタ「ポスト・フォーディズム」論、アトキンソン「フレキシブル・ファーム」論、ピオル＝セーブル「柔軟な専門化」論をめぐり、フォード主義生産システムの評価と次世代生産システムの展望に関する、いわ

ばポスト・フォーディズム論争として展開された[7]。これらの議論における生産と労働のフレキシビリティとは、フォード型生産システムの硬直性に対するアンチ・テーゼとしての製造システムの柔軟化、労働者の労働と作業管理における「構想」の回復、熟練の復権、労働の統合化と共同化、作業の転換性など、生産と労働に関する質的・量的フレキシビリティを意味していた。

ところで、こうした議論における背景について再度整理すると、第1に、テイラー式強制労働システム、フォード式専門化・単純化労働システムに対する欧米労働者の反発は根強く、疎外化労働に対する労働拒否さえ起こったことである。それは、労働現場の混乱・無気力労働をつうじて生産性・品質に重大なインパクトを与えた。第2に、議論の最大の契機は何といっても石油危機である。長期的経済停滞、失業の増加は大量生産・大量販売の「好循環」蓄積構造の崩壊を意味した。しかも、それが労働組合運動、社会主義運動などにインパクトを与え、一種の資本主義体制の危機とさえ感じられた。その結果、企業システム、経営システムの再編だけでなく、政府や社会システムの再構築など、国家レベルでの蓄積構造の再編が求められた。いわば、世界的諸環境の激変にコンティンジェントに対応できるフレキシブルな企業、「フレキシブルな蓄積構造」(Lipietz, 1986)が求められたのである。第3に、次世代生産システムとの関連において、ME技術の生産過程への導入、すなわち、ME技術による生産システムのフレキシブル化の問題が議論されたことである。新技術の機能、導入の効果、労働への量的・質的インパクトなどが議論されたが、それは、日本的生産システムとの関連とともに、第1・第2の背景ともからんで労使関係の焦眉の問題としてその選択が問われた。第4に、欧米先進諸国の長期的経済停滞に比較して、日本経済が早期に再編を達成し、圧倒的な製品国際競争力を展開し始めたことである。そして、その競争力の基盤が日本的生産システムにあるということ、しかもその生産システムがプロダクティビティのみでなくフレキシビリティを有するという認識から、「日本モデル」として、ポスト・フォーディズム論争における重要なテーマになったのである。

以上のように、欧米におけるフレキシビリティ論議は、脱テイラー主義、脱フォード主義の論議を媒介として、石油危機後の経営システム・企業システムのフレキシビリティ、さらには国家的レベルでの蓄積構造のフレキシビリティ

をも展望して展開されたといえよう。

つぎに、日本的生産システムの評価に関する論議である。周知のように、欧米において日本的生産システムが評価の対象とされたのは、日本製の自動車・電気機器の圧倒的国際競争力を背景にしていた。もっとも早くインパクトを受けたアメリカでは、1980年以前からすでに研究が進められていた。例えば、アバナシーは、フォード生産方式にかわる次世代の生産方式として日本型生産システムをあげ、フレキシブルな製造方式とともに多能工とチーム労働の意義を高く評価した（Abernathy, 1983）。また、ショーンバーガーは、日本型生産システムの特質をJIT（Just-In-Time）とTQC（Total Quality Control）に求め、文化的要因と切り離すことによってこれを「技法」とし、その普遍性を強調した。そしてその本質を「労働のフレキシビリティ」に求めた（Schonberger, 1982）。さらに、ビッグ・スリーの日本的生産システム導入を背景として、MITグループを中心とする国際自動車プログラム（IMVP）は、前述の「日本型」としての「リーン生産方式」を提唱した。しかしながら、この場合においても、それは開発から生産に至る生産システムにおける技法的なフレキシビリティを対象にしたもので、「日本モデル」のアメリカ化を求めたものであった。

ヨーロッパとくにイギリスでは、日系企業のイギリス展開とともに、オリバー＝ウィルキンソンの「ジャパナイゼーション」概念に見られるように、JIT・QCCなどの生産技法のみでなく、シングル・ステータスやコンセンサス管理、協調的労使関係、サプライヤー関係など、日本的経営を「相互連関をもつパッケージ」として積極的に評価する傾向が一方にあった[8]。それは、イギリスの長期的経済停滞と改革要望、労働組合運動を封じ込めようとするサッチャーリズムを背景としていた。しかしながら、他方、こうした社会システムの根本的変化を伴う労働過程の変更、日本的生産システムのフレキシビリティ評価に関して多くの議論がなされたことも当然である。スウェーデン・モデル、ドイツ・モデル、イタリア・モデル、アメリカ・モデルとの比較の中で、日本型フレキシビリティは「ポスト・フォーディズム」か「ネオ・フォーディズム」かが問われ、次世代生産システムとの関連においてその本質が問題とされた[9]。そして、それはまた、ケニー＝フロリダ「ポスト・フォーディズム」

論をめぐる国際論争にまで発展したのである[10]。

これらの議論で明らかにされた日本的フレキシビリティとは、結局はポスト・フォーディズムとネオ・フォーディズムの両側面を合わせ持つ2重的性格であった。いわば、プロダクティビティとフレキシビリティの統合としてのハイ・プロダクティビティ＝ハイ・クオリティの側面と、徹底した労働のフレキシビリティを可能にする「カローシ」型管理システムという側面であった。それは、まさに「ストレスによる管理」(Parker & Slaughter, 1988)、「オストラシズム」(Coriat, 1991) の現実であった[11]。

第4節　トヨタ生産システムと生産原理の革新

1. トヨタ生産システム形成の基盤

以上のように、石油危機以降の日本的生産システムに関する国際的議論が、良い意味でも悪い意味でも「リーン生産システム」すなわちトヨタ生産システム（以下、トヨタシステム）をめぐって展開されてきたことは確かである。それは、石油危機以降の世界の生産システムの課題、すなわち、ポスト・フォードシステムとしての条件、フォードシステムの効率性とフォードシステムでは不可能な柔軟性とを両立させた「先進的」生産システムとして評価されたからである。

しかしながら、トヨタシステムは日本的生産システムであり、日本の特殊的基盤の上に形成されたものである。その特殊的基盤とは以下の3点である。1つは、日本的社会システムであり、2つは日本的労働システムであり、3つは日本的下請システムである。これら3つの基盤は日本の社会的・経済的な歴史性に規定されつつ形成された日本的条件であり、すべての日本の個別的な生産システムはこれらの基盤なしには形成されなかったといえる。

第1に、一般に「集団主義」という用語で表現される日本的社会システムである。その特質は、組織内・組織間の共同性と排他性との2重性として考えることができる。共同性は、目的への共同行動、合意主義、「和」のシステムなど、組織内・組織間における相互性と有機性、いわば柔軟な組織原理を特色と

している。これに対して排他性は、共同性原理の外部にある個人・組織を規則、申し合わせなどによって排除する機械性、硬直性の原理を特色としている。それは、一方で民主的、相互的、協調的、寛容的なシステムとして、他方では強制的、利己的、競争的、差別的なシステムとして機能する。そして、日本的生産システムの特色は、この日本的社会システムを企業・経営システムに内部化したところにある。「集団主義経営」「会社中心主義」などの表現は、内部化された日本的社会システムの特質を表すものである。こうして、日本的生産システムは、一方で共同的な組織原理を、他方で排他的＝閉鎖的組織原理を持つことになったが、それは、協同的、有機的、合理的機能とともに無責任性、曖昧性、官僚制、埋没性などの「逆機能」を有するアンビバレントな柔軟性を内部化することになったのである。

第2に、日本的労働システムは、日本における労働慣行、労働組織、労働運動を内容とする。日本的労働慣行は終身雇用制、年功制、企業別組合と特徴づけられるが、これらは、戦前・戦後の社会的・経済的条件を背景とする日本的労使関係を媒介として形成された特殊歴史的な労働慣行である。すなわち、戦前の家族主義的・温情主義的労使関係、戦後の対立的労使関係、アメリカによる労働の民主化を背景として、経営権の確立を求める経営者側と生活権の確立を求める労働者側の双方の要求の統合＝内部化として制度化されたものである。また、日本的労働組織は、日本資本主義の「後進性」に基づく職務の不確定性（非固定性）、職務の共同性（非専門性）と「集団主義」組織原理との労働組織への内部化（統合）によって、労働の量的・質的柔軟性を実現することを可能とした。そしてそれは、石油危機後における企業別労働組合の企業内組合化、いわば労働運動の内部化の進展によって強化された。いわば、労働の柔軟性に対する労働者の「受容と同意」の条件を確立したのである。

第3に、日本的下請システムの特質は、①階層化された生産・分業システム、②外部化された生産工程の統合システム、すなわち、部品製造工程を垂直分業構造として外部化＝分散化するとともに、親企業の生産工程の代替としてこれを内部化＝集中化することによって、生産量・在庫の調整、資本・労働の節約をはかるところにある。換言すれば、生産工程の外部化と内部化の統合システムとして、生産数量にあわせた物と人の柔軟な動員を可能にするという

ことである。しかも、こうしたシステムが親企業の直接的（1次下請）、間接的（2次下請以降）支配関係の下に展開されるところに日本的下請システムの特質がある。

　以上のように、歴史的・社会的に規定された環境機能的条件を内部化＝統合したところに日本的生産システムの特色がある。統合化は集中化であり、クローズド・システムである。それは、日本的生産システムが目標とした欧米へのキャッチアップの完成段階である石油危機期の効率性と柔軟性の生産システムの形成に有効に機能したのである。

2. トヨタシステムの歴史的課題

　生産システムの進化の新たな段階として、トヨタシステムには2種類の課題が与えられていた。第1に、社会的ニーズの量的・質的変化への対応として、販売量の変動と消費者ニーズの多様化、すなわち市場変動に対する生産の量的・質的柔軟性の向上と、国際競争力（価格競争力＝コストと非価格競争力＝品質、品種）の向上とを同時に実現するという課題であり、第2は、テイラーシステム、フォードシステムの熟練の機能、分業の機能における労働の矛盾、すなわち現場労働者の求める労働強制、労働疎外からの脱却をはかるという課題である。トヨタシステムの歴史的意義はこれら2つの課題を生産システムに統合しようとしたこと、いわば熟練の機能、分業の機能が有する本来的機能の実現をはかることを生産システムの課題としたことである。

　第1に、市場変動に対する生産の量的・質的柔軟性とは「多品種大量生産」が求められるということであり、コストの削減とは生産資源（労働力、機械装置、生産部品・材料、情報）投入と産出におけるムダを徹底的に排除することにより生産効率を高めることであり、品質の向上は開発・製造・納期の各段階における徹底した製品・工程管理システムを構築することである。トヨタシステムは、これらの諸課題を「柔軟な量の管理」と「柔軟な質の管理」という工程原理の革新を媒介にシステム統合した。

　第2に、生産工程は、機械技術の進歩とともに、労働内容の変化を伴いつつ複雑化・自動化・連続化・統合化の水準を高めてきた。フォードは作業を細分化し、単純化した労働の強制的連続工程として、個別作業に責任を持つ個人の

集団作業として作業方式を構成した。しかしながら、作業の固定化・無内容化は労働者の技能形成のチャンスを減らすとともに労働意欲を減退させる。トヨタシステムでは、作業の原理を根本的に変更し、① 共同性原理 ② 多能性原理 ③ 自律性原理という3つの原理に基づく作業方式を導入した。「共同性」はライン生産作業の連続性・統合性に対応した原理で、作業工程の共同責任制であり、「多能性」は作業者の労働能力の多様性に対応した原理で、作業の固定性からの解放であり、「自律性」は工程維持・改善の労働者への委任の原理で、労働者の「構想」能力の復活である。

　以上のように、トヨタシステムは、一方でフォードシステムの標準化された分業の機能を柔軟に止揚する「柔軟な大量生産システム」を実現すると同時に、熟練の機能の標準化というテイラーシステムを継承しつつ、その上で「構想」と「実行」の統合を部分的に回復したが、それはまた、部分的にせよ自律的労働、労働疎外からの解放を可能とする「機能」を有することになった。そして、この熟練の機能と分業の機能の統合こそが、ME技術の発達と日本的生産システム形成の3つの条件を媒介に、石油危機後の国際競争関係の下での日本的生産システムの国際的優位性を実現することになったのである。

3. トヨタシステムと柔軟性

　そもそも生産システムにおける柔軟性とは、生産すべき品種およびその数量の変化に対応するために、機械設備類、労働組織および生産管理システムを融通的（versatile）かつ適応的（adaptable）に変更する可能性のことで、いわば市場の変化に対する生産システムの拡大・縮小を含む技術・労働・管理システムの適応可能性をいう。ここでは、ME段階における技術の柔軟性、労働の柔軟性、およびこれらの手段・方法の統合体系としての生産システムの柔軟性とトヨタシステムとの関連を検討しよう。

　第1に、ME段階における技術の柔軟性とは、加工方式の柔軟性（NC、MC、ロボット、AGVなどの加工ステーション・搬送システムの多様性）と制御方式の柔軟性（MEによる制御の可変化＝制御のプログラム化・ネットワーク化）とを基盤にした、個々の機械の柔軟性およびその複合としての生産工程全般の機械・装置の柔軟性である。それは、在来技術に可変的自動制御シ

ステムを付加したことに在来技術とは質的に異なる特徴をもつが、それの本質はソフト・ハードの分離・統合というME技術の特性にある。いわば、ハードの柔軟性とソフトの柔軟性との複合技術としての柔軟性で、FMS (Flexible Manufacturing System) あるいはFA (Flexible Automation) やCIM (Computer Integrated Manufacturing) として展開されていた。トヨタにおいては、「自律分散型コンピュータ制御システム」の下でのALC (Assembly Line Control)、FTL (Flexible Transfer Line)、FBL (Flexible Body Line)、AI塗装ライン、金型製作FMS、ロボット制御装置導入など、いわば、ハードすなわち「物の流れ」とソフトすなわち「情報の流れ」との分離・統合によって、製造システム・レベルでの柔軟性を実現している[12]。石油危機以降の「日本的生産システム」の柔軟性については、労働の柔軟性の側面を重視する論調が圧倒的に多く、こうした技術的側面は軽視されてきた。しかしながら、トヨタシステムの歴史的経過を見れば、このような見解は一面的といわざるをえないであろう[13]。

　第2に、労働の柔軟性である。これには労働の量的柔軟性と質的柔軟性とが含まれる[14]。労働の量的柔軟性とは、「周辺労働力」の利用、労働時間調整、応援・出向などの内部労働異動、職務範囲の延長・縮小など、生産量の変動、したがって機械設備の稼働率の変動に対する消費労働量の柔軟性、ならびに、生産技術の発達に対する対応可能労働量のことである。この点について、日本的生産システムが評価されていることは周知のことである。また、労働の質的柔軟性とは、生産工程の変化に柔軟に対応できる労働力の質（知識・技能、士気、共同性など）をどの程度確保できるかということである。質的柔軟性の重要性については、ピオル＝セーブル「柔軟な専門的生産」論はじめ、ME段階における労働力の質としての多能工の問題として国際的にも議論されている。

　トヨタシステムにおいて特徴的なものは、労働の量的柔軟性については、職務範囲の可動性を確保するための多工程持ち（機械レイアウトの変更と標準作業の組合せ）と「少人化」、労働の質的柔軟性については、多能工教育とジョブローテーションがある。また、労働の柔軟性は、これを個々の労働力の柔軟性としてのみでなく集団労働力の柔軟性として理解することが重要である。

チームワークやQC活動など柔軟な作業組織の問題は、作業の連続化・集団化を必要とするME段階の生産工程において、個々の労働力の共同性に依拠した集団労働力の質的柔軟性として理解されよう。

第3に、以上の技術、労働の結合システムとしての生産システムの柔軟性である。石油危機以降の市場の変動、これに対応できる商品の多様性（product flexibility）を確保するには生産システムそのものが柔軟性を持っていなければならない。技術・労働の柔軟性はそれの要因として機能しなければならない。少品種大量生産方式（フォード大量生産方式）は、効率性の面から見ればきわめて優れたシステムであるが、しかし、変動する市場に多様な商品を供給するシステムとしては、その固定的・専門的システムのゆえに重大な限界をもっている。すなわち、柔軟性と効率性とがシステム結合しておらず、むしろトレード・オフ関係にある。その結果、大量生産方式は、いわば、「量の管理」にのみ重点を置き、「質の管理」を軽視したシステムとして、現代的生産方式としての意義が問われているのである。これに対して、トヨタシステムは、労働の柔軟性と技術の柔軟性とをたくみに結合することによって生産の効率性と柔軟性とを両立させたシステムとして評価される。それは、「プル式JITシステム」によって効率性の飛躍的向上を実現するとともに、「多品種混流生産」によって生産システムとしての柔軟性を実現している。したがって、石油危機後の製品国際競争がこの効率性と柔軟性とを基軸に展開したとすれば、トヨタシステムは、製造システムとしては世界でもっとも先進的なシステムを構築したと評価されることに問題はないであろう。

4. トヨタシステムの構造

では、効率性と柔軟性とをシステムの目的とし、「柔軟な量の管理」と「柔軟な質の管理」とをシステム原理とするトヨタシステムの構造を明らかにしよう。

第1に、柔軟な量の管理（効率性）システムである。これは生産の量的・質的変動の下での「生産のよどみのない流れ」を実現する原理で、「物の流れ」と「情報の流れ」とをシステム制御することによって、「必要な物を、必要な時に、必要な場所へ」正確に届けるシステムで、「ジャスト・イン・タイム」

生産方式あるいは JIT システムと呼ばれる。JIT 方式には、「物の流れ」「情報の流れ」の制御についてフォード生産方式とは根本的な相違がある。フォードシステムは、1つのラインにおける製造品目を絞り、工程の細分化、機械・作業の専門化・標準化、ラインバランスを軽視したベルトコンベアによる工程ごとの強制的同期化を媒介に、大ロットによるスケールメリットを追求するシステムであった（押し出し方式、push system）。「物」と「情報」は一体のものであり、作業と管理はコンベアの流れに同時化させられた（藻利、b）。それは、システム全体が100%円滑に稼働する条件がある場合もっとも効率的である。しかしながら、生産量・品種の変動などの生産条件の変化がある場合はもちろんのこと、機械の故障、部品の欠陥、あるいは労働者の作業能率のアンバランスなどからも稼働率が100%確保される保証はない。ましてや、工程の途中でのトラブルは在庫、全体工程の停止など多くのムダを発生させる。

これに対してトヨタシステムは、①部品・仕掛品の「引っ張り方式」（pull system）ないし「後補充方式」によって、中間在庫の削減をはじめ製造工程におけるあらゆるムダ、すなわち、作りすぎ、手待ち、搬送、加工、在庫、動作、不良品にかかわる機械・労働力のムダ（大野、38頁）、および情報のムダを排除して生産効率を高めるプル式 JIT システムという革新的方式を導入した。

② このプル式 JIT システムを管理するために、「物の流れ」と「情報の流れ」とを分離・統合するかんばん方式を導入して、部品生産工程から最終組立工程に至る総合的な生産の同期化システムを実現した（部品の使用情報と部品の生産指示情報とをシステム制御する「かんばん」方式）。

③ 「物の流れ」を円滑にし、生産リードタイムの短縮をはかるために、作業段取り時間の徹底した短縮（「シングル段取り」）、ラインバランスの管理（自働化）をはかり、多品種小ロット生産方式を実現した。

④ 作業量、労働者数の調整を行うシステムの導入がなされた。トヨタシステムでは、フォード式のように労働者の職務を固定化せず、「サイクルタイム」に合わせた標準作業の組合せ、すなわち作業工程の拡大・縮小を行うことによって労働者数を調整する「少人化」システムが展開された。

⑤ 需要・計画・製造・配送の情報をコンピュータ・オンラインシステムに

よってネットワーク化し、顧客・ディーラー・工場・サプライヤーの間を分散・集中の多元的管理によってシステム統合することで、市場志向にもとづく生産の計画化を実現した（デイリー・オーダーシステム、ユニット・オーダーシステム）。

第2に、柔軟な質の管理（柔軟性）システムである。これは、柔軟な生産量の変動に対して、「生産の凸凹のない流れ」すなわち生産の平準化と多品種化とを同時に実現する原理である。

① 多品種混流生産である。多品種大量生産の要請に対してトヨタ生産方式は小ロット混流生産で対応した。小ロット生産がスケールメリットの点で大ロット生産に劣ることは大量生産方式では常識であるが、多品種の小ロットを組み合せる混流生産方式を導入することによって、トヨタは、大量生産のスケールメリットを獲得しながら、しかも需要の変化に柔軟に対応できるシステムを開発した。その場合の課題は、ロットの転換時の準備作業、とりわけ段取り作業の時間を極力少なくして作業の流れを遮断しないこと、多品種混流で平準化生産するための機械の配置・作業の方法、そして「物」と「情報」の流れを柔軟に管理する方法を開発することであった。第1の課題は「内段取り」の「外段取り」化によって解決された。第2の課題は、部品の加工順序に従って専用機械でなく汎用機械を配置する方法によって、「一個流し生産」方式を実現した。第3の課題は「かんばん」を用いた「引っ張り方式」によって、すなわち、品種・生産量は「かんばん」によって調整された。

② 作業の質の管理システムである。その第1は「自働化」である。大野耐一自身これを「ニンベンのある自働化」と称しているが（大野、14頁）、それは、作業工程に異常（機械、部品、作りすぎ）があれば現場の判断で作業を停止するということで、その判断は、「定位置停止装置」「フルワーク・システム」「ポカヨケ」などの「自働停止付の機械」の場合もあれば、手作業を行う人間の場合もある。重要なことは、逆に異常がなければ労働者が機械を監視する必要はないということである。大野によれば、「この自動機にニンベンをつけることは、管理という意味も大きく変えるのである。すなわち人は正常に機械が動いているときはいらずに、異常でストップしたときに初めてそこへ行けばよいからである。だから1人で何台もの機械が持てるようになり、工数低減

が進み、生産効率は飛躍的に向上する」(大野、15頁)と。つまり、労働者は、工程の異常を知らせるシグナル(たとえば「アンドン」)によってその異常に対処する以外は工程作業を続ければよいわけで、機械の監視労働という「ムダ」な時間を「働き」のある別の工程作業に利用することができるということである(「多工程持ち」)。

つぎが、「自働化」「少人化」を支える労働者の質を維持するシステムである。

第1が、「多工程持ち」に対応できる多能工(multi-skilled worker)の育成システムで、それは「ジョブ・ローテーション」によるOJTで行われる。直接部門の「多能工」に必要とされるのは、熟練の内容よりもむしろ作業の変更に「柔軟に」対応できる能力である。高度の熟練を要する作業は少なく、むしろ単純作業の組み合せに対応できる「多能性」が求められる(多能性原理)。

第2に、コスト・品質は全社員の共同責任において「作り込む」という思想の下に、製品・作業工程の改善を現場レベルからそれぞれの責任において行うというボトム・アップ方式によって、品質改善、コスト削減を達成しようとするシステムで、不良品チェック、工程異常への現場対応、工程改善などを現場レベルの共同責任(チーム労働)とするもので、QCサークル、応援などの組織的体制が作られた(共同性原理)。

また、QCサークル活動は、製品の質というよりも、作業の質の改善(工程改善、作業方法改善)をサークル単位で行い、それをつうじて、工程改善(効率性向上)とともにサークル内のチームワークを促進しようとするものである。重要なことは、サークル活動が現場労働者の能力と責任において行われる現場主義を基本としていることで、工程改善における現場労働者の自主性を尊重し、その創造能力を求めるものである(自律性原理)。

以上のように、トヨタシステムは、「物の流れ」と「情報の流れ」が量的・質的にシステム化された、いわば「柔軟統合型生産システム」として、効率性、柔軟性という石油危機後の生産システムの課題に、世界でもっとも先進的に応えたのである。トヨタシステムの構造を要約すれば図7-1のようになる。

図7-1 トヨタシステムの構造

システム		トヨタシステム		柔軟統合型生産システム
	システム目的	効率性	柔軟性	
	システム原理	柔軟な量の管理	柔軟な質の管理	
	工程原理	柔軟な同期化	柔軟な効率化	
システム	方式	プル式JIT	多品種混流	生産の柔軟性
	工程管理	情報のシステム制御	自働化	技術の柔軟性
		ME・情報ネットワーク		
	作業管理	多工程持ち 少人化	多能工化 QCサークル	労働の柔軟性

出所：筆者作成

5. トヨタシステムの特質

5-1. かんばん方式と「柔軟性」

　かんばんはプル式JITシステムの運用手段であり、「物の流れ」を円滑にし、生産システムの効率性を向上させるための「情報の流れ」を制御する手段である。かんばん方式は、「物の流れ」の管理に革命的変化をもたらした。生産の効率性と柔軟性とをシステムの目的とし、これをプル式JITシステムと少ロット混流生産とによって達成しようとするトヨタシステムにおいて、「物の流れ」は2種類の方法で管理される。「押し出し方式」ないし「順序引き方式」と「引っ張り方式」ないし「後補充方式」とである。

　「押し出し方式」は、工程順に「物の流れ」と「情報の流れ」とを一致させる方式で、図7-2の最終組立工程に見るように、メインラインの第一工程で「生産指示表」がはり付けられる。その生産指示情報にもとづいて組み付け部品サブラインの工程数に応じて前もって生産指示情報が伝えられる。その結果、組み付け部品がJITにメインラインに到着する（大野、88頁）。これは、まさにフォードがめざした「ジャスト・イン・タイム」方式である。

　これに対して、「引っ張り方式」ないし「後補充方式」は、主に部品供給に適用され、必要な部品を前工程に取りに行く、あるいは使用した分だけ補充するもので、主に「かんばん」によって管理される。「押し出し方式」は生産工程の同期化をはかる上で必要不可欠である。しかしながら、小ロット混流生産で、しかも多数の部品を多数の下請け企業から供給されるシステムにおいて

第7章　日本的生産システムの発展と国際的評価　325

図7-2　最終組立工程のJIT

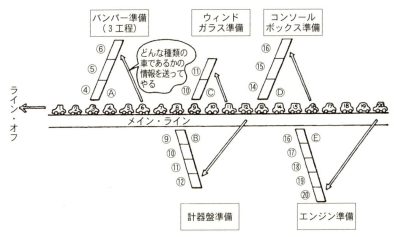

注：大野耐一『トヨタ生産方式』88頁

は、上流からの「押し出し方式」による同期化は至難のことである。

「かんばん方式」は、この同期化の矛盾を柔軟に調整する管理技法で、部品の発注時期（生産の開始時期）と生産量および搬送場所を2種の「かんばん」によって管理し、混流生産の下での生産の平準化と同期化とをはかるものである。

図7-3は、「かんばん方式」における「生産指示かんばん」と「引き取りかんばん」の流れを概念化したものである。図の最終組立ラインは「押し出し方式」であり、「物の流れ」と「情報の流れ」とが同一方向に同時に流れることを示している。しかしながら、部品加工ラインを見ると、生産指示情報と加工部品の流れとが逆になっている。ここに「かんばん方式」の柔軟性の秘密がある。すなわち、2種類の「かんばん」は原則としてつぎのように運用される。

① 使用部品箱に部品がなくなると、部品箱とそこに付いている引き取りかんばん（搬送情報）を部品置き場にもって行く。② 部品置き場にある同一の部品箱についているかんばん（生産指示かんばん）を取り外し、これを残して持っていった引き取りかんばんを新しい部品箱に付けて現場に戻る＝搬送情報が生産指示情報に入れ替わる＝「物の流れ」と「情報の流れ」の分離。③ 取

図 7-3 かんばん方式による部品生産システム

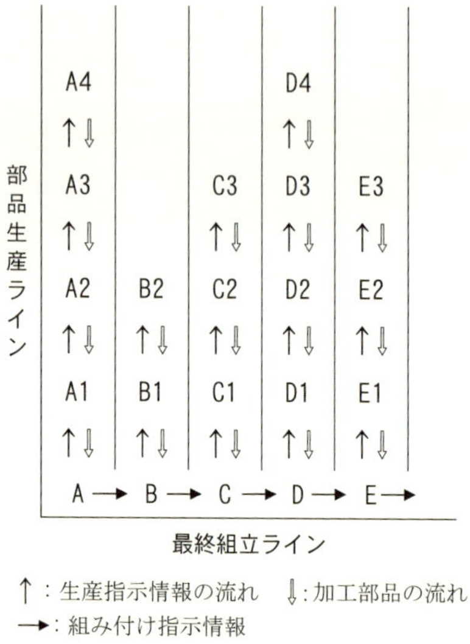

|部品生産ライン| A4 ↑⇓ A3 ↑⇓ A2 ↑⇓ A1 ↑⇓ | B2 ↑⇓ B1 ↑⇓ | C3 ↑⇓ C2 ↑⇓ C1 ↑⇓ | D4 ↑⇓ D3 ↑⇓ D2 ↑⇓ D1 ↑⇓ | E3 ↑⇓ E2 ↑⇓ E1 ↑⇓ |

A → B → C → D → E →

最終組立ライン

↑：生産指示情報の流れ　⇓：加工部品の流れ
→：組み付け指示情報
出所：筆者作成

り外された生産指示かんばんを部品置き場から前工程にもって行く＝生産指示情報が前工程に伝えられる。生産指示情報は後工程から前工程に生産部品とは逆の方向へ流れる（「物の流れ」と「情報の流れ」の逆進性）。④ 生産指示かんばんにしたがって生産された部品は生産指示かんばんとともにもとの部品置き場に搬送される（「物の流れ」と「情報の流れ」の同時性）。こうして、部品は「必要な量を、必要なときに、必要な場所へ」ジャスト・イン・タイムに届けることができる。

　以上のように、②の論理、引き取りかんばん＝部品生産の必要量に関する情報が生産指示情報に入れ替わることがトヨタシステムの「引っ張り方式」の特徴で、「物の流れ」と「情報の流れ」とを分離し、「物の流れ」と「情報の流れ」との「同時性」と「逆進性」とをシステム統合するという論理である。この場合、前工程は同一工場内であろうと下請け工場であろうとかまわないのである。

5-2. QC 活動の機能と本質

　提案制度および QC サークル活動は 2 つの機能を持っている。生産管理機能と労務管理機能とである。提案制度は個人を対象とし、個々の労働者の創意工夫、能力の発掘（技術・作業の改善）と報償による自己啓発とを目的としている。これに対し、QC 活動は集団を対象とする。現代の連続的生産工程における作業は共同作業を基本としている。したがって、労働者集団の共同性（チームワーク）は、現代の生産活動の必要条件である。経営者は労働者を集団の一員として管理しなければならない。ここに QC 活動の意義がある。

　第 1 に、サークル活動をつうじて労働者の技能を高め、かれらの創意工夫能力を発掘して、具体的に工程・作業改善を行い、品質の改善に役立てる機能、すなわち QC 活動には生産管理機能がある。創意工夫能力とは、工程作業の過程に表わされなかった労働者の、いわば黙示的（tacit）熟練である。これを明示化することは QC 活動の重要な機能である。ME 生産工程で新たに形成され、しかも数量化しえない熟練、あるいは細分化・固定化された労働過程では発揮できなかった熟練を、サークル活動の中での自己啓発によって引き出すのである。いわば、「テイラー的熟練の分解」によっても分離されえない熟練をさらに利用するところにその本質がある。労働者は、利用の仕方によっては自らの削減・労働強化を意味する、「自働化」「少人化」のための提案をしなければならない。

　第 2 に、QC 活動の労務管理機能であるが、それは 2 つに分かれる。1 つは人間関係管理機能で、自己啓発と参加意識とをつうじて共同意識（チームワーク）を高める機能である。提案制度に比較すると、この労務管理機能に重点がある。そのため、「QC サークル活動は、その効果を金銭的な量で評価することはほとんどなく、むしろ、サークルがいかに積極的に活動しているかによって計られる」（門田、320 頁）のである。2 つは労使関係管理機能で、労働者の「自主性」「自律性」といった表現とは異なり、その組織は「職場の公的組織（職制）と、直接的なかかわり合いがある」（門田、320 頁）ということ、つまり、「世話人」（部長）、「副世話人」（課長）、「アドバイザー」（工長）、「サブアドバイザー」（組長）、「サークルリーダー」（班長）など、QC 活動組織全体が上から組織されていることである（TQC）。労働者の「自律性」はその枠内で

しか発揮できない。それは、「管理された自律性」であり、ボトムアップ方式の日本的特徴を意味する。さらに、QC活動をつうじて、経営活動の外的要因、すなわち労働組合活動の「内部化」をはかる（職制がQCリーダーを兼ねるなど）ということ、いわば、「労使関係の管理化」による労使関係の安定化を意味している。良い意味でも悪い意味でも、欧米企業が日本的QC活動を重視するのは、以上のようなQC活動の役割に対してである。

5-3. 多能工化と現代の熟練

現代の生産工程は2重の性格をもっている。第1は、機械が発達して個々の機械の操作が単純になったということである。このため不熟練労働者でも短期間にその操作方法が修得できるという性格。第2は、現代の生産工程は、ME技術革新によって機械の自動化・連続化・ネットワーク化が進展し、こうした工程の操作・維持には新たな技能、現代的熟練が必要だということである。

多能工という表現は、それが単能工に対応する言葉であるとすれば、第1の性格をもつ労働者と考えるべきであろう。たとえば、機械加工工程における多能工は、単能工と異なり、多種類の機械・工程で作業しなければならない。すなわち、① 多品種大量生産の工程ではサイクルタイム内での作業内容・作業速度、あるいはサイクルタイムそのものが変更される。② 工程は連続的であるが個々の機械の操作はきわめて単純であり（ワークの取外し、取り付け、搬送）、標準化されている。③ 同機種1台持ちによる労働者数の増加はもちろん、同機種多台持ちによる能率の向上は工程の性格上許されない。以上の条件に対応するため、トヨタシステムでは、① 多機種機械レイアウトをU字型の組み合せ型にして、作業者の移動距離を最小限に、しかも多工程の作業を担当することができるようにした。② こうした意味での多工程持ちに対応できる労働者を「多能工」として配置した。多能工の育成はOJT（ジョブ・ローテーション）によって行われた。③ サイクルタイム内での作業者数の最小化（「少人化」）をはかるため各工程の標準作業を分解・統合して、標準作業の組み合せによる多工程持ちを行った。この場合、作業者は加工工程順に作業するとは限らなくなった。

以上のようにして育成された多能工が従前の意味での「熟練工」でないこと

は明らかである[15]。教育期間もさることながら、その「熟練」は汎用性に欠け、他の企業で通用するとは限らない[16]。すなわち、トヨタシステムにおける多能工化の論理はつぎのようになる。① 工程、機械を分析して単純化するとともに、監視労働を排除しこれを「自働化」する（機械と作業者の分離）。② 作業内容を分析・分解し、単純化・数量化してこれを標準作業にまとめる（作業の細分化・単純化・標準化）。③ 両者をサイクルタイムを基準に組み合せる（標準化作業の編成）。④ 数量化しえない作業者の能力（黙示的熟練）については、これをQC活動によって発揮させる（「精神革命」）。以上の論理を担う労働者が多能工である。これはまさにテイラーの「作業の科学」の原理を超えるものではないのである。

5-4. トヨタシステムと効率性

トヨタシステムは、技術・労働力を最高度に有効利用する生産システムである。それは、ムダの排除という基本理念に表れており、「リーン生産方式」のleanという言葉に集約されている。① 造りすぎのムダ、在庫のムダの排除は「かんばん方式」、② 不良品加工のムダの排除は「自働化」、③ 運搬のムダ排除は運搬方法の改善、④ 手待ちのムダ排除は段取り時間の短縮、多工程持ち、⑤ 動作のムダ排除は標準作業、⑥ 労働力のムダ排除は「少人化」など、トヨタシステムはムダの排除をつうじて効率を高めるシステムである。すなわち、大野によれば、（能力）作業＝（仕事）働き＋ムダである（大野、37頁）。正味作業＝付加価値を高める作業が「働き」であり、それ以外は全て「ムダ」である。つまり、「ムダをゼロにして仕事の割合を100パーセントに近づけていくことこそ、真の能率向上である」（大野、37-38頁）と。ムダな情報、不必要な設備・機械はもちろん、ムダな作業はゼロにしなければならない。したがって、労働工学的手法による労働密度の向上、労働者の訓練による労働能力向上、作業のスピードアップの限界、こうした状態と現状の能力との差がムダの基本的な考え方である。必要以外の仕事はしてはならない。作業は正味作業の流れでなければならない。余力のないように労働力を利用しなければならない。こうして、いわば労働力利用の極限状態に近づける努力をすることが「改善」活動だといえなくもない。しかもそれを労働者自身が行うのである。

以上が、極端な表現かも知れないが、トヨタ式労働力利用方式の基本的な原理である。しかし、これは、トヨタシステムの独自の論理かといえばそうではない。「日本的生産システム」にある程度共通した特徴である。「人間性の尊重」「労働の人間化」が叫ばれている今日、トヨタにおける人間性の尊重とは、「ムダな作業を排して、人間のエネルギーを意義ある有効な作業に結びつけること」（門田、309頁）なのであるから、その理解は一面的で、効率性原理からのみ人間性を理解しており、「人間の労働化」とさえいえよう。こうした意味では、トヨタシステムは「大量生産方式」における労働の矛盾を止揚したとはいえないのであって、むしろ、「新フォード主義」として再編されたものと言えなくもない。

　以上のように、トヨタシステムは徹底した効率性原理にもとづく生産システムであることが明らかになった。プル式JIT生産によって、生産システムとしての効率性と柔軟性との同時化に成功し、多工程持ち（多能工化）およびQC活動による「管理された自律性」としての「職務拡大」「職務充実」を実現した。それは、「科学化」された「日本的生産システム」、「出口のない管理システム」の現代的限界なのかも知れない。

6. トヨタシステムの再編

　トヨタシステムが世界に喧伝され、日本的生産システムに関する国際的な研究と評価がなされたことは前述したが、日本自動車工業は以下のような理由から１つの転機を迎えることになった。すなわち、① 労働力の効率的利用の問題。つまり、作業速度・密度、長労働時間に対する国内的・国際的批判が高まっていること。② 物流コスト、交通渋滞、環境問題などから、システムの根幹であるプル式JITシステムに現実的矛盾が生じていること。③ 競争力の重要な側面である多品種化について、逆に「モデルチェンジのムダ」が国内的・国際的に批判の対象になっていること。④ 親会社自身の効率性の追求がこれを支える下請け企業群の犠牲に転嫁されることへの批判が高まっていることなどであった。

　これに対し、日本の自動車工業では「人にやさしい、環境にやさしい」生産システムへの再編を行った。それらは、① 重筋労働、上向き労働の削減、②

「混載方式」による搬送回数の削減、③ 部品の共通化による多品種化の抑制、④ 廃棄・排出物のリサイクル・システムの採用などである。しかしながら、ここで詳細を論ずることはしない。本章の目的は「柔軟統合型生産システム」としての日本的生産システムの形成と展開について、1980 年代までのトヨタシステムを実例に論じることであったからである。1990 年代以降の日本的生産システムの再編に関しては、坂本 b)、c)、および次章を参照頂きたい。

第5節 「柔軟統合型生産システム」とパラダイム転換の意義

　本章では、日本的生産システムを「柔軟統合型生産システム」として、生産システム進化のフェーズ３の特質をもつ生産システムと規定し、フォードシステムとトヨタシステムとを質的に区分した。
　第１に、その意義は、①「柔軟統合型生産システム」は、「自立統合型生産システム」の質的管理＝柔軟性と「垂直統合型生産システム」の量的管理＝効率性という両者の利点を統合している。② トヨタシステムはフォードシステムのプッシュ式同期化生産をプル式同期化生産に質的に転換した。それは、「物の流れ」と「情報の流れ」の同時性というそれまでの工程管理の構造について、これを物と情報との分離・統合によって、「物の流れ」と「情報の流れ」の同時性と逆進性を組み合せ、工程管理の柔軟性を確保したこと、平準化された混流生産方式によって多品種化と生産性すなわち柔軟性と効率性とを両立させた。③ 統合性・共同性を要求する自動化・連続化工程作業において、多能工化による単純労働の組み合せ（職務拡大）、QC 活動による熟練の発揮（職務充実）によって、労働者の参加意識ならびに共同性を確保し、フォード方式の労働疎外現象を緩和した。以上のように、工程管理、作業管理の面から見れば、「柔軟統合型生産システム」はそれ以前の生産方式を質的に転換していることは明らかで、トヨタシステムはテイラーシステム、フォードシステムの弱点を克服したシステムであるといえよう。
　第２に、生産システムの発展は、「科学化」と「人間化」とをその基本原理としてきた。すなわち、人間労働が真に人間自身の利益につながること、真の

パラダイム転換はこの点から評価するべきである。こうした視点からトヨタシステムを見れば、「科学化」の点では効率性・柔軟性の進展により、フォードシステムを質的に超えたパラダイム転換に成功していることは疑いない。それが日本企業の製品国際競争力の基盤につながっていたことは明らかである。しかしながら、「人間化」の面から見れば、トヨタシステムは、「管理された自律性」としての「人間化」という弱点を残している。「人間化」を「効率化」の手段とするシステムにおいては、他律的・権威主義的管理を否定し、人間を優先させた労働者の自律性を確保するという本来の「労働の人間化」の実現はできない。これはトヨタシステムのかかえる矛盾である。この点からするならば、トヨタシステムは、生産システムのパラダイム転換について、その必要条件は達成したものの、その十分条件の達成はその後の課題として残されたといえよう。しかしながら、これは、トヨタシステム、日本的生産システムだけが抱える矛盾ではない。世界の資本主義企業すべてが現代に至るまで抱え続ける根本的な矛盾なのである。

注

(1) TIME / CNN 消費者調査によれば、アメリカの消費者はライフスタイルの変化とともに品質をきわめて重視しつつ購買意志を決定しているという。それによると、品質で最も重視するのは信頼できる性能（ability to function as promise）であり、つぎに耐久性（durability）と修理が簡単なこと（ease of repair）であるという。デザインや新しい技術（attractive design and technical innovation）も重要ではあるが2次的であるという。日本の自動車はこうした意味で優れているという（"TIME" Nov. 13, 1989, p.80.）。

　　清晌一郎は、品質概念を基本的に性能・機能と信頼性・耐久性とし、これに第3の概念として「製品の不良率」をあげている。これは前2概念の製造上の品質であるとしている（清、202頁）。

(2) Abernathy, W. J., Clark, K. B. & A. M. Kantrow, "The new industrial competition", Harvard Business Review, Sep-Oct, 1981. かれらの一連の研究は、つぎの著書に集大成された。Abernathy, W. J., 1983.

(3) 森　正勝、油井直次はクライスラー社の例をあげている。それによると、日本車との価格差は1,800ドルで、その内訳は、賃金550ドル、生産性600ドル、税金などその他が650ドルであるとしている（森正勝、油井直次、33頁）。

(4) 1970年代の生産性向上を問題にする場合、生産技術要因の寄与率には限界がある。たとえば、日産は71年の産業用ロボット（ユニメーション）の導入以降ロボット化を進展させるが、トヨタの場合ロボット化は80年代に入ってからである。むしろ、トヨタの生産性向上はシステムとしての省力化、すなわち生産システムの工夫にあったといってよい。

(5) 欧米における日本型生産システムをめぐる論議についてはつぎが詳しい。宗像正幸、a、c、d。

(6) Braverman, H., 1974; Wood, S. ed., 1982; Knights, D. & H. Willmott ed., 1988; Thompson, P., 1989 など。

(7) Aglietta, M., 1979; Atkinson, J., 1984; Piore, S. & C. Sabel, 1984.

(8) Oliver, N. & B. Wilkinson, 1988; Wickens, P., 1987.
(9) Dohse, K., Jurgens, U. & T. Malsch, 1985; Wood, S. ed., 1989; Pollert, A., 1991; Blyton, 1991; Gilbert, N., Burrows, R. & A. Pollert ed., 1992 などを参照。
(10) 『窓』誌上での国際論争。加藤哲朗・R.スティーヴン編『日本型経営はポスト・フォーディズムか？』窓社、1993年。丸山恵也、1995年。
(11) Parker, M. & J. Slaughter, 1988; Coriat, B., 1992年。オストラシズムとは「ある集団が、その成員に割り当てられた、あるいは共同で引き受けられた目標から外れようとする者に対して、行使する集団的な圧力の大きさと効果」という意味である（Coriat, 邦訳、177頁）。
(12) 門田安弘、1991年、第6章参照。新ALCシステムは、階層別PCネットワークを工程別ラインコンピュータにリンクさせ、ボディ、塗装、組立の各工程が自律的に工程制御を行うことを可能にしたシステムで、車両にはIDカードが取り付けられ、ライン・コンピュータに対して車両情報を発信しながら進行するのである。
(13) J.ティドは、柔軟性との関連でわが国製造企業の「先進的製造技術」（AMT: Advanced Manufacturing Technologies）導入の積極的意義を認めてつぎのように論じている。「日本の製造業者達が欧米の競争者達よりもAMTについてより有効に使用しているという圧倒的な証拠がある。明らかに日本の工場は欧米よりも多くのNC工作機械、FMSおよびロボットを使用してきている。しかし、これらの技術の開発と応用の面からいえば、この量的不均衡は質的差異に比較すればその意義は小さいであろう。（中略）AMTとフレキシビリティとは同義ではない。欧米のAMTの使用者はコスト削減と品質の改善に専念してきたのに対し、日本の製造業者はフレキシビリティの向上に努力を集中してきた。今では、かれらは比較的単純なプログラマブル・オートメーションを広範に使用することによって、柔軟かつ効率的な生産方式を実現しつつある」（Tidd, pp.2-3）。
(14) 労働の柔軟性（フレキシビリティ）については、たとえば、つぎの文献を参照。Blyton, P. & J. Morris, 1991; Pollert, A.ed., 1991; Gilbert, N., Burrows, R. & A. Pollert ed., 1992.

第1の文献によると、フレキシビリティをめぐる産業再編には5つの潮流がある。① 生産技術の変化、② 労働の質・量の管理の変化、③ サプライヤーの階層化、④ 市場志向的生産方式の再評価とJIT、TQC、⑤ 合弁およびM & A。これらの問題に対する議論は、Regulation Theory、Flexible Specialization、Flexible Firm の3つの議論に集約できるとしている（Blyton & Morris, pp.4-9）。

なお、Flexible Firm 理論は、労働の量のフレキシビリティに関する理論（numerical flexibility: functional flexibility: とくに後者のフレキシビリティを促進するための賃金支払い方式のフレキシビリティ）である（Gilbert, et al., pp.4-5）。また、この理論はAtkinson, J. and N. Meager, 1986に依っている。

労働の質的フレキシビリティに関しては、HirschhornがME技術との関連から詳細に分析している。かれは、「コンピュータが人間の熟練や判断の必要性を排除するという通説は誤りである」（Hirschhorn, L., 1984, p.1）として、柔軟な新技術の導入のためには現場からの「目に見えない、経験的知識」（the tacit, experiential knowledge）が必要不可欠であるとしている（ibid., p.58, p.169）。
(15) 大野耐一は、こうした労働者を3日で育成できるとのべている（大野、43頁）。門田は、多能工の「多能性」と工程変化への順応性をもって「熟練工」と規定している（門田、281-282頁）。
(16) 大野は、講演のなかで、ブラジル工場の多能工の実例から、「トヨタの現場マンが他社に移ったからといって、すぐ、そのまま通用はしないでしょう。トヨタはトヨタに必要な人間を育成すればよいからです」と率直に認めている。「大野耐一・世界のモノづくりを変えた男」『工場管理』1990年8月号、97頁。丸山恵也はこのような「熟練」を「企業内熟練」と規定している（丸山、b、124頁）。

第 8 章
補論・日本的経営論に関するノート
―市場と社会の対立と融合―

第 1 節　本章の問題意識

　かつて K.ウォルフレンは日本社会をエニグマ（謎）と表現した（Wolferen, 1989）。先進国経済の深刻な停滞状況のさ中、1980 年代の日本企業は『ジャパン・アズ・ナンバーワン』（Vogel, 1979）の潮流に乗って『NO といえる日本』（盛田・石原、1989）を実現したかに見えた。しかしながら、それもつかの間、「20 世紀システム」[1]の崩壊を契機とする市場革命、情報革命がもたらした速度とコストの経営圧力によって、日本企業は日本的経営からグローバル・スタンダード経営への経営理念の転換を余儀なくされ、グローバルな適者生存競争に苦しむことになった。そして、この大波は、いまや日本企業社会に 2 種類のインパクトを与えている。1 つは、J パワーやアデランス、あるいはすかいらーくなどの問題に象徴される利益至上主義のアメリカ型ファンド資本主義の圧力であり、いわばコーポレート・ガバナンスに関わる日本型へのインパクトである。いま 1 つは、赤福や不二家、ウナギ偽装やミートホープ問題などに見られるコンプライアンスに関わる日本的経営へのインパクトである。
　しかしながら、企業経営とは、それぞれの国の長い歴史的環境の中で形成された社会的企業観および社会システムに規定された経営者そして労働者の経営理念および労働理念のもとに行われるものであり、日本型が短期日の間にアメリカ型に変身することは容易ではない。近年、「安心」「信頼」と評価されてきた日本の企業社会において、情報の操作と隠蔽、市場の操作と談合、資源操作と欠陥商品など、経営者の社会的責任、社会的倫理が問われる事例、しかもそこにおける「犯罪性」の認識を疑われるような「ただ頭を下げる」事例が多々

見られるのは、まさに日本的社会観とアメリカ的社会観との矛盾、日本的経営理念・システムとアメリカ的経営理念・システムとの矛盾に起因する日本の経営者の混乱の現れであると考えられるのである。

　そもそもエニグマといわれた日本社会、日本的経営とは何であったのか。またアジアの諸国からも閉鎖的といわれる日本企業の経営行動の根源はどこにあるのか。周知のように、アベグレンによって開始された日本的経営の特質についての議論は、これまで日本経済の節目節目に幾度となく論議の対象とされてきた。しかしながら、果たしてこれらの議論によって日本の企業社会、日本的経営の何がどこまで解明されたのであろうか。本章は、日本的経営と西欧的経営の相違は企業社会そのものの形成過程に質的相違、すなわち、市場と社会の関連性に質的相違があるのではないかという問題意識から、日本的経営の特質についての議論の流れを再検討することによって、日本的経営の社会的な重層構造を明らかにすること、そしてその重層構造が転換期にあることの意義、これらについて議論することを目的としている。

第2節　日本的経営論の変遷と意義

1. 日本的経営についての端緒的議論

　R. ベネディクトは、「菊」と「刀」に表象される日本人の精神構造を研究し、「恥の文化」論として第2次世界大戦後のアメリカによる日本支配の戦略研究に大きな貢献をなしたが (Benedict, 1946)、この捉え方は、後に土居健郎『甘えの構造』に大いなる影響を与えた。これらに表された日本社会とは、西欧社会とは異質のアンビヴァレントな精神構造の上に築かれた特殊日本的な精神文化を持つ社会であった。したがって、戦後の日本経済の急速な復興とその後の高度経済成長の過程が、そしてこれを担う企業組織のあり方が、こうした日本社会の特殊性に関連づけて議論されることは不思議ではない。

　日本的経営の端緒的議論は、1958年、J.C.アベグレンによって開始された (Abegglen, a)。かれは、急速な復興を実現した異質の国日本の経営的特質を分析し、経営における「日本的」な特質とは何か、その企業社会的特質とは何か

を問い、その答えを「工業化前の、すなわち非工業的な日本の社会的組織と社会的諸関係」（Abegglen, a, 邦訳、180 頁）に求めた。すなわち、日本的経営の特質は、日本において歴史的に形成されたその社会システムにあると考えたのである[2]。こうして、日本的経営に関する端緒的議論は、日本的社会システムとの関連の中で開始された。藻利重隆は日本的経営の特質は特殊日本的な雇用慣行にあるとした（藻利、d）。また間宏は、日本的経営に関する歴史研究を踏まえ、その特質を戦前の「家の論理」に基づく「経営家族主義」（戦前）から「経営福祉主義」（戦後）への転換に求めた（間、1963）。こうした日本の社会システムの特質については、当時社会学の立場から、中根千枝が集団主義的「タテ社会」論として特徴づけたが（中根、1967）、日本的経営の端緒的研究は、欧米や中国などとは異なる日本的社会システムとの関係において行われたのである。

2. 高度経済成長と欧米による日本的経営論

　制度としての日本的経営が確立するのは、55 年体制に基づく安定的な労使関係、二重構造型産業構造の確立、フォーディズム型大量生産体制を背景とする日本経済の高度成長過程であったと考えられる。一方、1960 年代後半のアメリカ経済は、「20 世紀システム」の維持に多額の戦費を要したこともあり、第 2 次世界大戦中に蓄積した世界の 60％の金は次第に枯渇し、「黄金の 60 年代」は終焉を迎えつつあった。それゆえ、日米貿易摩擦に見られる日本産業の発展状況は大いなる関心事であったことは間違いない。日本の競争力を低賃金構造のみに帰するのでなく、日本の企業システムの特質を解明することが、異質の国日本を理解するだけでなく、日米関係ひいては世界経済における日本の役割を評価する、そのような段階に到達したことは明らかであった。

　1970 年、アベグレンは、アメリカの競争相手としての日本の経済システムを「日本株式会社」と表現したが、その特質は、年功的終身雇用制度を柱とする独特の企業組織、借金経営を可能とする日本的財務システム、そして経団連、日経連、経済同友会などを媒介とする政府と企業のパートナーシップにあると分析した（Abegglen, c）。すなわち、日本的経営の競争力は、企業と国家そして国民の統合体制にあるとしたのである。この業績は、日本的経営に関す

る本質的・総合的分析として、その後の日本的経営研究に大いなる影響を与えたと高く評価できる。また、アメリカ商務省も、同様の視角から、日本の高度経済成長を実現した根本的要因は企業と政府の連携体制にあるとした報告書を提出している（Caplan, 1972）。

一方、OECD は、1972 年日本の労働政策に関する報告書を提出したが、その中で「雇用制度の純モデル」として分析したものが「生涯雇用」「年功賃金制度」「企業別労働組合」という、いわゆる「三種の神器」論である。この日本的労働システムのみをもって日本的経営すべてを説明することは正当ではないが、日本におけるその後の日本的経営論に与えた影響は計り知れないものがある（OECD, 1972）。

さらに、高度経済成長期の日本企業の組織特性については、R. ドーアの研究が特筆されるべきであろう（Dore, 1973）。ドーアは、日本企業の組織特性は、歴史的な企業家族主義と後発型資本主義とに規定された「福祉企業集団主義」（Welfare Corporatism）にあると特徴づけたが、その特質は、終身雇用、年功制賃金、企業内キャリア形成、企業内組合、企業福祉の充実、企業意識の高さとして制度化された「組織志向型雇用システム」にあるとし、市場志向型から組織志向型への雇用システムの移行が世界的な展望になると分析したのである。

3. 高度経済成長の終焉と日本的経営特殊性論の展開

日本国内において日本的経営が本格的に議論されるのは、石油危機を契機とする日本経済の構造転換期に入ってからであった。それは、高度経済成長の終焉を背景に、再編されるべき日本経済の構造的特質、日本企業の経営的特質を再検討し、日本的経営の再編を含む日本経済の新たな飛躍の条件を模索するという努力の中で展開された[3]。

議論の第 1 の展開は、日本企業の経営的特質は特殊日本的社会システム（文化的特性）にあるという先行研究を継承しつつ、経営システムと社会システムとの関係のあり方の中に日本的経営の特殊性を発見しようとする試みから出発した。すなわち、日本企業は、「集団主義」「共同主義」を経営理念とする「経営共同体」であるという一定の共通理解のもとに、この経営理念を形成した日

本人の精神構造、経営共同体形成に関わる歴史研究、日本的社会システムの西欧との比較分析、日本的経営共同体の資本主義的意義など、日本的特殊性の形成条件と経営共同体の経営学的意義に関わる多様な見解が提唱された。

ここで、日本的経営共同体の組織編成原理に関わる議論は、本章の論旨との関連もあるので、若干議論を整理しておきたい。日本的経営共同体の形成をいかなる論理で説明するかについては、まず、経営史研究からの日本の「家」制度から説明する見解がある（ヒルシュマイヤー＝由井、1977年）。封建遺制としての日本の「家」制度は、家共同体への精神的没入と家長を頂点とする統治体制を特徴とするが、天皇制国家観のもとに、家としての企業組織に継承され、日本的経営の諸制度が確立したとする。問題は、「家」が制度として崩壊した戦後の企業組織、戦後の日本的経営組織は「家」制度とどのように関連するのかということである。三戸公によれば、戦前、わが国には、「家の論理」に基づいて天皇家を宗家とする家国家が形成され、そしてその同じ論理のもとに資本制社会が形成され（三戸、d、47-48頁）、終身雇用、年功制、企業別組合の日本的経営の三本柱が形成されたのであるから、戦後の日本的経営をこれらをもって特徴づけるのであるならば、まさに「家の論理」が継承されているのである（三戸、d、253頁）。ただし、それは、「家」制度そのものの再現でなく、「家の論理」の継承であり、戦後の企業組織は経営家族としての「擬似的・擬制的家的組織」（三戸、b、191頁）として再現されたのである。

これに対して、岩田龍子は、前述の間と同様に、第2次世界大戦後の「家」制度の崩壊を前提にしつつ、日本企業の集団主義は、「イエの論理」でなく「ムラの論理」から説明されるべきであるとする見解を展開した（岩田、1977年）。すなわち、地方の「ムラ」共同体出身の労働者が都市企業に新たな「ムラ」精神を求め、その「ムラ」の集団意識が経営者の統治的「イエ」意識と結合して日本的経営が成立したという見解である。したがって、集団的精神構造は「ムラ」共同体に求めるべきであるとした（岩田、1977）。

また、津田真澂は、社会生活を行う場が西欧では家庭と身近な生活圏（共同生活体）であるのに対して、戦後の日本では、企業が経済性の原理と運命共同体の原理とに立脚した「共同生活体」となっており、日本的経営の集団主義は、企業の中に取り込まれた労働者の共同体意識にその根元がある。したがっ

て、この2つの原理の間の矛盾が限界に達すると「共同生活体は」崩壊するとした（津田、1977）。

その他、当時の議論の中で、日本人の心理特性としての集団主義の形成を説明する見解としては占部都美がいる。占部は、日本的経営の特質は終身雇用制に現れるが（占部、a、1978）、その根底には日本人の心理特性である「恥の文化」があるとした（占部、b、1978）。また、濱口恵俊は「間人主義」という興味ある概念を提唱した。これは、日本人が相互依存、相互信頼、対人関係重視という人間の間柄（「和」）を尊重するという心理特性があり、それが共同意識、集団意識を形成するというものである（濱口、1977）。

ところで、公文俊平によれば、日本的経営の特質に関する議論には、2種類の方法があるという。「文化論的アプローチ」と「環境論的アプローチ」とがそれである（公文、1981）。歴史的環境を背景に形成された日本人の心理特性が、共同体原理を媒介に機能・構造いわば諸制度を形成したとする第1の議論がまさに「文化論的アプローチ」である。これに対して、「環境論的アプローチ」は、資本制社会における歴史的環境の中で展開する日本企業が、資本の本性に基づいて、日本的文化特性を利用しながら「日本的経営」制度を形成したとする方法論であり、ここでの第2の議論である。

中川敬一郎は、日本的経営の特質を理解するには、その「経済過程」と「文化構造」との統合的理解が必要であるという、いわば環境論的アプローチと文化論的アプローチの統一を提唱した。「『日本的経営』は日本の産業社会における特定の経済条件すなわち『経済過程』と日本人固有の思考行動様式すなわち『文化構造』、その両者の所産である」と（中川、c、11頁）。しかし、「日本的経営の核心であると思われる終身雇用制度でさえ、実は日本経済における特定の状況のもとでの雇用制度にすぎない」（中川、c、11頁）とのべているように、中川は「経済過程」にその本質を見ているのである。この方法論は、「後発資本主義論」のドーアの方法論に類似していといえる（中川、d）。

また、共同体思考は戦後の大企業が「日本的経営」として導入したイデオロギーにすぎないという見解がある。古林輝久は、伝統的な「いえ」「むら」意識を基盤に、企業が共同体であるというのは「幻想」であるという。「それは企業経営の支配者によって打ち出された経営イデオロギーとしての観念体系に

外ならない。それによって、企業経営で働く多くの人々は、幻想的共同体意識を抱かされ、労資の対立的関係が幻想的に緩和・解消させられることにもなる」と（古林、55頁）。また、岩尾裕純も、日本的経営（三種の神器）は、中小企業の劣悪な労働条件が「ムチ」であるのに対し、大企業労働者に対して「アメ」として導入され、「経営家族主義」イデオロギーのもとに運命共同体的忠誠心を確保しようとしたものである（岩尾、b）とした。このような議論は、戦後の日本経済の特殊的条件が企業の組織・行動を規定し、いわゆる日本的経営といわれる諸制度を形成したということ、その制度形成の過程でその時の労働者の心理特性すなわち文化的要因を利用したという見解である。

以上のような日本的経営の集団意識を形成した根源をめぐる議論は、日本資本主義成立の歴史的評価に関わる議論でもあるが、共同体それ自体はもちろん特殊日本的なものではなく、資本制社会本来の性格からすればむしろ対立的関係にある。それにもかかわらず、封建遺制が崩壊した戦後の日本的経営に「擬制」であれ共同体的集団主義がなぜ残存してきたのか。この点が議論の焦点であったといえる。

これに対して、日本的経営共同体の議論に疑問を呈した見解がある。土屋守章は、日本的経営といわれる諸制度は昭和初期以降に形成されたのであるから、これを日本人の伝統的文化に結びつけるわけにはいかない。大卒従業員を「企業カプセル」に入れ、エリート教育を行い、カプセルの中にいる限り生活の安定を保証することによって企業への「同化作用」（メンバーを相互に同じようなものにする作用）を強化するための管理体制が言うならば日本的経営であるという「企業カプセル」論を展開した。日本人特有の精神構造を探求することは重要であるが、終身雇用や年功制、手厚い福利厚生などは国際的に見ても日本特有のものではないのである（土屋守章、1978）。

また同様の考え方は、小池和男によって明言された。小池は、豊富な実態調査をもとに、終身雇用、年功賃金、労働組合の組織単位について、欧米企業との比較研究を行い、日本的労使関係の特質といわれるこれらの諸制度は日本特有のものではないことを実証したのである。小池によれば、日本的なものの根源を求めるとすれば、それは従来の議論における文化的要因などではなく、日本特有の知的な熟練工養成方式なのである（小池、c）。

しかしながら、経営者からすれば例えば長期的勤続は望むところであり、これに国の相違は問われない。このような現象はむしろ普遍的である。したがって、国際的な比較調査を行えば同様の労働システムは地域を超えて存在する可能性がある。しかしながら、重要なことは、土屋が「それでも日本的経営はある」（土屋、15頁）と述べるように、制度的現象が類似していても、それを生み出した文化的環境や歴史的条件が異なることは明らかである。またここに日本的経営論議の意義がある。それゆえ、長期雇用や年功序列などの現象が日本独特のものでないことを理由に日本的経営そのものを否定する小池の見解は方法論的に疑問なしとしない。

4. 石油危機と日本的経営の国際展開

2度の石油危機は、先進資本主義諸国経済に重大なインパクトをもたらした。それは、戦後のフォーディズム型経済体制を可能としてきた労使の「調整」（レギュラシオン）体制（日本では55年体制）が維持できなくなったからである[4]。ポスト・フォーディズム型経済体制をどのように構想するか、労使関係をどのように再構築するか。ブレイヴァマン「労働の衰退」論に端を発する労働過程論争は、フォーディズムの評価とその後の労働のあり方をめぐる第1の国際的議論となった（Braverman, 1974）。技術進歩と「労働の衰退」との関係、「テイラー＝フォード」型分業と「構想と実行の分離」の評価などが議論の中心であった（Wood, 1982, Thompson, P., 1983）が、それは、新たな労働モデルの構築に関わるポスト・フォーディズム論争へと展開していった。

第2の国際的議論は、日本的生産システムをめぐる議論である。日本的生産システムが国際的議論の対象となるその理由は、欧米先進国の場合、石油危機がフォーディズム型経済の終焉とその後の長期的停滞をもたらしたのに対して、日本経済が、それまでの高度成長ではないものの、フォーディズム型経済の修正による安定成長経済体制を実現したからである。日本企業は、早くも1978年には石油危機から立ち直り、電気機器、自動車、工作機械などの産業を中心として、圧倒的な国際競争力を基盤に「集中豪雨的」製品輸出を展開するとともに、次第に海外生産拠点を構築するという多国籍企業化を推進していった。1980年代はまさに「日本の時代」となったのである。このような背

景から、日本企業の国際競争力の根源を研究するとともに、トランスプラントで展開される日本的経営の秘密を探求する努力が行われた。その結果、日本企業の生産システムにその優位性を発見することとなり、ジャパナイゼーションの潮流が生み出されたのである。

重要なことは、第1、第2の議論における日本的経営研究の意義は、集団主義や共同体などのいわば日本的経営の特殊的意義を解明する「日本研究」にあるのではなく、脱フォード型労働、生産性向上の新たなモデルを模索する欧米企業の生産システム研究、いわば日本的生産システムの有する移転可能な普遍的意義を解明することにあったということである。

まず、「われわれが日本的生産システムを学び実行するのは、かれらの生産と品質管理の方法が世界最高だからである」(Schonberger, p.x) として、日本的生産システムの効率性をいち早く評価したショーンバーガーは、日本的生産システムの秘密はJITとTQCにあり、これを可能としているのは労働のフレキシビリティであるとした。しかも、この日本的生産システムの形成には、たしかに日本の文化的要因が関係しているとしても、それはアメリカでの実践には障害とはならないとのべている。また、アバナシーは、アメリカの生産システムの発達段階をフォード・システムに至る5段階に分類したが、日本自動車工業の現地調査から、JITや混流生産方式、労働力の質の重視と労働者の協力体制など、製品・生産工程の質を重視する日本的生産システムの生産哲学に注目して、「彼らは、よく訓練され、より創造的な熟練工を生産工程に投入することによって第6段階を切り開くかもしれない」(Abernathy, W.J., et al., 1983) として、アメリカ型生産システムの目標として日本的生産システムを位置づけた。さらに、MITの「国際自動車プログラム」は、自動車産業における生産システムの国際比較研究の成果として、高品質・高生産性を実現している「リーン生産方式」(トヨタ生産方式) こそフォード型生産システムに代わる次世代生産システムであるとして、これの導入によるアメリカ型生産システムの再生を訴えた (Womack, et al, 1990)。

一方、イギリスにおいても、ウィッキンズは、イギリス日産における経営展開の中で、「特殊性を超えた普遍的な要因」としての日本的経営の「移転リスト」をあげている。それは、労働のフレキシビリティ、品質意識をもった改善

活動、チームワークの3つである。かれは、日本的経営から学ぶべきは、協調的労使関係を基盤とするコンセンサス経営であると述べている（Wickens, P. 1987）。

また、オリバー＝ウィルキンソンは、日本的経営を、生産システムのみでなく、労使関係、人事・労務管理、サプライヤー・システム、公共政策に至る「相互関連を持つパッケージ」であるとして、ウッドによって「早とちり」と批判されるほど（Wood、1990、212頁）積極的な評価を与えている。そして、イギリス産業における日本的経営の導入の潮流を「ジャパナイゼーション」であると概念化した（Oliver & Wilkinson, 1988）。

このような視点からの議論は、日本国内でも展開された。すなわち、日本企業の海外展開に関連して、日本的生産システムはいかに優れているか、日本的経営はどこが優れているのかという、いわば日本的経営先進性論である。島田晴雄は、「ヌミナイゼーション」をつうじて実証された「ヒューマンウェア」を強調し（島田、1988）、小池和男は、オートメーションの予期せぬ変化に適応できる労働者の「知的熟練」にその特質を求めた（小池、c）。また伊藤実は、ME技術導入過程における日本的生産システムの特質は「柔軟な職務構造」にあるとした（伊藤、1987）。伊丹敬之は、「人本主義」なる概念から人的資源の利用システムの先進性を主張した（伊丹、1987）。さらに、安保哲夫は、「適用」（移転）・「適応」（現地化）なるコンセプトから、アメリカへの経営要因の移転可能性について分析し、人材育成、現場主義の日本的特殊性を析出した（安保、1988）。

以上のように、1980年代における日本的経営論議は、日本的生産システムの高品質・高生産性に注目する議論に集中したが、世界の論者が注目したのは、トヨタ生産システムに代表される「生産方式の一大革命」（Abegglen, 1985）、労働者の参加に基礎を置く労働のフレキシビリティ、雇用保証を前提とする経営者と労働者の協力体制などであった。こうして、フォード型労働からの脱皮と新たな生産システム、新たな労使関係を求めるポスト・フォーディズム論争、すなわち、日本的経営はポスト・フォーディズムかという第3の国際的議論に結びつくことになった。

ポスト・フォーディズム論をめぐっては、「フレキシビリティ」をキーワー

ドに、アメリカ・モデル、イタリア・モデル、ドイツ・モデル、スウェーデン・モデルなどとともに日本モデルが議論の対象にされたのであるが（Aglietta, 1979, Atkinson, 1984, Piore & Sabel, 1984, Lipietz, 1986, Storper, 1986, Wood, 1989, Pollert, 1987, Blyton & Morris, 1991, Coriat, 1991, Gilbert, et al., 1992, Boyer & Durand, 1993）[5]、日本的生産システムに関する国際論争は、西ドイツのドーゼらの日本的経営＝ハイパー・フォーディズム論（Dohse, et al., 1985）に対する反論として、ケニー＝フロリダが日本的生産システムはポスト・フォーディズムだと主張したことに始まる（Kenny & Florida, 1988）。その論争を起点として、加藤哲郎がロブ・スティーヴンとともに、「ウルトラ・フォード主義」論を主張して国際論争を組織したが、その経過は『季刊　窓』（1989年から1990年）に発表された（加藤哲郎＝スティーヴン、1993）[6]。しかしながら、この論争は、日本的経営批判という意味では一定の理論的価値はあったが、ポスト・フォーディズム論からすれば、とりわけ生産的な論争ではなかった。

　しかし、このような動向に沿って、日本的生産システムに対する国内外の批判が多く見られるようになった。とりわけ、パーカー＝スローター（Parker & Slaughter, 1988）、フッチニ夫妻（Fucini, 1990）、CAMIリポート（CAW・TCA, 1993）、グラハム（Graham, 1995）などは、北米において展開される日本的経営（「リーン生産システム」）についての現場視点からの批判であり、日本的特殊性が異文化において根付くことの難しさを示すものとなった。また、日本国内においては、1985年プラザ合意以降、超円高という輸出環境の中で、労働密度の強化をはかる日本的経営が厳しく批判された。中でも、熊沢誠は、日本人の集団主義的価値規範を利用した選別と競争の人事管理の実態を分析し、日本企業の競争的能力主義管理を批判した（熊沢、1989）。また「会社人間」「過労死」がはやり言葉のように問題視され始め、奥村宏は、このような日本的労働環境の根源は「法人資本主義」という日本資本主義の構造的問題であると論じた（内橋・奥村・佐高、1992）。さらに、鈴木良始は、日本的生産システムは「自発」と「強制」のセットとであると厳しく批判している（鈴木、b）。以上のような展開の中で、日本の工場労働は「人に優しい」をキーワードに再編することを余儀なくされたのである（林・坂本、1996、第6章）。

5. バブル経済崩壊と日本的経営論

　ベルリンの壁の崩壊を契機とするグローバリゼーションは、世界を席巻していたはずの日本的経営に根本的再編を迫るものとなった。すなわち、資本主義（国家）の発達は、時間的・空間的に異なるものであるが、石油危機によるフォーディズムの崩壊過程は、欧米資本主義と日本資本主義との相違をもたらした。欧米型フォーディズムが石油危機によって崩壊したのとは異なり、日本型フォーディズムは、フォーディズムの矛盾の蓄積を日本的特殊性（日本的経営）を媒介に内部化し、いわばフォーディズムの延長をはかってきた。そしてその矛盾の蓄積がバブル経済を招来したのであり、したがって、日本的特殊性とは相反するグローバリゼーションの大波を契機とする日本型フォーディズムの崩壊は、欧米資本主義の経験と同様、日本資本主義（日本企業）に過酷な展開を求めることになった。こうして、日本的経営は、崩壊した日本経済システムの再編論議の中で再検討を余儀なくされたのである。

　第1の議論は、国際的な規制緩和と競争の自由化の中で高コスト構造化した日本的経営の再構築に関する議論である。それは、日本的経営の維持ができなくなった日本企業と復活を果たしたアメリカ的経営（Lamb, 1987）というグローバリゼーションの潮流を背景としていた。加藤寛は1980年代半ばにすでに日本的経営の「崩壊」を予言しているが（加藤、1985）、波頭亮は、日本的経営の崩壊とアメリカ的競争主義の導入を論じ（波頭、1994）、また、渡辺聡子は、人事政策の日米比較から「ポスト日本型経営」を論じている（渡辺、1997）。これに対して、加護野忠男は、日本的経営の「精神」は崩壊するどころかこれからの時代こそむしろ必要とされるとした（加護野、1997）。ウォルフレンも、日本企業はアメリカ的経営に変わるべきでなく、日本的経営を守るべきであるとのべている（Wolferen, 2002）。さらに、渡辺峻や太田肇は、個人主義的価値観の普遍的意義を認め、日本的経営の中で組織に埋没する労働者が「自立」する転換期であることを強調した（渡辺峻、1996、太田、2003）。このような日本的経営についての多様な議論に対して、日経連は、今後の日本的経営の基本理念と具体的政策を示す報告書をまとめた（日経連、1995）が、ここには、日本的経営の組織中心主義とアメリカ型の個人責任制とを両立させる再編されるべき日本的経営の基本指針が提起されている。

第2の議論は、日本経済の転換期において、これを歴史的に位置づける作業の中で、日本的経営とは果たして何であったのかを再度問う議論である。まず、野口悠紀雄は、日本的経営の諸制度は「1940年体制」の中で確立し、それが戦後の高度経済成長を実現したとする新見解を表明した（野口、1995）。それは、グローバル化への転換期にこのような共同体的体制が変わらず残存する日本経済・日本企業への警鐘でもあった。また、山崎広明・橘川武郎は、中川敬一郎の方法論（日本の雇用制度、利益共同体としての日本企業、戦後日本経済における企業集団と系列）を援用して戦前戦後の日本的経営の歴史を総合的に分析している（山崎・橘川編、1995）。そして、林正樹は、日本的経営の歴史的変化を「進化」として捉え、構造転換しつつある日本的経営の特質を分析した（林、1998）。

　第3の議論は、第2の議論と関連するが、日本的経営の特殊性に関する従来からの議論を深めようとする議論である。アベグレンは、近著において、日本的経営の変化を認めつつも、多くの資料から「社会組織としての企業」という日本的経営の本質はいまだ変わっていないとする見解を表明している（Abegglen, c）。また宮坂純一は、日本的経営論史を総括して、共同体（戦前）から共同態（疑似共同体、戦後）へというキーワードで日本的経営組織の変化を捉え、「イデオロギーとしての集団主義」という戦後の日本的経営の特質をきわめて明解に分析した（宮坂、1994）。すなわち「経済的条件や社会的条件の決定的な作用のもとで、共同態としての企業の具体的な経営制度が作り出され、その枠のなかで一定の行動規範・心理が形成されたと思われる。これが会社本位としての集団主義である。しかもこのある意味では強制的につくり出されたものとしての集団主義規範が日本人に特徴的なものであるという普遍的な価値『観』にまで高められて、これが教育・宣伝されてきた」（宮坂、55頁）と。さらに、岩尾裕純は、日本的集団主義は、単なる文化的特性として見るのでなく、天皇制イデオロギーと結合した「天皇制的家父長集団主義」に本質があるとした（岩尾、c）。天皇制と日本的経営との関連については多くの論者が論及しているが、これを真正面から分析した見解は少ない。

　以上、日本的経営論のその発端から現代に至る展開過程を、戦後の日本経済の発展過程との関連で総括的に論じてきた。50年余にわたる議論によって解

明された日本的経営とは何であったのか。何が議論され、何が議論されなかったのか。そして日本的経営研究の進展のために今後いかなる論点が議論されるべきなのか。以下、これらの議論を踏まえて、日本的経営研究の新たな視角を考えてみたい。

第3節　日本的経営論の再検討

1. 日本的経営論の研究領域と課題

　わが国は、先進資本主義諸国とは異なる歴史的・地理的・文化的条件のもとに、明治維新以来生産立国を目指してきた。それは、資本主義の後進性と先進資本主義諸国の圧力の中で、強引な国家主導体制と過酷な労働条件とを国民に強いて展開された歴史的な大闘争であった。企業社会の任務は、1国の経済体制をどのようにデザインしどのように工業発達を実現するかということであり、先進諸国に学びつつ（テイラーリズム）先進諸国に追いつくことであった。太平洋戦争の敗戦によって、国家体制、社会システム、労働諸関係における「連続と断絶」はあったものの、企業社会の目的は、生産立国をつうじた国力の増進と国民の生活水準の向上であり、先進諸国に学びつつ（フォーディズム）先進諸国に追いつくという基本姿勢に変化はなかった。こうして、企業社会は、国の「所得倍増」政策に端を発するフォーディズム型経済体制によって、年率10数パーセントという高度経済成長を実現し、しかも先進資本主義諸国に追いつき追い越すほどの巨大な生産立国を実現したのである。日本的経営論はこのような背景のもとに論議されてきたのであり、また、それがフォーディズム期以前、フォーディズム期、ポスト・フォーディズム期という先進資本主義諸国の発達段階との相互性の中で議論されてきたのである。

　ところで、本章注(3)にあるように、日本経営学会第50回大会において、藻利重隆は、歴史研究と理論研究という2つの研究方法に基づき、日本の経営（学）の特殊性と一般性とが科学的に分析されなければならないと問題提起したが、特殊性研究とは、日本の経営を国際比較の視点から歴史的・理論的に分析し、その日本的特質を解明することである。そして、一般性研究とは、その

特殊性の中から経営（学）一般として適用可能な経営原理・方法を解明すること、または特殊日本的経営に現れる経営学一般の研究である。それゆえ、日本的経営の「日本的」に力点を置く場合の研究は特殊性研究であり、日本の経営実践の過程で開発された技法や経営理論の「普遍性」に関する研究は一般性研究であると考えることができる。

　このような方法論から見れば、日本的経営論は、歴史的にその特殊性研究から出発したし、またそうでなければならない。これまでの議論のうち、日本的生産システムの「先進性」を議論する、例えばポスト・フォーディズム型生産システム論などからは「日本型」は解明できても「日本的」経営の本質は解明できないであろう。また、JITやTQCなどの技法の一般性や制度レベルの国際比較の定量的研究からはさし当たり「日本的」な特質は解明できないであろう。そうではなく、アベグレン以来の日本的経営論争の方法、すなわち、実態としての日本の企業に特徴的な経営技法や経営制度、これら諸制度を形成する日本的特性（組織特性としての共同性、心理特性としての集団主義）、そしてこの日本的特性を生み出した歴史的基盤（家や村共同体などの社会構造）の分析、これらの西欧的特殊性との比較という特殊性研究の方法によってのみ、日本的経営の全体的構造が明らかになるのである。

　しかしながら、これまでの議論には深められるべき重要な論点が残されている。第1に、日本的経営諸制度を生み出した日本的組織特性としての共同体、その心理特性としての集団主義、そしてこれらを生み出した家制度や村制度という立論は理解できるが、共同体はなぜ集団主義と無条件に結びつくのかという点である。すなわち、共同体は個人主義とは結びつかないのか。日本の共同体はなぜ集団主義と結びついたのか。しかも、それがなぜ経営組織と結びついたのかということである。いわば社会（共同体）原理と市場原理とを結びつける論拠は必ずしも明白になってはいない。この点は第2の論点とも関連する。すなわち、戦前・戦後の日本的経営の「連続と断絶」の問題である。経営家族主義（共同意識）の連続性論、共同体の崩壊と共同態（疑似共同体－宮坂）としての断絶性（イデオロギー的再編）論、日本的経営の源流論など、多様な議論がなされてきたが、組織編成原理の断続と日本人の精神構造の断続との関連性の問題は第2の重要な論点である。

加藤寛によれば、共同体意識は農耕民族共通の特質であるが、「農耕社会から工業社会へと変化するにつれて、先進工業国では薄れてしまった共同体意識が、今もなお日本人の心理特性の中心として残っているのがなぜなのか」（加藤、1985、75頁）、その理由を明らかにしなければならないとのべている。アベグレンも近年の著書で、「日本の企業は社会組織、社員の共同体であり、共同体の全員が将来にわたって幸福に生活ができるようにすることを目標にするとともに、十分な業績を達成しようと努力している。（中略）日本社会の基本的な価値観は二千年を超える歴史の中で培われたものであり、そう簡単に変わるものではない」（Abegglen, c、22-23頁）として、日本の企業は「社会組織」であるとのべている。この「社会組織としての日本企業」という特質が日本的経営論の原点にあることは間違いない。この課題を解明するためには、集団主義を生み出した日本人の精神構造と社会構造、すなわち、日本の自然的・経済的・文化的歴史性の中で形成された個人と社会（組織）に関わる価値観、いわば社会理念とそれに基づく社会構造（例えば共同体構造）の日本的特質を解明しなければならない。それが第1の議論と第2の議論とを結びつけることになると考える。すなわち、日本人は、自らの経済的・社会的活動における役割、言いかえれば個人と社会の価値基準をどのように考えるのか、企業が果たす経済的・社会的役割（機能）はどのように評価されるのか、その社会的価値観はいかなる精神構造・社会構造のもとに形成されたのか。本章では、従来の議論をこのような角度から再検討することによって、「企業と社会の重層構造」すなわち日本的経営の本質を解明するための1試論を提起するものである。

2.「資本主義の精神」と西欧社会

　中世のキリスト教と社会生活、それは西欧社会の長い歴史を貫く原点である。自然人として、経済人として、社会人として、人々は、それぞれの生活における価値基準を神に求めた。個々人の生活の倫理は、すべて神の啓示に従うことであった。個々人の行う善徳が神の教えに沿うように、神に価値の根源を置き、人々は自らの行為を律し、神の評価を求めた。家庭は個人の共同社会であり、地域社会は個人と家庭の共同社会であった。そしてその家庭および地域社会の行為基準は、神の教えであった。国家社会の支配者ですら、同様に神の

教えに従って行動した。人々は、このような伝統的な生活を支えるのに必要なだけの労働をし、営利的経済活動を否定した。それが神の教えであった。いわば、個人や家庭社会が、そして地域社会が、神の意志に従う国家社会の機能を果たすことを使命としていたのである。

しかしながら、近代科学の発見は、一方で宗教と科学との対立を発生させるとともに、他方で生産技術を発達させ、生産力の向上をもたらした。それは分業を促進し、労働、経営、商業に携わる職業の増加、企業の増加をもたらした。さらに重要なことは、経済活動の拡大が市場経済を形成したことである。ウェーバー『プロテスタンティズムの倫理と資本主義の精神』(1904) は、このような、経済活動の発達原理としての「資本主義の精神」が実はプロテスタントの教義を源流としていることに着目した。すなわち、「修道院的禁欲を世俗内的道徳よりも高く考えたりするのでなく、神によろこばれる生活を営むための手段はただ一つ、各人の生活上の地位から生ずる世俗内的義務の遂行であって、之こそが神に与えられた使命に他ならぬ」(Weber, 邦訳、111 頁) ということ、言いかえれば、職業を遂行することが神に与えられた使命 (Weber, 邦訳、47 頁) であり、正直、時間の正確、勤勉、質素という善徳が「神の啓示」に従うことであるならば、結果として (利己目的でないという意味で)「営利も人生の目的」(Weber, 邦訳、4 頁) として認められるということである。

そして、「練達な資本主義的事業精神と、生活の全面を貫いて規制するところのこの上もなく強烈な信仰とが、同一の個人ないし集団のうちに同時に存在する場合であって、しかもそのような事実は決して孤立したものではなく、むしろ、歴史上重要な役割を演じたプロテスタントの教会及び教派のあらゆる集団にとってまさしく顕著な特徴となっているのである」(Weber, 邦訳、29 頁) と。すなわち、信仰を重んじ禁欲的生活を重視する一方で、資本主義的営利生活を善しとするプロテスタンティズム、この後者の中に「資本主義の精神」の源流があるというのである。「資本主義の精神」とは「自分の資本を増加させる事を自己目的と考えることが各人の義務であるとの思想」(Weber, 邦訳、42 頁) である。こうして、まさに H. フォードがそうであったように、「多数の人々に『労働をあたえ』て故郷の都市の経済的『繁栄』のために、しかもまさに資本主義がそれと結びあわせたあの人口と商業との数量を目指す意味での経

済的『繁栄』のために、盡力したという満足と誇り─こうしたものすべてが近代の企業家層にとって獨自な人生の嘉悦であり、かつ『理想主義的』な意味をもつものであった」(Weber, 邦訳、92頁) のである。それは、「プロテスタンティズムの倫理」と「資本主義の精神」とが同居する企業家たちの姿であった。かれらの体の中には、いまだ企業を「社会機能体」と考える共同体的な血が流れていたのである (坂本、本書第5章)。

　しかしながら、このような「資本主義の精神」は、市場経済の発達とともに、次第に「プロテスタンティズムの倫理」から切り離され、自立化を始めた。市場原理の「見えざる手」がいわば神として現れたからである。その結果、企業社会は、「資本主義の精神」(市場原理) を「神」とする「市場機能体」を形成することになった。自立化した資本主義企業は、市場原理の赴くまま自由にその機能を拡大した。しかし、それはまた、キリスト教に基づく社会と「資本主義企業の精神」に基づく市場とが時に対立することを意味した。現代のファンド資本主義は、20世紀初頭「資本主義企業の精神」が生み出した金融資本主義に端を発するものであるが、「資本主義企業の精神」に基づく市場の倫理と宗教的価値観に基づく社会の倫理との対立は深まらざるを得ないのである。

　図8-1は、以上の西欧社会の歴史的展開過程を理念型として示したものであ

図8-1　西欧社会の構造と企業

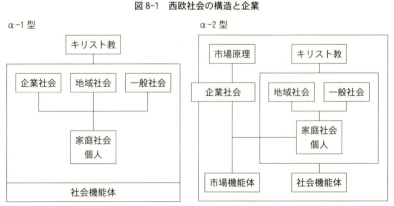

出所：筆者作成

る。α-1型では、キリスト教の教義のもとに、全ての社会が「社会機能体」として機能する。企業社会は適切な利益が許されるが、社会全体の福祉のために機能することが求められる。α-2型では、企業社会は、キリスト教の支配から切り離され、市場原理「見えざる手」のもとに機能する市場機能体となり、社会機能体としての地域社会などと並立しつつ国家を構成する。人々は、キリスト教のもとにおける地域社会と市場原理に基づく企業社会とで生活する。すなわち、地域社会では自然人・社会人として、企業社会では経済人としてその社会的役割を果たすのである。しかも企業社会の自立性は、次第に国家の枠を超える段階にまで至っていることは周知のことである。

3. 社会機能体と日本企業

　明治維新政府は、幕藩体制を廃し、創世日本の統治体制構築に匹敵する天皇制の再構築を推進したが、それは、西欧から技術的、経済的に圧倒的な後れをとった日本の上からの体制改革であり、政治・経済戦略であった。幕藩体制下の生産力構造から出発せざるをえなかった明治政府は、廃藩置県などの統治体制、農地改革と労働力政策、技術輸入と殖産興業などによって、生産立国としての基盤の構築をはかったが、こうした政府の政策は、国民の共同体的精神構造、すなわち、封建体制における藩・村・家という共同体の一員としての国民の役割意識いわば個人に価値をおくのでなく、共同体（組織）に価値基準を置く精神構造（共同体への貢献の奨励、個人の意識に対する共同体からの強制、共同決定と共同責任制など）と結合することによってはじめて実現できるわけであり、ここに、天皇を頂点に地域社会、家庭社会、企業社会など、社会全般が共同体思考のもとに一体化する社会理念を構築する意義があったのである。いうまでもなく、徳川時代においても、天皇は官位の授与すなわち徳川に国家の統治権を授けていたのであり、いわば日本的精神構造に深く関わっていたことは間違いない。重要なことは、西欧における共同体が個人の責任と権限に基づく集合体として形成されていたのとは異なり、日本では、個人は共同体の一部、全体機能の一部を担うものとして位置づけられていたことである。それゆえ、共同体が集団主義と結合することはこれまでの議論で周知のことであるが、日本における共同体の集団主義はむしろ共同体に個人を没入させる、言い

かえれば、共同体に責任と権限とを預ける全体主義的性格を持っていたと考えることができるのである。こうして、わが国は、図8-2（β-1型）に見られるように、天皇を頂点とする国家体制のもとに地域社会も、企業社会も、そして家庭社会も社会機能体として、それぞれの役割を果たしたのである。したがって、企業社会は、天皇のもとにおける国家の経済目標を実現するための機能を担う社会機能体であったと考えることができよう。

　しかしながら、日本の敗戦は、わが国の政治的・経済的・社会的構造に重大なインパクトをもたらした。第1に、政治的には、天皇が「象徴天皇」として、憲法の定める国事行為を行う社会機能体に変質したことである。それは、政治の主権を天皇にではなく国民に置くという、わが国の統治体制の根本的変化をもたらすものであった。こうした天皇の地位の変化は、岩尾（1992）の「天皇制的家父長集団主義」という日本の国家共同体構造に多大なるインパクトをもたらすものとなった。またそれは同時に、戦後の「20世紀システム」への日本の役割を期待するアメリカの世界統治体制につながるものとなった。第2に、敗戦とともに、経済的には、農業制度、経済制度、労働制度、教育制度などの戦後改革が行われたが、それは、また日本の経済システムが先進国アメリカの経済システムへのキャッチアップを推進する契機となった。フォーディズムの推進、それは生産立国として敗戦後の日本企業社会の唯一の選択肢

図8-2　日本社会の構造と企業

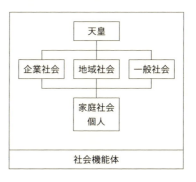

出所：筆者作成

となったのである。そして、第3に、社会的には、アメリカ文化の流入が、閉鎖型日本文化の開放に寄与したことは間違いない。個人主義的価値観の導入、アメリカ流消費社会の推進、アメリカ型文化の浸透など、日本人の生活の質の大転換がはかられた。

　このような環境のもと、社会機能体としての企業社会はどのように変化したのであろうか。すなわち、日本に「資本主義の精神」（市場原理）がどのような形で浸透したのかということである。日本の企業社会がアメリカ型市場社会に否応なしに包摂されたことは当然のこととして、重要なことは、こうしたアメリカによる外部からの改革は、必ずしも日本人の精神構造に革命をもたらすものではなかったことである。すなわち、それは、歴史的に蓄積された日本人の精神構造に質的な変化をもたらすものではなかったということである。たしかに、「天皇制的家父長集団主義」は性格を変えたが、その共同体的思考、社会機能体としての精神構造に変化はなかった。それは、経営者においても労働者においても同じであった。生産立国を目指す経営者たちは、企業の「社会の公器」理念を唱え、労働者たちは、まさに「共同生活体」としての企業への献身を誓った。その結果、終身雇用制度、年功序列制度、企業別労働組合制度の「三種の神器」や手厚い福利制度、さらには企業間関係における連携、企業社会と政治社会との連携など、日本の企業社会は、戦前の共同体的精神文化からの「連続性」を示す「日本的」諸制度によって構成される社会機能体として再構築されたのである。それは、単なるイデオロギーでなく、生活の安定を求める労働者と企業の維持・成長を求める経営者との運命共同体ともいうべき組織体制（55年体制）であった。こうして、図8-2（β-2型）に見られる社会機能体としての企業社会が形成されたが、それは、日本の高度経済成長の組織的基盤となったのである。すなわち、「資本主義の精神」は、日本経済が成長するにつれて着実に浸透したことは間違いないが、先進諸国へのキャッチアップ過程においては、市場と社会とが融合し、社会機能体としての日本の企業社会の精神的基盤を崩すことはなかったのである。

　以上のように、高度成長期に確立した日本的経営は、表8-1にみられるように、特殊日本的重層性を有する経営構造であったといえよう。

表8-1　日本的経営の重層構造

日本的経営制度	「三種の神器」制　稟議制　株式持ち合い制　その他
日本的経営原理	日本的雇用原理　日本的組織原理　日本的統治原理
日本的経営理念	共同体的社会貢献
日本的社会構造	社会機能体（家庭社会、地域社会、企業社会）
日本的社会理念	集団主義共同体

出所：筆者作成

4. 社会機能体を支える経営理念

　土屋喬雄（土屋、1964）によれば、日本に経営者・経営理念が登場するのは江戸時代に入ってからである。本書で土屋は、江戸の初期からの商人の経営理念を詳細に検討し、また当時商人道を論じた人物の中から、とくに井原西鶴、西川如見、石田梅岩の思想を取り上げて、江戸期の商人の経営理念について論じている。本章では、これらを参考にして、社会機能体の精神構造を分析するという視角から、明治に至るまで引き継がれてきた江戸期の経営理念論について少し考えてみたい。

　第1に、徳川時代に入って重要なことは、社会秩序の維持、徳川の支配体制を正当化するために儒教を倫理規範にしたことである。周知のように、儒教では、政治的には最も徳のある人間（徳川）が君子となり、そのもとに人々は忠孝を尽くす。人は仁義礼智信を実践することをもって徳を高めることができる。中国では、この考え方のもとに最も徳のある王が全土の王として君臨することを認められたことは歴史の示すところである。徳川は、士農工商の上に君子として位置し、このような儒教的社会秩序のもとに幕藩体制を築いたのである。この儒教倫理観は、国民全体の精神的規範としてその後の統治体制の精神的基盤とされた。人々は、彼岸の楽土を求める仏教（心道）と現世の人間関係のあり方を規制する儒教（人道）とを精神的支えとして生活することによってのみ、安定した社会秩序の維持ができるという精神構造を形成していったのである。

第2に、こうして、西鶴、如見、梅岩の商人道（経営理念）は儒教的道義理念を基本に考えられた。かれらは、江戸期に入ってからの商業活動の拡大と商人の増加そして商人の富の蓄積を背景として、横行する悪徳商人と士農工商の身分に表される賤商思想を廃し、商業活動の社会的正当性とその実践理念を構築するために、儒教的経営理念を唱道したのである。如見によれば、「真の商人」とは、正直にして善を積むという儒教倫理を規範に、高利をむさぼることなく、公正・妥当な利潤を得て商売する商人であり、このような商人は社会の発展に有用であるという（土屋、193頁）。また、西鶴や梅岩においても、正直こそ商人道の根本理念であるとしている。梅岩によれば、商人は、買い主に忠実・正直・親切に対応し、「不義の利」（不当の高利）を取るような商売をしてはならず、またその動機ともなる奢侈をやめ質素・倹約につとめること、これが商人道だとしている（土屋、219頁）。これらの考え方は、『論語』に「利に放りて行えば、怨多し」（里仁第四）、「利を見ては義を思い」（憲問第十四）、「義にして然る後に取る、人其の取ることを厭わざるなり」（同）とあるように、義と利、後に「先義後利」といわれる儒教の根本理念なのである。

　商人の社会的役割については、梅岩によって明確に示されている。かれは、その主著（『都鄙問答』）の中で、つぎのような内容の主張をしている。君のもとにおける四民は平等で、それぞれ根本的な社会的働きを持つがゆえに存在する意義を持つ。商人の利は「天下御免の禄」であり、「天下万民産業なくして何を以て立つべきや」と、賤商思想の不当なことを訴えている。商人道論とともに、梅岩のこうした商業の社会的機能論は、当時の商人たちに勇気を与え、その後の日本の商業の発展と日本的経営理念形成に大きな影響力を持ったのである。こうした考え方は、儒教の根本思想であるが、前述のプロテスタンティズムの倫理と比肩される思想でもあると考えられる。しかしながら、このような四民平等論思想は、武士階級の望むところではない。土屋によれば、それは、幕府の咎めを覚悟のレジスタンス運動でもあったのである（土屋、215頁）。それが町人（商人）をはじめとする多くの子弟を輩出する根源であったし、また徳川を君子とする儒教思想に基づいていたがゆえに、その活動が許されたのであろうと考える。

　第3に、石田梅岩（1685-1744）は、農民出身ながら、商家奉公を経て家塾

を開き「石門心学」を唱道したいわば人生哲学者である。かれの思想は、商人はもとより60ヶ国、旗本・大名から公卿殿上人に至るまで深く浸透したといわれるから（土屋、208頁）、江戸中期の多くの社会階層の生き方に深く関わったことは間違いあるまい。かれは、若くして神道を学び後に儒教そして仏教を学んだのであるが、芹川博通によれば、梅岩の思想は神・儒・仏の三教一体説であるという（芹川、2006）。すなわち、経営倫理としての正直と倹約、質素は神道の根本であり、天地の心にかえり、天地の心を得、私心なく、無心にして、仁義の行われるものという考え方は、まさに北伝仏教の倫理思想「自利他利行」に源流があるというのである。

　これらの捉え方をもとに、梅岩の思想をまとめると、かれは、統治論は儒教を基に徳川君主と四民の人道としての仁義の価値観を説き、心道としての仏教を世俗主義の克服すなわち無我無心の人々の精神的安寧の拠り所とし、そしてその全体を天道としての神道すなわち天皇制国家体制によって秩序づける。こうして、かれは、君主・四民が、天子（天皇）のもとにそれぞれの社会的機能を果たす統合体、社会機能体の理念を構築したのである。

　以上のように、日本的経営を形成したその精神構造は、幕藩体制において形成された神道、儒教、仏教の統合的哲学を内容とする社会機能体理念、すなわち、企業社会は、地域社会や家庭社会と一体となって国家社会の目標である社会福祉の実現のためにその経済的機能を担うという理念、しかも、企業が排他的な自己利益を追求することを強く戒める理念が構築されたのであろう。しかも、それが組織原理としての共同体原理と結合して、集団主義的共同体としての企業社会の精神構造を構築することになったと考える。

5. 日本的経営の変質

　しかしながら、石油危機を契機に、日本的経営はその転換を迫られた。その転換の条件とはつぎのようなものである。第1に、高度経済成長期をつうじて西欧経済へのキャッチアップを目指した生産立国日本は、大量生産・高所得・大量消費・高福祉すなわちフォーディズムの実現に成功したが、そのプロセスは同時に、アメリカ型「資本主義の精神」いわば市場万能主義の浸透のプロセスであった。それは、社会機能体としての経営理念とは相反する経営理念の導

入を意味した。石油危機後の激しい競争環境の中で、新たに設立される企業の多くが「市場志向型経営理念」を掲げ始めたのである。すなわち、それは市場機能体原理と社会機能体原理との矛盾の蓄積のプロセスであった。第2に、フォーディズム実現のプロセスは、同時に戦後西欧文化へのキャッチアップを意味したが、大量消費社会、都市化、大衆社会化、核家族化を背景に個人主義価値観が浸透し、人々の共同体意識が衰退を始め、社会機能体構造を支える日本人の精神構造に変化が現れた。それは、日本的経営に対する精神的なスタンスにも影響するものであった。第3に、石油危機は西欧のフォーディズムを崩壊させることになったが、日本の場合も、コストプッシュに対応する「減量経営」の展開において日本的経営の修正に迫られた。「55年体制」のリーダーを担ってきた重厚長大型産業の停滞による「レギュラシオン」の行き詰まり、高福祉を維持できなくなった国家財政、雇用環境の悪化と賃金停滞、消費者物価の上昇による生活不安など、フォーディズムの動揺が日本的経営のあり方に変更を求めたのである。

　このような日本的経営の環境変化に対して、日本の企業社会はつぎのように対応した。第1に、鉄鋼、造船、石油化学をはじめとする重厚長大型産業構造から、政府の振興政策を媒介に、エレクトロニクス機器、半導体、ロボット、新素材、バイオなど、ハイテク型の産業を重視する経済構造への転換がはかられた。こうした産業構造の転換は、その後の輸出中心型の経済再編に重要な役割を果たすことになり、世界を席巻する「日本の時代」を実現することになった。第2に、自動車、電子機器をはじめとする産業の国際展開が、輸出から現地生産の段階に進展したが、日本企業は、海外工場で日本的生産システムを展開した。それは、「ジャパナイゼーション」などと評価される側面もあったが、反面、日本的集団主義と現地の個人主義との間の対立が明らかになった。その結果、日本的経営は「適用」から「適応」への一定の変質を余儀なくされたのである。第3に、経営環境の変化に対応して、雇用や管理の制度が修正された。しかしながら、その修正は、ナショナルセンターの再編による企業別組合から企業内組合への労使関係の包摂、職能給化にみられる生活給型賃金から企業貢献型賃金への処遇制度の転換、QCサークルの奨励による労働者の自律性と集団性の統合など、むしろ企業集団主義、運命共同体的意識の高揚という、

いわば日本的集団主義の強化という意味での修正がなされたのである。一方での労働の忌避、他方での過労死、こうした展開は、日本の労働者の変化しつつある価値観と日本的経営の価値観との間の矛盾の蓄積の過程であったと理解することができよう。

　以上のように、石油危機後の日本的経営は、市場原理の浸透、労働者の価値観の変化、経営の国際化という経営環境の変化に対応して、市場原理と個人主義価値観を社会原理と集団主義の中に取り込むということ、本来対立的な経営原理を融合させるという意味での修正がなされたのである。それは、雇用原理に関する一定の修正であって、組織原理や統治原理には修正が加えられることはなかったのである。

　しかしながら、日本的経営は、グローバリゼーションとバブル経済の崩壊を契機とするフォーディズムの崩壊、その内部に蓄積された矛盾の爆発によって変質を余儀なくされた。グローバリゼーションは、ボーダレスな規制の緩和とグローバルスタンダード型（アメリカンスタンダード）経営原理の導入とを条件としたが、それは日本的経営とは相対立する経営原理の導入を意味するのであって、日本企業社会は大混乱をきたすことになった。また、バブル経済の崩壊は、石油危機以降に蓄積された諸矛盾の爆発であって、それは日本的経営の諸制度の根本的な見直しと再編を求めるものであった。すなわち、日本的経営は、市場と社会の融合の時代から対立の時代に突入したのであり、その重層構造の根本が問われることになったのである。日本経済の長期的崩壊によって、終身雇用制度、年功処遇制度の維持は困難になり、下請け制度は再検討を余儀なくされ、閉鎖型組織原理はグローバルスタンダード（開放型）への転換を余儀なくされた。曖昧な信頼関係は明確なコンプライアンス経営を求められた。さらに重要なことは、日本的コーポレートガバナンスが市場原理に基づくガバナンスへの転換を余儀なくされたことである。こうして、日本的経営の中で養われた国家と企業社会、地域社会、家庭社会の間の信頼関係が危機に直面することになった。すなわち、日本的経営は、経営制度レベルだけでなく、経営原理レベルでの変質を余儀なくされ、社会機能体としての日本の社会構造が大きな転換期を迎えることになったのである。

第4節　日本的経営の展望

　以上のように、現代の日本の企業社会は、自立化しつつある市場原理に基づく市場機能体とこれまでの社会原理に基づく社会機能体とのせめぎ合いの状況にある。しかしながら、アメリカ型グローバルスタンダードの圧力があるとはいえ、国家体制はもちろんのこと、長い歴史の中で蓄積されてきた日本の社会理念がたやすく崩壊することはあるまい。日経連「新日本的経営」論（1995年）は、このような状況を調整する経営者側の提案であった。世界経済が混沌とするなか、日本的経営の議論が、じつは日本の国家社会の構造にも関わる重大な課題であることは疑いないのである。

　さて、本章では、市場と社会の融合と対立、市場機能体と社会機能体の歴史的展開における西欧と日本の相違、このような視角から日本的経営の特殊性について分析してきた。その特質を比較すると、第1に、西欧社会が、個人の責任において社会を形成するという個人主義を価値の根源としているのに対して、日本社会は、集団（共同体）の責任において社会を形成するという集団主義を価値観としてきた。それは、共同目標に向けて過酷な労働に耐える「会社人間」をつくり出すとともに、集団に個人を没入させることによって個人の責任性から免れるいわば無責任性を醸成するという性格を併せ持つものであった。

　第2に、西欧社会では、市場機能体が社会機能体から自立し、社会機能体とは別々の論理で発展したのに対して、日本では、市場社会が社会機能体から自立化せず、企業社会が社会機能体として発展してきた。それが独特の日本的経営を構築してきたわけであるが、企業社会が家庭社会や地域社会と一体となって社会機能体を構成したため、市場と社会の融合が進み、それが時には企業と家庭の一体化などの社会問題を引き起こした。

　第3に、西欧の社会機能体（地域社会、家庭社会）が主にキリスト教倫理観のもとに展開され、市場機能体の利益中心主義と峻別されているのに対して、日本の場合、梅岩などの神道・儒教・仏教の統合理念に源流を持つ社会的倫理

観があったものの、企業社会はもとより家庭社会や地域社会においても倫理観の根本となる宗教的あるいは社会的価値観が脆弱である。そもそも、戦後わが国に浸透してきた個人主義とはいかなるものであったのか。また、わが国が西欧社会から学んだ個人主義とは何であったのか。個人主義の進展が、個人の責任と権限とを基盤とする真の「個人の自立化」を生み出したであろうか。そうは思われない。わが国が学んだものは、全体（共同体）のために個人を没入する集団主義と対立する価値観、個人利益を優先する利己主義であったのではないだろうか。そうだとすると、企業社会の市場主義・利益中心主義の価値観が地域社会や家庭社会にまでまん延する可能性がある。日本的社会理念はいかにあるべきか再検討が求められているのである。

　それでは本章の総括として、日本的経営の展望について考えてみよう。第1に、サブプライムローン問題に端を発するアメリカ経済の崩壊が、市場万能主義に警鐘を鳴らすものであったことは記憶に新しい。また、グローバルスタンダードの潮流の中で、わが国は限定なき規制緩和政策を展開してきた。それは、市場万能主義に基づく自由化策であり、日本的雇用原理、日本的組織原理、日本的統治原理にきわめて大きなインパクトを与えてきたのである。言いかえれば、現在の規制緩和政策は、日本的経営の根本原理を掘り崩すものであり、それが日本の社会原理とどのように調整されるべきなのか、日本的経営はどのように再構築されるべきなのか検討されねばならない。

　第2に、世界の人口爆発とともに、BRICsをはじめとする新興諸国の人々が、将来今の日本人の生活水準を享受するためには5つの地球が必要だといわれる。もちろんそれ以前に環境破壊と資源の枯渇から人類の危機が到来するともいわれている。こうした条件のもとで市場万能主義での企業経営を展開するとすれば、強者必勝の論理によって世界の富は極端な偏在を余儀なくされるであろうし、戦争の原因にもなるであろう。それゆえ、人類がひきつづき生存を求めるのであれば、地球共生型社会の構築を追求しなければならない。現代の企業経営の課題は、人類の生存をかけた経営理念の選択と実行にあるともいえるのである。今必要なことは、市場万能主義の規制であろう。その時必要となるのは地球規模での社会機能体の論理であると考える。言いかえれば、日本的経営の論理を否定するのでなく、むしろ企業社会（社会的価値）を社会原理

（共同の利益）によって規制する日本的経営の優れた側面をグローバルに主張するべきではないだろうか。市場と社会は、対立の時代から融合の時代へ進展させるべきなのである。

注
(1) 世界支配の覇権をかけた英米仏・独伊日・ソ連の攻防が2度の世界大戦の後、資本主義体制と社会主義体制の2大体制として一応終結したが、両体制は「冷戦構造」のもとに、大量生産体制を基盤とする福祉国家建設を目標に、20世紀最後の「椅子取りゲーム」を展開した。この相克の体制を「20世紀システム」と規定した。
(2) アベグレンは、近年の著書『新・日本の経営』（2004）の中で、『日本の経営』（1958）においてすでに日本的経営の特質をいわゆる「三種の神器」と規定したとしている（2004、118頁）。しかし、1958年著では「終身雇用」については明確に説明されているが、「年功性」「企業別組合」についてはとりわけ明確にされているとは思えない。また、アベグレンのいう「企業内組合」と『OECD報告書』の「企業別組合」とは意味が異なるのである。
(3) 藻利重隆は、1976年、日本経営学会第50回大会記念講演「日本的経営と日本経営学」において、歴史研究と理論研究という2つの研究方法の相互性にもとづき、日本の経営（学）の特殊性と一般性とが科学的に分析されねばならないと問題提起した。これを受けて、日本経営学会は51回大会、52回大会と連続して日本的経営を統一論題としたが、それは、日本的経営の評価が当時の国内の研究者の重要課題になりつつあることを示すものであった。また報告者も、多くがその後の日本的経営論の展開に関わる論者たちであった。これらの大会において特徴的なのは、日本的経営の「特殊性」を前提に、従来の議論を継承する形で日本企業の日本的組織編成原理をいかに説明するか理論化するかという議論として展開された。
(4) ここでいうフォーディズム型経済体制とは、高賃金・低価格を原則とする大量生産・大量消費の生産体制を基盤に福祉国家を建設するというH.フォードの国家建設理念のもとに、高賃金の維持を条件にフォード型労働（疎外労働）を妥協的に受容するという、労使の「調整」型経済体制のことである。
(5) 各モデルの内容についてはつぎを参照。宗像・坂本・貫、2000年。
(6) ケニー＝フロリダは、「チーム制作業単位、ジョブ・ローテーション、ラーニング・バイ・ドゥーイング、フレキシブルな生産、統合された生産コンプレックスに基づく生産の社会組織」（加藤哲郎＝スティーブン、1993、21頁）を実現したこと、ここにポスト・フォーディズムの意義を見いだしているのに対して、加藤らは、戦後の日本的経営の管理強化の歴史、労働システムの過酷な現実から日本的経営を批判し、「非フォード主義的なもののポスト・フォード主義との混同」（加藤哲郎＝スティーブン、61頁）を戒めた。

第9章
補論・ME技術と生産システムの柔軟性

第1節　本章の課題

　コンピュータは、神経系労働手段として人間の神経、頭脳に対比される。それは、人間の頭脳作用としての労働手段の制御労働に代置する論理的、理知的機械であるからである。コンピュータは「人工頭脳」としての役割を担わされ、さらに、コンピュータを人間の頭脳に近づける努力がなされてきた。人間の神経系は、自律神経系を別にすれば、刺激情報を受けて思考・判断・選択・記憶する中枢（中枢、脳、脊髄）と、中枢神経と末梢の諸器官とを連絡して刺激情報の授受を仲介する末梢（末梢神経系）とから構成されるが、コンピュータは中枢としてのCPUと末梢としての入出力機器とから構成されており、論理素子（神経細胞）の集積度と機能（頭脳機能代置水準）とから世代区分がなされている。そして、現代のコンピュータは論理的思考、判断、選択、記憶機能のみでなく、学習や推論の機能を有するまでになっている。
　このような人間の頭脳機能を有するコンピュータによって機械体系を個別的にあるいはシステムとして制御する技術をME技術（産業用ロボット、CNC工作機械、その他コンピュータで制御されるすべての機械・システム類）というが、それは、一方で機械体系の制御労働から人間を解放し生産システムの質を向上させるとともに、他方で人間の熟練に代置して人間労働の質・量にインパクトを与え、省力化の手段として機能してきた。ME技術のこの機能に着目した日本企業が、1970年代からME技術を積極的に導入して生産システムに「柔軟性」を加え、市場ニーズの多様性に適合させた日本的生産システムを国際的に展開したことは前述したが、それはME技術の生産過程への導入に躊躇していた欧米企業の停滞と対照をなすものであった。1980年代からの労働

過程論争、ポスト・フォーディズム論争の焦点の1つがME技術の機能と展開のあり方をめぐる評価と展望にあったことはいうまでもない。

このように、ME技術は固定的な機械技術を超える柔軟な生産技術として、生産システムにおける熟練の機能を拡張した。そして、いまやME技術は、水平的・垂直的に分化した巨大な分業システムを人間に代わって制御するという「分業の機能」を担うことになったのである。本章は、熟練・分業の機能という視点からME技術の機能の本質を検討し、それが生産システムの柔軟性にどのように関わるかを明らかにすることを目的としているが、労働力の基本機能である熟練の機能に関しては序章、および第1章で詳細に分析したので、本章では分業の機能とME技術との関連について考察することにする。

第2節　分業の機能とME技術

1. 分業の機能の基本的機能

分業をその発達形態から見れば、部分労働者の協業・分業（マニュファクチュア）、工場内の機械的分業（機械体系としての協業・分業）、生産システムの空間的分業（生産システムの水平的・垂直的分業）がある。いずれの場合にも、分業とは生産過程の空間的分割と統合の体系である。したがって、分業内においては、作業と作業とを結合する情報の伝達（コミュニケーション機能）が必要となり、また、協業・分業内の個々の作業を媒介・調整し、所与の目的に応じて分業体系全体の統合を実現する機能（管理機能）が必要になる。こうして、発達した分業体系は、多数の協業・分業する労働力と生産手段の機能体系＝ヒト・モノの運動体系（「労働・技術のネットワーク」）、およびこれらの諸要素を調整し分業全体の統合をはかる管理機能の体系＝ヒト・モノ・情報の制御体系（「管理のネットワーク」）、そして分業のもつこうした機能体系を結合するコミュニケーション機能体系＝情報の伝達体系（「情報のネットワーク」）の総体（「生産のネットワーク」または「生産システム」）として捉えることができる。

労働が個人的労働として行われる場合は分業の機能は発生しない。しかしな

がら、それが協業・分業として展開をはじめるやいなや機能を開始し、労働手段の発達とともにその機能は拡大する。「労働・技術のネットワーク」は、労働者の単純な協業から出発して、現代のME技術を導入した巨大な空間的拡大を伴うネットワークにまで複雑化した。道具を労働手段とするマニュファクチュア段階においては、労働過程は構成作業別に分割され、部分作業の遂行、部分作業間の加工品の移動、情報の伝達、部分作業間の調整はすべて労働者の担当になる。いわば、情報の伝達機能および労働・技術・労働対象の管理の機能はすべて労働者の機能として内包されている。言いかえれば、協業・分業の開始とともに、この2つの機能は労働者の機能として熟練の機能に追加された。

　機械段階に入ると、労働過程は機械の能力を基準に大規模に編成される。労働者の移動は機械体系に規定されるが、機械間の加工品の移動、機械＝労働者間の「情報のネットワーク」、「管理のネットワーク」は労働者の能力の範囲内にある。しかし、発達した複合機械段階になると、複合機械体系の制御機能の大部分は「熟練の機能」から切り放され自動化される。それにもかかわらず、その自動制御機能は空間的・時間的に限界を持っており、複合機械体系間の「情報のネットワーク」、「管理のネットワーク」、加工品の移動はいまだ労働者の制御に依存せざるをえない。しかしながら、この段階の「労働・技術のネットワーク」はきわめて大規模・複雑となり、労働者の制御能力との間には超えられぬ限界が発生することになった。ここに、この技術的限界を乗り越え、労働能力に新たな制御能力を与えたのがME技術である。

　ME技術段階にはいると、複合化されたME複合機械体系間の「情報のネットワーク」、「管理のネットワーク」、そして「労働・技術のネットワーク」の一部までもがME技術に代置することが可能になった。人間は、ME技術段階の複雑・巨大な生産システムをME技術の使用によって制御することができるようになった。人間は、ソフトウェアをつうじてこれらの時間的・空間的に拡大したME技術体系を確実にしかも柔軟に制御することができるようになった。ME技術は、分業の機能を制御する初めての技術として登場したのである。言いかえれば、ME技術の登場によって、分業のあり方を人間が自由にコントロールできるようになったということである。

ところで、分業の機能には基本的な2種類の機能が認められる。分化の機能と統合の機能である。分化の機能とは、生産過程の個別作業への有機的分割、ヒト・モノの運動体系すなわち「労働・技術のネットワーク」の構築を意味する。それは、所与のコンセプトに基づいて分化・最適化された個別的手段の集合ないし機能連関の有機的客体化（手段－手段体系）である。これに対して統合の機能とは、「情報のネットワーク」を手段として、「労働・技術のネットワーク」を「管理のネットワーク」が最適な「生産（ネットワーク）システム」に統合化することを意味する。「最適な」とは「生産のネットワーク」の「目的」に対してであり、この目的に適合する「理念」が付与され、この理念の下に独自の「コンセプト」が「生産システム」として体現する。いわば、分化の機能がネットワーク化の機能であるとすれば、統合の機能とはネットワークを手段とするシステム化（目的－手段体系）の機能である。それゆえ、システムとは目的を付与された有機的機能体系であるといえよう。

また、分業の機能には、熟練の機能と同様に、労働過程における2つの目的機能がある。品質向上の機能と生産性向上の機能とである。分業の機能は、「技術・労働のネットワーク」の構成要素である熟練および生産手段の最適な展開と統合とによって品質の向上と維持の機能を発揮する。いわば「分業の機能」の質的展開である。しかしながら、「分業の機能」にとって熟練、労働手段が所与の条件であるとすれば、品質そのものを規定する機能は「熟練の機能」およびその代置としての「生産手段の機能」に求めるべきである。「分業の機能」は、その量的展開すなわち生産性向上の機能に第1の意義があると考えるべきであろう。

2. 分業の機能と生産性向上

生産システムの生産性は、「労働・技術のネットワーク」「情報のネットワーク」「管理のネットワーク」の総合的効率、いわば統合の機能として現れるが、すでに、分業が小規模でしかも技術水準の低い段階においてすら分化・統合の機能が発揮される。作業速度は熟練の機能の集中化によって加速され、同一作業の反復・連続化によるヒト・モノの運動時間の節約が生産性の向上を実現した。情報の伝達や管理活動も小規模でもちろん人間の担当である[1]。しかしな

がら、「労働・技術のネットワーク」の連続化・多面化した生産システムにおいては、作業速度は複合機械体系に規定され、モノ・ヒト・情報の運動は複雑・大規模化する。この段階で重要になるのは、生産活動のバランスである。生産システム総体としての効率は個々の作業の効率の集合と一致しなくなる。個々の作業（生産システム）のアンバランスは、生産の連続性を阻害し、機械の稼働効率・労働力の利用効率を引き下げ、工程在庫を増加させ、結局全体の生産性を引き下げる。それは、高速化・複雑化した「労働・技術のネットワーク」の要求する情報処理速度と「情報のネットワーク」「管理のネットワーク」の能力との間に乖離があるためである。人間は、大規模な情報収集・記録・伝達のネットワーク、管理組織・技法を開発してこれに対応してきた。これが対応できる間は生産性は飛躍的に向上した。しかし、「労働・技術のネットワーク」が空間的に巨大化するにつれ、「人のネットワーク」としての「情報のネットワーク」「管理のネットワーク」に限界が生じはじめた。情報伝達の多元化、管理（情報処理）組織の複雑化がかえって分業が基本的に持つ統合の機能を阻害することになった。ME技術は、人間が果たす「情報のネットワーク」「管理のネットワーク」の機能の延長手段として、この限界を突破して新たな統合の機能を生産活動にもたらすことになったのである。

　以上のように、協業・分業の「独特の生産力」（K.マルクス）すなわち独自の統合の機能は分業の機能の第2の機能である。それは、いかなる労働手段の段階、分業形態にあろうとその本性に変化はない。

第3節　ME技術の機能的特質と展開

1. ME技術の技術的機能の特質

　ME技術は、もともと人間の内的情報処理能力を延長する目的を持って登場した。したがって、機能的には外部情報の解読・処理・伝達と情報伝達回路から構成される。言いかえれば、情報処理手段と通信手段とから構成されると捉えることができる。ME技術登場以前にも、これらの技術をめぐる多くの進歩が認められるが、ME技術の登場とこれに対応する通信手段の発達を待って現

代の巨大な「生産ネットワーク・システム」を制御することが可能になったと考えるのが至当である。すなわち、生産活動が限られた空間で展開される場合には、情報処理と通信の機能は、わずかな情報通信手段を用いた労働力の情報処理機能としてこれを遂行することができる。しかしながら、「労働・技術のネットワーク」の空間的拡大とともに重要になるのが「情報のネットワーク」である。膨大な情報の伝達のために伝達回路が開発される（衛星通信網、光ファイバー網、インターネットなど）。複雑な処理方式が開発される。これらの膨大な情報を柔軟に処理することは、電信・電話を利用したとしても、もはや人間の「管理のネットワーク」能力を超えるようになる。ME技術は、この巨大な「情報のネットワーク」と「管理のネットワーク」とを統合する技術である。では、MEの技術的基礎は何か。それは、半導体IC（集積回路）の発明である。ICは、情報伝達回路として、その高集積化とともに、情報処理手段であるコンピュータの小型化・高機能化の基礎技術となり、また個別機械・「労働・技術のネットワーク」の巨大な情報伝達手段「情報のネットワーク」の技術的基礎となっている。

　コンピュータの発達を歴史的にたどれば、最初のデジタル・コンピュータを考案したと伝えられるC.バベジは、人間の個人的能力では到底不可能な科学計算を「精神的分業」によって成し遂げたが、さらにかれは、人間の労働機能とくに内的情報処理機能を機械によって置き換えることを考案した。それは、パンチカード・システム、演算装置、記憶装置、外部記憶装置、条件付き飛び越し機能などを備えていた（Goldstine, 邦訳、12-31頁：Wren, 邦訳、89-95頁）。そして、1946年に最初の真空管コンピュータENIACがアメリカで作られて以降、コンピュータ技術はIC技術の進歩とともに飛躍的に発達し、1971年、インテル社によるマイクロ・プロセッサの開発によってME時代に突入した。そして現在では、大規模集積回路（VLSI）が機械装置の部品として、あるいは家庭用電気製品の部品としてあらゆる部門で使用され、生産部門においては、これらが各種コンピュータと連結されて巨大なME複合技術体系を形成していることは周知のことである[2]。それでは、ME段階におけるコンピュータはいかなる技術的機能を持っているのであろうか。その特質を検討しよう。

　第1に、コンピュータは情報処理を機能とする技術であることである。それ

は、人間の内部情報処理機能と類似の論理構造（情報処理のプロセスのプログラム化）を持ち、一定の範囲で著しい機能の拡大を伴いつつその機能を代置することができる。こうした拡大された機能によって、それは、人間の個人的内部情報処理能力、労働手段に対する制御能力、いわば熟練の機能を延長する。

第2に、コンピュータは手段複合化技術であることである。コンピュータは、消費手段と結合してその機能を拡大し、また個別のあるいは複数の労働手段と結合してこれらを複合化し、その機能を拡大する。さらに、コンピュータとコンピュータを水平的・垂直的にネットワーク化することによって、人間の集団的能力ですら制御できなくなりつつある巨大な「生産のネットワーク」の制御、いわば統合の機能を拡大する。こうした意味では、ME技術は筋骨系労働手段、脈管系労働手段に対して、これらを制御するための「神経系労働手段」あるいは「制御系労働手段」などと表現することができる。

第3に、熟練の機能、分業の機能の延長機能を可能とする技術そのものの特質である。それは、コンピュータがハードウェア・ソフトウェアの複合技術であることである（図9-1）。その複合性には3つの重要な特質がある。

第1の特質は、コンピュータのハード・ソフトの一体性にある。ハードは、電子＝情報の流れる回路であり、これに対してソフトは二重に階層化されている。上位のソフトはこの回路の機能を制御し、また電子の流れる手続きを制御

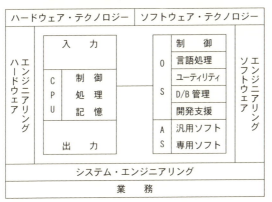

図9-1　ME技術のハード・ソフト技術連関

出所：筆者作成

する。下位のソフトは設定された手続きにしたがって外部情報の処理を行うソフトである。したがって、コンピュータの機能化の本質はソフトにある。

特質の第2は、ハード・ソフトの分離・統合性である。すなわち、ハード・ソフトは一体化しなければ機能しないが、下位のソフト（アプリケーション・ソフト＝業務ソフト）は交換できるということである。業務ソフトが交換できるということは同じコンピュータが多機能に利用できるということで、階層化されたコンピュータ体系の柔軟化・統合化ができるということである。それは、ソフトが構造化され、モジュール化（自律分散化）されて制御されるというソフトのソフト管理に本質がある。

第3の特質はソフト自身の性質である。ソフトにはいくつかの性質がある。まず、ソフトがデジタル化（記号化）されていることである。それは、アナログ方式の持つ物理的限界を超えコンピュータに汎用性と空間性とをもたらす。つぎに、プログラムの論理構造上の特質である。すなわちプログラムは判断・処理・反復の3原理によって構成されるが、反復（フィードバック）機能が内蔵されることによって初めて柔軟な判断が可能になり、またプログラムが分化・単能化・再結合の論理によって構造化されていて、プログラム自体が階層化されている。これらの特質は、ME複合技術の時間的・空間的な展開を制御するための基本原理となっている。

2. ME技術の機能と展開

ME技術の機能の展開は、「柔軟性」と「統合性」および「代置・延長性」の展開として表現することができる。

第1に「柔軟性」の展開である。その技術的基盤はソフトの「可変制御性」（フィードバック機能）と「階層性」（モジュール機能）、およびセンサー、サーボ機構などのハード技術である。いわばソフト・ハードの「柔軟性」が在来技術と統合することによってその機能を拡大する。

まず、個々の機械の柔軟性は2つの方向から実現した。その1つは、複合機械の制御方式を可変化したことである。複合機械の作用方式はシーケンス方式で変わらないが、加工プロセスのプログラム設定（NCシーケンス制御）ができるほか、加工速度と加工位置を目標値に合わせるように自動制御（フィード

図 9-2 ME 技術のシーケンス制御とフィードバック制御

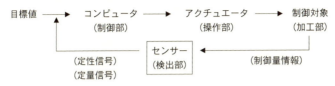

定性信号：シーケンス制御　　定量信号：フィードバック制御

出所：伊藤秀男（1988 年）を参照して筆者作成

バック制御）することができるところに ME 技術の意義がある[3]。すなわち、在来機械において労働者が労働力の「柔軟性」として、熟練の機能として行ってきた機能を ME 技術が代置することになる。図 9-2 は、個別機械におけるシーケンス自動制御とフィードバック自動制御の制御方式を示している。

シーケンス自動制御は作業プロセスを検出部の定性情報（2 値信号）に基づいてプログラムの順序どおりに進行させる制御（PC, Programmable Controller）で、補正機能は持たないが作業プロセスの連続進行＝連続性と作業サイクルの反復＝自動性を維持するシステムである。これに対して、フィードバック自動制御は、機械の現在値（制御量情報）を検出部（センサー）によって定量情報に変換させ、これを制御部（コンピュータ）において所与の目標値と比較し制御量を決定する。そして、これを制御量信号として操作部（アクチュエータ：サーボモーターなど）に伝え制御操作を行う（CNC 機械、産業用ロボット）。フィードバック自動制御は、このように作業プロセスにおける目標値に対する柔軟な補正操作＝柔軟性を維持するシステムである。フィードバック自動制御機構の持つ「可変制御性」が ME 複合技術に「柔軟性」を付与したのである。

いま 1 つの方式は、プログラムの「階層性」を利用して、複数の加工ステーション（複数のワーク、ツール）とフィードバック制御を結合して複雑な加工を柔軟に制御するマシニング・センターに見られる方式である。そして、自動工具交換装置（ATC）が追加されることによって、その柔軟な自動性・連続性はいっそう強化された。以上のように、個別 ME 技術における「柔軟性」は、本来「熟練の機能」として労働力が持っていた機能をつぎつぎに代置して

その規模を拡大し、人間の監視労働すら不要にする機械である。
　つぎに、複数の複合機械の結合、生産システムの「柔軟性」についてである。これは、生産工程・工場・生産システムの各分業段階における柔軟性を意味するが、それは、個々の機械・装置の「柔軟性」＋各種のロボット・搬送システムとコンピュータの階層システムの「柔軟性」（個別ソフトの「柔軟性」＋ソフトの「階層性」）から構成される。図9-3は、門田安弘が示すトヨタ自動車工業の工場で使われている生産システム用「コンピュータ制御構造」である（門田、181頁）。これを見ると、「ライン制御」とされる個別機械・ロボット自体の制御は柔軟な自動制御（フィードバック自動制御）であるが、各生産ラインの管理はPCの階層構造で構成されている。PCはシーケンス制御のコンピュータであり、生産ライン制御がフィードバック制御とシーケンス制御の

図9-3　シーケンス制御、フィードバック制御の複合と柔軟性

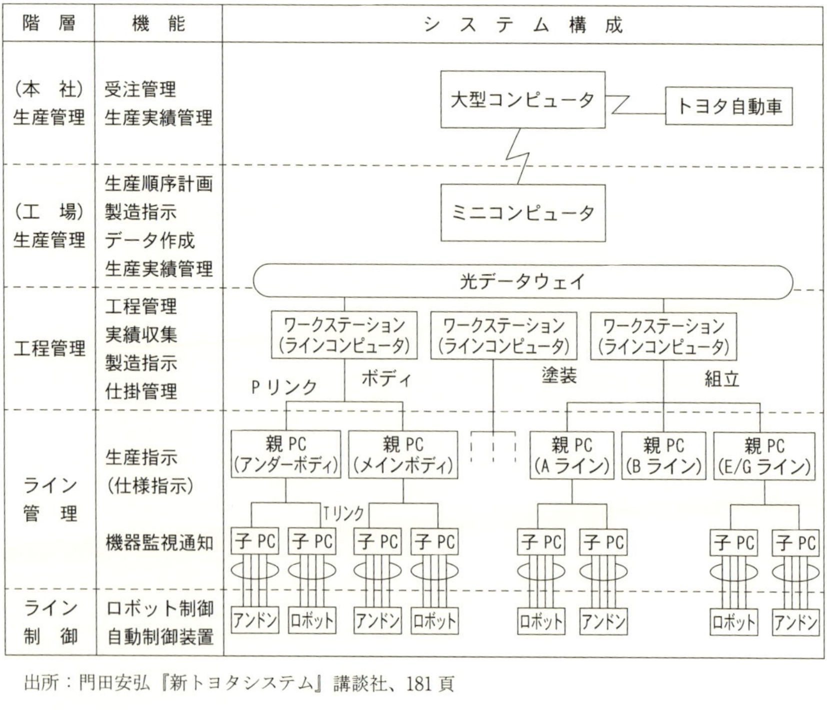

階層	機能	システム構成
（本社）生産管理	受注管理 生産実績管理	大型コンピュータ ─ トヨタ自動車
（工場）生産管理	生産順序計画 製造指示 データ作成 生産実績管理	ミニコンピュータ 光データウェイ
工程管理	工程管理 実績収集 製造指示 仕掛管理	ワークステーション（ラインコンピュータ） Pリンク／ボディ／塗装／組立
ライン管理	生産指示（仕様指示） 機器監視通知	親PC（アンダーボディ）／親PC（メインボディ）／親PC（Aライン）／親PC（Bライン）／親PC（E/Gライン） Tリンク 子PC…
ライン制御	ロボット制御 自動制御装置	アンドン／ロボット／アンドン／ロボット／ロボット／アンドン／ロボット／アンドン

出所：門田安弘『新トヨタシステム』講談社、181頁

複合として展開されていることがわかる。PC を使用するのは、生産の流れ（順序）が所与の条件であり、作業の進行状況によってその順序が変更されることがないので、所定の作業の起動・停止といった生産指示を制御すればよいからで、コストも安い。しかしながら、工程全体（車体組立、塗装、総組立など）としては、その製造バランスを維持するためには各ラインの進行状況を把握しなければならない。このため、ライン・コンピュータはフィードバック機能を必要とする。このように、生産システムの「柔軟性」は、複合機械の「柔軟性」と制御構造の「柔軟性」、言いかえれば、これらの機能を担うソフトの「柔軟性」と「階層性」の統合として実現されている。

こうして、ME 技術の「柔軟性」機能は、石油危機以降の市場ニーズの多様化・個性化の流れに対応する多品種少量生産システムを技術的に担うことになった。FMC（NC・MC＋IR）といわれるフレキシブルな加工単位をシステム化して FMS（CAD/CAM＋FMC＋CAT＋AGVS＋AS/RS）といわれる生産の柔軟な自動化・連続化システムとして統合し、生産システムの柔軟な無人化（オートメーション）をはかることに成功している[4]。すなわち、自動化・連続化した製造工程に設計・検査の工程をコンピュータで結合して連続化し、これに自動倉庫と自動搬送車の搬送装置を結合して、「柔軟性」を工場全体に拡大したのである。ME 技術で媒介された巨大な分業システムを、このように柔軟な自動化・連続化システムとして見た場合、これをフレキシブル・オートメーション（Flexible Automation＝FA）と称している。

第2に、「統合性」の展開である。「統合性」機能の技術的基礎は、これまでの説明で明らかなように、① コンピュータは、他の技術と複合してこれを制御するところに本質があること、② コンピュータはネットワーク化できること、それはソフトの「階層性」（モジュール化された各コンピュータの分散処理を統合する）にその本質があること、③ コンピュータの情報伝達のデジタル性は、通信手段の発達と結合すれば、その距離が無限であること、である。すなわち、ME 技術の「統合性」機能を媒介とする水平的・垂直的情報ネットワークの構築によってはじめて現代の国際展開する「生産のネットワーク・システム」を制御することができるということ、いわば ME 技術によってはじめて人間がその管理を担当してきた分業の機能を全面的に代置する可能性が生

まれたということである。

　また、ME技術は、ロボットやNC工作機械あるいはカメラやビデオデッキなど生産手段・消費手段のあらゆる製品と結合してその機能を拡大しているが、生産システムの媒介技術としてその機能を捉えてみると、生産の自動化・連続化の進展とその空間的拡大にその特質を見ることができる。それにはつぎのような発達過程が考えられる。個々の作業の自動化＝個々の複合機械とME技術との結合（点の自動化＝NCやMCなどによるライン制御）⇨作業工程の自動化＝作業工程内ME複合機械の結合（点の連続化＝線の自動化＝PCなどによるライン管理）⇨生産工程の自動化＝自動化作業工程の結合（線の連続化＝面の自動化＝ワークステーションによる工程管理）⇨工場の自動化＝自動化生産工程の結合（面の連続化＝空間の自動化）⇨生産ネットワークの自動化＝自動化生産工場の結合（空間のネットワーク化）⇨他部門・他企業とのネットワーク化（企業活動のネットワーク化）、以上である。また、これらのME生産技術複合を媒介するのが情報通信手段であるが、光ファイバーや衛星通信網、インターネット、イントラネットなどハード・ソフトテクノロジーの発達とともに、その「空間性」は垂直的・水平的に拡大し、近年では生産部門と製品開発部門や販売部門との直接的な連携が国内的・国際的に展開している。

　以上のように、ME技術の「柔軟性」機能、「統合性」機能の展開によって、自動化・連続化した個々の生産・流通・販売のシステムが水平的・垂直的に結合され、1つの巨大な分業システムに統合されている（FA・SA・OAが巨大な通信ネットワークで結合される）。いわば、「技術・労働のネットワーク」と「管理のネットワーク」とが「情報のネットワーク」を媒介に統合されている。ME技術が有するこのような「統合の機能」によって現代の「生産のネットワーク」を制御するシステムをCIM（Computer Integrated Manufacturing）と呼んでいる。こうして、ME技術は、同種部門の統合、異種部門の統合、さらにその他の生産財生産部門・消費財生産部門そして流通・消費部門をも統合管理する新世代技術としてその機能を発揮しているのである。

　第3に「代置・延長性」の展開である。ME技術は、他の技術と同様、それが生産手段として機能する限り制御的労働の質と量に対してそれぞれ2重のイ

ンパクトを与える。それは、労働者が担当してきた熟練の機能、分業の機能にどのように関わるのかという問題である。

　まず、労働の質に対するインパクトである。労働過程へのコンピュータの導入は管理的作業（事務計算）から始まったが（OA化）、次第に製造工程への導入が進むにつれて（FA化）、当該作業の在来型熟練の機能はプログラム型自動制御システムに代置され、この傾向は「統合化」の進展によって加速された。その結果、在来型熟練の多くが作業工程から排除されていった。他方、ME技術の導入は、生産技術への人間の直接的な関わりを削減すると同時に、自動制御システム（ソフト・ハード）の開発・保守、ME化複合機械の操作、ME化生産システムの制御などの労働が新型熟練として登場した。ME技術と熟練との関係についてはこれまで多くの議論が展開されてきたが、一般にどちらの側面を重視するかによって「熟練の解体」「熟練の退化」（Deskilling）論と「熟練の向上」（Upskilling）論とに区分されてきた。また、それが人間労働の本来的なあり方であるとか労働の満足感などと関連させて論議されてもきた。しかしながら、熟練と新技術の導入との質的関係は、当該熟練そのものの増減としてでなく、熟練の機能の「代置」と「延長」として捉えるべきである。すなわち、技術発達の歴史は常にこの両側面を合わせ持つ「熟練の進化」の過程として進展してきたのであり、この2重性の展開はME技術においてもその例外ではないのである。

　つぎに労働の量に対するインパクトである。ME技術の労働の量に対するインパクトの2重性は、他の技術と同様、「省力性」と「増力性」として発現する。ME技術は、制御的（神経的）労働（情報の解読・計算・判断・記憶・伝達）に代置して計算や伝達作業の削減をもたらすとともに、在来型労働（直接的・間接的労働）の削減をもたらした。すなわち、熟練の機能の代置による熟練労働の削減、あるいは生産の自動化・連続化の進展による労働対象の取り付け・取り外し労働および監視労働の削減、さらには判断・伝達機能を伴う管理労働の削減など、ME技術が持つ「省力性」機能は在来のほとんどの部門にわたっている。これに対して、新たなME技術システムを機能させるための労働、ソフトウェア開発・保守労働、コンピュータ・ハード・システムの運転・保守労働、ME化生産システム制御労働などは、巨大な規模で拡大した。とく

に、コンピュータ・ハード・ソフトテクノロジーの進歩とともに、ソフトウェア開発労働は質・量ともに拡大したが、それは、単にコンピュータの機能に根源があるというよりも、ソフトウェアの開発がまったくの労働集約型労働であるというところにある。すなわち、ソフト・エンジニアリングの現段階の水準がこうした状況を必然的なものにしているのである。したがって、「省力性」「増力性」の機能展開は、それぞれの労働過程の性格に規定されるわけであり、その評価を一面的に下すことは正しいとはいえない。ましてや、「増力性」という量的性格と「熟練の向上」という質的性格とを同一視する見解（その逆も同様）などはまったく見当違いの論理といえるであろう。

第4節　ME技術の本質

(1)　生産システムの発達過程は生産技術の発達水準に規定される。技術と技術の矛盾（技術の内部的矛盾）、技術と労働の矛盾、そして労働と労働対象の矛盾が新たな技術とこれに対応する労働とを要求した。新たな技術の発明とこれの生産過程への導入は、労働の「代置」と「延長」とをつうじて労働内容を質的・量的に規定する。こうして、ME技術は、その技術的特質に基づいて、「柔軟性」「統合性」そして「代置・延長性」として表現される諸機能を発揮しつつ労働の内容を新たな次元へ「進化」させた。

ME技術の機能的本質は、第1に、それが熟練の機能に代置して、これまで人間労働が担当してきた生産システムの制御機能を担当するところにある。第2に、機械の時代の熟練の機能によってはその限界を超えることができなかった機能、分業の機能に代置し、人間がより創造的な労働をすることを可能にした。そして、この分業の機能の代置・延長性こそは、ME技術が機械の機能とは質的に相違する機能として有する本質的機能なのである。それは、「生産のネットワーク」を新たな次元で統合する。もちろん、この機能を正しく機能させ、労働生活に正しく利用できるかどうかは人間の側の機能である。本章においては、熟練の機能と分業の機能という機能的側面から労働の過程の発達を分析してきたが、ME技術は、機械段階とはこの2重の意味で質的に異なるもの

と結論づけることができよう。換言すれば、機械の時代は機械による熟練の機能の代置・延長期であった。そして、MEオートメーションの時代は、熟練の機能と分業の機能のME技術による代置・延長の時代なのである。

(2) 技術発達をもたらす基本的モメントは何か。ME技術はいかなるモメントで出現したのか。ME技術はこれまでの機械技術とどのように関わるのか、それは機械技術の延長か質的飛躍か。ME技術はいかなる機能を期待されまた機能しているのか。ME技術の本質に関わる議論は決して少なくない。しかし、これらの多くが「オートメーションの段階規定」における自動制御機構の位置づけとの関わりで論議されてきたことは確かである。諸見解を単純にグループ化することはもちろんできないが、しかし、本章との関連でいえば、ほぼ3種の見解があると考えられる。

第1の見解は、生産様式の質的変化とME技術との関連から、ME技術が現段階の生産様式の質的変化の技術的基盤であると位置づけ、その技術的特質を、本来シーケンス機能しか持たない機械にフィードバック機能を追加する「フィードバック自動制御機構」に求める議論である。すなわち、機械体系にME「フィードバック自動制御機構」を組み込むことによって、これまで人間のみが担当してきた機械体系のフィードバック制御機能を労働手段そのものに持たせ、機械段階とは異質の「オートメーション段階」へと労働手段体系が発展するという見解である[5]。

第2の見解は、第1の見解とは対照的に、① 初期的な機械ですら「フィードバック機構」は備わっていた。② MEの技術的本質は「フィードバック制御機構」のみにあるのでなく「シーケンス制御機構」との複合にあり、自動化・連続化という意味ではむしろMEの「シーケンス機能」に技術的基礎がある。したがって、オートメーションは制御技術の量的発達、すなわち機械技術の発達段階として捉えられるのであって、MEの出現をもって機械段階と質的に区分することはできないとする見解である[6]。

第3の見解は、機械は道具の内部矛盾から発展したものでなく、人間と道具の関係を道具と機械の関係に置き換えたもの、すなわち「人間にかわって道具を制御する機構」と規定し、その後のME技術を含むあらゆる技術発達は人

間労働がなくならない限り機械の発達であるとする考え方で、機械の発達は「熟練の移転」の歴史であるとする見解である。この見解は、ME オートメーション（自動制御機構）を「機械の最高の発達段階」と規定する点では第2の見解と同様である[7]。

以上の諸見解を見ると、それぞれ ME 技術の技術的本質に迫るきわめて重要な示唆を与えている。しかしながら、これまでの多くの議論は人間労働の有する熟練の機能と労働手段との関係から展開されており、この点ではきわめて重要な分析を行っているものの、本章で展開した分業の機能をも含めて ME 技術との関連を論ずる論稿は少ない。その点、北村洋基のつぎの指摘はきわめて示唆的である。「オートメーションでは個々の機械が自動化されるだけでなく、諸機械が体系的に結合され、より高次の自動制御機構によって生産過程全体が制御されるようになる。オートメーションではもはや個々の機械の独立性は失われて、生産過程全体が事実上一つの労働手段として融合してゆくのである。こうしたオートメーションにおける体系化の飛躍的な高度化は、いうまでもなく個々の機械を制御するマイコンやミニコンなどの多種類のコンピュータを階層的にネットワーク化し、情報を分散処理することによって中央コンピュータの負担を減らしながらなおかつ生産過程全体を統一的に制御することが可能になったことに求められるであろう」（北村、100-101頁）。

(3) 1980年代、日本的生産システムは多品種、高品質、生産性の向上を「労働の柔軟性」に依拠した生産システムの展開によって実現し、また、ME 技術がこのような「労働の柔軟性」を延長するものとして多くの企業に導入された。それが日本製品の国際競争力の基盤として尊重され、日本的生産システムの優位性が叫ばれたことは第7章で論じた。しかしながら、円高の進行によって「フレキシビリティ・コスト」が負担になると、企業は ME 技術のコスト・パフォーマンスを重視しはじめ、ME 技術の本来的機能を展開できないままむしろ「労働の柔軟性」の再編（海外資源の利用、日本的労働慣行の再編）に生産性向上の根拠を求めることになった。

はたして日本的生産システムにとって ME 技術とはいかなる技術であったのであろうか。少なくとも1980年代においては、それは分業の機能の代置・

延長としてでなく熟練の機能の代置・延長と位置づけられていたと考えるべきであろう。言いかえれば、そこでは生産システムの「柔軟性」をめぐる熟練とME技術の代置関係あるいは「複合機械」としての個別ME技術の生産性が問題なのであって、分業の機能の多くは相変わらず労働者の熟練の機能に内包されていたのではないだろうか。

しかしながら、1990年代、バブル経済の崩壊、「20世紀システム」の崩壊とともに、日本的生産システムは否応なく国際的・国内的な水平的・垂直的分業の段階に入った。アメリカ経済の復権をもたらした情報革命によって、これまでのME技術段階からインターネットを媒介とするICT段階における生産システムのネットワーク展開を余儀なくされることになった[8]。ではこうした生産のネットワーク展開をどのように管理するのか。ここにME技術の本来的機能の理論的再検討とともに分業の機能を担いうる唯一の技術としてのME技術の意義を認めるべきである。すなわち、分業の機能とME技術という視点から生産システムを理解しない限り日本的生産システムの次世代パラダイムは構築不可能であると考える。

注
(1) 協業・分業と生産性の向上については、A.スミス、C.バベジ、K.マルクスの叙述をつうじて第6章で分析している。
(2) ME複合技術の発展過程を示せば以下の図のようになる。

図9-4 ME複合技術の発展過程

ハード世代	第1世代 1946 真空管	第2世代 1956 トランジスタ	第3世代 1965 IC、1970 LSI	第3.5世代 1971 マイクロ・プロセッサ	第4世代 1981 VLSI
ソフト	初歩的入力制御 マシン言語 アセンブラ	OSの確立 コンパイラ バッチ処理	構造化プログラミング、ジョブの多重処理 1961 TSS (MIT)	ソフト・エンジニアリング オンライン・リアルタイム処理	複合分散処理 パターン認識 ネットワーク管理
NC	1954 第1世代 真空管・リレー	1959 第2世代 トランジスタ	1965 第3世代 IC	1970 第4世代　1975 第5世代 LSI、ミニコン　マイコン	1981 第6世代 VLSI対話方式
ロボット		ロボット1号 1962（米）	ロボット国産化 1968（日）	1970 プレイバック・ロボット	1980 ロボット元年（日）
CAD/CAM			1960年代　CAD/CAM実用化（米）	1970年代　CAD/CAM導入（日）	パソコンCAD
FMS		FMS研究（米）	1969　PC開発（米） 1968　日本初のFMS(国鉄)	ロボットによる自動組立（日） FMS導入開始（日）	80GM・MAP、83TOP（ボーイング） 1982　24時間自動化工場（日）

出所：日本開発銀行『調査』第96号などの資料より作成

(3) ME技術におけるシーケンス制御、フィードバック制御の意義についてはつぎの論文を参照した。伊藤秀男「オートメーションの発展と経済学」(下)『経済科学』名古屋大学、第5巻3号、1988年。なお、伊藤は、この中で、フィードバック機構は作業機の「高精度化」の機能にその本質が求められ、それは、中村静治、坂本和一、北村洋基などの主張するような、人間の労働機能に根本的変化をもたらすものではないと主張している (伊藤、283-284頁)。しかしながら、フィードバック自動制御機構が作業機に対する人間労働の質を変化させたことは疑う余地がない。すなわち、かつて本来シーケンシャルな加工機構を持つ作業機に「高精度」の作業をさせたのは熟練の機能であった。いわば人間労働力の持つ高精度の検出能力・補正能力 (フィードバック機能) が作業機の「高精度」を引き出したのである。この熟練の機能の持つ高度の制御機能がフィードバック自動制御機構によって置き換えられるならば、作業機は当然のことながら「高精度化」される可能性を持つ。しかし、このフィードバック自動制御機構付作業機の「高精度」を引き出すのは人間のプログラム能力である。したがって、作業機制御の内容から見れば、人間労働の質が直接的制御労働から間接的制御労働に変化した。いわば、作業過程において必要とされる人間労働の質に重大な変更がもたらされたのである。もちろん、現時点でのフィードバック自動機構を構成する技術水準、ソフトウェア・テクノロジーの水準がどの程度熟練の機能を発揮しうるものであるかは問題がある。また、間接制御を行うには直接制御に関する知識がなければならない。しかしながら、ME複合技術における制御の技術水準はソフトによって決まることは確かである。人間は、間接的制御労働をつうじて、いわば個別機械のみならず複合機械体系の直接制御を制御するソフトの開発をつうじて、新たな次元での熟練の機能の蓄積の場を発見したといえよう。

(4) FMC=Flexible Manufacturing Cell, NC=Numerical Control, MC=Machining Center, IR=Industrial Robots, CAD/CAM=Computer Aided Design/Computer Aided Manufacturing, CAT=Computer Aided Testing, AGVS=Automated Guided Vehicle Systems, AS/RS=Automated Storage/Retrieval Systems, FA=Factory Automation, Flexible Automation, SA=Store Automation, OA=Office Automation.

(5) 中村静治に代表される理論で、ME技術の歴史的意義をもっとも高く評価する考え方である。たとえば、「フィードバック機構=マイコンを組み込んだオートメーションとマルクス時代の機械、自動機械が質的に異なるのは、機械の場合、労働者が自分の目で機械を監視し、自分の手で機械の誤りを正さなければならないのにたいして、オートメーションではそれらをすべてコンピュータが代行する点である。手と目をはたらかせる必要がなくなれば、直接頭を使う必要もない。かくて、生きた労働、生産者はもはや生産現場に、生産手段の傍らに立っている必要はない。集中制御室でコンピュータが表示する生産過程を全体として監視しておればよいのである」(中村、d、192頁)。「いま進行中の『工場革命』、CIMの中核はエレクトロニクス技術の発展、とどまることを知らないコンピュータの機能増大にもとづくもので、それは機械 (につく) 労働をプログラミング、ソフトウェア労働、そしてテレビによる集中制御、監視労働におきかえつつある。このような労働の変化は、手と脳による道具の操作を機械の運転、操作に置き換えた飛躍に相当するものである」(中村、e、4頁)。

(6) たとえば、伊藤秀男は、フィードバック自動制御機構の質的意義を重視する中村静治などを批判して、「人間固有の機能の廃止はありえないし (中略) 運転労働から監視労働への変化は機械のもとで生じるのである。結局、フィードバック制御は、機械の高精度化の手段なのである」(伊藤秀男、284頁) としたうえで、「現代のFAは、フィードバック制御による高精度化およびシステムの安定性・信頼性の増大に支えられて、マイクロエレクトロニクスの発達を基礎としたシーケンス制御の発達を中心的要因として生じた機械体系の自動化の完成と把握できる」(同稿、299頁) とのべている。

(7) 名和隆央に代表される見解で、「機械は労働者に代わって道具を操作する熟練と、道具の運動を

生み出す力とをもつ。機械のもつ熟練とは、機械の構造のなかで作用する技術学的法則の機能である。機械の構造に対象化された自然科学が、機械の手足をなす道具を合目的的に作用させる」（名和、111頁）と、熟練こそが科学であり、したがって人間の制御的労働能力が直接的に機械の機能に移転するプロセス、すなわち「道具の運動の人間労働による制御がどれだけ物質的機構（人間の生産器官）におきかえられるか」（同稿、120頁）が機械の発展基準であるとする独特の「技術論」を展開する。こうして、つぎのように結論づける。「オートメーションが機械の機能において、従来の機械にくらべていちじるしく進歩していることは明白である。しかし、機械としての労働手段の特質は、自然科学の意識的応用によって労働者の経験的熟練を機構におきかえる点にある。機械とは、労働者にかわって道具の運動を制御する機構である。この規定を受け入れる限り、人間固有のフィードバック機能が自然科学（サイバネティックス、電子工学等）の応用によって自動制御機構におきかえられるとしても、それは機械の独自な発展段階として把えるべきであろう」（同稿、125頁）。

(8)　通産省情報政策企画室編『産業情報ネットワークの将来』日刊工業新聞社、1995年。

フェーズ 4

分散統合型生産システム

第10章
生産システムの進化と
分散統合型生産システムの形成

第1節 グローバル化、ICT化とモジュール型生産システム

　グローバル化・ICT化の進展は、ボーダーレスでオープンな競争関係の下に、世界のあらゆる企業を容赦のないコスト削減競争に駆り立てている。また中国をはじめとするアジア諸国の経済発展が、生産立地環境としてのみでなく、巨大な市場環境を展望するものとして、現地企業を巻き込む先進諸国企業間の先陣競争を余儀なくさせている。
　このような経営環境の下において、企業は、インターネットを中心とするICTシステムを媒介にグローバルな物と情報の流れをコントロールすることをつうじて、生産要素的側面の徹底したコスト削減のみでなく、生産循環的側面におけるコスト削減努力を強化するなど、高品質・低価格製品の設計・製造から流通のあり方、さらには企業内・企業間の組織的関係に至る分業のあり方全般を再検討せざるをえなくなっている。そしてその1つの流れが、開発・調達・製造・流通の生産機能体系の個別最適化とその統合をはかる生産システムへの転換であるといわれている。それは、生産活動の個別機能への分割、個別機能の最適化、個別最適機能の再結合として、いわば、個別機能をモジュール（機能集合）としてその最適化を図り、モジュールのネットワーク結合として生産システム全体の統合化をはかる分散統合の生産システムである。本章では、こうした現代の新たな潮流として認められる生産システム・コンセプトについて、これを分散統合型（モジュール型）生産システムと呼ぶことにする。
　生産システムの展開を個別的に見れば、製品別、産業別、地域別に複雑な競争構造の中で多様な展開がなされていることは間違いない。しかしながら、こ

れを歴史的に見れば、もの作りの方法論の多様性にもかかわらず、一定の法則的な流れの中で展開されてきたことも確かである。生産システムの発達をこうした進化の過程として捉えるならば、モジュール型生産システムはその進化過程のどこに位置づけられるのか。また日本企業の生産システムの進化にとってそれはいかなる歴史的意義を有するのか。本章では、生産システムの進化という視角からモジュール型生産システムの歴史的・理論的意義について検討したい。

第2節　生産システムの進化とモジュール化

1. もの作りの基本形態

　古来より、ものづくりの加工形態には、素材に対して逐次に分解あるいは加工を加えるタイプ（逐次加工型）と、各種の素材を組立あるいは合成する加工のタイプ（組立加工型）との2種類がある。すなわち、A.スミスのピン工場の例あるいはK.マルクスの製紙工場の例に見られるような、逐次加工の結果として製品が完成する場合と、J.ワットの蒸気機関製作やアメリカの互換性部品方式による銃器の製作に見られるような、各種部品の組み付けによって製品を製作する場合とである。しかしながら、後者のタイプの場合についても、構成部品の多くは逐次加工製品であるから、実際の製品加工はこれら2種類の加工形態の組合せとして展開されるのである。

　いずれの場合においても、人々は、これらの製品製作において、分業・協業の原理を利用してより高品質な製品をより効率的に生産することを目標にしてきたことはいうまでもない。分業は、これら各種の加工段階をそれぞれの要素作業あるいは要素機能として峻別して分割し、これらを自立的職業として、あるいは特定の場所で集団作業するマニュファクチュアや機械制工場における作業単位として、これら分化した諸機能を統合する生産のシステムとして発達してきたのである。

2. 産業革命と生産システムの進化

　近代的生産システムの進化過程は、序章図0-2に表わされるような3つの画期を経てきたと考えることができる。くり返しになるが、フェーズ3までの生産システムの進化過程を整頓してみよう。

　まず、イギリス産業革命は、職人の個別的熟練に依拠する自立統合型の少品種少量生産方式であった伝統的生産システムを革新する近代的生産システム成立のビッグバンとなった。それは、科学の利用の段階から科学の応用の段階への飛躍、すなわち、作業機械、原動機械そして新たな機構や測定技術などの発明が、作業原理を根本的に変え、高品質の製品をより大規模に生産する能力の飛躍をもたらし、それが人々の社会生活を質的に変化させる、いわば近代市民社会の技術的基盤を形成する先駆けとなった。

　しかも、この産業革命がアメリカに伝播するや、組立加工型製品製作における新たな革命が開始された。斉一な規格部品を組み合わせる互換性部品組立方式である。部品が規格化されていれば、組み付け時の擦り合わせ作業のような熟練を排除できる。部品は製品との結合をいちいちチェックしなくとも規格どおりに作ればよい。それは、個別性から画一性への現代大量生産システムの生産原理上の出発点となった。アメリカ型生産システムと呼ばれるこのもの作り方式によって、アメリカの生産力は急拡大し、19世紀末期にはいよいよ大規模化した生産システムの効率化が企業競争の最大の要因になるに至ったのである。

　F.W.テイラーは、複雑な物を要素別に分解して単純化し、それぞれの要素を最適化してこれらを再結合させるという、いわゆるアメリカ型方法論を作業管理に応用した。すなわち、かれは生産システムを個別作業機能の統合体と考え、熟練という複雑で暗黙知的な要因も、これを構成要素に分解して単純化・客観化・標準化すれば、個別最適化とその再結合は科学的に処理できるとして、作業のワン・ベスト・ウェイのシステム、すなわち熟練の機能の標準化と統合による体系的な管理システムを構築した。

　これに対しH.フォードは、同様の方法論を個々の作業のみでなく工程管理全般に応用し、生産工程の機能分割と自動機械による再結合とを柱とするワン・ベスト・ウェイのシステム、すなわち分業の機能の標準化と統合の生産シ

ステムを構築した。フォードシステムは、シングル・スタンダードの下において、標準化された製品を大量に生産する規模の経済性をつうじて、徹底した高生産性・低コストを追求する少品種大量生産型の生産システムとして、第2次大戦時のアメリカの生産力を支え、また戦後の世界的な生産システムの標準となった。こうして、アメリカ型生産システムは、互換性部品方式を源流とする分割・標準化・統合の生産システムとして確立したのである。それは、メカニカル・オートメーション技術を媒介に画一製品型需要に対応する技術・労働の垂直統合型生産システムであった。

3. 日本モデルの登場

　第2次世界大戦後の世界システム、いわば20世紀システムは、資本主義対社会主義、福祉国家建設、フォーディズムを3本柱として構成されたが、1973年第4次中東戦争に端を発する石油危機は、その戦後システムの生産力基盤であるフォーディズムの崩壊を画する生産システム進化の第3の契機となった。フォーディズムは、労資の妥協を前提に、フォードシステムを基盤とする大量生産・大量消費システムをつうじて企業収益の増大と労働賃金の向上をはかり、国民生活向上と産業発展の両立をもたらそうとする国家政策である。石油危機は、このフォーディズムの根幹を崩壊させる契機となった。すなわち、欧米においては、産業停滞＝消費低迷と雇用環境の悪化＝労資の妥協の崩壊とを契機に、フォーディズムを維持する社会的条件が失われ、諸企業は生産システムの根本的変革に迫られたのである。

　一方、日本企業は、こうした欧米の停滞とは対照的に石油危機のショックからいち早く立ち直り、1980年代の「日本の時代」を演出した。それは、多様性を求める社会的条件に適合する生産システムの実現によってもたらされた。すなわち、トップダウン型の分割・標準化・統合という方法論でなく、分割と統合との間の合意的調整を基本としながら個別最適化と全体最適化との同時最適化を実現するという方法論の導入である。そして、部品の開発・調達に柔軟に対応できる日本型サプライヤー・システムや日本的労働組織特有の柔軟な労働システム、そして世界に先駆けての産業用ロボットやNCマシンが柔軟に稼働するME技術システムの導入などによって、標準化による規模の利益を維

持したまま市場ニーズの多様化に対応できる多品種大量生産方式の生産システムを開発したのである。こうして、トヨタ生産システムに代表される日本的生産システムの方法論は、柔軟統合型の生産システムとして国際的に高く評価され、日本モデル（リーン生産システム）としてその後のジャパナイゼーションの潮流を作り出した。また、こうした日本企業の生産システムの成功が、欧米における生産システム論争に拍車をかけ、日本モデルに学び、そしてジャパナイゼーションに対抗するポスト・フォーディズム型生産システム構築のための新たな議論を促進したのである（坂本、c）。

4. アメリカ型の復活とモジュール型生産システム

　1989年11月9日の「ベルリンの壁」崩壊は、21世紀型システム構築への大転換を意味する生産システム進化の第4の契機となった。社会主義型政治・経済統合システムの倒壊によるアメリカ型資本主義の世界支配が、適者生存の論理の下に、地球規模でのボーダーレスな市場競争主義を原則とするグローバリゼーションの新潮流を生み出し、それが、アジアを中心とする新興工業地域の価格破壊の大波と相まって、市場と生産の諸条件を変動化させ、オープンな強者必勝のグローバル競争を余儀なくさせた。またME技術を超えるICTデジタル技術の進歩が、グローバリゼーションの技術的基盤として、企業活動を時間的・空間的制約から解放し、変動化する市場条件に敏速に対応できる生産システムの展開を可能にした。そしてそれは、従来の日本型システムの存立条件とは相容れない技術的・社会的条件であって、そこに日本的フォーディズムの崩壊を意味する生産システム進化の根本要因があったのである。

　こうして、ICT関連産業を中心とする1990年代のアメリカ製造業の復活は、ICTの技術的特質を生産システム全般に適用する方法論の新潮流、いわば生産システムにおけるアメリカ型の復活をもたらした。その生産システムとは、システムを機能的・構造的部分（モジュール）から構成されるアーキテクチャ（有機的構造物）として捉え、モジュール分割と最適化そしてその統合という方法論、しかも最適化の標準性をインターフェースに求め、その限りでのモジュールの自律性を保証するという方法論を前提にして、製品開発、部品調達と生産工程、そして流通活動のサプライチェーン全体の分割と統合を実現す

る分散統合型の生産システムである。そしてこの方式が、製品の質・量の変動性に随時対応できる技術的・組織的条件を備えた変種変量生産方式に適合的な生産システムの実現を可能とし、ファウンドリーやアウトソーシング、M&A、バーチャル・カンパニーなどの生産システムの再定義と再構築を可能とした。いわば欧米企業にとって、生産システムのグローバルな選択的展開を可能とする新たな市場・生産戦略と、日本型モデルに対抗するポスト・フォード型生産システムの展望を発見する契機を与えたのである。

第3節　モジュール型生産システムの議論の流れ

1. モジュール生産方式の源流

　モジュール型生産システムに関する源流をどこに求めるかという議論について、青木昌彦はA.スミスの分業論にまで遡っているが（青木、6頁）、たしかに、たとえばわが国においても、13世紀初頭、奈良東大寺南大門の金剛力士像2体が、東大寺再建総供養に間に合わせるべく、わずか69日間で完成された事例がある。重さ6トン、高さ8メートルの2体の巨像がこのような短期間に製作された理由は、まさにモジュール生産方式にあった。像を、頭、胴体、腕、足などの機能モジュールに分解設計し、それぞれのモジュールをさらにサブモジュールに分解、これらを各平均総数3,000という小部材でいわゆる「寄せ木」によって製作して、最後に現場で組み上げるという方法である。この方法によれば、大きな木材は不要で調達が早く、最終組み立て作業も狭い堂内でできる。またモジュール化することによって並行作業が可能となり製作期間を短縮することもできる。こうして、この大事業は、運慶をチーフに快慶、定覚、湛慶をサブチーフとし、その下に12名の仏師が配置されるというプロジェクトチームによって成し遂げられたのである（東大寺資料参考）[1]。

　この事例に見られるように、組立加工型作業においては、古くからこうした設計・生産・組織の方法が採り入れられてきたことはたしかである。モジュールの原義も建築用語からきていると考えられている[2]。しかしながら、近年の議論の特徴は、こうした方法論を企業内生産システムのみでなく企業間の生産

システムにまで応用しようとするもので、生産活動全体を生産活動のアーキテクチャとして捉える議論である。本章では、これらの議論のうち、第1に、製品を機能と構造のアーキテクチャと捉えるモジュール型製品設計の議論、第2に、生産システムを作業と工程の生産アーキテクチャとして捉える議論、第3に、モジュール原理を企業間組織編成に援用して生産システムを企業アーキテクチャとして捉える議論について検討する。

2. 製品アーキテクチャ

第1は、製品設計のモジュール化すなわち製品アーキテクチャに関する近年の議論である。この議論の源流は、IBM システム/360 の開発に端を発するコンピュータの開発過程において、ハード・ソフトの分離と統合、ソフトの階層的モジュール構成という技術的特性を媒介とする、技術的・組織的な分散と統合の製品設計・生産戦略にあるといわれる（池田）。

K.ウルリッヒは、製品を、建築物と同様、多機能の部品の構成体として捉え、一方での機能構成と他方での部品構成とを分解・統合させるという方法から、「製品アーキテクチャとは、製品の機能が物理的構成物に配分される場合の設計構想である」(Ulrich, p.419) と定義づけ、その場合の機能と構成物との対応関係が1対1対応の場合をモジュラー・アーキテクチャ、複数対応の場合をインテグラル・アーキテクチャと呼んだ (Ulrich, p.422)。すなわち、分化は統合によってはじめて意味を持つが、その統合のあり方が問題なのである。たしかに、モジュラー・アーキテクチャの場合はインターフェースが単一のものに標準化されることから、モジュール間の相互依存性はなく、その限りにおいてモジュールの自律性は確保され、モジュール開発の最適化競争が促進される。この論理は、複雑な製品も分解すれば単純化できるという、いわゆるアメリカ型の分化・最適化・統合の論理である。

そして、モジュラー・アーキテクチャの議論を定式化したのがボールドウィン＝クラークの見解である。それによれば、「モジュール化」とは「複雑な製品やプロセスを効率的に組織する戦略の1つ」であり、それは「アーキテクチャ」（モジュールの機能と構成）、「インターフェース」（モジュール間の機能関係）、「標準」（モジュールの適合性評価）から構成される「明示的なデザイ

ン・ルール」(明示的情報) を確立することによって可能となる。その結果、明示的情報の下における機能モジュール (「隠された情報」) の自律的発展を促進しつつ、技術の複雑性の管理、並行作業の調整が可能となり、不確実性に強い戦略展開ができるのである。(ボールドウィン=クラーク、ボールドウィン)。ここに、製品アーキテクチャの「モジュール原理」を見ることができる。メーカーは、モジュール原理にもとづいて、製品のモジュール設計と部品のモジュール調達、製造工程のモジュール管理を行うことができる。それがメーカーの製品イノベーション (Afuah and Bahram, Gu and Sosale, Stone, *et al.*, Veryzer)、製品ファミリー戦略 (Sanderson and Uzumeri, Meyer and Utterback, Muffatto, *et al.*, Sanchez, Sundgren) を可能にするとともに、デザイン・ルールがオープンになっていれば、モジュール・メーカー間の競争によってモジュール部品の自律的発展を促進できる。その結果、モジュールの規模が大きくなればなるほど、最終組立生産ラインは短縮する。こうして、モジュール・アーキテクチャは、コスト削減とともに製品開発競争における優位性をもたらすのである。このような戦略は電子機器関連製品の場合きわめて適合的に展開されてきたと考えられている。

　一方、インテグラル・アーキテクチャの場合は、モジュール間の相互依存性が前提となり、インターフェースの単一化は難しくなる。この相互依存性をいかに調整できるか、ここにインテグラル・アーキテクチャの重大な課題がある。モジュラー・アーキテクチャの場合は、自律したモジュール (部品) を何らかの標準インターフェースを媒介に結合すればよいのだが、インテグラル・アーキテクチャの場合は、多機能が1つのモジュールに、または1つの機能を複数のモジュールで実現することになり、多機能統合型にならざるを得ない (Ulrich)。この場合、機能間・構造間の調整的設計が不可欠となるだけでなく、モジュール調達の組織間調整も課題となる。

　欧州自動車工業においては、1980年代、日本の柔軟統合型システムに対抗できるポスト・フォード型生産システムとしてモジュール生産方式を採用したことは良く知られている。それは、モジュラー・アーキテクチャ戦略の下に、自動車を機能モジュール構成体として捉え直し、これら諸機能が配分された多数の部品の構造的モジュール (部品、ユニット) として再構成することをつう

じて、製品・部品の再設計、生産ラインの再設計、調達システムの再編成などを行うものであった（篠原、a）。たしかに、モジュール原理に基づいてモジュール部品を調達すれば、競争的環境から部品コストは削減できる。モジュール部品の規模が大きくなればなるほど最終組立工程は自動化・短縮化され、生産管理が容易になる。しかしながら反面、モジュールの規模が大きくなれば、オープン性を維持することは難しく、モジュール・メーカーとの固定的関係が強くなる。コスト削減のためには、モジュール・ラインと最終組立ラインとを近接させるためのライン立地を再検討しなければならない。最近の欧米自動車工業におけるサプライヤーの再編、生産ラインの再編は、こうした諸状況に対応するためのものであると捉えることができる。

　ところで、藤本隆宏は、モジュール型を「組合せ型」（標準製品の組合せタイプ）、インテグラル型を「擦り合せ型」（部品設計の相互調整タイプ）と的確に表現した。また、設計の企業間関係という角度から、インターフェースが業界標準になっている製品をオープン・アーキテクチャ、設計ルールが1社内に閉じている製品をクローズ・アーキテクチャとして、製品あるいは業界によってその組合せは多様であるとしている。そして、自動車のように複雑な製品は、「機能完結」型のモジュール・アーキテクチャ製品でなく、これを構成する部品は、機能と構造とが多対多の関係、すなわち部品間の相互依存関係の強いインテグラル・アーキテクチャ製品であり、この場合には、どうしても相互調整すなわち設計・製造過程での「擦り合わせ」が必要であるとして、自動車生産においては、欧米型のオープン・モジュラー・アーキテクチャ型より、日本型サプライヤー・システムに見られるようなクローズ・インテグラル・アーキテクチャに優位性があることを指摘している。（藤本、b、c）。

　以上のように、現代のモジュール化の議論の主要な動向の1つは、製品アーキテクチャ論という視角から、組立加工型製品の設計戦略とモジュール生産方式、そしてメーカーとサプライヤーとの組織間関係に至る実践的議論として展開されている。しかも、議論は、技術的・社会的条件の相違が製品アーキテクチャ戦略の方向を左右し、モジュール化の多様な展開を示唆しているのである。

3. 生産アーキテクチャ

　第2に、生産システムを作業と工程のアーキテクチャと考える議論である。生産工程の機能的分割を工程のモジュール化と捉えるとするならば、たしかにA.スミスの分業論に遡らなければならないかもしれない。生産工程の進化は、工程モジュールの作業主体の変化すなわち生産技術による労働能力の代置・延長、いわば熟練を媒介とする工程編成から機械・設備を媒介とする工程編成への進展として捉えられてきた。それは、一方で生産技術の進歩による工程の自動化・連続化、作業の簡素化の進展をもたらしたが、他方で生産システムの固定化と作業の単純化・標準化による疎外的労働の進展という問題を伴った。その到達点が垂直統合型のフォードシステムであったことは前述のとおりである。このフォード型生産システムにその進化を促したのは石油危機後の技術的・社会的条件の変化であった。

　まず、「モジュール」という用語法で生産工程を捉えた議論の源流は並木高矣の「モジュール生産システム」論である（並木編）。並木は、1968年、少品種大量生産型の流れ作業方式（コンベヤ・システム）を多品種少量生産型に変更するために、従来の生産工程を時間的・空間的に柔軟化した「モジュール生産システム」の導入を提唱した。それは、生産工程を時間単位で分割（これを「時間モジュール」と呼んでいる）することによって、モジュール工程の時間的同期化をはかる生産システムであった。並木によれば、タクトタイム方式を源流とする同方式は、時間モジュールの長短によって作業の種類・作業の範囲・生産ロットに対して柔軟性を与え、また作業の方式（1人、グループ、人進式、物進式）や工程の形式（U字型、楕円型、並列型など）の制約から自由であり、さらに作業範囲の拡大によってコンベア・システムの弱点であった人間性の回復を実現するシステムなのである。この提言は、生産工程の工程機能別分割・統合というような工程編成を主張するのでなく、作業工程を一定の時間単位（モジュール化の基準）で均一に分割し、作業内容によって単一または複数の工程の組合せを、単一または複数の作業者が担当するというもので、これを製品グループや共通部品あるいはグループテクノロジーなどを単位として行えば、作業の簡素化・標準化、部品の共通化、製品の多様化、生産の同期化、規模の経済性などをつうじて、生産システムの柔軟性とコスト削減の両立

が可能であるということを主張するものであった。この提言は、流れ作業からの脱却を目的とするものでは必ずしもなかったが、その後の生産工程の合理化の基本的動向を示唆するものとなった。しかも、その中には、現代のセル生産システムに関わるすべての方法論が含まれているのである。コンベア・システムによる規模の経済を求める当時の産業動向の中で、あえてこのような提案をした意義は大きい。

経営工学の分野では、1980年代初頭には、生産活動を機能別モジュールと捉え、これの統合として生産システムを理解する方法論が展開された。秋庭雅夫らは、製品企画、工程設計、資材計画、生産計画、工程管理、流通管理などの生産活動体系をいわば生産機能モジュールから構成される生産アーキテクチャと見なし、これらをさらに小機能モジュールに分解し、生産活動体系を図式化してモジュール管理する方法を主張した（秋庭ほか）。この方法論は、生産工程のみに議論を集中するものではなかったが、受注から生産、流通までの生産機能体系全体と各機能モジュールとの関連性が明確となり、生産管理が容易になる。こうして、生産活動をモジュールという用語法で理解する仕方は、わが国では1980年代に地歩を得たと考えられる。

ところで、1980年代は、ME技術の生産工程への導入によって、議論は新たな段階に入った。その議論の流れは、日本を中心とするFMS（Flexible Manufacturing System）などの柔軟な技術的統合システムについての実践的・理論的議論（日本能率協会編、岩崎武司）である。FMSの議論では、これを構成する工程モジュールをFMC（Flexible Manufacturing Cell）と呼び、FMSはこの基本単位としての技術的セルの構成体、いわば工程機能モジュールから構成される生産アーキテクチャとして捉えられている（日刊工業新聞社編，Costa and Garetti, Bergstrom）。この場合のME技術の役割は、FMCそのものの自動性・柔軟性（NC機械＋産業用ロボット）、FMC工程の連続性（PC：Programable Controller＋自動搬送車）、生産工程全般の連続性・柔軟性管理（汎用コンピュータ）、いわばシーケンス制御とフィードバック制御の組合せによって生産アーキテクチャの自動性・連続性と柔軟性とを統合するところにある。しかも、このFMSは、LANによって空間統合が可能となり、生産アーキテクチャのモジュール規模を生産システム全般に拡大することになった。

このように、ME技術の重要な特質は制御の連続性・柔軟性にあり、機械の柔軟な制御、工程の柔軟な制御によって、同一ラインで多種加工・多品種連続生産を可能とするような柔軟な生産システムを実現した。そしてFA (Factory Automation) や無人化工場などの実践例に見られるように、こうしたME自動化を媒介にした生産アーキテクチャこそ1980年代のわが国製造業の国際競争力の源泉でもあった[3]。

　そして、その議論の到達点がCIM (Computer Integrated Manufacturing) 構築の議論である（徳永・杉本、人見a、松島、その他）。それは、FAとOA (Office Automation) をネットワーク環境の中で統合し、開発・生産・流通の一貫体制の中で受注から納品までのリードタイムを最小限に短縮することによって、生産アーキテクチャの合理性を極限まで追求しようとするものである。

　しかしながら、ME技術によって生産アーキテクチャの規模と柔軟性とを拡大すればするほど、多品種混流生産などの柔軟な統合生産システムはできるが、他方でME技術のフレキシビリティ・コストの増加と巨大な固定資本の回収の問題を伴わざるをえない[4]。組立型産業の場合、そこに1990年代における市場条件との乖離性が見られるのである。

　1990年代に入ると、価格破壊によるコスト環境の変化、国際競争激化による製品ライフサイクルの短縮化、ニーズの多様化による生産量の変動化など、ICT化とグローバリゼーションという時間的・空間的変動性の中で、生産システムの議論は、タイム・ベース、コスト・ベース競争に対応する生産システム構築の議論に移った（堀、根津）。すなわち、1980年代が多様性とコストの統合システムを目標にしたとするなら、1990年代は速度とコストの統合システムの構築が課題となったのである。しかも、この場合の速度とは、生産リードタイムの速度問題だけでなく、顧客の生活速度を含むものであり、これらを同時にビルトインできるシステムの構築でなければならない。顧客ニーズの変動をいかに速くつかみ、いかに速く製品を届けるか。同時にいかにコストを削減できるか。まさにアジル・コンペティションの時代に突入したのである (Goldman, *et. al.*)。

　第1に、生産システムの要素機能的側面からの議論、すなわち生産工程の要

素機能別分割と統合の議論である。その1つが、顧客のニーズと生産量の変動に敏速に対応でき、ライン変更が容易で、設備コストを節約しつつ生産性を向上させる、しかも作業者の労働の人間化を促進するといわれるセル生産システムの導入である（篠原、b、信夫）。この方式は、従来コンベアによって結合されていた加工や組立の作業工程あるいは自動化工程からコンベアやロボットを撤去し、単数または複数の労働者が一定の機能完結的な作業を担当するという方式で、生産工程のモジュール分割と統合を労働者を媒介に再設計する、いわば労働者の熟練の機能に依存する作業モジュール方式である。この方式がいつごろから導入されたのかに関しては議論もあるが（那須野）、コンパック社の事例や日本の電子機器・部品生産の多くの事例は、従来方式に比較して顧客のニーズに敏感に対応でき、しかも品質や生産性が相当程度向上したことを示しており（2002年版『製造基盤白書』80頁）、現在では精密機械・電気機械をはじめ多くの製造企業が導入を実施・計画していることもたしかである（機械振興協会、42頁）。そして、同方式の生産システム・パラダイムとしての先進性を高く評価する議論もある（信夫、岩室、都留）[5]。しかしながら、後述するように、実際の作業現場を見る限りにおいて問題点も多い。細分化・標準化された単工程の作業と管理とをベルトコンベアによって同時化するフォードシステムの問題点が指摘されて久しいが、生産システムの進化として見た場合、セル生産システムの出現にいかなる位置づけが与えられるべきか、人間労働や分業の原点を再検討させる重要な問題提起をしたことは間違いない。

　いま1つが、部品の複合化と生産ラインの再編をめぐるモジュール生産方式の議論である。欧米においては、前述の電子機器や自動車工業の例（篠原、c）、アメリカ・アパレル産業の例（Berg, et al., Dunlop and Weil）など、すでにモジュール生産方式が程度の差はあるものの1980年代から展開されていた。それは、いわば互換性部品方式の発展としてのモジュール原理に基づく、オープンなコスト削減競争に対応する製品アーキテクチャ戦略の展開であった。わが国企業においても、電子機器産業などにおいては、1980年代後半の過度のME自動化の反省とコスト削減を目標として、部品の共通化やモジュール化、加工・組立の簡素化などが展開されていた[6]。しかし、自動車工業において、方法論として部品の複合化と生産システムの再編成、すなわちモジュール生産

方式が議論されるのは、1990年代初頭にマツダの新工場においてモジュール生産方式が本格的に採用された（篠原、a）時点に始まる。生産の自動化と労働の人間化、環境対応という理想的目標を掲げた本システムは、トヨタ九州工場、日産九州工場と並ぶ1990年代の象徴的製造システムであった（坂本、b）。その特徴は、シャーシー、フロントエンド、インパネ、ドアなどを複合部品としてサブラインで内製し、これらをメインラインで自動装着するというもので、欧米のモジュール方式を土台としながら、製造工程の再設計とメインラインのME自動化の推進に力点を置く巨大なシステムであった。本来外注比率の高い日本企業の場合、部品の複合化・統合化はコスト削減につながる可能性があることから、モジュール方式の積極性については認められてきた。しかしながら、モジュール型設計における技術上、コスト上の課題も多く、日本型サプライヤー・システム、技術・労働の柔軟性に依存した汎用ラインで混流生産を行う製造方式にその優位性を自認してきた日本自動車工業の本格的なモジュール化の展開は、2000年代に入ってからになった（『日経メカニカル』No.566）。それにもかかわらず、部品の複合化とサブライン化、メインラインの短縮、作業・管理の軽量化を実現したマツダの「実験」が、その後の日本自動車工業の生産工程再設計、部品の統合設計そしてサプライヤー・システムの再編に及ぼした影響は大きいのである。現在では、多くの組立型産業でモジュール設計・生産が展開されている。

　第2に、生産システムの循環機能的側面からの議論、すなわち生産システムの循環機能の分割と統合の議論である。ICT化は、生産活動の速度を速めるとともに、消費者の生活速度にも重要なインパクトを与え、それによってICT革命といわれる。また、グローバリゼーションの進展は、生産活動の空間的規模を地球レベルに拡大したが、それがまた自由な製品移動や価格破壊などをつうじて、消費者の生活ニーズの変動化にインパクトを与えてきた。こうして、速度とコストとが企業間競争の主要な側面になるなかで、企業は、生産の要素機能的側面のリーンシステムのみでなく、開発・調達・製造・流通・販売という生産循環的機能全般を統合的視点から捉え直す、いわばサプライチェーンとニーズチェーンの統合という視点から速度とコストを捉え直す生産システムの構築を追求した。すなわち、消費者ニーズまで含めたサプライ

チェーンを生産アーキテクチャとして、これを構成する開発や製造・流通といった機能モジュールの個別最適化というより、ICTシステムを媒介にサプライチェーンのよどみのない流れに重点を置こうとする考え方である。

消費者ニーズと生産速度・コスト削減とを結合した事例としては、デル直販モデルが知られているが、この方式は、受注組立方式（BTO：Build To Order）、仕様組立方式（CTO：Configure To Order）の現代的意義を強く印象づけた（野口亘、中根甚一郎）[7]。末松千尋は、規模の経済によるコスト削減と消費者の個別ニーズに迅速に対応できる生産システムとして「モジュール＆インターフェース」方式を提起しているが、これはCTOの意義を強調したものであると理解することができる（末松）。クイック・レスポンス（QR）なども同様の意義を持っている。このように、受注すなわちカスタマイゼーションと生産・納品すなわちサプライチェーンの効率とをどのように結びつけるかの問題は、1990年代以降の重要な議論の対象になったのである。

また、サプライチェーンの全体最適化をはかる理論としてゴールドラッドのTOC理論（Theory of Constraints）がある。これは、サプライチェーンの円滑な流れを阻害する要因の発見と平準化のための理論として、サプライチェーン・マネジメントの基本理論となった（ダイヤモンド・ハーバード・ビジネス編集部、Goldratt）。さらに、サプライチェーンの情報統合をはかる議論としてはERP（Enterprise Resource Planning）の議論がある。これは、MRP（Material Requirement Planning：資材所要量計画）を発展させ、従来各業務で個別に開発・運用されていた情報システムを統合して、基幹業務のグローバルなシステム統合によってサプライチェーンに蓄積した無駄を削除し、迅速な意志決定支援を行うものである（和田・坂、同期ERP研究所）。また、これを顧客情報と連動させて顧客との「関係性」をはかるCRM（Customer Relationship Management）なども、わが国企業においても採用されるケースが多くなっている（荒井）。

4. 企業アーキテクチャ

第3に、近年、生産アーキテクチャの企業内組織を超えた組織機能モジュールの分散・統合のあり方が問題となっている。すなわち、モジュール原理を企

業組織編成に援用して生産システムを企業間アーキテクチャとして再構成する議論である。こうした議論の社会的・技術的条件は何か。まず社会的条件としては、1つは、競争のグローバル化を背景とする生産システムのグローバル分業、すなわち製品仕様のグローバル化、部品の海外調達、海外生産の規模の拡大、市場のグローバル展開の結果、製品インターフェースはもとより、組織インターフェースのオープン化が求められるようになり、複雑化した組織モジュール間の連携のあり方が問題になったことである。2つは、速度とコストとを競争原理とする現代生産システムには、サプライチェーンの速度とコスト・パフォーマンスの統合が求められる。しかしながら、複雑・巨大化したサプライチェーン組織を企業内統合することは、とりわけ「囲い込み」型の日本企業などは意志決定に時間がかかり社会的要求に即時的対応が出来ない。また、巨大統合組織の場合、これを構成する組織モジュールの自律性は制約され、組織全体の効率は最も効率の悪い機能モジュールに規定される。したがって機能モジュールの能力は最大限に発揮できない。いわば流れ作業の能率が最も能率の悪い作業者に規定されるのと同じである。こうして、企業間結合による最高能率の組織モジュールの結合が企業戦略の重大な課題になったのである。3つは、オープン・モジュラー型製品アーキテクチャの進展が、グローバル・スタンダード、デファクト・スタンダードを媒介に「ネットワーク外部性」「ネットワークの経済性」(依田[62])などといわれるネットワーク効果を発揮することが明らかとなり、収穫逓増を求めるネットワーク型組織構築が新たなビジネスモデル戦略になったことである。

　一方技術的条件としては、1つは、情報通信システムの進歩が情報の即時的ネットワーク処理を可能にすることによって、組織モジュールの即時分散処理とネットワーク統合の技術的条件を与えたことであり、いま1つは、汎用デジタル技術を技術的基盤とする現代の製品・生産技術はグローバル・スタンダードを必然化させるが、それがモジュール原理の導入を適合的なものとしていることである。

　こうして、モジュール原理の下に最も効率の良い組織モジュールのネットワークによって生産システムの最適統合をはかる議論が展開されている。国領二郎は、情報通信システムのネットワーク化の進展に対応して、経営の「囲い

込み型」から「オープン型」への転換と戦略提携によるネットワークの経済性の意義を主張したが（国領、a）、さらに議論を進め、ネットワーク時代の経営戦略モデルとしてモジュール原理に基づくオープン・アーキテクチャ型協働組織の構築を提唱している（国領、b）。また、末松は、強い自律性と「オープン水平分業」戦略によって成長する「京様式」の実践例から、オープン・アーキテクチャ型の「モジュール＆インターフェース戦略」こそがネットワーク外部性実現の鍵であることを強調している。そして林正樹は、情報ネットワーク時代の経営の本質は、オープン・アーキテクチャ型組織によるナレッジ・マネジメントとサプライチェーン・マネジメントとの統合にあると指摘している（林、c）。ところで、ハメル＝プラハラードは、大競争時代の組織戦略はコア・コンピタンス（他社に真似のできない中核的競争能力）の創出とコア製品の開発にあると問題提起したが（Hamel & Prahalad）、この考え方も、複雑化・大規模化したサプライチェーンを最強のモジュール機能組織（コアコンピタンス）の企業間ネットワークとして構築するという方法論であり、その後のファウンドリーやEMSの国際展開（原田、呉）、アウトソーシングの実践例（島田・原田）などからも見られるように、モジュール型生産システムの現代的意義は明らかであろう。

以上、モジュール型生産システムに関する議論は、作業や工程の現場レベルから製品戦略や企業間組織関係に至る広範な議論として展開されてきた。それは、1990年代のグローバリゼーションとICT革命という社会的・技術的条件の下でのアメリカ的方法論の復活を反映するものであるとともに、巨大化した生産力の複雑な制御に対する方法論の到達段階を意味するものなのである。

第4節　協業・分業とモジュール型生産システムの展開

1. 分業・協業とモジュール型生産システム

組立加工型製品は多数の部品によって構成されるが、これら部品は原材料・工具機械・労働力によって構成される生産工程において加工・組立が行われる。そしてその生産工程においては、計算業務や意志決定が必要となり、さら

にこれが組織的活動として展開される場合には、管理業務が重要な構成要素になる。それゆえ、かつての互換性部品生産方式のようなそれほど複雑でない製品の生産においては、分業・協業のメリットについて容易に理解ができる。しかしながら、自動車の生産のような、数万もの部品から構成される複雑な製品を生産する場合、しかも消費者ニーズが多様化すればその部品の数は途方もない数に達するわけで、その複雑化した生産工程をいかに合理的・効率的に組織化できるか、その管理方式が問われることになったのである。

まず、その源流である互換性部品生産方式の場合つぎのような特質があった。第1に、作業者は斉一化された構成部品の作成に専念するので技能の増進が早まる。第2に、専用機械の開発により生産性が大幅に増進するとともに、作業者の熟練が削減される。第3に、部品の斉一化によってそれまでもっとも重要な熟練作業であった擦り合わせ作業が不要になる。第4に、工程の近接化・並列化により協業のメリットを享受できる。

つぎに、フォードシステムは、この複雑性の解決のため、① 製品の多様化をせず単一製品（黒のT型車）の原則によって製作部品（互換性部品）の品種を増やさない。② 作業の単純化・標準化によって作業者の互換性をはかる。③ 単能機とコンベアによって工程の固定化・同期化をはかる。④ 管理組織を複雑化せず、分権化せず意志決定をH.フォードに集中するなど、分業・協業のメリットを最大限に実現する巨大な垂直統合型生産システムを実現した。

これに対し日本的生産システムの場合は、① 製品の多様化を前提に、多数の部品生産を多数のサプライヤーで構成されるサプライヤー分業によって行い、最終組立をメーカーで行う。すなわち、サプライヤー・システムとして複雑性の分割と統合をはかる。また、これによって複雑な管理業務も分割できる。② 多様な加工に柔軟に対応できる汎用性のある機械を配置して、複雑性を機械に吸収しながら機械の効率を高める。③ 作業の複雑性は、多様な作業能力を持つ多能工で構成されるチームの協業によって対応するなど、フォードシステムとは異なる柔軟な統合方式によって分業・協業のメリットを享受した。

それでは、現代のモジュール型生産システムは、分業・協業という視角から

どのように評価されるであろうか。前述のように、モジュール型生産システムとは、速度とコストとを戦略的前提として、複雑で多様な製品や生産工程を機能と構造（機能モジュール）から構成されるアーキテクチャとして理解し、決められた結合方式（インターフェース・ルール）の下に機能モジュール（複合部品、サブ工程）に分解し、モジュールの最適化をはかりつつ、これらを効率的に統合する生産原理である。すなわち、① 製品アーキテクチャという設計構想から、複雑な製品を機能分割し、互換性のあるモジュール部品（複合部品）の結合体として複雑性の分割と統合をはかる。インターフェース・ルールによる互換性によって複雑性に伴う調整作業を短縮する。ニーズに対しては、自律的なモジュール・レベルでその変動性に対応する。また、コスト・パフォーマンスを求めるモジュール部品の最適設計活動が部品の統合化の工夫を生む。② 生産アーキテクチャという考え方から、複雑な生産工程の機能別分割（ライン分割）と統合をはかる。これによって複数の生産工程にまたがる機能重複を排除でき、生産の時間的・空間的節約ができる。また、生産工程の短縮化と分割は工程改善ならびに工程再編を容易にし、生産量は生産工程の並列化と組合せによってその変動性に対応する。さらに、生産工程の統合に関わる複雑な計算業務、管理業務は、ICT システムを使用することによって時間的短縮・コストの削減が可能になる。③ 生産工程を機械加工工程として編成するか、作業者によるセル作業工程として編成するかは、工程の性格、変種変量生産に対する即応性、コスト・パフォーマンスによって決まる。④ 企業アーキテクチャという考え方から、組織モジュールへの分割と統合、すなわちコア・コンピタンスの組織間ネットワーク統合として分業・協業を空間的に拡大する。

　以上のように、モジュール型生産システムは、生産システムの構成諸機能モジュールを互換性機能として組合せ、その時間的・空間的節約を目的とする組織効率の追求という意味で、分業・協業の本源的形態の現代的展開を意味するのである。

2. モジュール型生産システムの展開

　ここで、モジュール型生産システムの導入を進めた A 社工場の実例（2003

年7月聞き取り調査）を紹介しよう。当社は日本を代表するエアコン・メーカーである。天候による需要変動の激しい季節商品という製品の性格、激しい新製品競争という市場環境から、平準化したロット生産は不可能であり、1999年ハイサイクル生産と呼ばれる変種変量生産方式を導入した。その特質を簡潔にまとめると、

　第1に、需要変動（ピーク／ボトムは3倍）に俊敏に対応できる生産システムを構築した。① 確定3日サイクルを基本に13週の生産計画を立て、部品・製品在庫を削減する。② 生産量変動に俊敏に対応するため、室外機はモジュール・ライン、室内機はセル・ラインによって製作する、モジュール型生産システムを導入した。これによって瞬発力のあるライン構築を行った。③ 正規労働者は原則としてボトム時に対応できる数に押さえ、派遣労働者によって労働量の調節を行うことにした（ピーク時は正規労働者の2倍）。④ システム管理は、基幹情報システムの構築によって開発から流通まで分散統合型の一元管理体制を導入した（在庫金額が3年で半分に）。

　第2に、室外機ラインは、熱交換器、圧縮機とその他の補助部品を組み付ける工程であるが、従来は同形態の品種別作業ラインが複数設置されていた。これを工程機能モジュール別に統廃合して、ピッキング（部品セット）作業、モジュール部品（熱交換器）製作ライン、2本の「双子のライン」と呼ばれるモジュール組立ラインに統合した（圧縮機は別工場）。① ピッキングはCRTを用いることによって作業の質の向上と時間的節約ができた。② 熱交換器製作工程はU字形に配置され、作業者の熟練度に応じた作業配置が可能となり、サイクルタイムがライン全体として調整できるようにした。③ 組立加工工程は工程モジュールとコンベア・モジュールに分かれており（そのように呼ばれていた）、工程モジュールは、加圧真空工程、冷媒充填工程、ガス漏れ検査工程、運転検査工程から構成され、これらの工程間搬送はコンベアによってなされている。工程モジュールの設備は完全にユニット化（たとえば加圧・真空ユニット、運転検査ユニット）され、自動化されている。モジュール化・ユニット化された設備の組合せによってライン変更を容易にした。④ 基本構造を同じくするラインの並列化によって生産機種・生産量を調節した。こうしたライン構築の結果、① ラインが180mから90mに短縮され、各工程の近接化に

よって工場全体の空間的節約ができた。② サイクルタイムが半分になり、需要変動に対する瞬発力を向上させた。③ 工程リードタイムが138分から42分に短縮され、速度とコストの改善に貢献した。

第3に、室内機製作ラインは、熱交換器製作とこれを樹脂部品などの部品と組み付け、運転検査する工程であるが、組立はセル・ラインで行われる。① 30の部品をピッキングし、コンベアでセル・ラインに送る。② セル・ラインは、全50工程1人組立方式で、11のセルをおよそ7名の女性作業者（正規工1名、他は支援工）が担当する。③ 作業は立ち仕事で1台3分30秒で組み立て、個人別実績を判別する請負作業である。これにより、生産性は27％向上した。④ セル・ラインへの投資は1年で回収した。⑤ 作業者はセル方式の方がやり甲斐があるといっている。

第4に、その他生産システムの目標として、① 製品モジュールを再分割して、交換部品をなるべく小さくし、資源効率を高める。② 部品の品質管理、生産の一貫性管理から、部品の内製化を進める。

以上、A社の事例から明らかなように、モジュール型生産システムの導入は、生産要素機能の節約と効率的使用とをつうじた生産性の向上とコスト削減、需要変動に対する生産システムの迅速な対応など、速度とコストとが戦略的要因となる現代の社会的条件に対する適合性を証明するものであった。

3. セル生産システムと労働の人間化

分業のメリットは機能の分化そのものにあるのでなく、分化した諸機能の統合のあり方に依存する。生産システムの進化は、作業の自動化・連続化・同期化による統合を進展させたが、それは、生産の主体的要因である作業者とその客体的要因である機械設備との相剋の中で展開されてきたことは歴史が示すところである。セル生産システムが、現代的諸条件の中での生産性向上の切り札として注目されてきたということ、しかもそれが作業者の熟練の機能を媒介に作業の統合による生産性の向上をはかるということ、一見歴史の逆転のように感じられるこの方式が、生産システムの進化の中でどのように位置づけられるのか検討してみよう。

従来のコンベアを媒介に形成された流れ作業方式にはつぎの問題点があっ

た。第1に、コンベアによって結合された作業は、作業分割が進めば進むほど、マルクスの指摘する「マニュファクチュアの限界性」すなわち物の移動時間が大きくなる。無駄時間のシステム化である。第2に、作業の連続化は作業者の技能の平準化を求めるが、それは作業速度が低い技能の作業者で決まるということ、したがって、高技能者にとっては作業能力の無駄である。第3に、作業の単純で同一速度の反復作業は作業の単調化・無内容化を促進するが、それは、これもマルクスの指摘したところであるが、作業転換による励みや労働意欲を低下させる。第4に、コンベア速度での作業は、作業の自律性を求める作業者には労働強制として感じられ、作業の達成感を阻害する。第5に、コンベア型生産システムは、設備コストが大きいため、ライン転換が難しく、品種変更や作業変更に柔軟でない。

　ではこうした作業システムのアンチテーゼとして登場したセル生産システムとはなにか。その特質を前述の事例や資料からまとめてみよう。第1に、作業の工程による分割でなく作業の製品による統合を原則とする。このため作業は細分化でなく複合化が求められ、必要とされる作業数は拡大する。その分、物の移動時間は短縮することができる。第2に、作業の並立化が行われている。このため、作業者はそれぞれの技能レベルにしたがって最大限の技能発揮ができる。作業上の問題はそれぞれのセルの範囲に限られる。第3に、作業拡大に対応するために多能性が求められ、多くの作業をこなさなければならない。それが能力増進への意欲、労働意欲の向上につながる。第4に、それぞれの能力にしたがって多数の作業をするため、作業に達成感がある。第5に、多くの場合、セル・ラインの構築は、単純な設備・機械の組合せで構成されており、設備コストが大幅に節約できる。

　たしかにこれだけを見れば、セル方式は、生産性が向上し、作業者の技能が向上し、作業に対するやり甲斐・満足感が得られ、ライン変更や品種変更などのシステムとしての柔軟性が増進しているように思われる。しかしながら、現代の厳しい競争環境の中での展開は必ずしも理念通りに実現されているわけではない。それは以下の点にある。

　第1に、作業の最適化をはかるため、作業方法の標準化が行われる。作業方法の単純化（CRT作業）とその組合せによる多能化、すなわち作業の多様化

に対する適応能力が教育される。第2に、技能が速度に還元され、個人別の最高速度が求められる。それは作業速度の自律性を意味するものではない。第3に、作業は立ち作業を基本とし、作業疲労を伴う。A社の例でも現場で足をたたいている女性がいた[8]。第4に、作業成果が個人別あるいはチーム別に測定され、作業刺激あるいはチーム内の作業牽制が行われる。作業が請負または成果給と結合されることが多いが、その場合作業刺激はより大きくなる。

こうしてみると、現実に展開されるセル生産労働は、作業方法の標準化と最速時間の結合、作業内容の単純化とその組み合わせとしての職務拡大、コンベア労働を超える作業疲労、作業成果による作業刺激などをつうじて生産性向上をはかるシステムであり、その積極的側面を勘案したとしても、テイラーシステムの現代的展開と考えざるを得ない。それゆえ、労働の人間化という人類の目標からみれば、生産システムの進化はさらに新たな展開を余儀なくされることは間違いないのである。

第5節　生産システム進化の到達点と課題

生産システムは、市場・技術・労働の社会的展開を条件に、それゆえ生産部門の多様性の中で、また地域的多様性の中で、1工程・企業レベルから産業・国家レベルへ、そしてグローバルなレベルへの展開過程として進化してきた。そして21世紀型生産システムは、ICT革命とグローバリゼーションとの技術的・社会的条件の中で開始されることは間違いない。本章は、こうした条件に対する生産システム革新の方向をモジュール型生産システムに求めてきた。すなわち、各国の企業が多様な生産システムとの競合関係の中で速度とコストとを戦略目標におき、生産システムを構成する諸資源・諸組織をアーキテクチャとして捉えて、これら諸機能の組み合わせを目的に応じて分離・統合できるネットワーク型生産システム（分散統合型生産システム）を展開するであろうということである。それにもかかわらず、深刻な地球環境問題、国際社会の不透明な関係、底なしの競争主義と富の偏在、デジタル化社会がもたらす不安定な人間関係など、21世紀初頭の技術的・社会的諸条件は、生産システムの将

第10章　生産システムの進化と分散統合型生産システムの形成　　407

来展望を必ずしも明確にしていない。それゆえ、生産システムの進化は人間を豊かにしたかという命題は、今後も問い続けられなければならないのである。

注
(1) モジュール製品とは、「別個の構成ブロックまたはモジュールの結合をつうじて全体の機能を完成した機械、組み立て物またはコンポーネント」である（Stone, et al., p.5）という最近の議論からしても、この事例はまさにモジュール生産である。
(2) 並木高矢によれば、「モジュールとは元来が建築用語で、設計基準として用いられる基準寸法（長さ）のことである」（並木、178頁）としている。また青木昌彦は、モジュールとは「a.家具または建築物（アーキテクチャ）の単位として、共に用いられる標準的な単位の系列のいずれか。b.通常はパッケージ化されたエレクトロニクス・コンポーネントの機能的な集合体で、他の同様な集合体ととともに用いられるもの」というウェブスターの辞書を引用した上で、モジュール化に関する近年の議論をふまえて、つぎのように定義している。「『モジュール化』とは、半自律的なサブシステムであって、他の同様のサブシステムと一定のルールに基づいて互いに連結することにより、より複雑なシステムまたはプロセスを構成するものである。そして、1つの複雑なシステムまたはプロセスを一定の連結ルールに基づいて、独立に設計されうる半自律的なサブシステムに分解することを『モジュール化』、ある（連結）ルールの下で独立に設計されうるサブシステム（モジュール）を統合して、複雑なシステムまたはプロセスを構成することを「モジュラリティ」という」（青木、5-6頁）。
(3) こうした生産アーキテクチャの形成プロセスについても、日本のボトムアップ型とアメリカのトップダウン型との方法的相違がある。またFMSの日米比較から、日本型の優位性を実証調査したものとしては、Jaikumar。また、日本の経験から現場レベルでのFMSを議論したものとしては、Rathmill。
(4) フレキシビリティ・コストとは、ME機器の多機能性を維持するためのハード・ソフト費用、また高機能ラインの維持に不可欠の技術者・保全要員の増加など。日本自動車工業においては、トヨタ田原工場、マツダ防府工場、日産九州工場など、1980年代後半から1990年代初頭にかけてME技術を駆使した柔軟統合生産システムの構築をはかり、「人に優しい」自動化ラインを実現したが、初期投資の回収、フレキシビリティ・コストの増加によって、規模の経済性の維持に苦しむことになった。
(5) 信夫は、「統合の経済」という概念から、セル生産システム（製造レベル）をポスト・リーン生産システム（事業レベル）の方法的原点として位置づけている。
(6) 部品の共通化による機種変動への対応、ME機の単能化と内製化など、ローコスト・オートメーション（LCA）化によるコスト削減、生・産・在の一体的見直しによる生産サイクルの短縮化などが行われた。たとえば、1992年当時、ビデオ・ムービーを生産する松下電器岡山工場では、MTM（Matushita market oriented Total Management system）と命名された自動化生産システムを追求していたが、ここでは、インテリジェント・セルと呼ばれる加工セルや組立セルを単能化・規格化してこれを内製化し、またT字形生産方式によって部品の共通化と機種の多様性とを両立させていた（筆者の工場ヒアリング）。
(7) 岩室（106-108頁）は、受注生産の形態を①仕様組立生産（C. T. O.: Configure To Order）②受注組立生産（B. T. O.: Build To Order）③受注生産（M. T. O.: Make To Order）④受注設計生産（D. T. O.: Design To Order）として分類している。
(8) 筆者の国内外工場調査においてセル作業の現場を見た限りにおいて、作業の厳しさが目についた。特に、中国でのある日系企業では、休憩時間に作業者が現場に座り込んで足を投げ出すという、きわめて印象的な場面に出会った（生産システム研究会編）。同様の点はすでに篠原、bにお

いて指摘されている。

フェーズ 5

循環統合型生産システム

第11章
終章　循環統合型生産システムの模索

第1節　現代生産システムの課題

　ビッグバンからビッグバニッシュへの宇宙循環のプロセスのなかで地球が生まれて46億年。それは地球の自然循環の過程での生物の生成と消滅の生命循環の過程でもあった。そして人類の祖先トゥマイの時代から約700万年、生物の歴史からすればごく短い時間であるにもかかわらず、人類は自然循環に適合しつつ地球の支配種にまで進化した。では多くの動物の中で人類はなぜ地球の支配種になることができたのであろうか。その理由は、生産手段の使用を媒介とする人類の生産活動にある。地球環境に適応できる多くの動物の中で人類だけが生産活動を行い、自らの肉体的能力をはるかに超える物質的生産能力、いわば技術を獲得することによって自らが進化し、他の動物を支配することになった。その結果、人間は生産活動をつうじて、自然的生活のみでなく、経済的、社会的生活を送ることになった。言いかえれば、生産活動をするということが、地球の支配種としての人類の自然的・経済的・社会的生活の必要十分条件となったのである。

　人間の祖先は、元来他の動物と同様、自然循環の中で自然が与えてくれる恵みによって、すなわち、物質代謝過程をつうじてその生命を維持する動物であった。本来物質代謝とは「食物として外界から摂取された物質は種々の合成や分解を経て、生体成分や生命活動のための物質およびエネルギー源となり、また不要物として排出される」（大辞林）という意味である（生命循環）。しかしながら、人類は、自然を加工することによってこの物質代謝過程を効率化、大規模化できることを学び、生命循環の拡大をめざしたのである。こうして、人類が他の動物と異なるようになったのは、自然循環と生命循環との間の物質

代謝過程に生産手段を媒介とする生産活動（自然の加工）を挟み込み、この物質代謝過程（物質循環）を「迂回」させたことにある（生産循環）。すなわち、「自然から資源・原料を採取し、生産物を生産し、それを消費する。その生産の際に『生産の廃棄物』が発生し、消費の際に『消費の廃棄物』が発生する。これらの全過程を人間と自然のあいだの物質代謝という」（有斐閣経済辞典）こと、いわば、この物質循環の迂回こそ生産活動の本質であり、その迂回の規模が生産循環の大きさを決定し、人間の生命循環すなわち生活手段の規模を決定するのである。

産業革命以来の生産技術の発達は、生産循環の質・量のまさに革命であった。しかしながら、21世紀に至る生産循環の急速な拡大は、次第に生命循環と自然循環との関係を調和から対立の関係へと変化させた。地球資源の巨大開発による資源環境の破壊、地球温暖化と自然環境破壊、グローバルな富の偏在による経済環境破壊、退廃文化の蔓延と社会環境破壊、こうした現象は、いまや人間が自らの存立基盤である生産循環そのものから疎外されていることを示している。人類生存の危機とは、したがって、自然環境、経済環境、社会環境の破壊として現れる自然循環と生産循環そして生命循環の間の調和の欠落を意味しているのである。それゆえ、人類が再びこれらの循環の調和を回復しようとするならば、生産循環のあり方そのものを見直し、自然循環および生命循環との調和的な関係を維持できるような生産循環システムを構築しなければならないのである。本章は、このような視角から、生産循環の制御をはかる生産システムの進化の過程を再検討することによって、次世代に向けて構築すべき生産システムのあり方を模索するものである。

第2節　生産循環と生産システムの展開

1. 自然循環・生産循環・生命循環

前述のように、自然循環とは、地球において生成と消滅を根本とする物質の循環である。人間は、自然循環の一部としてその物質循環をつうじて生命循環を維持している。また、人間はこの物質循環過程に生産循環を介在させ、資源

環境を媒介に自然の物質循環を意識的に迂回・制御することによって、生命循環の拡大をはかった。物質循環に対する人間の制御は、人間自身の制御、労働手段による制御、社会的諸関連による制御をつうじて行われた（吉田、第1章）。図11-1は、生産循環を媒介とする自然循環と生命循環との関係を示している。まず、自然循環と生産循環との関連を見れば、自然循環は、生命循環に対しては空気や水、気温、気候などの自然環境として現れるが、生産循環に対しては同時に資源環境として現れる。物質循環から生産循環に内部化された資源は、生命循環の維持拡大のために生産物に転化される。生産循環とは、生産物の消費的消費を前提とする資源（自然）の生産的消費のプロセスであるが、この迂回による生産循環の自然循環への還元は、物質（資源）循環の完結性がない限り自然循環を動揺させるものとなる。大量の排出物・廃棄物を自然に還元する現代の工業化社会においては、その技術水準のゆえに物質循環の完結性はえられていない。むしろ、物質循環は、科学技術の発達による生産循環の急激な拡大とともに次第にその循環性を失うことになったのである。自然循環の破壊を伴う生産循環の拡大が、自然循環と物質循環との対立を引き起こし、資源環境の悪化すなわち資源の枯渇を生じさせることになったからである。しかもこの枯渇は、生産循環の拡大による人口爆発の進展とともに累積的に深刻になりつつある。資源開発、資源効率など資源環境と生産循環との関係を再検討

図11-1　自然循環・生産循環・生命循環の関連

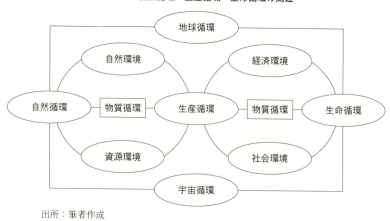

出所：筆者作成

せざるをえない第1の現代的契機がここにある。

　また、巨大な生産循環の拡大は、資源・エネルギーとしての炭素化合物を地中から大量に採掘して生産的あるいは消費的に消費することになったが、その結果として排出物・廃棄物の飛躍的増加をもたらした。周知のように、メタン（CH_4）や二酸化炭素（CO_2）などの温室効果ガス排出の増加と近年の気候変動との関連、地球温暖化がもたらす自然環境の変化は、もはや生命循環と自然循環との対立が重大な段階に至っていることを示している。それは、地球の支配種としての人類の生存条件そのものを脅かす「生命環境問題」として認識されなければならないのであり、排出物・廃棄物削減など、自然環境と生産循環との関係を再検討せざるをえないいま1つの現代的契機なのである。

　つぎに、生命循環と生産循環との関係を見るならば、生命循環の規模は、生産循環の規模すなわち生産物に転化された物質循環の大きさに規定される。それゆえ、人間は生産循環の一層の拡大を意識的・計画的に追求する。そして、その循環を規制するものは経済環境および社会環境である。人間は、経済環境には経済システムをもって、社会環境には社会システムをもって生産循環を制御しようとする。経済システムとは、人々が継続的に物質的・精神的生活を営むために生産循環（生産と分配）を制御するシステムであり、社会システムとは、人間の生命循環の相互的・安定的維持を目的として秩序づけられた社会関係を維持するシステムである。人間は、これらのシステムを制御しながら生産循環と生命循環との調和を維持するのである。しかしながら、社会化された人間生活においては、人間は、ときに自らの生命循環の拡大を求めて経済システム・社会システムの統治力を排他的に追求する。その結果、飢餓、戦争など、生命循環の断絶を伴うような歴史的展開を生み出してきた。それは、物質循環の撹乱であり破壊である。経済環境のグローバル化、デジタル革命による社会環境へのインパクトなど、生産循環の巨大化が進展する現代においては、その撹乱や破壊があれば人類全体の生命循環の危機が到来することは間違いない。生産循環による物質循環の迂回を持続的に維持するためには、循環の下流である経済環境・社会環境を適正に制御しなければならないのである。

　こうして、自然循環と生命循環との調和と対立は、生産循環の規模と様式とに規定されるがゆえに、生産循環の主体である人間が、これら3つの循環の対

立関係の調和的再編のために生産循環を適正に制御することができるかどうか、それが人類の持続的な生命循環を維持するための現代的課題なのである。

2. 生産システムの進化と自然循環との対立

　生産システムの進化は、人類の長い時間的経過の中で展開してきたものであり、資源・エネルギーの発見と開発、資源＝素材を製品化するための製品・生産技術の発明、そしてこれら素材と技術とを合理的に組み合わせてより良い製品をより効率的に生産して、製品を速やかに消費システムに結びつけるための組織的努力のプロセスであった。では生産システムの進化をつうじて、生産循環と自然循環との対立はどのように進展してきたのか、生産システムの進化のプロセスのなかで検討してみよう。

　その源流はもちろん産業革命にあるのだが、生産循環と自然循環の対立の原点はフェーズ2のフォードシステムの垂直統合型生産システムにある。自動車に対する大衆の欲求を満たすため、製品・生産工程の単純化・標準化、徹底した機械化・自動化、そして資源・エネルギーの採取・生産から最終製品の生産と輸送までを同期化することによって生産システムを垂直的に統合し、文字どおり大量生産を実現したのである。そして、この生産システムがアメリカのみでなく各国に伝播した結果、第2次世界大戦後世界の生産循環の規模が著しく拡大し、これに伴う巨大な資源の消費と排出・廃棄の増加が現代の資源の枯渇と自然環境問題、すなわち自然循環の撹乱を促進する元凶となった（大量生産体制のパラドックス）。1960年代には、先進各国の多くの地域で生命循環に直接関わる公害問題が頻発し、法的規制や環境技術開発が迫られた。わが国においても、公害裁判、健康被害などを契機に、生産循環と生命循環との関連を見直さざるをえない政策環境の中で、1971年環境庁が設立され、生産システム、消費システムの環境指向が強化されはじめた。しかしながら、こうした展開が、「黄金の60年代」の生産循環の拡大に意義ある規制効果を発揮できたかといえば、そうとはいえない。むしろ、国際関係の拡大が環境問題を国際化することになったのである。

　フェーズ3は、石油危機後のトヨタ生産方式を代表とする日本的生産システムの展開であったが、この生産システムは、ME技術の柔軟性と労働力の柔軟

性とを適切に結合し、資源を有効に使用しながら、量的・質的に創造された消費者需要に多様な製品を供給するという、消費システムの拡大と生産システムの拡大とを結合する多品種大量生産のシステムであった。いわば、フォード型生産システムの生産循環をさらに拡大するシステムであったのである。したがって、自然循環への撹乱効果が増加したことはいうまでもない。ましてや、石油危機後の先進諸国企業の多国籍化と新興国生産の拡大の潮流が、生産循環の国際化を進展させたことは、これらの撹乱要因が地球レベルに拡散したということであり、いよいよ「地球環境問題」が人類の生命循環のアキレス腱になってきたのである（環境ジレンマ）。

このような状況を反映して、1972年ローマ・クラブが人類の「成長の限界」を表明したのをきっかけに、国連は同年、「国連人間環境会議」において環境問題を人類の脅威とする「人間環境宣言」を採択し「国連環境計画」を決定した。また、1982年、「国連環境計画」特別理事会において「環境と開発に関する世界委員会」が設置され、ここにおいて「持続可能な開発」(sustainable development) 概念が提唱された。いわゆる循環型社会の提案である。さらに、予想される地球高温化と気候変動との関係を科学的に研究するために、1988年、「気候変動に関する政府間パネル」（IPCC）が設立され、この機関がその後の地球環境予測に関して大きな影響力を持つことになった。

フェーズ4は、日本の「バブル経済」崩壊に端を発する日本的生産システムの影響力の低下と、経済システムのグローバル化の下でインターネットの解放による生産循環の回復を果たしたアメリカ型生産システム（モジュール型生産システム）の復活を特徴とする。そして、資源エネルギー多消費型生産システムのグローバル化、新興工業国の飛躍的な生産と消費の拡大、企業組織のグローバルな分割と連携による巨大化など、生産循環の規模は地球レベルで拡大することになった。なかでもブラジル、ロシア、インド、中国、いわゆるBRICsの生産と消費における圧倒的な拡大が、地球生産・消費の比重を高めることになったが、それはまた資源環境、自然環境をさらに悪化させることになり、自然循環の撹乱（環境ジレンマ）は目に見える形で現実のものとなった[1]。

こうして、1992年以降、「環境と開発に関する国連会議」（地球サミット）

のリーダーシップの下に、「気候変動に関する枠組み条約」(締約国会議：COP)、生物多様性条約など、自然循環、生産循環、生命循環の関連において地球環境問題が真剣に議論され、行動されることになった。1997年の「京都議定書」から2016年の「パリ協定」に至る人類の努力は、生産循環の巨大化による自然循環の撹乱がいよいよ人類の生命循環の「不可逆的」危機をもたらしつつあることへの共通認識の表れである。しかしながら、この段階においても人類は、「持続可能な開発」を「経済」(エコノミー) と「環境」(エコロジー) の両立と解釈し、自然環境すなわち自然循環を経済システムすなわち生産循環の中にビルトインして管理するという「環境管理」「環境経営」を押し進めているのである。競争社会システムにおいては、それは生産循環優先の企業経営、いわば生産循環と生命循環との関係に片よった考え方にならざるをえない。自然循環の撹乱が続けば、人類は生産循環そのものから疎外されることになるのである。

では、自然循環、生産循環、生命循環の対立から調和への歴史的転換期において、人類の生産活動の制御システム、すなわち次世代の生産システムはいかにあるべきか。本章では、生産システムの進化におけるフェーズ5として、循環統合型生産システムを提起する。生産システムは、これまで自然を消費する対象 (資源) として前提にしていたのに対して、新たなシステムは自然との共生を前提にし、自然循環・生産循環・生命循環の統合を目的とするという意味で、フェーズ4までの生産システムとは質的に異なる生産システムである。つぎにそのシステムの内容を検討しよう。

第3節　循環統合型生産システムの論理

1. 循環統合型生産システムの意義

循環統合型生産システムとは、自然循環と生命循環の適正な循環を維持することを目的として、生産循環の有り様を適正にする生産システムという意味である。生産循環とは、第1に生産システムの循環機能的側面である生産から消費までの資源の流れ、すなわち動脈流と、生産的消費・消費的消費の結果とし

ての廃棄・排出物を再資源化して動脈流に環流する静脈流としての資源の流れ、いわば資源循環である。これら2つの流れを統合してゼロエミッションの生産循環をつくるのが循環統合型生産システムである。第2に、顧客のニーズを出発点とするデマンドチェーンとこれに対応して生産物を供給するサプライチェーンの循環、それは物質循環であるとともに価値循環である。この場合、自然循環にとっては物質循環が、生命循環にとっては物質循環のみでなく、価値循環が大きな意味をもつ。なぜなら、人間生活にとって重要なことは雇用であり、所得であるからである。循環統合型生産システムは、この物質循環と価値循環の統合をはかることを目的としている。そこに自然循環に適合的な経済システム、社会システムのあり方が問われるのである。第3に、第1、第2の循環が小地域内で行われるか、より広域(国内、国際)で行われるかの循環、すなわち領域(エリア)循環という意味である。生産循環は、地域→広域→国内→国際という循環領域の拡大によってその規模を大きくしてきた。それは第2の循環の拡大でもある。グローバル循環を特徴とする現代の生産循環において自然循環との統合を実現するには、経済環境および社会環境における国内的・国際的な共生理念とシステムの構築が問われるのである。

それではこれらの循環を統合するとはいかなる意味か。それは、第1に、資源循環と自然循環の統合、すなわちゼロエミッション型生産システムによって自然環境と資源環境の適正な循環を維持すること、言いかえれば環境統合をはかることである。第2に、自然循環と生命循環の適切な循環(エコロジー)を維持する範囲内で、生命循環・生産循環の適切な循環(エコノミー)を統合することである。第3に、生産の地域循環、国内循環、国際循環の領域循環と自然循環、生命循環とをローカルに、グローバルに統合することである。

2. 動脈流と静脈流の循環

図11-2は、生産の循環構造を示したものである。まず、生産過程とは、資源開発過程から得られた諸資源を、労働力、機械・装置と結合して製品を生産する過程(詳しくは生産手段を生産する生産過程と消費財を生産する生産過程)であり、流通・消費過程とは、生産された製品を消費者に届ける(販売する)流通過程を経由して、消費者が製品を消費する過程である。これが生産循

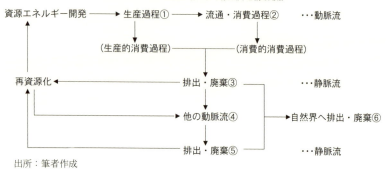

図 11-2 生産の循環構造（動脈流と静脈流）

出所：筆者作成

環の動脈流といわれる過程である。見方を変えれば、生産過程は、製品機能の生産を目的として資源やエネルギー、労働力、機械類を消費する過程であるから、生産的消費過程①であり、消費過程は、消費者が製品機能の享受を目的として製品を消費する過程であるから消費的消費過程②ということができる。

重要なことは、生産的消費過程および消費的消費過程は、そのプロセスにおいて、またはその結果として、排出・廃棄物を伴うことである。生産過程では、熱、ガス、水、資源の残滓などであり、同様に、消費過程では、熱やガス、製品や包装材、生活ゴミなどの排出・廃棄物である。これら排出・廃棄物が、自然循環に吸収または浄化される場合には問題とならないのであるが、大量生産体制の下での排出・廃棄物が巨大なものとなり、それが「大量生産体制のパラドックス」となるに及んで、この排出・廃棄物の削減・処理をいかにするかが地球レベルでの問題となっているのである。

これに対し、近年この巨大な排出・廃棄物を再資源化して動脈流に再投入する流れが本格化しつつある。これが資源循環の静脈流である。これを図11-2で見ると、まず、①および②は動脈流で、資源の開発から資源の生産的消費および消費的消費の過程である。新資源・代替資源の開発、生産過程における製品・製法のイノベーションや使用資源の削減（リデュース）による資源効率向上、資源の再利用（リユース）などによる資源の有効利用、そして、流通過程における流通・在庫の時間的・空間的効率向上などが資源循環における動脈流の課題になるのに対して、③は生産的消費及び消費的消費からの排出・廃

棄物の再処理による再資源化（リサイクル）の過程であり、まさに静脈流としての再資源化の過程である。言いかえれば、静脈流は、動脈流からの排出・廃棄物を資源とすることによって動脈流のための再生資源を生産する消費的生産ともいうべき資源循環であるといえよう。これに対して、④は動脈流から排出・廃棄された物質を資源として、新たな資源・製品の生産過程を形成する循環で、動脈流間の資源循環を構成する。しかし、この新たに追加された生産過程からも排出・廃棄物が発生することになり、①②③の動脈流と静脈流の同様の資源循環が行われる。こうして、静脈流をつうじても処理不可能な物質が⑥自然界へ廃棄されることになる。

　重要なことは、この静脈流を新たな産業部門として、動脈流産業部門と統合する生産システムを構築することである。たしかに現在、静脈流を対象とする多くの企業が存在する。ペットボトルや古紙、食品包装材、電気製品、コンピュータ、建築残滓、金属類、食用油、自動車などがリサイクルされている。エコタウンなどの静脈流クラスターも形成されつつある。しかしながら、これらの企業は、一部を除いて採算性に問題があることが多く、動脈流とのネットワーク化も進んでいるとはいえない。もともと排出・廃棄物は、動脈流を源とするものであり、本来、動脈流が処理すべき対象なのである。地球環境問題が切実さを増せば増すほど、動脈流と静脈流とが資源循環として、また価値循環として統合される生産システムの構築が求められる。言いかえれば、生産的消費と消費的生産の循環システムとしての循環統合の生産システムである。その統合の仕組みをいかに具体的なシステムとして展開できるか、これが次世代生産システム構築の1つの柱にならねばならないのである。

3. 循環統合型生産システムの技術的条件―環境技術とIoT技術―

　循環統合型生産システムを構築するための技術的条件は、1つは環境技術の革新と展開であり、1つはICTを越えるIoT（Internet of Things）を中核とするデジタル・ネットワーク技術によるイノベーションである。

　第1に、近年、生産循環による自然循環と生命循環の撹乱が地球規模で問題になるなか、自然循環と生命循環の適正な循環を回復するための環境技術の開発が急がれている。自然循環、生命循環に負荷をかける生産循環の適正化技

術、すなわち、動脈流における資源・エネルギー消費の効率化の技術、新（代替）資源・エネルギーの開発、具体的には、CO_2を多量に排出する火力発電に代わる、太陽光・風力・小水力・地熱・潮力などの再生可能エネルギーを利用する発電技術へのシフト、電力の効率的利用を促進する電池技術の革新、生産・流通・業務における省資源・省エネルギー技術開発とCO_2排出制御技術開発、ガソリンを使用しないEVの開発、CO_2還元によらない高炉の技術開発、SO_X・NO_X・温暖化ガス排出制御技術の革新、CO_2そのものをエネルギー・資源にする技術の模索、さらに、静脈流におけるリユース、リサイクル技術の革新技術の開発などである。こうした技術の実験・開発・展開をつうじて、あるいは企業や住民の環境保全意識の向上、環境負荷物質排出の削減、廃棄物のリサイクルの法的規制をつうじて、少しずつではあるが動脈流と静脈流の環境統合意識が進展している。

　第2に、循環統合型生産システムは、生産循環の縮小的な規制によって生命循環を適正なものにするということではない。生産循環の規制的拡大、すなわち人間生活における生命の安全・安心、生活の質の充実と生産循環における効率性、柔軟性とを統合し、しかもそれを自然循環の適正性と統合する生産システムということである。この生命循環と生産循環、そして自然循環をつなぐ技術がIoT技術である。言いかえれば、環境技術がその必要条件であるとするならば、IoT技術はその十分条件であるといえる。

　ICT管理による生産、流通、業務の省エネ化、効率化と環境負荷低減の両立をはかる試みはこれまで国際的に行われてきた。欧米だけでなく、近年の中国のスマートシティの建設は目を見はるものがある。ここではICTを媒介に環境負荷に配慮した動脈流と静脈流の統合システムを実現しようとしている。わが国においても、経済産業省のイニシアティブで2008年に設立された「グリーンIT推進協議会」（2017年、グリーンIT推進委員会に改組）が「グリーンテクノロジー」（省エネ・新エネ技術とICT技術の統合）を地球温暖化対策時代の国際競争力の柱と位置づけ、各種産業への広報と指導活動を展開している。こうした生産循環の環境統合をはかる試みはIoTという革新的なネットワーク・コンセプトによって新たな段階に突入すると考えられる。

　IoTが脚光を浴びたのは、2010年ドイツが公表した国家政策「ハイテク戦

略 2020」におけるプロジェクト「インダストリー 4.0」（第 4 次産業革命）である。これは IoT 技術によって「スマート工場」（工場内外の生産設備や部品、製品、人間がインターネットを経由してつながる）を実現し、これを顧客・開発・生産・流通・業務・管理の全領域に拡大しようというもので、マスカスタマイゼーション（個別のニーズに対応する大量生産）の実現を目標とするプロジェクトである。ドイツでは 2035 年までのロードマップのなかでその実現をめざしている。

　IoT 技術とはモノ同士をインターネットを媒介に通信・制御させる技術のことで、これまでインターネットに接続されていたパソコンやサーバー、スマートフォンなど ICT 関連機器だけでなく、工場の機械類、部品類、製品類をはじめ、生産・流通、そして生活に必要なあらゆるモノにセンサーと通信機能をもたせ、必要な情報をインターネット経由で必要なとき、必要な場所で活用できる技術、いわば情報の JIT 技術である。IoT 技術を構成する技術は、インターネット、ニューラルネット（AI）、ビッグデータ／クラウドコンピューティング、5G 通信、無線ブロードバンド（高速通信網）とナローバンド（低速通信網）、高性能センサーと IC チップ（タグ）、さらに製造工程の 3D プリンタなどである。IoT 技術開発はすでにドイツのみでなく、アメリカ、さらには中国、インドにおいても開発が急がれており、おそらく生産循環のあり方がドラスティックに変革されることは間違いない。たしかにその意味では「第 4 次産業革命」といえるのかもしれない。

　IoT 技術を使えば、離れた場所のモノの状態をセンサー・データや計測データによって知ることができ、そのデータに対応してモノを操作（制御）できる。すなわち、IoT によってモノの環境（温度、湿度、気圧、明るさ、音など）、モノの位置や状態（場所、傾斜、振動、動きなど）の情報を知ることができる。工場であれば、顧客からのインターネット経由の個別の注文（デザイン）情報を 3D プリンタや工作機械などの製造工程情報、部品情報、搬送情報、在庫情報などの工場情報と組み合わせて、製作工程、加工、検査を個別の製品ごとに設計し自動的に遠隔製作することが可能となる。この「スマート工場」は、ICT 段階以上に効率性、柔軟性を発揮するだけでなく、適時性という新たな特質を備えることになる。また、IoT 技術と環境技術を使えば、生産

循環の環境基準の適正な制御、あるいは自然環境の各種データ（環境負荷物質）に対応して、生産循環の制御を迅速に行うことができるのである。

　もちろん、IoTはその技術的特質として工場だけに適用する技術ではない。大量の情報を必要とする自動車の自動運転にIoTは欠かせない。農業に適用すれば、温度・湿度、照度などの環境情報を自動制御して育種・育苗、施肥、成育管理に役立てることができる。環境情報を自動制御できれば、気候に左右されることなく農産物を効率的に作ることができ、また農地でなく建物の中で作ることができる（スマート農業）。あるいはモノを人間に置きかえれば、遠隔診療や治療ができるようになる（スマート・ヘルスケア）。流通・サービス分野では、顧客の要望に柔軟に、しかも効率的に対応することができる（スマート・サービス）。こうして、IoT技術の生産、流通、消費、生活への導入によって人間生活は、より快適で安全・安心の人生を送ることが可能となる。

　しかしながら、IoT技術の展開には重大ないくつかの問題を伴うことが明白である。第1に、IoT技術による情報処理・通信の拡大が資源・エネルギー消費のさらなる増加を伴い、「環境ジレンマの新たな次元」を生み出す可能性があるということである。「グリーンIT推進協議会」の推計によれば、ICT機器の消費電力は2025年には2005年の5倍、2050年には8倍になるという（野村総合研究所、83頁）。データセンター／ブロードバンド、AIコンピュータなどの巨大な消費電力とコンピュータ機器冷却用電力、EV自動運転システムに必要な巨大な電力、スマート工場、スマート農業、スマート・サービスに必要となる巨大な資源・エネルギー、IoTが本格化すれば、こうした推計よりはるかに多くの電力が必要になるであろう。現在、CO_2排出は産業部門、運輸部門で60％、なかでも電力産業、運輸産業、鉄鋼産業がその多くを占めている。電力消費の巨大化はCO_2排出の巨大化を伴う可能性が大きい。それゆえ、この「環境ジレンマ」に対するIoTの課題は重大なのである。原子力発電からの脱却を前提とする再生可能エネルギーへの大転換、IoT技術それ自体の省電力化、IoTを使った省電力化を推進しなければならない。それはコスト問題を越えた人類史的課題なのである。

　第2に、インターネットを媒介とする情報の相互通信は、意志に反する個人情報、企業情報の流出、ハッキング犯罪、サイバー攻撃などの増加をもたら

す。個人生活の安心・安全、生活の利便をはかる技術が逆に個人生活に不安と危害を加える技術として機能する。サイバー攻撃がIoT技術体系を破壊する。こうしたIoT技術の逆機能いわば「デジタル疎外」[2]にどのように対応するのかという問題である。

第3に、ME技術が労働の質・量にどのようなインパクトをもたらすかとして、かつて労働過程論争において議論となった課題が、さらなる規模と深度で展開する可能性がある。わが国企業のIoT対応はほとんどがビジネスチャンスとして捉えられており、IoT技術の労働の質・量へのインパクトについては本格的議論が始まってはいない。ドイツでは、「インダストリー4.0」に対応して2016年11月に白書「労働4.0」が発表された。IoT技術の展開が労働者の能力、労働時間、労働の質、労働条件、健康・安全、データ保護、自由の促進、共同決定などにどのようなインパクトを与えるのかという調査と提言がなされている（労働政策研究・研修機構ホームページ資料）。IoT技術のグローバルな展開が生産循環の主たる要因になろうとしている現代、IoTと労働に関する議論は喫緊の課題というべきであろう。

以上のように、循環統合型生産システムの構築のために必要となる技術的条件、すなわち環境技術とIoT技術の統合は、きわめて大きな課題をかかえながらも、これを実現しなければならない。そうでなければ「パリ協定」の実質的履行など不可能である。世界各国とくに中国で多数建設が進められている「スマートシティ」や環境保全を柱とする地域開発（たとえば、日本の「環境モデル都市」）は、環境技術とIoT技術の統合を展望させる事例であるといえよう。IoTが人類に恩恵をもたらすかどうか、生活を豊かにし、労働を豊かにし、人間の心を豊かにするか。それは、IoT技術に対する人間の姿勢にかかっているのである。

第4節　循環統合型生産システムの原則

人類は、エコロジーを利用するエコノミーの時代からエコロジーを優先するエコノミーの時代へと本格的にかじを切らねばならない。長い人類の歴史をみ

れば、それはじつに難しい課題である。本章で提起する循環統合型生産システムは、自然循環、生産循環、生命循環の統合に対するいわば根本的な理念の変更を人類に求めるものだからである。では最後に、循環統合型生産システム構築に向かうための原則について検討しよう。

第1に、自然循環と対立しない資源制御システムおよび排出・廃棄制御システム、すなわち自然との共生システムであること。排出については、世界の焦眉の課題となっている「低炭素社会」がグローバルに実現できるかどうかがまず問われなければならない。すなわち、生命循環の基本的条件に関する自然循環と生産循環との調整が国際的に制御されなければならない。また、わが国では、企業や一般社会の排出・廃棄の処理に重点が置かれているものの、2000年5月「循環型社会形成推進基本法」が成立した。循環統合型生産システム構築のための重要な第一歩であり、このような制御システムが蓄積されなければならない。しかしながら、資源制御に関しては、現在の成長主義的資源消費の下ではたとえ資源効率性（Weizsacker, et al.,1995）を考慮しても自然循環との共生は不可能である。この点についても、グローバルな制御方式を考えなければならない。自然循環と生産循環との調整については、自然の生態系に適合した地下資源の利用、人工物質の排出制限、資源の効率的使用を原則とするスウェーデンの「ナチュラル・ステップ」の運動が参考になるであろう（Robert, 1992）。

第2に、自然循環との調和が可能な経済システムであること。これは、すでに平成13年版環境白書でも言及されているが[3]、大量生産・大量消費・大量廃棄の経済システムからの脱却と適正な生産・消費、そして最小廃棄の経済システム（井野、2003）、人見勝人のいう社会的適正生産（人見、2009）の経済システムへの転換である。これは、経済成長を優先する資本主義経済システムにとっての、また営利を原則とする企業活動にとっての大いなる挑戦でもある。国際的には、国家や地域の排他的利益を優先するのでなく、国際的互恵・共同発展の倫理を理念とし、相互依存・相互尊重・相互発展の3つの原則を指針とするグローバル共生型経済システムを構築することである。それは、自然循環からの疎外という地球と人類がおかれた現実から要求されるものであり、そのための国際的・国内的なルール作りがなされねばならないのである。

しかしながら、企業社会がこのような経済システムを構築することは容易ではない。次世代生産システムが、フェーズ4までの技術的・経営的条件を批判的に前提とすることはいうまでもないが、企業経営には少なくともつぎのような理念の変化が求められよう。(1) 競争性（Competitiveness）から卓越性（Superiority）への企業理念の変化。利潤中心主義でなく、適種適量の生産方式によって適正な利潤の獲得を目指し、真の顧客満足（Customer Satisfaction）を追求することによって競争優位が得られるような、卓越した企業が主役となる企業社会の追求である。(2) 利己性（Selfishness）から社会性（Sociality）への企業理念の変化。自己中心主義でなく、（国際）社会の一員としての企業像を理念とし、社会的満足（Social Satisfaction）を求めるコンプライアンス、CSRをつうじて（国際）社会の発展に貢献できる企業社会の追求である。(3) 排他性（Exclusiveness）から環境性（Sustainability）への企業理念の変化。排他的・差別的な利益追求でなく、真に世界の人々の人間的満足（Human Satisfaction）を実現できるような、自然環境、経済環境、社会環境に配慮した企業社会の追求である。デジタル疎外からの脱却や働く者重視の経営はこのような企業理念によって実現できると考える。

循環統合型生産システムの実現には、以上のような企業理念の変更がなされねばならない。それは、営利原則あるいは市場主義に一定の修正を求めるものである。営利目的は資本主義企業の歴史的目的なのであり、人類の生産循環の本来の目的ではない。それゆえ、21世紀の企業経営は、真にヒューマニティに基礎を置く活動を規範としつつ、これを基軸とする企業経営環境の統合をはかるものでなければならない。

第3に、自然循環を維持保全する社会システムであること。世界の諸国の自然条件や発達段階の相違、宗教や言語、社会慣習の相違などに起因する社会システムの相違を前提としつつ、グローバル共生の社会システムを構築しなければならない。まず何よりも自然循環の維持にとって大切なことは戦争がないということである[4]。そのためには、平和維持のための国際的制御システムの高度化がなされなければならない。また、ユネスコ、WHOなどの諸国民の生命保全協力システムの推進、自然の保全に関するグローバルな住民意識の教育と社会運動化、企業活動と自然保全に関する国際的規制システムの確立など、

人々の社会的価値観の変更とともに、自然循環と生命循環の維持保全を目的とする秩序と調整のグローバル共生型社会システムを構築しなければならない。

以上のように、循環統合型生産システムは、生産循環の拡大を目的とするそれまでの生産システムとは異なり、自然循環と生命循環の調和を目的とする生産システムである。人類の目標が「循環型社会」であるとするならば、それは、このような意味での循環統合型生産システムを基盤とする社会でなければならないのである。

第5節　おわりに

アマゾン地域には、1万年以上も前から自然との共生の中で、自然循環と生命循環との調和を守っている部族がいるといわれる。人類は、有史以前の自然循環への適応すなわち自然環境と資源環境の統合である自然循環時代から、自然の資源化はあるものの自然循環と生産循環が調和する自然・生産循環時代を経て、生産循環が自然循環と対立する生産循環時代に到達した。しかしながら、それがもたらしたものは、自然循環の撹乱であり、自然循環と生命循環の対立であった。人類は自然循環の一部であり、自然循環の中でのみ生命循環を維持できる。それゆえ、自然循環と生産循環の調和を再構築する生産システム、循環統合型の生産システムを構築できるかどうか、それが、人類のこれからの生命循環維持の基本的条件となる。人類は、いまその選択と行動の時代に生きているのである。

注
(1) IPCCは、1990年から2014年までに5度の報告書を提出しているが、それらによれば、CO_2をはじめとする温室効果ガスの放出による気温上昇が気候変動として自然循環を撹乱し、いよいよ生命循環の「不可逆的」危機の段階にさしかかっていることが報告されている（IPCC第5次報告）。
(2) デジタル技術の逆機能について、筆者はこれを「デジタル疎外」と表現している。たしかに、コンピュータ、デジタル通信の発展は経済、社会、そして家庭生活において積極的機能を発揮している。いまや企業活動のみでなく、家庭生活においても必須の手段になりつつある。しかし他面、ネット犯罪、ハッキング、サイバー攻撃などの情報操作、情報犯罪は日ましに増加している。防犯カメラが自分を監視するカメラに、スマートフォンによる遠隔操作がある日犯罪に利用されるなど、プライバシーが守れない。また、人々が、顔の見えない意思表示＝通信によって対面しては言えないことも言えることから、個人に閉じこもるだけでなく、発信者の名を隠して平然と他人を傷

つける表現を行う。友人との付き合いもスマホや携帯電話なしでは成り立たない。スマホ情報中心の生活になることから1日中スマホを見る生活になる。このような現象は、次第に人間の経済生活、社会生活、家庭生活にインパクトを与え、社会的倫理観の欠如、自己中心主義、人間関係の希薄化につながると考えられる。

　「デジタル疎外」という表現は、筋骨・脈管系労働手段がもたらした「労働疎外」に対応する表現で、人間の頭脳の代置・延長の労働手段であるコンピュータのデジタル論理が、本来アナログ思考・判断をする人間にon, offのデジタル思考・判断を余儀なくさせるところに本質がある。1つの行動、1つの思考、そしてその決定は、無限可能性の中から選択するアナログ性が人間の基本的な、そして自然の恩恵である。本来アナログな人間は、その人間性を獲得する場をデジタル通信に求める。そして次第に携帯マニア、スマホマニアになって行く。そうした意味では、「デジタル疎外」はまさに人間疎外の究極的な姿なのかもしれない。

(3)　平成13年版・環境白書は、「地球と共生する環（わ）の国日本」の条件として大量生産・大量消費・大量廃棄の経済社会システムからの脱却を提唱している。

(4)　吉川弘之は、「第3回・成長と環境を考える賢人会議」(2008年5月)での基調講演において、「持続性社会」実現のための制御要因として、貧困の追放、平和とガバナンスという社会的要因と予防医療、生物多様性保護という生物的要因の枠組みの中で、自然環境、生命環境、社会環境、経済環境の制御を行わなければならないとし、とくに「持続性社会の実現には、戦争がないことが一番重要です」とのべている（吉川、32頁）。

引用文献

- Abernathy, W. J., et al., *Industrial Renaissance*, 1983 (『インダストリアル・ルネサンス』日本興業銀行産業調査部訳、TBSブリタニカ、1984年)
- Abegglen, J. C.,
    a) *The Japanese Factory*, M. I. T., 1958 (『日本の経営』占部都美訳、ダイヤモンド社、1958年)
    b) 『日本的経営の探究』東洋経済新報社、1970年
    c) 『新・日本的経営』日本経済新聞社、2004年
- Abegglen, J. C. & G. J. Stalk, *KAISHA*, Basic Books Inc., 1985 (『カイシャ』植山周一郎訳、講談社、1990年)
- Afuah, A. N. & N. Bahram, "The Hypercube of Innovation", *Research Policy*, Vol. 24, 1995.
- Aglietta M., *A Theory of Capitalist Regulation*, London, New Left Books, 1979.
- Albert, M., *Capitalisme Contre Capitalisme*, 1991 (『資本主義対資本主義』小池はるひ訳、竹内書店新社、1996年)
- Alford, L. P.,
    a) *Henry Laurence Gantt*, Harper & Brothers, 1934.
    b) *Laws of Management applied to Manufacturing*, Ronald Press Co., 1928.
- Arnold, H. L. & F. L. Faurote, *Ford Method and the Ford Shops*, The Engineering Magazine Company, 1915.
- Ashton, T. S., *The Industrial Revolution, 1760-1830*, Oxford University Press, 1948 (『産業革命』中川敬一郎訳、岩波文庫、岩波書店、1973年)
- Atkinson, J., "Manpower Strategy for Flexible Organizations", *Personnel Management*, August, 1984.
- Atkinson, J. & N. Meager, *Changing Working Patterns*, London, National Economic Development office, 1986.
- Babbage, C., *On the Economy of Machinery and Manufactures*, Chap. 19, 1832 (「分業について」『経営思想変遷史』上野一郎監訳、産業能率短期大学出版、1968年)
- Barth, C. G., "Discussion", Trans. A. S. M. E., Vol. 34, 1912.
- Batchelor, R., *Henry Ford*, Manchester Univ. Press, 1994 (『フォーディズム』楠井敏朗・大橋陽訳、日本経済評論社、1998年)
- Benedict, R., *The Chrysanthemum and the Sword*, Houghton Mifflin Co., 1946 (『菊と刀』長谷川松治訳、社会思想社、1946年)
- Benson, A. L., *The New Henry Ford*, Funk & Wagnalls Company, 1923.
- Berg, P., Appelbaum, E., Bailey, T. & A. Kallebelg, "The Performance Effects of Modular Production in the Apparel Industry", *Industrial Relations*, Vol. 35, No. 3, 1996.
- Bergstrom, R., "FMS: The Drive Toward Cells", *Manufacturing Engineering*, Vol.95, 1985.
- Blauner, R., *Alienation and Freedom*, The University of Chicago, 1964 (『労働における疎外と自由』佐藤慶幸監訳、新泉社、1971年)
- Blyton, *A Flexible Future ?*, Walter de Gruyter & Co., 1991.

- Boyer, R. O. & H. M. Morais, *Labors Untold Story*, Iwanami Shoten, 1955 (『アメリカ労働運動の歴史』(1) 雪山慶正訳、岩波書店、1958 年)
- Boyer, R. & J. P. Durand, *L'apres-fordisme*, SYROS, 1993 (『アフター・フォーディズム』荒井壽夫訳、ミネルヴァ書房、1996 年)
- Braverman, H., *Labor and Monopoly Capital*, Monthly Review Press, 1974 (『労働と独占資本』富沢賢治訳、岩波書店、1978 年)
- Bright, J. R., *Automation and Management*, Boston, 1958.
- Caplan, E. P., U. S. Department of Commerce, *The Japan, Government-Business Relationship* (アメリカ商務省『株式会社日本』大原進・吉田豊明訳、サイマル出版会、1972 年)
- CAW-CANADA Research Group on CAMI, The CAMI Report, *Lean Production in a Unionized Auto Plant*, 1993 (『リーン生産システムは労働を豊かにするか』丸山恵也訳、多賀出版、1996 年)
- Chamberlain, J., *The Enterprising America: A Business History of the United States*, 1961 (『アメリカ産業を築いた人々』宇野博二訳、至誠堂、1965 年)
- Chandler, A. Jr., *Giant Enterprise*, Harcourt, Brace and World, Inc., 1964 (『競争の戦略』内田忠夫・風間禎三郎訳、ダイヤモンド社、1970 年)
- Clark, K. B. & T. Fujimoto, *Product Development Performance*, HBS Press, 1991.
- Copley, F. B., *Frederick W. Taylor*, Vol.2, Harper & Brothers, 1923 : Reprinted 1969 by Augustus M. Kelley.
- Coriat, B., *Penser à l'Envers*, 1991 (『逆転の思考』花田昌宣・斉藤悦則訳、藤原書店、1992 年)
- Costa A., Garetti, M., "Design of a Control System for a Flexible Manufacturing Cell", *Journal of Manufacturing Systems*, Vol.4, 1985.
- Dale, E., Management―theory and practice―, McGraw Hill, 1965 (『経営管理』木川田一隆・高宮晋監訳、ダイヤモンド社、1967 年)
- Dohse, K., Jurgens, U. & T. Malsch, From "Fordism" to "Toyotism", *Politics & Society*, Vol. 14, No. 2, 1985.
- Dore, R. P., *British Factory-Japanese Factory*, University of California Press, 1973 (『イギリスの工場・日本の工場』山之内靖・永易孝一訳、筑摩書房、1987 年)
- Drucker, P. F.,
    a) *The Practice of Management*, Charles E. Tuttle Co., 1954 (『現代の経営』上・下、現代経営研究会訳、自由国民社、1956 年)
    b) *The New Society*, 1950 (『新しい社会と新しい経営』現代経営研究会訳、ダイヤモンド社、1957 年)
    c) *Technology, Management, Society*, Harper & Row Publishers, 1958.
- Dunlop, J. T., Weil, D., "Diffusion and Performance of Modular Production in the US Apparel Industry", *Industrial Relations*, Vol.35, No.3, University of California.
- Faulkner, H. U., *American Economic History*, 8[th]ed., Harper & Row, Publishers, Inc., 1959 (『アメリカ経済史』小原敬士訳、至誠堂、1971 年)
- Ford, H.,
    a) *My Life and Work* (with S. Crowther), 1922, Reprint Edition, Arno Press Inc., 1973 (『我が一生と事業』加藤三郎訳、文興院、1924 年)
    b) Today and Tomorrow, (with S. Crowther), William Heinemann Ltd., 1926 (『フォード経営』稲葉襄監訳、東洋経済新報社、1968 年) (竹村健一訳『藁のハンドル』祥伝社、1991 年、中央公論新社、2002 年)。本書では『フォード経営』を使用。

c) *Moving Forward* (with S. Crowther), William Heinemann Ltd., 1931.
　　　d) *My Philosophy of Industry* (interview by F. L. Faurote), Coward-McCann, Inc., 1929.
　　　　（『フォードの産業哲学』萩原隆吉訳、松山房巌松堂書店、1929年）
　　　e) 『フォードの事業と教訓』能率研究部編、中外産業調査会、1928年
　　　f) 『ヘンリー・フォードの軌跡』豊土栄訳、創英社／三省堂、2000年
　　　g) 『フォードの工場経営原則』マネジメント社編、マネジメント社、1930年
・Fucini, J. J. & S. Fucini, *Working for the Japanese*, Free Press, 1990（フッチニ『ワーキング・フォー・ザ・ジャパニーズ』中岡望訳、イースト・プレス、1991年）
・Gantt, H. L.,
　　　a) *A Bonus System of Rewarding Labor*, Trans. A. S. M. E., Vol. 23, 1902 ; in Merill, H. F., Classics in Management, A. M. A., 1960（『経営思想変遷史』上野一郎監訳、産業能率短期大学出版部、1968年）
　　　b) "Discussion", Trans. A. S. M. E., Vol. 16.
　　　c) "Addresses", *Frederick Winslow Taylor-A Memorial*, Taylor Society, 1920 : Reprinted by Hive Publishing Co., 1972.
　　　d) *Work, Wages and Profits*, Engineering Magazine Co., 1916 : Reprinted by Hive Publishing Co. (『ガント式工場管理法』麓三郎訳、日本評論社、1920年）。送り仮名、旧漢字などの問題から本書では原著を使用。
　　　e) "A Graphical Daily Balance in Manufacture", Trans. A. S. M. E., Vol. 24.
　　　f) "Training Workmen in Habits of Industry and Cooperation", Trans. A. S. M. E., Vol. 30 (『経営思想変遷史』前掲邦訳）
　　　g) *Industrial Leadership*, Association Press, 1915.
　　　h) *Organizing for Work*, Harcourt, Brace & Howe, 1919.
・Gilbert, N., Burrows, R. & A. Pollert ed., *Fordism and Flexibility*, British Sociological Association, 1992（『フォーディズムとフレキシビリティ』丸山恵也監訳、新評論、1996年）
・Goldman, S. L., Nagel, R.N. & K. Preiss, *Agile Competitors and Virtual Organizations Strategies for Enriching the Customer*, Van Nostrand Reinhold, 1995（『アジル・コンペティション』野中郁次郎監訳／紺野登訳、日本経済新聞社、1996年）
・Goldratt, E. M., *The Goal*, The North River Press Publishing Co., 1992（『ザ・ゴール』三木本亮訳、ダイヤモンド社、2001年）
・Goldstine, H. H., *The Computer*, Princeton University Press, 1972（『計算機の歴史』末包良太・米口肇・犬伏茂之訳、共立出版、1979年）
・Gottl-Ottlilienfeld, F. v. *Fordismus, uber Industrie und technishe Vernunft*, 3. Aufl., Jena, 1926.
・Graham, L., *On the Line at Subaru-Isuzu*, ILR Press, 1995（『ジャパナイゼーションを告発する』丸山恵也監訳、大月書店、1997年）
・Gu, P., Sosale, S., "Product Modularization for Life Cycle Engineering", *Robotics and Computer Integrated Manufacturing*, Vol. 15, 1999.
・Haber, S., *Efficiency and Uplift*, The University of Chicago Press, 1964（『科学的管理の生成と発展』小林康助・今川仁視訳、広文社、1983年）
・Hamel, G. & C. K. Prahalad, *Competing for the Future*, Harvard Business School Press, 1994.
・Hindle, B. & S. Luber, *Engines of Change*, National Musium of American History, Smithonian Institution, 1986.
・Hoerder, D. ed., *American Labor and Immigration History*, University of Illinois Press, 1983.
・Hounshell, D. A., *From the American System to Mass Production, 1800 -1932*, The Johns

Hopkins University Press, 1984 (『アメリカン・システムから大量生産へ』和田一夫他訳、名古屋大学出版会、1998 年)
· Hoxie, R., *Scientific Management and Labor*, New York, D. Applelon, 1915.
· Huberman, L., *WE, THE, PEOPLE*, New York, 1932 (ヒューバーマン『アメリカ人民の歴史』(上)(下)、小林良正・雪山慶正訳、岩波書店、1954 年)
· Jaffe, W. J., L. P., *Alford and the Evolution of Modern Industrial Management*, New York Univ. Press, 1957.
· Jaikumar, Ramchqndran, "Postindustrial Manufacturing", *Harvard Business Review*, November-December, 1986.
· Jones, Daniel, *et al.*, *The Machine That Changed The World*, 1990 (『リーン生産方式が、自動車産業をこう変える』沢田博訳、経済界、1990 年)
· Kakar, S., *Frederick Taylor*, The MIT Press, 1970.
· Kenny, M. & Florida, R., "Beyond Mass Production : Production and the Labor Process in Japan", *Politics & Society*, Vol. 16, No. 1, 1988.
· Knights, D. & H. Willmott ed., *New Technology and the Labour Process*, Macmillan, 1988.
· Krooss, H. E. & C. Gilbert, *American Business History*, 1972 (『アメリカ経営史』(上) 鳥羽欽一郎他訳、東洋経済新報社、1974 年)
· Lacey, R., *Ford, the Man the Machine*, Vol. 1, Heinemann, 1986 (『フォード:自動車王国を築いた一族』(上) 小菅正夫訳、新潮文庫、1989 年)
· Lamb, R. B., *Running American Business*, Basic Books Inc., 1987 (『甦るアメリカ的経営』佐藤隆三監訳、勁草書房、1994 年)
· Lilly, S.,
  a) *Automation and Social Problem*, Lawrence and Wishart, Ltd., 1957 (『オートメーションと社会進歩』鎮目恭夫訳、みすず書房、1957 年)
  b) *Men, Machines and History* (Revised and enlarged ed.), Lawrence & Wishart Ltd., 1965 (『人類と機械の歴史』伊藤新一・小林秋男・鎮目恭夫訳、岩波書店、1968 年)
· Lipietz, A. C., "New Tendencies in International Division of Labour", in Scott, A. & M. Storper ed., *Production, Work and Territory*, 1986.
· Marx, K. 邦訳：
  a) 『資本論』第 1 巻、資本論翻訳委員会訳、新日本出版社、新書版 (3), 1983 年
  b) 『哲学の貧困』岩波文庫、岩波書店、1960 年
  c) 『直接的生産過程の諸結果』国民文庫、大月書店、1970 年
  d) 『1861-1863 年草稿抄』中峯照悦・伊藤龍太郎訳、大月書店、1980 年
  e) 『経済学批判要綱』(Ⅲ)、高木幸二郎監訳、大月書店、1961 年
· Meyer, S. Ⅲ , *The Five Dollar Day*, State University of New York Press, 1981.
· Meyer, M. H. & J. M. Utterback, "The Product Family and the Dynamics of Core Capability", *Sloan Management Review*, Spring 1993.
· Montgomery, D., *Workers' Control in America*, Cambridge University Press, 1979.
· Muffatto, M. & M. Roveda, "Developing Product Platforms : Analysis of the Development Process", *Technovation*, Vol. 20, 2000.
· Mumford, L., *Technics and Civilization*, Harcourt, Brace & Co., 1934 (『技術と文明』(3) 生田勉訳、鎌倉書房、1954 年)
· Nadworny, M. J., *Scientific Management and the Unions, 1900-1930, A Historical Analysis*, Harvard University Press, 1955 (『科学的管理と労働組合』小林康助訳、ミネルヴァ書房、

1971年)
- Nelson, D., *Managers and Workers: Origins of the New Factory System in the United States 1881-1920*, University of Wisconsin Press, 1975（小林康助・塩見治人監訳『20世紀新工場制度の成立』広文社、1978年）
- Nevins, A. & F. E. Hill,
  a) *Ford: The Times, The Man, The Company*, Charles Scribner's Sons, 1954.
  b) *Ford: Decline and Rebirth 1933-1962*, Charles Scribner's Sons, 1962.
- OECD, *Reviews of Manpower and Social Policies, Manpower Policy in Japan*, 1972（『対日労働報告書』労働省訳、日本労働協会、1972年）
- Oliver, N. & B. Wilkinson, *The Japanization of British Industry*, 1988.
- Owen, R., *The Life of Robert Owen*, Effingham Wilson, London, 1857（『オウェン自叙伝』五島茂訳、岩波文庫、1961年）
- Parker, M. & J. Slaughter, *Choosing Sides*, A Labor Notes Book, 1988（『米国自動車工場の変貌』戸塚秀夫監訳、緑風出版、1995年）
- Piore, S. & C. Sabel, *The Second Industrial Divide*, Basick Books, 1984（『第二の産業分水嶺』山之内靖・永易浩一・石田あつみ訳、筑摩書房、1993年）
- Pollert, A.,
  a) "The Flexible Firm", *Warwick Papers in Industrial Relations*, 1987.
  b) *Farewell to Flexibility*, B. Blackwell, 1991.
- Rathmill, K. ed., *FMS at Work: Proceedings of the 2nd International Conference on Flexible Manufacturing Systems*, John Hartley, IFS Publication Ltd., London, 1984.
- Rifkin, J., *The End of Work*, Putnam, 1995（『大失業の時代』松浦雅之訳、TBSブリタニカ、1996年）
- Rolt, L. T. C., *Tools for the Job*, Batsford, 1965（『工作機械の歴史』平凡社、1989年）
- Roos, D., Womack, J. P. & D. Jones, *The Machines that Change the World*, Macmillan Publishing Co., 1990（『リーン生産方式が、世界の自動車産業をこう変える』沢田博訳、経済界、1990年）
- Robert, K. H., *Det Nodvandiga Steget*, 1992（『ナチュラル・ステップ』市河俊男訳、新評論、1996年）
- Sanchez, R., "Modular Architecture in the Marketing Process", *Journal of Marketing*, Vol.63, 1999.
- Sanderson, S. & M. Uzumeri, "Managing Product Families", *Research Policy*, Vol.24, 1995.
- Schonberger, R. J., *Japanese Manufacturing Techniques*, The Free Press, 1982.
- Singer, C., Holmyard, E. J., Hall, A. R. & T. L. Williams ed., *A History of Technology*, Vol. 1, The Clarendon Press, London, 1954（『技術の歴史』第1巻、平田寛・八杉龍一訳編、筑摩書房、1978年）
- Sloan, Jr., A. P., *My Years with General Motors*, Doubleday & Company, Inc., 1963（『GMとともに』田中融二・狩野貞子・石川博友訳、ダイヤモンド社、1965年）
- Smith, A., *An Inquiry into the Nature and Causes of the Wealth of Nations*, 1776（『諸国民の富』大内兵衛・松川七郎訳、岩波文庫版（一）、1959年）
- Sorensen, C. E., *My Forty Years with Ford*, A.Watkins, Inc., 1956（『フォード：その栄光と悲劇』高橋達男訳、産業能率短期大学、1965年）
- Stibic, V., *Tools of Mind*, North-Holland Publishing Company, 1982（『知性生産の技術と方法』中村幸雄監訳、オーム社、1984年）
- Stone, R. B., Wood, K. L. & R. H. Crawford, "A Heuristic Method for Identifying Modules for Product Architectures", *Design Studies*, Vol.21, No.1, January 2000.

- Sundgren, N., "Introducing Interface Management in New Product Family Development", *Journal of Product Innovation Management*, Vol. 16, 1999.
- Taylor, F.W.,
    a) 『科学的管理法』上野陽一訳編、産業能率短期大学出版部、1969 年。本書はテイラーの主要著「出来高払制私案」("A Piece Rate System", 1895)、『工場管理法』(*Shop Management*, 1903)、『科学的管理法の原理』(*Principles of Scientific Management*, 1911)「科学的管理法特別委員会における供述」(1912 年) を含むテイラー全集である。
    b) *On the Art of Cutting Metals*, A. S. M. E. Trans, No. 1119, 1906.
- Thompson, C. B., *The Theory and Practice of Scientific Management*, 1917.
- Thompson, P., *The Nature of Work*, 1983 (成瀬龍夫・青木圭介ほか訳『労働と管理』啓文社、1990 年)
- Tidd, J., *Flexible Manufacturing Technologies and International Competitiveness*, Pinter, 1991.
- Ulrich, K., "The role of product architecture in the manufacturing firm", *Research Policy*, Vol. 24, 1995.
- Urwick, L. & E. F. L. Brech, *The Making of Scientific Management*, Vol. 1, Pitman, 1951.
- Utterback, J. M., *Mastering the Dynamics of Innovation*, 1994 (『イノベーション・ダイナミックス』大津正和・小川進監訳、有斐閣、1998 年)
- Veryzer, R. W. Jr., "Discontinuous Innovation and the New Product Development", *Journal of Product Innovation Management*, Vol. 15, 1998.
- Vogel, E. F., *JAPAN AS NUMBER ONE*, Harvard University Press, 1979 (『ジャパン・アズ・ナンバーワン』広中和歌子・木本彰子訳、TBSブリタニカ、1979 年)
- Weber, M., *Die Protestanische Ethik und der Geist des Kapitalismus*, 1904 (『プロテスタンティズムの倫理と資本主義の精神』梶山力・大塚久雄訳、岩波書店、1955 年)
- Weizsacker, E. U., *et al.*, *Faktor Vier*, 1995 (『ファクター4』佐々木建訳、省エネルギーセンター、1998 年)
- Wickens, P., *The Road to Nissan*, Macmillan, 1987 (『英国日産の挑戦』佐久間賢監訳、東洋経済新報社、1989 年)
- Wolferen, K. V.,
    a) *The Enigma of Japanese Power*, 1989 (『日本 / 権力構造の謎』篠原勝訳、早川書房、1990 年)
    b) 『ウォルフレン教授のやさしい日本経済』ダイヤモンド社、2002 年
- Wood, S. ed.,
    a) *The Degradation of Work?*, Hutchinson & Co., 1982.
    b) *The Transformation of Work?*, Unwin Hyman Inc., 1989.
    c) 「『日本化』に向かう英米自動車工業?」『経済システムと企業構造』大津定美編、ミネルヴァ書房、1990 年
- Wren, D. A., *The Evolution of Management Thought*, John Wiley & Sons, Inc., 1979 (『現代経営管理思想』(上)、車戸實監訳、マグロウヒル出版、1982 年)

- 愛知労働問題研究所『トヨタ・グループの新戦略』新日本出版社、1990 年
- 青木昌彦「産業アーキテクチャのモジュール化」『モジュール化』青木昌彦・安藤晴彦編、東洋経済新報社、2002 年
- 秋庭雅夫他『生産管理』日本規格協会、1980 年
- アベグレン他編著『ポートフォリオ戦略』プレジデント社、1977 年

・安保哲夫編『日本企業のアメリカ現地生産』東洋経済新報社、1988年
・荒井久『CRM の神髄』日経 BP 企画、2000年
・有川治助『ヘンリ・フォード』改造社、1927年
・アメリカ学会訳編『原点アメリカ史』（第1－第5巻）岩波書店、1950-1981年
・池田信夫「デジタル化・モジュール化・カプセル化」『デジタル化時代の組織革新』小高煌之助・都留康編、有斐閣、2001年
・石谷清幹『工学概論』コロナ社、1972年
・井野博満「循環型社会における技術のあり方」『循環型社会を創る』エントロピー学会編、藤原書店、2003年
・井上 清『アメリカ企業形態論』ミネルヴァ書房、1971年
・伊丹敬之『人本主義企業』筑摩書房、1987年
・伊丹敬之他『競争と革新－自動車産業の企業成長』東洋経済新報社、1988年
・伊藤秀男「オートメーションの発展と経済学」（下）『経済科学』第5巻3号、1988年
・伊藤実「技術革新と柔軟構造組織」『情報化時代の人材開発』総合労働研究所、1987年
・岩尾裕純、
  a)「科学的管理の本質とその展開」『講座経営理論Ⅱ』中央経済社、1972年
  b)「日本的経営の意義とその機能」『日本的経営論』中央大学出版部、1982年
  c)『天皇制と日本的経営』大月書店、1992年
・岩崎武司『フレキシブル・オートメーション』日本工業新聞社、1983年
・岩田龍子『日本的経営の編成原理』文眞堂、1977年
・岩淵誠一「日本最初の機械工労働者群の創出過程」（上）『技能と経済』（職業訓練大）、1980年1月号
・岩室宏『セル生産システム』日刊工業新聞社、2002年
・内橋克人・奥村宏・佐高信『「会社本位主義」をどう超える』東洋経済新報社、1992年
・占部都美、
  a)『日本的経営を考える』中央経済社、1978年
  b)「日本的経営の一つの特質について」『日本的経営の諸問題』（日本経営学会第51回大会）、『経営学論集48』1978年、千倉書房
・大野耐一『トヨタ生産方式』ダイヤモンド社、1978年
・鎌田 慧『ロボット絶望工場』徳間書店、1983年
・太田肇『選別主義を超えて』中公新書、2003年
・奥林康司『労働の人間化』有斐閣、1981年
・小関智宏『町工場・スーパーなものづくり』筑摩書房、1998年
・尾高煌之助『新版職人の世界・工場の世界』NTT 出版、2000年
・加護野忠男『日本型経営の復権』PHP 研究所、1997年
・加藤哲朗・R. スティーヴン編『日本型経営はポスト・フォーディズムか？』窓社、1993年
・加藤寛『日本的経営は崩壊するか？』PHP 研究所、1985年
・機械振興協会経済研究所『セル生産方式と生産システム革新』シークコーポレーション、1998年
・北村洋基「オートメーションと情報化」（上）『商学論集』（福島大）第54巻第1号、1985年
・国弘員人『企業形態論』泉文堂、1949年
・熊沢誠『日本的経営の明暗』筑摩書房、1989年
・公文俊平「日本的経営の特質とは何か」『日本社会の特質』並木信義編、日本経済新聞社、1981年
・呉團焜「半導体ファウンドリー・メーカーとイノベーションの機能的分業」『アジア経営研究』第9号、2003年

- 小池和男、
    - a)「ME 機器は熟練を不要にするか」『エコノミスト』1982 年 11 月 15 日臨時増刊号
    - b)『仕事の経済学』(第 2 版) 東洋経済新報社、1999 年
    - c)「日米の労働格差を生みだしたもの」『エコノミスト』1981 年 4 月 10 日号
- 国領二郎、
    - a)『オープン・ネットワーク経営』日本経済新聞社、1995 年
    - b)『オープン・アーキテクチャ戦略』ダイヤモンド社、1999 年
- 古林喜楽、
    - a)『賃金形態論』森山書店、1953 年
    - b)「流れ作業について」『内外研究』第 3 巻第 3 号、1930 年（古林喜楽著作集第 7 巻『労務論論稿』千倉書房、1984 年）
- 古林輝久「『日本的経営』論における共同体的思考」『日本的経営の諸問題』(日本経営学会第 51 回大会)、『経営学論集 48』1978 年、千倉書房
- 権泰吉『アメリカ経営学の展開』白桃書房、1984 年
- 桜井哲夫『「近代」の意味』NHK ブックス 470、1980 年
- 塩見治人『現代大量生産体制論』森山書店、1978 年
- 篠原司、
    - a)「自動車の組立革命」『日経メカニカル』1989 年 10 月 16 日号
    - b)「コンベア撤去の衝撃走る」『日経メカニカル』No.459、1995 年
    - c)「軽労化急ぐ欧州の自動車工場」『日経メカニカル』1993 年 12 月 13 日号
- 島　弘『科学的管理法の研究』有斐閣、1963 年
- 坂本清、
    - a)「情報化と熟練」『情報化の進展と企業経営』(経営学論集 57)、千倉書房
    - b)「日本型生産システムの特徴と革新」『経営革新へのアプローチ』林正樹・坂本清編、八千代出版、1996 年
    - c)「現代企業経営とフレキシビリティ」『現代企業経営とフレキシビリティ』坂本清・櫻井幸男編、八千代出版、1997 年
    - d)「H. L. ガントの管理論についての一研究」(1)(2)(3)『和光経済』(和光大学) 第 12 巻第 1 号 (1979 年)、第 2 号 (1979 年)、第 14 巻第 1 号 (1981 年)
- 信夫千佳子『ポスト・リーン生産システムの探究』文眞堂、2003 年
- 島田達巳・原田保編『実践アウトソーシング』日科連、1998 年
- 島田晴雄『ヒューマンウェアの経済学』岩波書店、1988 年
- 下川浩一、
    - a)『フォード』東洋経済新報社、1972 年
    - b)「日米自動車産業の生産性国際比較」『経営志林』18 巻 4 号、1982 年
- 末松千尋『京様式経営』日本経済新聞社、2002 年
- 鈴木圭介編『アメリカ経済史』東大出版、1972 年
- 鈴木直次『アメリカ社会の中の日系企業』東洋経済新報社、1991 年
- 鈴木良始、
    - a)「日本型国際競争力の成立とその特質」『経済と経営』20 巻 3 号、1990 年
    - b)『日本的生産システムと企業社会』北海道大学図書刊行会、1994 年
- 清昫一郎「曖昧な発注、無限の要求による品質・技術水準の向上」『自動車産業の国際化と生産システム』中央大学出版部、1990 年
- 生産システム研究会編『自動車メーカー及び関連部品メーカーを中心とする中国企業の生産システ

ムに関する実態調査報告書』2003 年
- 芹川博通「石田梅岩と石門心学の経済倫理」『石門心学の思想』今井淳・山本眞功編、ペリカン社、2006 年
- 津田眞澂『日本的経営の論理』中央経済社、1977 年
- 土屋喬雄『日本経営理念史』日本経済新聞社、1964 年
- 土屋守章『日本的経営の神話』日本経済新聞社、1978 年
- 都留康編著『生産システムの革新と進化』日本評論社、2001 年
- 寺沢正雄「テイラーの科学的管理法」『アメリカ企業管理史』小林康助編著、ミネルヴァ書房、1985 年
- 土居健郎『甘えの構造』弘文堂、1971 年
- 同期 ERP 研究所編『ERP/サプライチェーン成功の法則』工業調査会、1998 年
- 徳永重良・杉本典之編著『FA から CIM へ』同文館、1990 年
- 中川敬一郎、
    a)「米国における大量生産体制の発展と科学的管理運動の歴史的背景」『ビジネス・レビュー』第 11 巻第 3 号、1963 年
    b)「ニュウ・イングランド産業革命と大量生産体制の発展」(1)(2)『経済学論集』第 29 巻第 4 号、第 30 巻第 1 号、1964 年
    c)「日本的経営」『日本経済史講座 5・日本的経営』中川敬一郎編、日本経済新聞社、1977 年
    d)『比較経営史序説』東京大学出版会、1981 年
- 中西寅雄『經營經濟學』日本評論社、1931 年
- 中根千枝『タテ社会の人間関係』講談社、1967 年
- 中根甚一郎編著『BTO 生産システム』日刊工業新聞社、2000 年
- 中村静治、
    a)「テイラー・システムの技術史・経営史上の地位と役割」『エコノミア』No. 68、1980 年
    b)『現代工業経済論』汐文社、1973 年
    c)『現代自動車工業論』有斐閣、1983 年
    d)『生産様式の理論』青木書店、1985 年
    e)『唯物史観と経済学』大月書店、1988 年
- 那須野公人「セル生産方式起源とその評価」『創価経営論集』第 26 巻第 1 号、2001 年
- 並木高矣編『多品種少量生産の流れ作業—モジュール生産システム』日刊工業新聞社、1975 年
- 名和隆央「オートメーションの段階規定」『立教経済学研究』37 巻 4 号、1984 年
- 日刊工業新聞社編『FA 新時代』日刊工業新聞社、1983 年
- 日刊工業新聞社「これがうわさの『一人生産ライン』だ」『工場管理』Vol.41、No.8、1995 年
- 『日経メカニカル』(「ついに始まった日本車のモジュール化」)No.566、2001 年
- 日本経営者団体連盟『新時代の「日本的経営」』1995 年
- 日本能率協会編『80 年代日本の生産革新』日本能率協会、1980 年
- 根津和雄『CALS でめざす米国製造業躍進のシナリオ』工業調査会、1995 年
- 野口悠紀雄『1940 年体制』東洋経済新報社、1995 年
- 野口祐『経営管理論史』森山書店、1960 年
- 野口亘『超生産革命 BTO』日本能率協会マネジメントセンター、1998 年
- 野村総合研究所『国際競争力を創るグリーン IT』東洋経済新報社、2010 年
- 間　宏『日本的経営の系譜』日本能率協会、1963 年
- 波頭亮『ポスト終身雇用』PHP 研究所、1994 年
- 濱口恵俊『「日本らしさ」の再発見』日本経済新聞社、1977 年

- ダイヤモンド・ハーバード・ビジネス編集部『サプライチェーン　理論と戦略』ダイヤモンド社、1998年
- 林正樹、
  a)『日本的経営の進化』税務経理協会、1998年
  b)『経営革新へのアプローチ』林正樹・坂本清編著、八千代出版、1996年
  c)「情報ネットワーク経営論」林正樹・井上照幸・小坂隆秀編著『情報ネットワーク経営』ミネルヴァ書房、2001年
- 原田保編『EMSビジネス革命』日科技連、2001年
- ヒルシュマイヤー＝由井常彦『日本の経営発展』東洋経済新報社、1977年
- 人見勝人、
  a)『CIM概論』オーム社、1989年
  b)『入門編・生産システム工学』（第4版）共立出版、2009年
- 廣瀬幹好『技師とマネジメント思想』文眞堂、2005年
- 藤本隆宏、
  a)「日本の新車開発効率は欧米の2倍以上」『エコノミスト』1991年2月11日号
  b)「アーキテクチャの産業論」『ビジネス・アーキテクチャ』藤本隆宏・武石彰・青島矢一編、有斐閣、2001年
  c)「日本型サプライヤー・システムとモジュール化」『モジュール化』青木昌彦・安藤晴彦編、東洋経済新報社、2002年
- ボールドウィン＝クラーク「モジュール化時代の経営」『モジュール化』青木昌彦・安藤晴彦編、東洋経済新報社、2002年
- ボールドウィン「モジュール化のコストと価値」『モジュール化』青木昌彦・安藤晴彦編、東洋経済新報社、2002年
- 堀紘一監修、ボストン・コンサルティング・グループ『タイムベース競争』プレジデント社、1990年
- 堀江英一編著『イギリス工場制度の成立』ミネルヴァ書房、1971年
- 松島桂樹『CIMで変わる製造業』工業調査会、1990年
- 丸山恵也、
  a)『日本的生産システムとフレキシビリティ』日本評論社、1995年
  b)『日本的経営』日本評論社、1989年
- 三木清「技術哲学」『三木清全集』第7巻、岩波書店、1967年
- 三戸公、
  a)『公と私』未来社、1976年
  b)『日本人と会社』中央経済社、1981年
  c)『家の論理1』文眞堂、1991年
  d)『家の論理2』文眞堂、1991年
- 宮田喜代蔵『經營原理』春陽堂、1931年
- 宮坂純一『日本的経営への招待』晃洋書房、1994年
- 向井武文『科学的管理の基本問題』森山書店、1970年
- 宗像正幸、
  a)「『日本的生産システム』の特性把握をめぐって」『国民経済雑誌』第163巻第2号、1991年
  b)「『日本型生産システム』の特性把握をめぐって」『国民経済雑誌』第163巻2号
  c)「『フレキシビリティ』論議によせて」第116巻第4号

  d)「『日本型生産システム』論議考」第 174 巻第 1 号
  e) 宗像正幸・坂本清・貫隆夫編著『現代生産システム論』ミネルヴァ書房、2000 年
・宗像元介『職人と現代産業』(社) 技術と人間、1996 年
・森正勝・油井直次「日米自動車メーカーの生産性比較」『工場管理』1982 年 7 月号
・藻利重隆、
  a)『経営学の基礎』森山書店、1973 年
  b)『経営管理総論』(第 2 新訂版) 千倉書房、1965 年 (初版は 1948 年)
  c)『工場管理』新紀元社、1961 年
  d)「日本的労務管理の功罪」『労務管理研究』34 号、1962 年
・森　清『町工場のロボット革命』ダイヤモンド社、1982 年
・森　昊『アメリカ職人の仕事史』中央公論社、1996 年
・盛田昭夫「『日本型経営』が危ない」『文藝春秋』1992 年 2 月号
・盛田昭夫・石原慎太郎『「NO」と言える日本』光文社、1989 年
・森野辺栄太郎『トヨタの人材戦略』ダイヤモンド社、1989 年
・門田安弘『新トヨタシステム』講談社、1991 年
・山崎俊雄・木本忠昭『電気の技術史』オーム社、1976 年
・山崎広明・橘川武郎編『「日本的」経営の連続と断絶』岩波書店、1995 年
・山下高之『近代的管理論研究』ミネルヴァ書房、1980 年
・山本純一、
  a)『科学的管理の体系と本質』森山書店、1959 年
  b)「ガント図表と生産統制の方法」『コウナンケイエイケンキュウ』(甲南大学) Vol. 1、No.2、
   1960 年
・山本眞功・今井淳編『石門心学の思想』ぺりかん社、2006 年
・由井浩『日米英企業の品質管理史』中央経済社、2011 年
・吉川弘之「技術で『クールアース』実現を」『日経ビジネス』特別版、2008 年 6 月 30 日号
・吉田文和『環境と技術の経済学』青木書店、1980 年
・依田髙典『ネットワーク・エコノミクス』日本評論社、2001 年
・渡辺聡子『ポスト日本型経営』日本労働研究機構、1997 年
・渡辺峻「雇用管理の多様化と『日本的経営』の行方」『脱日本的経営の検討』玉村博巳・今田治編、
  法律文化社、1996 年
・渡辺則之『技能革新』日刊工業新聞社、1980 年
・和田一夫『ものづくりの寓話』名古屋大学出版会、2009 年
・和田英男・坂和麿『ERP 経営革命』ダイヤモンド社、1998 年

事項索引

【数字・アルファベット】

3D プリンタ　421
5G 通信　421
5S　213
7つのムダ　210
20 世紀システム　336, 353, 387
55 年体制　336, 354, 358
1940 年体制　346
ALC　319
BRICs　361, 415
CIM　306, 374, 395
CNC 機械　371
CRM　398
ERP　398
FA 化　302
FBL　319
FMC　373, 394
FMS　373, 394
FTL　319
ICT　43
　──革命　397
IC チップ　421
IMVP　308
IoT　419
　──技術　420
I.W.W.(世界産業労働組合)　208
LAN　394
ME 技術　43, 363, 367
　──の柔軟性　310
ME 自動機械体系　38
ME 複合機器　305
MRP　398
NC 工作機械　305
OA 化　302
OJT　323
QC 活動　320
QC サークル　302, 323

　──活動　327
TOC 理論　398
TQC　342
T 型フォード　202

【ア行】

アーキテクチャ　12, 388
アート　24
アウトソーシング　389
赤黒チャート　164
アクスル・シャフト　230
アジル・コンペティション　395
アナログ・シーケンス制御　36
アナログ・シーケンス方式　38, 42
アプセット機　232
アメリカ型生産システム　74, 78, 80
アメリカ機械技師協会（A.S.M.E.）　90, 130, 135, 149, 153, 170
アメリカ産業革命　75
アメリカ労働総同盟　88
アメリカン・システム　96
あんどん　214
アンドン　323
暗黙知　28, 30
家の論理　338
鋳型製造機　225
一流労働者の最速時間　107, 114, 117, 143
一個流し生産　322
移動式組立ライン　240
イノベーション　214
移民　62-64, 87
インターネット　368
インターフェース　388, 390
　──の標準化　12
インダストリー 4.0（第 4 次産業革命）　421
インテグラル・アーキテクチャ　390
浮荷（フロート）　250
ウルトラ・フォード主義　344

440　事項索引

運動技能　26
エコノミー　417, 423
エコロジー　417, 423
エレクトロニクス革命　22
エンジン・ブロック　234
黄金の60年代　336
オートメーション　37, 377
オープン・アーキテクチャ　392
押し出し方式　321
オストラシズム　315
温室効果ガス　413

【カ行】

カーエレクトロニクス　306
会社中心主義　316
会社人間　344
価格競争力　298
科学主義　113, 143
価格破壊　397
課業　143
　　──管理　113, 121, 143
　　──計画　113
　　──賞与制　133, 146, 155, 161, 169, 173
　　──統制　113
　　──理念　115, 143
カスタマイゼーション　398
型鍛造法　231
金型　225
可変制御　34
　　──性　370
過労死　344
カローシ　315
環境技術　420
環境効率性原理　17
環境ジレンマ　13, 18, 415, 422
環境適合性原理　17
環境統合意識　420
環境モデル都市　423
関係性　398
間人主義　339
ガント統制図表　163
かんばん方式　321
管理された自律性　16, 328
管理的熟練　44, 109

　　──の機能　2, 9, 15, 265
管理能率　169
管理のネットワーク　364
機械加工工程　233
機械化の原理　258
機械監視型産業　50
機械コンビナート　199
機械式鋳型搬送装置　227
機械式搬送装置　222
機械的熟練　82
機械の自動的体系　33, 41
機械の付添人　268
機械の遊休　162
木型　225
基幹情報システム　403
企業カプセル　340
企業別組合　338
気候変動に関する政府間パネル（IPCC）　415
気候変動に関する枠組み条約（締約国会議：COP）　416
機種別作業組織　221
技術の柔軟性　318
擬人化　45
技能としてのスピード　53
規模の経済性　393
共生の原理　18
競争の原理　18
共同生活体　338
共同性原理　316, 318, 323
共同態　346
京都議定書　416
筋骨系労働手段　369
勤勉　158, 165
　　──の習慣　152, 167, 171, 173
空間のネットワーク化　374
組立加工型　385
　　──分業　81
組立工程　237
組立分工場　249
組立ライン型産業　50
クラウドコンピューティング　421
クラフツマンの自治　99
クランクケース　232
グリーンテクノロジー　420

事項索引　*441*

グリーンフィールド村　187
グレードアップ効果　52
クローズ・アーキテクチャ　392
グローバリゼーション　11, 345, 359
グローバル共生型経済システム　424
グローバル・スタンダード　11
訓練　152, 165, 171-172
経営家族主義　340
経営共同体　337
経営者倫理　182
計画室　111, 149, 166
計画的熟練　111
経験曲線　280
計算尺　154
形式知　28
原生的労働関係　73
原動部　33
コアコンピタンス　400
好循環政策　286
高性能センサー　421
「構想」と「実行」　26
　──の統合　318
　──の分離　341
高速度鋼　85, 150
高賃金・低価格　204
工程原理　10, 261
高能率・低コスト　204
後発資本主義論　339
コーポレート・ガバナンス　334
互換性部品生産方式　61, 78, 81, 253
黒人奴隷　65, 73
個人の自立化　361
顧問技師　161
混載方式　331
コンプライアンス　334
コンベア・モジュール　403
混流生産　306

【サ行】

サイクルタイム　321, 328, 403
サイバー攻撃　422
作業管理の科学化　109, 111
作業原理の革新　8
作業的熟練　44, 102, 109
──の機能　2, 9, 15, 44, 265
作業と管理の「同時化」　274
作業の科学　108, 155
──化　104
作業の管理化　47
作業の機械化　47
作業の標準化　256
指図票　154
差別出来高払制　145, 148, 155, 271
作用部　33
三角貿易　62
産業革命　22
産業的家父長主義　191
産業用ロボット　387
三種の神器　337, 354
シーケンス自動制御　371
ジェニー紡績機　60, 71
時間研究　108
時間モジュール　393
資源環境　412
資源効率　209
資源循環　419
──システム　217
資源の枯渇　18, 276
自己啓発　171
市場機能体　180, 352, 360
市場原理　352
市場志向型経営理念　358
市場の質的創造　310
市場の量的創造　310
市場万能主義　361
システム化の原理　260
自然循環　410
──破壊　411
自然的怠業　169
自然との共生システム　424
持続可能な開発　415-416
下請け生産構造　292
下請け制度　359
執行的熟練　111
自働化　321
自動機械体系　38
士農工商　355
資本主義の精神　350, 357

442　事項索引

シャーマン反トラスト法　89
社会機能体　20, 180, 351, 353-354, 357, 360
社会的責任　182, 190
社会的適正生産　424
社会的満足　425
社会の公器　354
シャシー　244
ジャスト・イン・タイム　238, 251, 302, 320
社内製紙工場　220
ジャパナイゼーション　11, 314, 342
ジャンパー機構　231
収穫逓増　399
重厚長大型産業構造　358
終身雇用　338
　──制度　359
集団主義　315, 337
柔軟統合型生産システム　10, 323, 331
柔軟な質の管理　317, 320
柔軟な専門化　312
柔軟な専門的生産　319
柔軟な大量生産　257
　──システム　318
柔軟な量の管理　317, 320
重力滑り台　237
儒教的経営理念　356
儒教倫理観　355
熟練機械工　75
熟練技能　27, 51
　──型産業　50
熟練知識　27, 51
熟練度別賃金　213
熟練の移転　28, 44-45
熟練の解体　375
熟練の機能　2, 8, 17, 117, 195, 265
熟練の相対性　28
熟練の伝承　44
熟練の汎用性　30
熟練の非人間化　119
手工的熟練　22, 29, 71, 74, 83
受注組立方式　398
出航禁止法　71
需要の論理　204
循環型社会形成推進基本法　424
循環機能的側面　397

循環統合型生産システム　13, 20, 416, 426
純粋な労働組合主義　88
蒸気ハンマー　232
仕様組立方式　398
条件付き飛び越し機能　368
少人化　319, 328
消費の消費　13
　──過程　416, 418
消費の生産　419
消費の廃棄物　411
商品力　294, 304
情報革命　12
情報の流れ　325
情報のネットワーク　365
静脈流　14, 417, 418
職長帝国　83, 126, 134, 165
職能別職長　121, 142, 154
　──制　119, 145, 149, 271
職の秘密　44, 96
職務拡大　330
職務充実　330
ジョブローテーション　319
所有経営者論　188
自律性原理　318, 323
自律的労働　318
自立統合型生産システム　8, 19
シングル段取り　321
神経系労働手段　22, 38, 306, 363, 369
人造皮革　216
人的要素　167, 173-174
新日本的経営　360
真の顧客満足　425
人本主義　343
心理的要素　175
垂直統合型生産システム　9, 19
ステーション・サイクル　38
ストレスによる管理　315
スマート工場　421
スマート・サービス　422
スマートシティ　423
スマート農業　422
スマート・ヘルスケア　422
擦り合わせ　392
生産アーキテクチャ　394, 402

事項索引　*443*

生産機能体系　4
生産指示かんばん　325
生産指示表　324
生産システムの柔軟性　320
生産システムの進化　7
生産システムの垂直的統合　263
生産システムの歴史性　6
生産・資本の集積・集中　86, 89
生産循環　411
生産疎外　14
生産的消費　13, 412, 416
　　——過程　418
生産の集中と分散　246
生産の同期化　393
生産のネットワーク　364, 376
生産の廃棄物　411
生産有機体　36, 268
精神革命　118, 169, 173
西漸運動　61, 66, 67
成長の限界　415
製品アーキテクチャ　390, 396
製品競争力　294
製品差別化　203
製品の標準化　256
製品ライフサイクル　395
生物多様性条約　416
生命循環　410
制約なき大量生産　276
世界産業労働組合　89
切削能率　102
セル生産システム　396
セル・ライン　404
ゼロエミッション型生産システム　417
先義後利　356
センサー　371
操作能率　102
創造的力能　23, 32, 43
疎外化された労働　260
疎外的労働　15
組織的管理　112
組織的怠業　83, 100, 135, 169
組織モジュール　399
ソフトウェア　43, 365

【タ行】

ダイカスト　225
大規模集積回路（VLSI）　368
台上静止組立　238
タイム・ベース　395
大量生産体制　74
　　——のパラドックス　414, 418
大量生産のエートス　193, 199
大量生産の原理　194
多工程持ち　319, 323
多軸ボール盤　234
タッピング機　234
多頭フライス盤　234
多能工　30, 323, 328
　　——化　302
多能性原理　318, 323
多品種混流生産　320
多品種大量生産　11, 415
単工程反復労働　31, 256, 263
段取り替え時間　302
チームワーク　320
地球温暖化　18, 411
地球環境問題　415
地球サミット　415
逐次加工型　385
　　——分業　81
知的技能　26
知的熟練　29-30, 343
鋳造工程　222, 231
賃金動機　19, 189, 259
提案制度　214
定性情報　371
低炭素社会　424
テイラーシステム　8, 16, 28, 47, 95, 103, 273, 285
デイリー・オーダーシステム　322
適種適量生産　14
出口のない管理システム　330
デジタル化　370
デジタル革命　413
デジタル疎外　423
デジタル・フィードバック方式　38
デファクト・スタンダード　399

444　事項索引

デマンドチェーン　417
天皇制的家父長集団主義　346
道徳的効果　156, 160, 163, 169, 172
動脈流　14, 416, 418
　　――と静脈流　221
トヨタシステム　16, 317
トラスト時代　87
トランスファーマシン　235
トランスプラント　342
トランスミッション・ケース　244
トリミング機　232
奴隷労働　62

【ナ行】

内的発達法則　33
内部請負制度　83, 86, 89
中子　224
流れ作業組織　237
成行管理　126, 135, 137, 140, 143
ナローバンド　421
南北戦争　69
ニーズチェーン　397
日本型サプライヤー・システム　387
日本型生産システム　308
日本型フォーディズム　345
日本株式会社　311, 336
日本的下請システム　316
日本的生産システム　10, 20, 289
日本的労働慣行　292, 316
ニューラルネット（AI）　421
人間環境宣言　415
人間性原理　17
人間的満足　425
人間の労働化　310
ニンベンのある自働化　322
ネオ・フォーディズム　315
熱処理工程　229
ネットワーク外部性　399
ネットワーク機能　12
ネットワークの経済性　399
年期契約奉公人　63, 73
年功制　338
農工労働者　248
農村分工場　248

農民的アーチザン　64, 82
能率主義　113, 143
能率増進運動　90, 126

【ハ行】

バーチャル・カンパニー　389
バイオプラスチック　216
ハイパー・フォーディズム　344
ハイランドパーク　209, 231, 246
バナジウム鋼　202
バブル経済の崩壊　359
パリ協定　416, 423
パンチカード・システム　368
汎能工　30
万能作業組織　221
万能職長　109
汎用原動機　34
非価格競争力　206
非価格要因　294
引き取りかんばん　325
非公式組織　167
ピッキング　403
ビッグデータ　421
引っ張り方式　321
ヒューマンウェア　343
標準化の原理　253
標準作業量　121
品種別作業組織　221
品種別作業方式　209
ファウンドリー　389
フィードバック機能　370
フィードバック自動制御　371
フォーダイト　216
フォーディズム　19, 180, 186, 285
フォード工具標準書　256
フォードシステム　9, 16, 193, 204, 209, 272, 285, 387, 414
付加価値労働生産性　296
福祉企業集団主義　337
物質循環　411
　　――の撹乱　413
物質代謝過程　410
部品の共通化　393, 396
フライホイール式磁石発電機　203, 239-240

事項索引　445

プル式JITシステム　320
フルワーク・システム　322
フレキシビリティ・コスト　378
フレキシブル・オートメーション　305, 373
フレキシブルな蓄積構造　313
フレキシブル・ファーム　312
ブロードバンド　421
プロテスタンティズム　350
分化・単能化・再結合　81
分業の機能　2-3, 10, 17, 195, 265, 366
分工場　247
分散統合型生産システム　11, 20, 384
平準化　331
米墨戦争　67
ベルトコンベア　209, 237
ベルリンの壁の崩壊　11
奉仕動機　19, 189
法人資本主義　344
ポカヨケ　322
ポスト・フォーディズム　312
　——論争　343
本来的機械体系　36

【マ行】

マイクロ・プロセッサ　368
マシェット鋼工具　105
マシニング・センター　371
マスカスタマイゼーション　421
マニュファクチュア　22, 60, 385
見えざる手　352
脈管系労働手段　369
無在庫小ロット生産　304
無駄排除の哲学　210, 217, 221
ムラの論理　338
目分量方式　269
モータリゼーション　289
黙示的熟練　329
モジュール　12, 384, 388
　——化　370, 390
　——型生産システム　20, 400
モジュラー・アーキテクチャ　390
モダニズム　194
モダン・タイムズ　260, 264, 276
もの作りの基本命題　200

物の流れ　325

【ヤ行】

唯一最善の方法　168
遊星式変速機　203
輸出競争力　298
輸出自主規制　304
ユニット部品　238
ユニバーサル・カー　254
要素別時間研究　107, 137-138, 144, 146, 148, 156
ヨハンソン・ゲージ・ブロックス　235, 255
予防メンテナンス　302
よろずや的職人　76

【ラ行】

ライン管理組織　123
ラインバランス　321
リーン生産システム　312
リーン生産方式　342
リサイクル　419
利潤動機　189, 259
理想主義的組合主義　88
リデュース　418
リユース　418
レギュラシオン　341, 358
労使関係の管理化　328
労働過程統制　104
　——権　120
労働騎士団　88, 99
労働・技術のネットワーク　364
労働機能の退化　44
労働疎外　48, 309, 318
労働の柔軟性　310, 318-319, 378
労働の衰退　48, 51, 312, 341
労働の人間化　17, 276, 310, 312, 330, 397
労働のフレキシビリティ　314, 342
労働の無内容化　49
労働4.0　423
ローカル・スタンダード　12
ローラー滑り台　237
ロボット元年　305

【ワ行】

綿繰機 71
ワット蒸気機関 35

人名索引

【あ行】

アーウィック＝ブレック　170
アーノルド　198, 228, 242
秋庭雅夫　394
アグリエッタ　312
アッターバック　202
アトキンソン　312
アバナシー　202, 295, 299, 314, 342
アベグレン　311, 335, 346, 349
安保哲夫　343
アルフォード　141, 165, 168, 251
イーライ・ホイットニー　71
イーライ・テリー　79-80
石谷清幹　33
石田梅岩　355-356
伊丹敬之　297, 343
伊藤秀男　380
井原西鶴　355
岩尾裕純　340, 346
岩崎武司　394
岩田龍子　338
岩淵誠一　27, 104
ウィツキンズ　342
ウェーバー　350
ウォルフレン　334, 345
ウッド　343
占部都美　339
ウルリッチ　390
エバンス　77
エマーソン　170
オーウェン　90
太田肇　345
大野耐一　210
奥村宏　344
小関智弘　26
尾高煌之助　25
オリバー＝ウィルキンソン　343

【か行】

加護野忠男　345
加藤哲郎　344
加藤寛　345, 349
ガント　19, 133, 145, 147, 149, 151, 153, 174, 275
カントロー　295
北村洋基　378, 380
橘川武郎　346
キム・クラーク　300
ギルブレス　108, 133
熊沢誠　344
公文俊平　339
グラハム　344
ケニー＝フロリダ　314, 344
ケント　170
小池和男　28, 340, 343
ゴールドラッド　398
国領二郎　399
ゴットル　252
古林喜楽　140, 197
コルヴィン　238
ゴンパース　88

【さ行】

坂本和一　380
ジェファーソン　66-67, 71
塩見治人　199
島田晴雄　343
下川浩一　191, 199, 296, 301
ショーンバーガー　314, 342
シンクレア　147
鈴木良始　298, 344
スティーヴン　344
スティヴィッツ　45
スミートン　60
スミス　25, 266, 389, 393
スレーター　70

芹川博通　357
ソレンセン　202, 205, 242

【た行】

タウン　135
チェンバレン　68
チャンドラー　198
津田真澂　338
土屋喬雄　355
土屋守章　340
デイ　170
テイラー　9, 19, 44, 85, 95, 99, 108, 111, 114, 119, 125, 135, 143, 149, 174, 386
土居健郎　335
ドーア　337
豊田英二　285
ドラッカー　193

【な行】

中川敬一郎　74, 339
中西寅雄　196, 262
中根甚一郎　398
中根千枝　336
中村静治　293, 380
ナドワーニ　162
ナポレオン　66
並木高矣　393
名和隆央　380
西川如見　355
ネヴィンス　198, 209
野口悠紀雄　346
野口亘　398

【は行】

パーカー＝スローター　344
バース　133, 148
ハウ　83
ハウンシェル　193, 199, 235, 238, 242
ハサウェイ　170
間宏　336
バチェラー　264
波頭亮　345
バベジ　32, 266, 368
濱口恵俊　339

ハメル＝プラハラード　400
林正樹　346, 400
ハルシー　135
ハンツマン　60
ピオル＝セーブル　312, 319
ヒギンズ　170
人見勝人　424
ヒューバーマン　67, 70, 72
ヒルシュマイヤー＝由井　338
フォード　37, 181, 188, 386
藤本隆宏　294, 300, 392
ブラウナー　48-49, 52
ブランチャード　78, 83
フルトン　68
古林輝久　339
ブレイヴァマン　26, 47-49, 51, 53, 111, 127, 341
ベッセマー　85
ベネディクト　335
ベンソン　206
ホイットニー　74, 77, 82-83, 276
ホー　83
ボールドウィン＝クラーク　390
ホクシー　27
ホプキンス　77
ホワイト　85

【ま行】

マコーミック　83
マルクス　29, 34, 36, 267, 367, 405
マンフォード　33, 275
三木清　56
三戸公　338
宮坂純一　346
宮田喜代蔵　196, 252
宗像正幸　312, 332
宗像元介　56
藻利重隆　45, 119, 197, 336, 347
森昊　75
モンゴメリー　99

【や行】

山崎広明　346
山本純一　133
由井浩　285

ユーア　32
ヨハンソン　235

【ら行】

ライトル　141
レイシー　275
ロウエル　72
ロルト　74, 82

【わ行】

ワシントン　65
和田一夫　199
渡辺聡子　345
渡辺峻　345
渡辺則之　26
ワット　34, 60

著者紹介

坂本　清（さかもときよし）
　　1941年生まれ
　　1960年　福島県立磐城高等学校卒業
　　1965年　早稲田大学第1商学部卒業
　　1973年　早稲田大学大学院商学研究科博士課程単位取得退学
　　　　　その後，富士大学（旧・奥州大学）助教授，和光大学教授，
　　　　　大阪市立大学教授，宝塚大学専門職大学院教授，大阪経済法科大学
　　　　　教授を経て
　　　　現在　大阪市立大学名誉教授
　　　　　　　大阪経済法科大学地域総合研究所客員教授

近年の主な業績
『フォードシステムともの作りの原理』学文社，2016年
『環境新時代と循環型社会』（共編）学文社，2009年
『日本企業の生産システム革新』（編）ミネルヴァ書房，2005年
『現代生産システム論』（共編）ミネルヴァ書房，2000年
『日本企業の生産システム』（編）中央経済社，1998年
『現代企業経営とフレキシビリティ』（共編）八千代出版，1997年
『経営革新へのアプローチ』（共編）八千代出版，1996年
その他

熟練・分業と生産システムの進化

| 2017年10月31日　第1版第1刷発行 | 検印省略 |
| 2018年12月25日　第1版第2刷発行 | |

　　　　著　者　坂　本　　　清
　　　　発行者　前　野　　　隆
　　　　　　　　東京都新宿区早稲田鶴巻町533
　　　　発行所　株式会社　文　眞　堂
　　　　　　　　電　話　03（3202）8480
　　　　　　　　FAX　03（3203）2638
　　　　　　　　http://www.bunshin-do.co.jp
　　　　　　　　郵便番号（162-0041）振替00120-2-96437

印刷・モリモト印刷／製本・高地製本所
©2017　定価はカバー裏に表示してあります
ISBN978-4-8309-4966-1 C3034